服务经济译丛

编委会主任　陈清泰

编委会副主任　江小涓　吴敬琏　青木昌彦　薛　澜

编委（按姓氏拼音为序）
白重恩　崔之元　高世楫　黄佩华　季卫东　金本良嗣
李　强　钱颖一　王晨光　王　名　谢德华（Edward Steinfeld）
查道炯　周大地

校译（按姓氏拼音为序）
常玉田　陈香兰　付　涛　韩　颖　贺秀明　蒋竹怡
马惠琴　孙会军　孙　亚　王　淳　杨丽萍　杨伟超
张筱霖　张　喆　郑佰青　祖利军

服务经济译丛

主　编 江小涓 薛　澜
总校译 许德金

教育与培训经济学
The Economics of Education and Training

［英］克里斯廷·达斯特曼

［德］伯恩德·斐岑伯格

［英］斯蒂芬·梅钦　　　主编

杨　娟译

格致出版社　　上海人民出版社

图书在版编目（CIP）数据

教育与培训经济学/（英）达斯特曼（Dustmann，C.），
（英）斐岑伯格（Fitzenberger，B.），（英）梅钦
（Machin，S.）主编；杨娟译.—上海：格致出版社：
上海人民出版社,2011
（服务经济译丛）
ISBN 978 - 7 - 5432 - 2009 - 6

Ⅰ．①教… Ⅱ．①达…②斐…③梅…④杨…
Ⅲ．①教育经济学—研究 Ⅳ．①G40 - 054

中国版本图书馆 CIP 数据核字（2011）第 185402 号

责任编辑 王 静
装帧设计 陈 楠

服务经济译丛
教育与培训经济学
［英］克里斯廷·达斯特曼
［德］伯恩德·斐岑伯格 主编
［英］斯蒂芬·梅钦
杨娟 译

出 版 世纪出版集团
www.ewen.cc

格 致 出 版 社
www.hibooks.cn
上海人民出版社

（200001 上海福建中路193号24层）

编辑部热线 021 - 63914988
市场部热线 021 - 63914081

发 行 世纪出版集团发行中心
印 刷 苏州望电印刷有限公司
开 本 787×1092 毫米 1/16
印 张 22.5
插 页 4
字 数 450,000
版 次 2011 年 12 月第 1 版
印 次 2011 年 12 月第 1 次印刷
ISBN 978 - 7 - 5432 - 2009 - 6/F·471
定 价 48.00 元

服务经济理论的引进借鉴和创新发展

——对"服务经济译丛"的几点说明

"服务经济译丛"即将出版。现将出版宗旨、选书标准和丛书主要内容简介如下。

从经济理论研究的角度观察，"服务"与"商品"的性质有很大差异。服务的定义和测度方法，服务业的劳动分工、规模经济和生产率变化等都有独特性，服务业还广泛涉及一些超经济、非经济的问题。服务业加快发展的含义及其对增长、就业、物价、收入分配和国民福利的影响，比物质产品为主的时期更复杂。理解服务经济，找到适宜的研究思路和分析方法，需要长期理论研究的积累和支撑。

与经济学其他领域相比，我国服务经济理论研究相对滞后。导致这种状况的一个重要原因，是对国外服务经济理论的引入和借鉴不足。发达国家服务业发展较早，已经成为国民经济的主要部门，因而服务经济理论研究也发展较早，相对成熟。翻译一批国外经典文献，是促进我国服务经济理论发展的一项基础性工作。

丛书首批译著共有 15 本书，其中服务经济理论有 6 本，服务行业研究有 6 本，服务全球化研究有 3 本。下面分三个方面，对各本译著的主要内容做一概要介绍，并就理解服务经济特殊性的角度和思路做一些探讨。

一、服务经济理论及相关测度和统计问题

研究服务经济时，最先碰到的困惑往往是服务的独特性质、服务体系的构成和服务业中不同行业的性质差异。服务的本质特点是非物质性，即服务的结果不是有形产品。服务业既包括传统"纯劳务"型的家庭服务、保安服务等，也包括资金、技术高度密集的信息服务和知识含量很高的研发、创意服务等，还包括教育、文化、卫生以及社会管理和政府部门等公共属性很强，市场失灵比较突出的各种服务。不同类型服务业的经济性质很不相同。传统劳务型服务业缺乏规模经济，技术含量低，劳动生产率提高缓慢；而信息服务等现代服务业却具备了技术含量高、规模经济显著、劳动生产率提高快的特征。其中电信网络服务等更具有网络外部性等独特的市场特征。

服务经济的上述特征给理论研究带来不少难题，也导致了一些易误易谬的问题。举几个典型

例子。一是对服务业比重上升的多重含义理解不足。在不少服务业特别是以提供劳务为主的服务业中，劳动生产率上涨缓慢甚至"停滞"，劳动成本的上涨直接传递为服务价格的上涨，此时服务业在国民经济中比重的上升并不是服务量的实质增长，而只是服务价格上升相对较快的结果，这就是所谓的"成本病模型"，已经成为服务经济研究基本出发点之一。但是，国内许多方面包括不少研究者对其理解不足，在主张服务业加快发展的同时，却对"非生产加工环节"在产品价值链中比重上升、服务价格持续较快上涨等现象难以接受。然而，服务业比重上升这种宏观趋势的微观表现，就是产品价值链中服务环节所占比重的上升，不可能只有前者而没有后者。二是对精神和心理需求在服务业发展中的重要性理解不足。在实物经济为主的时期，人们追求食品、服装、汽车、住宅等"物品"，推动了经济发展。而服务经济比重上升，意味着未来的经济增长取决于精神和心理消费在消费总额中比例的上升。如果认为"商品"与"服务"在经济发展中同等重要，就要承认物质和非物质两种消费行为同样重要：爱迪生发明的电灯满足了人们的物质消费需求，任天堂的游戏和迪斯尼的米老鼠满足了人们的娱乐消费需求，然而这种理念远未形成共识。三是服务业的"共性"难以概括，服务业各个行业性质和特点差异大，反映服务业一般特征的普适分析框架不易构造。四是服务业测度和统计困难，服务业统计中存在的缺口和缺陷相对较多。在各国经济统计中，服务经济都是遗漏较多的部门，我国也不例外。

　　本译丛中主要讨论上述服务经济基本问题的有 6 本著作。《服务经济思想史——三个世纪的争论》(*Services in Economic Thought：Three Centuries of Debate*)是关于服务业经济理论演进的经典综述。作者对三个世纪以来服务经济思想的发展作了梳理，引述了近百位学者的观点，并对各种理论观点进行比较分析。在结尾部分，作者提出了需要继续研究的问题，今天来看，大部分仍然是服务经济理论研究中最有挑战和最有意义的问题。《服务部门产出的测算》(*Ouput Measurement in the Service Sectors*)是一本论文集，涉及服务业核算中的根本性、基础性问题。内容包括：使用修正过的数据测算服务部门的产出，服务行业的生产率测算，6 个特定服务行业产出的测算等。此外，还从服务业与制造业的关系、服务业的微观基础、服务业的国际比较以及公共部门四个角度,讨论服务部门的统计测算及其影响。《服务业的增长——成本激增与持久需求之间的悖论》(*The Growth of Service Industries: The Paradox of Exploding Costs and Persistent Demand*)是一本论文集,作者使用多种方法对服务业生产率进行重新测算,探讨服务业成本病是否依然存在、服务业真实产出份额是否下降、服务外包对生产率的影响等问题。建立“成本病模型”的鲍莫尔教授是本书第一章的作者,他根据新的数据,进一步证实了服务业成本病的存在。《服务业——生产率与增长》(*The Service Sector: Productivity and Growth*)也是一本论文集,焦点集中在与服务业增长和生产率有关的问题上,包括生产性服务业在经济增长过程中的作用,服务业对国民经济其他行业生产率的影响,服务业增长与通货膨胀之间的关系,服务业较低的技术变化速度和持续的通货膨胀压力之间的关系等。《生产率——信息技术与美国经济复苏》(*Productivity Information Technology and the American Growth Resurgence*)一书,阐述了自 1995 年以来,信息技术对美国及全球经济体系所带来的影响,追溯美国经济复苏性增长的源头。作者使用数量分析方法,评估 1989—2004 年间信息技术对经济发展的贡献。作者在书中所用的方法,已成为生产力测算的国际标准,这项研究也成为分析信息技术与经济增长之间关系的一个范本。《服务业的生产率、创新与知识——新经济与社会经济方法》(*Productivity, Innovation and Knowledge in Services: New Economic and Socio-Economic Approaches*)是一本论文集,鲍莫尔为此书作序并撰写了其中一章。书中论文聚焦于服务业和整体经济增长的关系,讨论的内容包括服务业增长滞后的真实性问题,生产率概念在服务业中的误用问题等。书中还有若干章研究服务业的创新问题,包括知识性服务业的增长和生产率,知识密集型服务业在创新中的作用等。

二、若干服务行业研究

服务部门行业繁多,不同行业性质差异很大。译丛首批选择了 6 本研究特定行业的著作,重点是国内从经济角度特别是服务业这个角度关注不足的行业,如教育、医疗、体育等行业。这些行业以往主要被归为"社会事业"领域，对其经济性质重视不够。随着收入水平的提高，愈来愈多的消费者愿意增加教育、文化、卫生等消费支出，使得这些"社会事业"的经济性质明显增强。因此，需要增加经济学的视角，更完整地理解这些行业的多种性质，特别是作为服务产业的性质。这里举两个例子。一是通过市场配置部分资源的必要性。需要看到，由政府提供公共服务并不是真正的免费，而是居民以纳税方式集体付费，以这种方式提供的服务内容，既需要有高度的社会共识，也需要有比较完善的提供网络以保证低收入者也能够平等地分享以保障社会公平正义，例如义务教育、公共卫生和公共文化服务等。而许多非基本公共服务消费需求分布不均匀，愈是中高端消费和新拓展的领域，往往较高收入居民消费较多。例如，城市青年接受高等教育的比例高出农村青年，如果高等教育免费或者财政大幅度补贴，就相当于补贴那些相对高收入家庭的学生。当然，孩子在任何阶段都不应因为家庭贫困而不能接受教育，但解决问题的办法不是所有阶段的教育都免费，而是通过助学体系的建立和完善。二是借鉴经济学分析方法的必要性。例如从前些年某项社会事业投入的平均收益率很高这个现实，就认为今后继续增加投入就会获得同样高的回报率，这种方法在社会事业领域的分析中较常见到，但从经济学的角度看，却是用平均收益率取代边际收益率的不当方法。儿童接受义务教育，提高全面素质，肯定有较高的个人和社会回报，继续接受高中教育和大学教育也可能总体上有正的回报。但是，如果没有跟经济社会发展的趋势有机结合，如果没有能够跟受教育者未来的职业发展需求很好地结合，这种教育服务的投资就有可能回报极低甚至是负回报了。

丛书中有关行业性研究的几本译著，从经济学的角度出发，权衡不同的利益关切，统筹考虑公共资源和市场资源的合理配置问题。《教育与培训经济学》(The Economics of Education and Training)是一本论文集，对教育经济学基本研究方法有新的扩展与延伸，反映了教育经济学的新进展。研究内容包括各类资源对学生的成绩的影响，对不同年龄段学生进行政策干预的效果，哪些因素影响教育的经济和社会回报等。书中还研究了与职业培训相关的问题。《要钱还是要命——给美国医疗体制的一剂强药》(Your Money or Your Life：Strong Medicine for America's Health

Care System)一书,介绍了美国医疗体系发展的历史和存在的问题,以及各国医疗体制发展改革中的若干共性问题,讨论的内容涉及如何公平而有效地分配稀缺的医疗资源,如何建立符合本国国情的卫生服务及医疗融资体制,如何在保证国民健康水平的前提下控制快速增长的医疗开销等问题。书的前半部分回顾了美国近一个世纪以来医疗卫生领域的发展成果和存在的缺陷,后半部分通过经济学的视角,为如何解决医疗融资、保险覆盖、支付手段以及成本与质量控制等方面的问题提供了独到的建议。《旅游和休闲业——塑造未来》(*The Tourism and Leisure Industry:Shaping the Future*)是一本论文集。作者认为,面对经济社会新的重大变化,需要研究这些变化对未来休闲行为的影响。文集的主要内容包括:人口统计变化和休闲时间的变化,生活步伐放缓的要求与全球化加快发展之间的冲突,文化性休闲行为,生活方式的变化,信息和通讯技术的发展等,以及这些因素对未来休闲和旅游产业的影响。《体育经济学》(*The Business of Sports*)第一卷和第二卷是两本研究体育经济的论文集,涉及的经济视角包括产业组织、团队所有权、投入产出关系、组织价值和市场供求关系,融资和设施建设、市场化及非市场化收益等。前一本文集的内容包括:美国体育产业概况,体育团队盈利能力,大型赛事对举办地区经济社会的影响,职业运动的收益,数字和网络技术的发展对体育转播和内容销售方式等方面影响,大学体育发展等。书中有一章专门分析了中国体育产业的发展状况。后一本文集的内容包括:比赛中的奖金分配问题,体育联盟问题,职业体育中的成本和产出的关系,政府行为和体育活动产生的非市场化收益问题,体育场馆设备的融资问题等。《世界电信经济学》(*World Telecommunications Economics*)是一本关于电信经济学理论和政策问题的概论性著作,可分为电信产业简介、电信经济学理论、管制政策及企业运营四个部分。内容包括:电信业务的供给和需求,电信市场结构及其变化,电信业务运营成本,电信业务价格的确定,电信产业所有权,电信产业的管制政策,电信产业的普遍服务,电信产业经济绩效及服务质量的衡量方法等。

三、服务全球化和服务贸易、服务外包研究

研究服务全球化问题有一些理论特点和现实难点。首先是定义和统计问题。"服务贸易"与

"商品贸易"的含义相差甚远,商品贸易主要的形式是商品的跨境交易,服务贸易却包括服务本身、生产要素、服务提供者或服务消费者中任何一项的跨境移动。服务贸易可分为四种类型:一是过境贸易,即服务产品跨境交易,例如出口影视产品贸易和软件贸易等;二是当地贸易,即服务消费者跨境消费,例如入境旅游、留学生教育等;三是商业存在,即服务供应商跨境提供服务,例如设立外资服务企业;四是自然人过境服务,即服务供应者跨境提供服务,例如从国外聘请教师、医生护士等。由此可见服务贸易定义的宽泛及统计方面的困难。第二,服务外包这种独特贸易形式产生的问题。服务外包影响到国际贸易理论中的一些重要结论,例如贸易双方的距离已经不是贸易流向的决定因素,对贸易区域分布理论产生影响;例如劳动力"虚拟跨境流动"的现象,即不必发生人员跨境流动,却能向境外提供劳务,减弱了距离、文化差异和各国移民政策等因素对劳动力流动限制所产生的影响,而这些影响在传统贸易理论中地位重要。第三,人力资本在服务贸易中的特殊地位。制造业可以以资本和设备为主要载体实现跨国转移,而服务的生产和消费过程都需要人直接参与,人的流动是多种类型服务跨境转移最重要的载体。第四,部分服务业具有社会和政治敏感性。对进入诸如文化、传媒、通讯、网络等具有"战略意义"的行业,无论是东道国还是投资方,都要考虑"非经济因素"影响,东道国政府对开放这些行业也相对谨慎,需要权衡利弊,在经济利益和社会成本之间、在开放获益和控制风险之间寻求平衡。

丛书中关于服务全球化方面的译著有 3 本。《国际服务贸易手册》(*A Handbook of International Trade in Services*)对服务贸易做了全面介绍。前半部分包括服务贸易相关理论问题的概述,《服务与贸易总协定》及其影响,服务贸易的基本原理以及不同形态服务贸易的统计方法等。后半部分是若干服务行业的研究,包括金融服务贸易问题,贸易政策对运输服务的影响和作用,国际电信和信息服务贸易协定的谈判,健康服务和健康政策的制定,电子商务的经济规模和监管问题等。《服务业全球化——理论与实践启示》(*Globalization of Services: Some Implications for Theory and Practice*)是一本论文集,除总论外共分三个部分。第一部分阐述服务业外商投资产生的背景,包括紧随客户、市场营销发展、服务可交易性等。第二部分阐述服务业全球化的理论基础和服务业国际化竞争力的决定因素,包括地理位置、公司竞争力、声誉、专业服务、创造和传播知识的能力等。第三部分介绍几类服务行业的国际化发展案例,包括航空服务、快递服务、酒店服务等。《21 世纪的外包与离岸外包—— 一个社会经济学视角》(*Outsourcing and Offshoring in the 21st Century:A Socio-Economic Perspective*)也是一本论文集,分为三个部分。第一部分是离岸外包的理论和实践,包括外包的分类、外包方式选择、外包与降低风险和不确定性、电子商务离岸外包等。第二部分是外包决策和风险控制,包括外包决策的分析、外包对风险投资的影响、开放源代码和软件外包问题等。第三部分是印度、德国、西班牙等国别案例分析。书中还有一章专门分析了大型 IT 外包项目"失败"的案例及应该吸取的教训。

最后对丛书的译校者团队作一点简介。

丛书的主编对这套丛书的翻译出版已经准备了数年,从近百本备选文献中挑选出 20 本著作,因版权等方面的原因,最后选定了 15 本作为译丛首批著作。本书翻译团队的成员大多数是长期研究服务经济问题、具有高级职称的著名学者,分别来自中国社会科学院、清华大学、北京大学、复旦大学、北京师范大学、上海交通大学、中央财经大学、对外经贸大学、人民日报社等机构。总校对许德金教授负责组织了以对外经贸大学教师为主的校对团队。为了体现丛书的性质并确保译著质量,翻译工作开始前,译者和校者团队举行过数次工作会议,商议各种细节,形成了丛书统一的规范要求。每本书都经过了三次校对,译者和校者都有过多次沟通,反复修改。总校对除了制订校对的总体方案,还同时承担了所有译著的三校工作,对每本译著均亲自阅读过目,提出具体的意见与建议。我们共同的愿望是,每本译著都能做到意思准确、用语规范、文字流畅。

清华大学公共管理学院产业发展与环境治理研究中心(CIDEG)为丛书的出版提供了资助,CIDEG 的部分学术委员组成了丛书的编委会,对丛书的选择、翻译和出版工作提供学术指导。上海世纪出版集团陈昕总裁长期以来大力支持学术性著作的出版,对这套丛书的出版予以了积极支持,提出了做好翻译出版工作的具体要求。上海世纪出版集团旗下的格致出版社负责具体的出版工作，何元龙社长、王炜先生及忻雁翔女士深度参与了这项工作，在译校工作全过程中提出了许多重要建议，各本书的责任编辑耐心细致地编辑每一本书，为丛书的质量把好了最后一关。

衷心感谢所有为丛书的翻译和出版而努力工作的同仁和朋友。

这套丛书还将努力做下去，译介服务经济领域更多的国外经典和前沿文献，推动我国服务经济理论发展和创新，促进服务业加快发展。

江小涓　薛　澜

最近几年,又掀起了一股教育与培训经济学的热浪。这股热浪来自很多方面,包括学术研究、政策建议以及媒体的报道。这部收集教育与培训经济学各领域的著作,反映了学者们对该领域的研究兴趣。

教育与培训是解释当前国民经济的竞争优势以及确保今后竞争力的核心元素。在世界经济全球化的过程中,国民经济需要在可交易商品的生产、现代科技以及一系列服务中具有竞争力。目前经济发展有在国家层面上专业化的趋势,例如,德国一直是制造业领域的龙头,而英国正在从该领域撤出,更专注于金融产品和其他贸易服务。过去——可能一直到第一次学生能力国际评估计划(PISA)之前——的许多欧洲大陆的国家,教育与培训机构被认为只提供国民经济发展的基本技能,但是现在这种观点发生了巨大的变化。教育与培训被看成是国际竞争力的核心组成要素,而教育机构帮助提供确保竞争力的教育。

在过去的10到15年间,教育机构发生了许多重要的变化。首先,现在有较强的趋势促使教育机构为新一代工人提供个性化的知识和技能的培训,这种培训的主要目标是提高其经济地位,而不是确保公平。特别是在欧洲大陆的许多国家,这种情况尤为显著,由于过去的改革主要考虑机会的平等性,现在则强调根据个体的能力进行教育。第二,改革的议程更加开放,在国民教育体系中引入了其他国家证明比较成功的课程。此外通过引入可比较的学位,使国民教育更加规范化,关于高等教育的博洛尼亚协议就是一个很好的例子。第三,认为在准市场的环境中提供教育更加有效。学校间的竞争在盎格鲁—撒克逊时期并不新鲜,在欧洲大陆的许多国家现在有增加的趋势(例如,增加了公开成绩表的压力)。在高等教育阶段,对基金和有支付能力学生的争夺已成为美国、澳大利亚、加拿大和英国高等教育机构和大学确保运营资金的重要部分。如果在欧洲引入可比较的学位,欧洲大陆的国家名字将很快出现在该名单中。第四,传统上认为提高技能的重要组成部分——职业培训体系以及政府资助的培训项目在欧洲许多国家进行了相似的改革。德国最近在公有部门提供的培训项目中引入了准市场机制(教育券,绩效标准)。

由于在这方面研究兴趣的增加,《实验经济学》特刊收录了相关的这些文章。它们涵盖了目前教育与培训经济学核心问题中的很多领域。主要包括教育财政,学校到工作的转型,教育的组织结构,教育质量以及相关话题(例如同伴和教师的质量)。这些文章也包括了关于职业培训活动的相关内容,以及这些活动如何受特定目的项目或其他制度的影响。本前言的其他部分概括了这期特刊的主要贡献。我们首先开始介绍单个国家教育体系特定方面的文章。前八篇文章涵盖了学生资助的影响、时间分配、高等教育的参与率、学校的入学年龄、同伴效应以及教师的排名。接下来两篇文章是以学生能力国际评估计划(PISA)数据为基础的国际学生成绩的比较。最后的三篇文章是关于职工的培训,其中一篇文章研究了工会对培训的影响,另外两篇文章涉及培训项目的评估。

米雪·贝劳特、埃里克·坎顿和丁南德·韦宾克的研究探讨了荷兰高等教育中学生资助对绩效以及学生时间分配的影响。1996年的改革使最长的资助时间减少了1年,仅限于学位的正常完成时期。这项改革可能对学生的经济状况产生显著的影响。作者应用双重差分法估计了改革的影响。最主要的发现是改革后,学生在学习阶段的早期降低了转换项目的概率,取得了更好的成绩,并且在学习或工作上的时间没有增加。此外,对于在20岁以前学习的个体,所有的绩效变量(包括项目转换、完成课程的比例、第一年的完成率以及平均成绩)都很显著。这些发现与最近关于能力较高学生处理效应的异质性的研究相一致。

第二篇文章转向时间分配与教育的关系。克里斯廷·达斯特曼和阿瑟·范·索斯特分析了兼职工作对仍接受全日制教育的青少年学业表现以及离校决定的影响。这篇文章的估计方法考虑了这些可能事件的相互独立性,并且将两种不同的状态(即全职进入劳动力市场和接受职业培训)与全日制教育相区分。作者运用相对灵活的方法估计了这一模型。分析中所使用的数据为包含非常丰富学校和家庭背景特征变量的英国儿童发展研究(NCDS)。最主要的发现是全日制学生兼职工作对于女性的考试成绩仅有很小的负面影响,对于男性没有显著影响。兼职工作对于男性的离校决定也仅有很微弱的负面作用,对于女性没有影响。另一个影响学生考试成绩以及离校决定的重要变量是父母对孩子今后职业生涯的预期。

丹尼尔·米莉美特和欧泽肯·埃伦应用参数与非参数的技术,估计了在教育生产函数中相对很少被探讨的投入"所分配的时间"对学业成绩分布的影响。结果显示,学年的长度,每天课时数以及每节课的时长都会影响学生的成绩,但其对于整个成绩分布的影响在方向和程度上都不是同质的。他们发现较短的学年有利于成绩分布高端的学生,但较长的学年会增加成绩分布低端学生的学业成绩。此外,如果每天至少有 8 节课,每节课时长平均为 46—50 分钟将有利于成绩较差的学生提高成绩,但每天仅有 7 节课,每节课时长不超过 45 分钟或多于 51 分钟的安排有利于成绩分布高端的学生提高成绩。

奥斯卡·马塞纳罗-古铁雷斯、费尔南多·加林多-鲁德和安娜·维尼奥尔斯主要研究了谁可以接受高等教育,一个英格兰和威尔士很关注的政策问题。人们担心来自较低社会阶层家庭的孩子不太可能接受高等教育。作者应用青少年群体研究数据库分析了 1994—2000 年间家庭背景与上大学概率关系的变化趋势。该研究发现高等教育参加者之间存在显著的阶层不平等现象,但他们认为这主要归因于教育体系早期的不平等所致。如果考虑到中考(GCSE)和高考(A-level)的成绩,家庭的社会经济背景和父母的受教育程度对于孩子上大学概率的影响将不再显著。

帕特里克·普汉尼和安德烈亚·韦伯根据德国两个不同的数据库(样本分别为小学快毕业的学生以及中学中间阶段的学生),估计了入学年龄对教育结果的影响。他们通过将出生月份作为外生的工具变量进行研究,发现学生在 7 岁而不是 6 岁入学对于学习成绩有稳健且显著的正向作用:小学最后一年的学业成绩可以增加 0.4 个标准差,参加最好的中学教育轨道(语法学校)的概率提高了 12%。

鲁道夫·温特-艾伯莫尔和尼科尔·施内维斯调查了奥地利的教育生产函数,并主要探讨了同学对于学生成绩的影响。他们根据 PISA 2000 和 PISA 2003 数据库,研究了同伴效应对于 15 岁和 16 岁学生的影响,并应用学校固定效应控制了学生进入特定学校和同伴组的潜在的自选择偏差。

结果显示,同伴效应对于学生的阅读成绩有显著的积极作用,对于数学成绩的影响不太显著。此外,同伴效应对于来自较差家庭背景的孩子的阅读成绩影响更大。分位数回归的结果显示,同伴效应的影响在整个成绩分布上是不对称的,对于能力较低的学生影响更大,也就是说能力较低的学生与聪明的同伴一起学习更受益,而能力较高的学生同伴效应不明显。

克斯廷·施奈德和亨德里克·朱尔金斯探讨了教育生产函数的另一个方面,教师质量的排名。经济理论认为根据学生的相对成绩奖励教师是最优选择。作者在随机边界分析的基础上通过计量经济学的分析方法,构建了一个公正的教师排名。该排名考虑到学生社会经济背景和学校差异以及数据中固有的不准确的成绩。并应用德国的国际阅读素养研究(PIRLS)数据库,揭示了数据中的层级结构,估计了每位教师的绩效。该研究通过较少的变量,估计了无法观测的教师质量。作者们认为豪斯曼-泰勒型的评价指标是一个较理想的评价指标,因为教师的绩效和一些外在变量是相关的。

在关于丹麦的研究中,比阿特丽斯·欣德尔-兰威德将第一期 PISA 研究的数据与行政登记数据相结合,估计了不同社会经济背景的学校融合对学生成绩的影响。行政数据可以将家庭背景数据加入到同年龄组的 PISA 学生群体中,以弥补学校组成变量的内生性问题。因此估计的结果是建立在一套包含非常丰富的家庭背景和学校变量的 PISA 数据基础之上。分位数回归的结果显示,在整个有条件的阅读素养成绩分配区间,学校的组成效应对于在较低分位点的学生成绩提高最多。数学素养的成绩则表明能力较低和能力较高的学生参加由较好学生组成的学校获益相同,但大部分检验结果对于科学素养的成绩仅在边际上显著。这些结果暗含着将不同家庭背景的学生混合,有利于提高阅读和数学成绩的公平性,但平均技能水平的整体提高仅对阅读素养适用。对于数学成绩而言,将学生混合对于提高平均成绩没有作用,因为混合不同背景的学生使其对较差学生的积极作用与对较好学生的消极影响相抵消。

到目前为止,我们仅讨论了单一国家的情况。路德杰·沃曼和托马斯·富克斯通过 PISA 学生层次的数据库,估计了国际教育生产函数。学生特征、家庭背景、家庭投入、教育资源、教师质量和制度因素都与学生的数学、科学和阅读成绩息息相关。他们的模型揭示了国家间学业成绩差异原因的 85％,其中大约 25％ 来自制度因素。校外考试制度、外在的预算机制以及学校在教科书的选择、教师的雇用和校内预算的分配有自主权的学校,有利于提高学生成绩。自主权对于存在校外考试制度体系的学生成绩更显著。学生成绩在私立学校的表现更好,但私人资助对学生成绩的影响还不确定。

在第二篇关于国家间比较的研究中,安德列亚斯·安默穆勒利用 PISA 2000 年数据分析了芬兰和德国的学生成绩在总体水平和差异度方面的巨大差距。为了解释芬兰学生成绩较好的原因,该研究根据一个包含估算数据和学校类型信息的独特微观数据库,分别估计了两个国家的教育生产函数。根据欧斯卡—布林德(Blinder-Oaxaca)和朱安—墨菲—皮尔斯(Juhn-Murphy-Pierce)分解方法,阅读素养成绩的差异被分解成不同的效应。分析显示德国学生除了最低 10％ 的学生外,学生和学校的平均特征均好于芬兰,但这些特征所带来的回报(以成绩为衡量标准)却远远低于芬兰。学校类型对学生成绩的作用还不是很清楚。此外,可观测到的特征变量对于德国学生成绩差异的解释力度高于芬兰。

这本书的最后几章是关于培训经济的一些研究。托马斯·勒米厄和大卫·格林根据成人教育与培训调查(AETS)数据,研究了加拿大工会对于培训经费来源和培训频率的影响。简单的描述统计显示,工会工人相对于非工会工人更愿意参加培训活动。工会工人参加培训活动的次数更多的原因在于他们的雇主提供这类培训活动的机会大于非工会工人。这意味着工会工人更愿意参加增强其公司专有人力资本的培训活动。但当作者控制了一系列变量,例如年龄、受教育水平、公司规模以及资历时,工会的作用消失了。也就是说,当其他特征相同时,工会对于促使公司提供更多培训的作用很小。最后,该研究还显示工会对于公司增加培训投入的作用也非常有限。

接下来一章是对于培训项目评估的研究。杰弗里·史密斯和米亚娜·普莱斯卡研究了美国参加者可以选择多种培训项目的评估。理论部分的讨论概括了将培训项目整体评估与单独评估每一个具体项目的区别。根据美国国家工作培训实习草案研究(JTPA)数据的经验分析表明,分开估计多层次培训项目是有意义的。该研究既包括了实验数据,可以作为一个基准,也包含了非实验的数据。JTPA实验根据不同的服务,将项目分成了三个"处理流"。与以前将项目作为一个整体进行分析的文献不同,该研究将三个"处理流"进行了一一分析。尽管样本规模有些偏小,该研究仍证明了项目运行的潜在价值以及将项目整体进行评估遗失了一部分影响。此外,单独分析个体处理流中每一个项目,还可以得出许多宝贵经验。

斯蒂芬·斯佩克泽和伯恩德·斐岑伯格研究了德国的培训项目,他们估计了德国最重要的政府资助的培训项目——专有职业技能和技术培训(SPST)对于就业的影响。该分析应用了最近刚公布的行政数据库。实证部分通过以倾向分为基础的当地线性匹配法,根据已经逝去的失业持续时间,估计了1993年进入失业的人群接受SPST项目的平均处理效应。结果显示项目开始后的一段时期有一个负的锁住效应,但在项目开始后的一年后就有显著的正的处理效应,可以大约提高10个百分点的就业率。对于所关注的逝去的三个失业时间间隔,估计的处理效应的总的特征非常相似。这个积极影响会一直持续到评估期的结束。相对于原民主德国地区,该影响对于前联邦德国地区更显著。

本书收录的大部分论文来自2005年3月在德国曼海姆ZEW召开的"教育和培训:市场与制度"会议,该会议由德国研究基金通过"异质性劳动力市场中的灵活度"研究网络资助,参见http://www.zew.de/dfgflex。11篇文章来自实验经济学特刊,两篇文章发表在常规的实验经济学杂志上。

[英]克里斯廷·达斯特曼　[德]伯恩德·斐岑伯格　[英]斯蒂芬·梅钦

目录

减少学生资助是否会影响学业成绩[*]

——来自荷兰改革的经验检验

米雪·贝劳特(Michèle Belot)　埃里克·坎顿(Erik Canton)　丁南德·韦宾克(Dinand Webbink)

摘要： 本文研究了荷兰高等教育学生资助系统的改革对学生学业表现和时间分配的影响。在 1996 年,学生资助的最长持续时间减少了一年,资助时间仅限于各种学历的标准学习年限。这个改革可能会对学生受资助状况造成显著的影响。我们用双重差分法评估了改革的影响,主要的发现包括学生在他们学习的早期:(1)减少了学习重心的转移;(2)取得了更好的学习成绩;(3)并没有增加学习或兼职工作的时间。此外,该项改革对于接受高等教育时不足 20 岁的学生影响更大(包括学习重心的转移、完成的课程数、第一学年通过率、平均分)。这些发现与最近关于能力的异质处理效应方法的研究结果一致。

关键词： 学生资助　学生行为　政策评估

* 作者感谢责任编辑 Stephen Machin,两名匿名审稿人,Joop Hartog,Pierre Koning,Hessel Oosterbeek,及 2004 年欧洲劳动经济协会的年会参加者,CPB,维也纳高等研究机构,2004 NAKE 研究日和 Maastricht 大学 ROA 的建议。本文所表述的观点仅代表作者本人,与欧洲委员会无关。

1 引言

　　高等教育的资助在许多国家是一个具有高度争议的问题。一派观点认为在缺乏合适的资本市场的情况下，考虑到教育对社会的巨大贡献，为保障所有学生有平等的入学机会，应加大政府对教育的投资，特别是高等教育。该观点认为如果加大个体对高等教育的投入比例则必然影响到学生们的入学选择，特别是低收入家庭学生的入学。关于此议题的研究很多（Dynarski，2003；Kane，1995；van der Klaauw，2002），但关于公共财政资助对学生学业表现和行为有何影响的研究很少。个体教育成本负担率的增加是否会激发学生们的努力程度、提高学业表现，还是会增加他们兼职工作的时间？

　　本文评估了荷兰高等教育学生资助体系的一项重大改革对学生学业表现和时间分配的影响。该项改革从 1996 年开始实施，将最长资助时间减少了 1 年，并将其限制在只能资助标准的学习年限。此改革适用于所有第一次进入荷兰高等教育学习的学生。为了识别改革的影响，我们使用了双重差分法（difference-in-difference，DD）。第一重差分分离时间效应，即改革执行前对改革执行后。我们分析了改革执行前一年（即 1995 年）的新生和改革执行后第一年（即 1996 年）的新生的数据。第二重差分，我们利用了该改革的特定特征。荷兰的高等教育由高等职业教育和普通高等教育组成，两种高等教育的标准年限都是 4 年，但实际内容差别很大。在改革前，如果选择高等职业教育，学生平均需要花 54 个月完成他们的学业，而接受普通高等教育的学生平均却需要 66 个月的学习时间（*Statistics Netherlands*）。改革把学生的资助时间从 60 个月减到 48 个月，这意味着高等教育的平均价格，对于高等职业教育学生来说提高了相当于 6 个月的学生资助水平的成本，而对于普通高等教育的学生来说提高了相当于 12 个月的学生资助水平的成本。第二重差分是建立在第一重差分基础上的，并对两种类型的高等教育学生区别对待。我们以高等职业教育的学生作为控制组，比较两组学生在改革前和改革后学业表现和时间分配的变化。

　　本文与少数几篇关于财政改革对学生学业表现影响的文献相关。贝廷格（Bettinger，2004）研究了以均值测试为基础的资助的作用，即佩尔（Pell）资助项目。该项目以最初的入学条件为基础，考察学生在高等教育的保留率。他应用俄亥俄州公立 2 年制和 4 年制的大学入学数据，从面板和横截面两组数据，识别佩尔资助的影响。经验检验显示，佩尔资助对于降低学生的辍学行为有一定的作用，特别是用面板数据得出的结论更明显。该结果显示，对一个学生的佩尔资助增加 1 000 美元，会降低该生 9.2％ 的辍学可能。戴纳斯基（Dynarski，2005）评估了择优资助对大学学业完成的影响，该资助以以前的教育效果为基础，20 世纪 90 年代在美国的十几个州大面积实施。戴纳斯基应用从 2000 年开始的微观数据，比较了择优资助受众群体和非受众群体的学历完成率。她发现该资助项目使受众群体的大学学历完成率增加了 3％。康韦尔等（Cornwell et al.，2003）研究了美国佐治亚州高等教育从按需资助到择优资助的转型。新的资助项目只资助那些以每学期的平均成绩为衡量依据的学业优秀的个体,但由于该项目对学业任务没有要求,康韦尔等发现许多学生通过减少每学期的课程量以保证提高平均成绩。勒文等(Leuven et al.,2003)通过随机实地调研的方法,调查了资助奖励对阿姆斯特丹大学经济和商科一年级学生学业成绩的影响。他们发现资助奖励对于通过率和学分总数没有显著影响。但是他们发现不同的个体存在异质性。当能力强的学生被分配到高奖励组时,他们会选择更多的课程并获得更高的通过率;但当能力低的学生被分配到高奖励组时,他们会选择更少的学分。安格里斯特和拉雯(Angrist and Lavy,2002)汇报了以色列通过资助奖励旨在提高高中成绩较差学生入学率的政策效果,发现奖励对于提高成绩具有显著作用。克雷默等(Kremer et al.,2004)通过随机实验的方法分析了资助奖励对肯尼亚农村两个区小学女生成绩的影响。他们发现资助奖励对于其中一个区女孩的学业成绩和出勤率都有显著的正向影响,但是对另一个区的女孩却无显著效果(他们在项目执行方面有一些问题)。本文也研究了公共资助和兼职工作方面的关系。目前文献中也有一些研究关于兼职工作对学业成绩的影响(例如,Stinebrickner and Stinebrickner,2003),但据我们所知,没有文献研究公共资助和时间分配选择的关系。

我们发现荷兰1996年的资助系统改革提高了高等教育第一年的学生表现,但对学生的时间分配没有影响。双重差分法估计显示改革后转移学习重心的学生减少了大约5%,但学生的辍学率没有受到影响。此外,学生的学业成绩有所提高(提高了约1.3个百分点)。如果我们把样本缩小至最年轻的学生,即入学年龄小于20岁的学生,我们发现资助对于他们的表现具有更大更显著的影响(包括学习重心的转移、完成的课程数、第一年的完成率和平均成绩)。此外,当我们将样本限制到年纪更小的学生(不超过18岁或19岁),资助的作用更显著。这些发现与最近关于能力的异质处理效应方法的研究结果一致。

识别改革影响研究所关心的一个问题是学生对高等职业教育和普通高等教育选择的重新分配。我们发现改革后根据学生可观测特征的变化显示:学生之间学业表现的差别缩小了。如果可观测特征的变化对于不可观测特征是一个导向,双重差分法的估计结果由于选择问题产生了向下的估计偏差,这意味着我们可以将估计的效应解释为最低值。

本文由以下几个部分组成。第2部分描述荷兰高等教育及1996年的改革。第3部分论述实验方法。第4部分描述数据,并陈述经验检验结果。第5部分推出了研究结果,并对该结果进行了讨论。

2 学生资助和荷兰高等教育

荷兰高等教育体系由两种类型组成:高等职业教育和普通高等教育。高等职业教育旨在培养学生的职业技能,使他们大致可以"在某一领域自由操作"。普通高等教育的培育目标则是在学术或职业领域培养学生独立的科学工作水平。荷兰有14所大学(包括开放式远程大学,open university)和 40 所高等职业院校。几乎所有的学校都为 4 年标准学制。

1986 年,荷兰政府为高等教育的新生设计了学生资助法案。该法案以月资金拨款的形式规定了公共财政对学生的资助。除了支付生活费用和直接成本(如课本)外,学生在每年开学时,支付固定的学费。对于所有学科这些费用都是统一的,并且大大低于学校征收的总学费。政府以直接拨款的形式给教育的供给者支付两者的差额。

资助的形式包括四类:基础资助、补充资助、贷款和"友好"资助。基础资助是最广泛的资助形式,根据生活条件(即学生和父母一起居住还是远离父母)来进行资助。补充资助是根据父母的收入和家庭特征(以均值为基础)进行资助。第三种资助形式是贷款。这种资助方式是针对不符合其他资助条件的学生以贷款的形式获得政府或其他来源的资助。得到该种资助的学生必须在完成学业后(无论是否取得学位)的一个固定期限内偿还他们的债务。最后一种资助是一种旅行证,可以使学生免费乘坐各种公共交通(仅限周末或工作日)。

在过去 15 年里,学生资助的规则一直在不断发生变化[1]。两种类型的变化值得特别关注。第一,政府对于学生资助附加了更多的学业表现方面的要求(包括基础资助和补充资助)。其次,资助期限一再被缩短。从学生角度看,最值得关注的变化是 1996 年的改革,也就是所谓的择优资助。此项改革要求所有资助都必须以学业成绩为依据。改革后学生得到的贷款,根据学业成绩可能会转换为馈赠。此外,改革之后资助时间从 5 年减少为 4 年。由于大多数学生需要超过 4 年的时间来完成学业,这就增加了高等教育的成本。减少一年的资助时间,对于与父母生活在一起,而且只获得基础资助的学生来说,至少增加了 684 欧元的成本;而对于远离家庭,且同时获得基础资助和补充资助的普通高等教育的学生来说,可能最多增加了 4 385 欧元的成本。资助方法的差别对于1995 年入学和 1996 年入学的学生来说尤其大,因为资助的规模同时也减小了。值得注意的是,这种成本的增加是个人在高等教育学费占比非常低的情况下发生的。与英美个体高等教育负担率相比,荷兰的个体高等教育负担率比较低。改革使得关于实际与名义的学制时间的研究变得更加珍贵。我们通过双重差分法揭示了改革的一些特征(参见下一部分)。

3 研究方法

学生所能获得的公共资助的数额由学生资助法案(参见第 2 部分)规定。学生所获的公共资助的大部分差异由父母收入和家庭的特征(用均值来衡量)决定。在某一收入水平之下,父母的收入与公共资助之间基本呈线性关系。因此如果父母收入基本相同,不同学生所受资助的变化差异很

---

[1] Belot 等(2004)回顾了最主要的变化。

小。本文使用了另一个可能造成公共资助差异的原因:1996 年的改革。1996 年前入学的学生可以享受 5 年的财政资助,但 1996 年以后入学的学生只能享受最多 4 年的财政资助。这可能会使高等教育的成本大幅增加,最高可达 4 385 欧元(参见第 2 部分)。

在本文中,我们通过比较 1995 年入学学生和 1997 年入学学生的一些行为(如学业表现和时间分配),揭示 1996 年改革所带来的公共财政资助的变化。我们可以通过估计下列关系等式作为分析的开端:

$$Y_i = \alpha + \beta X_i + \delta Year_i + \varepsilon_i \tag{1}$$

其中,Y_i 是个体 i 某种行为的结果;X_i 表示个体特征的向量,用来控制 1995 年和 1997 年学生组的差异;$Year$ 是一个对应相应入学年份的时间虚拟变量(如 1995 = 0, 1997 = 1);ε_i 是残差项;系数 δ 测量了 1995 年和 1997 年入学学生行为的差异。然而,系数 δ 的估计值也包含了改革前与改革后其他变化对学生行为产生的影响。为更正此偏差,我们采取了双重差分的方法。第一重差分对比了一组控制人群在改革前和改革后行为上的差别。控制组人群我们选取了接受高等职业教育的学生,即参加另一种荷兰高等教育类型的学生。我们预期学生资助的减少对于高等职业教育学生的影响小于对普通高等教育的学生的影响。因为虽然两种教育类型的名义学制相同,但实际就读年限差别很大。改革前,职业高等教育的学生平均需要 54 个月完成他们的学习,而普通高等教育通常需要 66 个月(*Statistics Netherlands*)。改革使学生受资助的时间从 60 个月减少到 48 个月。这使得高等教育成本对于高等职业教育学生而言,增加了约 6 个月的平均学生资助水平的成本,而对于普通高等教育的学生则增加了 12 个月的平均学生资助的成本。

因此我们采用了双重差分的方法来分析,并以高等职业教育的学生作为控制变量。我们测算的模型可以由以下公式来表示:

$$Y_i = \alpha + \beta X_i + \delta Year_i + \lambda Uni_i + \gamma Year_i \times Uni_i + \varepsilon_i \tag{2}$$

其中,δ 测量了时间效应(也可能包含除学生资助改革以外的变化),Uni 为代表学生是否接受高等教育的虚拟变量。双重差分系数 γ 测算了改革的影响。用此方法需要考虑的一个问题是改革可能会影响学生的入学选择。因为改革会导致成本的变化,可能会使部分学生选择不接受高等教育,或使部分学生放弃普通高等教育转而选择高等职业教育。在最后一个部分,我们将根据我们的估计值来讨论学生们可能做出的各种选择。

4 数据和经验检验结果

4.1 数据

我们将使用荷兰大学科恩斯塔姆学院(SEO-SCO Kohnstamm)收集的数据来进行研究。这些数据来自于对 1995/1996 年和 1997/1998 年所有高等教育入学新生的一个随机抽样调查。问卷在两个不同的时间点发出:第一次是在第一学年的开学初,第二次是在一年半以后。样本包括 8 726 个受调查者,其中 4 412 个来自 1995 年组,4 314 来自 1997 年组。样本根据高等教育类型分成两类(普通高等教育和高等职业教育),同时又根据专业分成 8 小类(根据荷兰 HOOP 分类法)。[1]

表 1 列出了两组人群关于不同教育类型的各种统计数据。我们调查样本的被观测者仅限于在接受高等教育时年龄小于 30 岁的学生。表的上半部分,列出了因变量的各种统计结果,下半部分显示了解释变量的各种统计结果。

■表 1　因变量和自变量的统计描述

	高等职业教育		普通高等教育	
	1995 年	1997 年	1995 年	1997 年
学业成绩				
第二次调查的情况				
没有变化(%)	80.9	83.8	80.1	87.2
转换教育类型(%)	13.4	12.7	17.8	11.3
不再接受高等教育(%)	5.6	3.5	2.2	1.4
第一年的表现				
通过了第一年考试	64.4	63.1	61.5	62.4
完成课程的百分比	85.6	88.6	81.6	86.7
平均成绩	6.71(0.79)	6.81(0.78)	6.74(0.95)	6.92(0.88)
时间分配				
在学习上投入的总时间	35.3(12.3)	33.3(12.4)	33.0(11.5)	30.5(11.1)
打工投入的时间占比(%)	54.6	58.6	41.3	54.8
打工投入的小时数	5.1(5.7)	7.1(6.5)	3.6(4.8)	5.5(6.5)
背景				
年龄	18.8	18.9	18.5	18.5
女性(%)	46.8	46.9	56.6	53.3
荷兰本族人(%)	93.1	92.1	95.5	93.1
父亲的收入(1—13)	4.7(3.4)	5.6(3.9)	5.6(3.2)	6.5(3.5)
母亲的受教育程度(1—12)	5.7(2.9)	6.1(2.9)	7.3(3.2)	7.7(3.1)
父亲的受教育程度(1—12)	6.8(3.3)	7.1(3.3)	8.8(3.3)	9.0(3.3)
能力				
是否曾复读过(%)	41.7	38.5	21.3	19.4
大学预科教育证书(%)	17.2	17.7	98.6	98.3
高中平均成绩	6.70(0.55)	6.73(0.54)	7.02(0.70)	7.03(0.69)

注:括号内为标准差。

---

[1]　对于两组人群,第二次问卷的回收率都显著低于第一次(第二次问卷两组回收率分别比第一次低 33% 和 39%)。我们检验了 1995 年和 1997 年没有回答第二次问卷是否显著不同,通过以时间虚拟变量为因变量,并控制所有个体特征后,我们没有发现 1995 年和 1997 年样本有显著的不同。此外,大多数的系数不显著,包括能力变量。因此,由于样本差异造成的偏差可能是很有限的(Belot et al.，2004)。

在我们的数据中,我们有四种测量学业表现的方法:(1)第二次调查时的成绩排名;(2)第一年完成课程的比例;(3)第一年考试的通过率;(4)第一年的平均成绩。样本统计显示,改革后学生在第二年开始选择更多课程学习的可能性更大,以保证第一年较高的课程完成率和平均成绩。对于接受普通高等教育的学生,此结论更明显。对于两种教育类型,我们可看出学生用在学习上的小时数在减少,而用在工作上的小时数在增加。在分析中,我们控制了三组变量:首先我们控制不同专业的差别。虽然1995年和1997年组的取样过程有些细微差别,但我们将不同年份的受观测者均按其专业分成8类。其次是控制能力的变量。学生的能力通过高中期终考试的平均成绩、教育类型和是否留级来衡量。再次,我们控制了个体特征和社会背景的变量,具体包括:年龄、性别、种族、父母收入、父母教育。统计显示,改革后参加两种教育类型的学生的社会背景均提高了,但能力变量只有微小变化。

4.2 实验结果

我们现在可以估计改革对学生的随机表现和努力程度有何影响。对于所有的解释变量,我们估计类似于公式(1)或公式(2)的形式并结合使用各种控制变量。在展现所有的实证检验结果后,我们将讨论由于改革所导致的学生进行重新选择的可能。我们以1995/1996学年和1997/1998学年入学的新生作为估计的起点。

4.2.1 学业表现

表2揭示了四种随机表现的估计结果。第1、2列是改革前、改革后普通高等教育和高职教育的比较(即等式(1))。第3、4、5列是在不同控制变量下双重差分法的估计。其中第3列仅控制了专业的变量,第4列又加入了能力变量,第5列包括了能力和背景变量。

我们通过多重离散选择模型(multinomial logit-model)估计了改革对于转换教育类型和辍学的影响,该模型允许我们估计三种选择:继续接受该类型的教育、转换到其他教育类型或辍学。第1列显示,改革后大约有将近6%的个体从普通高等教育转换为其他教育类型,该结果的显著性水平为1%。改革后,高等职业教育的学生基本没有转换他们的教育类型。双重差分法的估计再一次肯定了该结论。改革后,大约有将近5%接受普通本科教育的学生转换到其他类型的教育,该结论在加入额外的控制变量后仍然没有变化。改革对于学生辍学没有影响。

然后我们利用最小二乘法(OLS)测算了改革对于完成课程的影响。改革前后的结果比较显示,接受普通高等教育的学生和高职教育的学生在改革后通过的课程数均增加了。双重差分法估计显示,接受普通高等教育的学生比高等职业教育的学生进步更快,但由于误差较大,此效应不显著。此外,用双离散(Probit)模型估计第一年考试的通过率也显示改革后接受两类教育的学生都进步了,但估计结果仍然不显著。用 OLS 估计平均成绩给出了一个较为明朗的画面。改革后普通高等教育学生的平均成绩显著提高,而高等职业教育学生的平均成绩没有变化。所有的双重差分法估计值均显著。

■表2 学业成绩的处理结果(多元 logit/ OLS/ probit/ 边际效应)

	前后比较估计		双重差分(DD)估计		
	大学	高职	DD1	DD2	DD3
	(1)	(2)	(3)	(4)	(5)
转换教育类型	−0.059***	−0.008	−0.047**	−0.048**	−0.048**
	(0.015)	(0.017)	(0.020)	(0.019)	(0.019)
辍学	−0.000	−0.013	0.004	0.003	0.002
	(0.001)	(0.006)	(0.011)	(0.010)	(0.001)
样本数	2 084	1 687	3 771	3 771	3 771
完成课程比例	4.171***	1.990*	1.987	2.270	2.155
	(1.040)	(1.111)	(1.589)	(1.489)	(1.493)
样本数	2 066	1 653	3 719	3 719	3 719
第一年通过的考试(%)	0.037	0.028	−0.008	0.010	0.010
	(0.025)	(0.027)	(0.034)	(0.035)	(0.035)
样本数	2 084	1 686	3 771	3 771	3 771
平均成绩	0.136***	−0.024	0.129**	0.139***	0.136***
	(0.036)	(0.038)	(0.059)	(0.051)	(0.051)
样本数	2 034	1 596	3 630	3 630	3 630
控制变量					
专业	是	是	是	是	是
能力	是	是	否	是	是
背景	是	是	否	否	是

注:括号内为标准差。能力变量包括高中的平均成绩、没有留级的年级数、高中学历的类型。"背景"包括性别、年龄、年龄的平方、父母的收入及父母的教育程度。
*** 表示在 1% 显著程度上有效,** 表示在 5% 显著程度上有效,* 表示在 10% 显著程度上有效。

4.2.2 时间的分配

目前还不清楚学生对改革有何反应。他们可以选择在学习上投入更多的时间从而避免一个时间较长成本更高的学习期,或者花费更多的时间打工以弥补公共资助带来的缺失。尤其对于那些不愿意借贷的学生而言,这确实是一个抉择。表 3 显示了三个被解释变量:学习小时,业余工作数(jobs on the side),工作小时的估计结果。

■表3 时间分配的处理结果(OLS/probit,边际效应)

	前后估计		双重差分估计		
	大学	高职	DD1	DD2	DD3
学习小时	−2.598***	−1.711***	−0.873	−0.863	−0.790
	(0.389)	(0.481)	(0.599)	(0.598)	(0.598)
样本数	3 178	2 875	6 053	6 053	6 053
工作	0.147***	0.099***	0.029	0.025	0.036
	(0.019)	(0.019)	(0.026)	(0.026)	(0.027)
样本数	3 201	2 919	6 126	6 126	6 126
工作小时	1.865***	1.844***	−0.064	−0.135	0.015
	(0.201)	(0.239)	(0.303)	(0.302)	(0.301)
样本数	3 182	2 880	6 062	6 062	6 062
控制标量					
专业	是	是	是	是	是
能力	是	是	否	是	是
背景	是	是	否	否	是

注:括号内为标准差。能力变量包括高中的平均成绩、没有留级的年级数、高中学历的类型。"背景"包括性别、年龄、年龄的平方、父母的收入和父母的受教育程度。

表3的估计结果表明学生没有选择第一种选择,即在学习上投入更大的精力。改革前后的比较显示两种类型高等教育的学生在学习上花的时间均有所减少,然而双重差分法估计值不显著。其他两个变量也有类似的结论。我们发现两种类型的学生都倾向于在业余工作上花费更多的时间和精力,但双重差分法估计值也不显著。学生在打工上花费更多的时间可能也与宏观经济条件有关。在20世纪90年代后半期,荷兰经济迅速崛起,劳动力市场变得相对紧俏,为学生提供了更多的业余工作的机会,特别是接受过高等教育的年轻人。失业率从1995年的7%降到1997年的5.5%,在2000年降至2.6%。

4.2.3 年轻的学生

前面的分析包括了所有年龄低于30岁的大一新生。这既有高中毕业直接进入大学的学生,也涵盖了高中毕业后中断几年教育然后重新进入大学的学生。在这一部分,我们将样本限制在最年轻的一组,也就是在他们大学入学时,年龄不超过20、19或18岁。我们关注这一群体有三个原因:第一,这组群体的个体差异较小,他们遵循所谓的通往高等教育的"皇家大道",即从普通高中直接升入大学,或从中职升入高职。第二,这组群体的平均能力可能比较高。我们发现期末考试成绩(GPA)随着年龄的增加呈递减趋势(20岁大学样本的平均GPA为7.0,19岁大学样本的平均GPA为7.1,18岁大学样本的平均GPA为7.2)。最近的几个研究证明了处理效应的异质性(Leuven et al., 2004;Angrist and Lavy,2002)。能力高的个体对物质激励更敏感。位于能力分布高端的个体,可以付出相对较少的努力成本,而显著地提高学业表现。第三,改革可能对于年龄较小的个体经济影响更大,因为能力高于平均水平的个体实际学习时限可能较短。如果该假设成立,这些学生可能比平均水平少花3个月的时间完成学业,也就是说对于高等职业教育的学生用51个月完成而不是54个月,对于普通高等教育为63个月而不是66个月。这样改革对于整体而言,增加了9个月的成本而不是6个月。上面的讨论表明改革预计将对年轻个体或能力强的个体产生更大影响。

表4显示了当学生组年龄分别限制在20、19和18岁时,包括所有控制变量的双重差分法估计结果(即DD3模型)。关于学习成绩的估计结果都清晰地显现出来。对于所有关于学业成绩的变量,年轻学生都表现得很好,表现为所有双重差分法估计值均大于表3中的数据,并且除一个特殊外,所有的统计值均显著。此外,当我们检验的样本年龄越小,改革的作用就越明显。这些发现与最近关于高能力群体处理效应的异质性研究相一致。我们也用双重差分法模型估计了三个时间分配变量。结果与表3的结论十分相近(没有在表4中列出)。时间分配对于年龄较小的学生没有显著变化。

■表4 年轻学生的双重差分学业成绩估计

	≤20 岁	≤19 岁	≤18 岁
转换教育类型	−0.051**	−0.058**	0.057**
	(0.020)	(0.021)	(0.024)
样本数	3 546	3 186	2 266
完成课程比例	3.201**	4.329***	5.641***
	(1.536)	(1.585)	(1.786)
样本数	3 500	3 146	2 234
第一年通过考试课程数	0.031	0.074**	0.088**
	(0.036)	(0.037)	(0.042)
样本数	3 545	3 185	2 266
平均成绩	0.171***	0.185***	0.241***
	(0.053)	(0.055)	(0.065)
样本数	3 414	3 067	2 176

注:括号内为标准差。包括了所有的控制变量。

4.2.4 可观测变量和不可观测变量的选择问题

一个很重要的问题是我们是否可以把双重差分测量的影响归功于改革的结果。我们怎么能确定学习成绩的提高不是因为能力低的个体选择了高等职业教育?在上一部分结果显示,对于各种各样的控制变量,估计值都很稳健。此外,加入控制变量后的点估计值大于没有加入控制变量的估计值。这意味着改革后两种类型高等教育学生的平均成绩降低了。然而,对于不可观测特征的选择性会对双重差分法估计值造成偏差。在缺乏实证数据和工具变量的情况下,这可能影响高等教育选择的类型,但不会影响高等教育的学业成绩,这个问题很难解释。在最近一篇关于天主教学校有效性的文章中,阿尔通吉等(Altonji et al.,2005)提出可以应用可观则变量的信息作为对不可观测特征选择性的指导。他们通过结果等式的可观测变量测量了选择性问题,并计算了当选择性问题有多严重时,可以使整个结果(天主教学校的出勤率)产生选择性偏差。我们也应用此种方法来估计我们可能面临的选择性偏差问题。选择性偏差对于学业表现的变化用可观测变量计算,可以通过重新调整等式(2)为:

$$(\bar{y}_{97}^{U} - \bar{y}_{95}^{U}) - (\bar{y}_{97}^{H} - \bar{y}_{95}^{H}) = \beta(x_{97}^{U} - x_{95}^{U}) - (x_{97}^{H} - x_{95}^{U}) + \gamma \tag{3}$$

其中,$\bar{y}_{t}^{j}$ 代表学业表现变量 y 相对于 j 组($j = \{U$ 普通高等教育,H 高等职业教育$\}$)在 t(1997 或 1995)年的平均预测值。等式(3)的左边表示学业表现变量预计的总变化幅度。右边显示可观测变量和双重差分法估计值的解释程度。根据阿尔通吉等(2005)的说法,我们可以凭借可观测变量的变化推测不可观测变量的变化。如果样本中可观测变量只能解释很少一部分预计的总变化,那么不可观测变量也不可能对于预计的总变化起到显著的作用。在表 5 中,我们根据表 4 中小于等于18 岁的学生估算了等式(3)的三个变量。表 5 的第 1 列显示了预测的总变化,第 2 列表示根据表 4 的双重差分法得到的估计值,第 3 列显示可观测变量对于预测的总变化的作用。

■表5 学业表现预计变化的分解

学业表现变量	总的预计的变化	双重差分法估计值 (表 4 第 3 列)	可观测特征的变化
	(1)	(2)	(3)
完成的课程数(%)	4.80	5.64	−0.84
通过第一年的考试(%)	7.30	8.80	−1.50
平均成绩	0.15	0.24	−0.09

有两点值得注意。第一,可观测变量相对于双重差分法估计值的解释力度很小。第二,不同人群可观测变量的变化应该是接受普通高等教育学生的成绩在改革后变得更差。也就是说,如果我们不能控制对可观测变量的选择性偏差,我们将低估改革的作用。这个结果可能与我们的直觉相反,因为人们会预期只有能力较强的个体通过自我选择才能进入大学。然而,由于改革的特殊性,这个结论有时可能不成立。除非人们预期在大学或高职的学习时间比规定时间不会多出一年,否则改革改变了大学或高职教育的相对价格。在贝劳特等(Belot et al,2004)这篇文章中,我们发现该结论对于具有平均能力或以上的学生尤为适用,对于入学时能力较低的学生不太适用。表 5 最主要的发现是接受普通高等教育的学生在改革后可观测的学术能力下降了。根据阿尔通吉等的结

论,我们推测他们不可观测变量的有利变化也有类似的趋势。因此,不可观测变量也不可能导致改革对学业表现有积极的促进作用。我们甚至可以说我们估计的改革对学业表现的影响偏小。

5 结论与讨论

这篇文章分析了荷兰高等教育的公共支持对学生学习表现和时间分配的影响。1996 年,荷兰学生资助系统实施了一项重大改革。我们通过使用 1995 年和 1997 年入学新生的调查数据,将改革视为外在因素,研究了学生资助对学业表现和时间分配的影响。我们发现了改革造成的以下几点影响:第一,只有不到 5% 的学生转换了学习类型,学生的辍学率基本没有影响。第二,第一年的学业表现有所提高。学生的平均成绩有所提高(提高约 1.3%)。此外,改革对年轻学生的影响更大。我们发现当学生在入学时不满 20 周岁时,改革提高了几乎所有的学业表现变量,包括转化教育类型、第一年考试通过率、完成课程数和平均成绩。此外,我们发现如果我们研究的对象进一步缩小到更年轻的群体,提高幅度更加显著。这些发现与最近关于处理效应异质性的结论相一致。第三,学生的时间分配(学习的小时数、工作概率、工作小时数)没有变化。在学业表现提高的前提下,这个发现很令人吃惊。最近几个研究(Leuven et al.,2004;Kremer et al.,2004)也同样发现了学业表现提高,但付出的努力程度没有显著变化的证据。这些研究认为,自我努力程度变量存在测量错误可能是导致上述结论的原因。

一个需要明确的问题是,1995 年到 1997 年的变化是改革的结果还是由其他不可观测因素导致的结果。在缺乏实验数据和工具变量的情况下,很难解释这个问题。阿尔通吉等(2005)提出将可观测特征的信息作为引导来推测不可观测特征选择偏差的程度。根据此方法,我们发现可观测变量解释变化的程度与双重差分法估计值相比,解释力度很小,而可观测变量的变化增加了学业表现的差异。如果,不可观测变量与可观测变量具有类似的变化趋势,这意味着我们的双重差分法估计将产生向下的估计偏差,也就是说我们会低估改革的影响。

另外一个问题是改革的长期效应。我们的研究只估计了改革对学生前 2 年学习时间的影响,遗憾的是,我们没有这些学生在以后学习阶段的表现数据。而据我们所知,也没有其他荷兰的微观数据可以涵盖这个问题。现有的唯一数据就是人口统计。这些统计显示 1995 年入学的学生,5、6、7 年后的大学毕业率分别是 26%、43% 和 55%,1997 年入学的大学毕业率分别是 26%、43% 和55%。1995 年入学的高等职业学校学生 5、6、7 年后的毕业率分别是 58%、65% 和 68%,1997 年入学的分别是 58%、65% 和 69%。大学毕业生的平均学习时间没有变化(两组都是 66 个月),而高职学生的平均学习时间从 54 个月缩短到 52 个月。这些统计数据显示高等教育的学业表现有一定的提高,但通过双重差分方法估计,即当把高职教育作为控制变量时,结果却表明没有显著的提高,也就是说改革初期所取得的成绩是否能持续整个高等教育阶段还不清楚。学习时间的变化与我们发现的可观测变量的变化相一致。值得注意的是学习的平均年限以毕业的学生为基础,而没有考虑那些继续学习的学生。人口统计无法提供学业质量方面的变量,如平均成绩。我们可以推断1996 年的改革,对学生在提高学业表现方面确实起到一定的作用,但我们不能完全排除其他方面的影响。

参考文献

Altonji JG, Elder TE, Taber CR (2005) Selection on observed and unobserved variables: assessing the effectiveness of Catholic schools. J Polit Econ 113:151–184

Angrist JD, Lavy V (2002) The effect of high school matriculation awards: evidence from randomized trials. NBER Working Paper, no. 9389

Avery C, Hoxby C (2004) Do and should financial aid packages affect students' college choices? In: Hoxby C (ed) College decisions: the new economics of choosing, attending and completing college. University of Chicago Press, Chicago

Belot M, Canton E, Webbink D (2004) Does reducing student support affect educational choices and performance? Evidence from a Dutch reform. CPB Discussion Paper 35

Bettinger E (2004) How financial aid affects persistence. NBER Working Paper, no. 10242

Cornwell CM, Lee KH, Mustard DB (2003) The effects of merit-based financial aid on course enrollment, withdrawal and completion in college. Mimeo, University of Georgia

Dynarski S (2003) Does aid matter? Measuring the effect of student aid on college attendance and completion. Am Econ Rev 93:279–288

Dynarski S (2005) Finishing college: the role of state policy in degree attainment. Mimeo, Harvard University, Kennedy School of Government

Kane TJ (1995) Rising public college tuition and college entry: how well do public subsidies promote access to college? NBER Working Paper, no. 5164

Kremer M, Miguel E, Thornton R (2004) Incentives to learn. Unpublished working paper, Harvard University

Leuven E, Oosterbeek H, van der Klaauw B (2003) The effect of financial rewards on students' achievements: evidence from a randomized experiment. CEPR Discussion Paper, no. 3921

Stinebrickner R, Stinebrickner TR (2003) Working during school and academic performance. J Labor Econ 21:473–491

Van der Klaauw W (2002) Estimating the effect of financial aid offers on college enrollment: a regression-discontinuity approach. Int Econ Rev 43:1249–1288

兼职工作、学业成绩和离校决定的关系*

克里斯廷·达斯特曼（Christian Dustmann）　　阿瑟·范·索斯特（Arthur van Soest）

摘要： 在本文中，我们分析了仍接受全日制教育的年轻人兼职工作后对学业成绩和离校决定的影响。我们的估计方法考虑了这些事件之间可能的相互依赖性，并考虑了与全日制教育相区别的两种不同状态：全职进入劳动力市场和工作的同时进行在职培训。我们运用较为灵活的模型对调查者的这一抉择进行分析。所有分析均以英国全国儿童发展研究数据库（NCDS）为基础，该数据库包含了非常丰富的学校和家庭背景方面的信息。我们最主要的发现是接受全日制教育的学生如果兼职工作只对女性的学业成绩有较小的负面影响，对男性无影响。兼职工作对继续求学也有一定的负面作用，但是程度非常小并且只对男性较显著，对女性的作用不明显。另一个影响学业成绩和离校决定的重要因素是父母对于子女今后职业发展方向的态度。

关键词： 青少年劳动供给　教育参加　培训

1　引言

　　在英国，16岁是年轻人一生中具有重要意义的里程碑时期，在这一年，他们将面临一系列重要

---

* 我们非常感谢 Steve Machin 及两位匿名评论者非常有益的评论和建议。

的教育和劳动力市场选择。对于一个年满16岁仍在接受全日制教育的青少年而言,一个重要的决定是他们是否应该从事兼职工作。16岁也意味着学生们将第一次参加全国统考,而该考试的结果对于他们继续求学或职业的成功非常关键。此外,青少年还面临着另一个重要决定:在完成义务教育后,他们应该做什么? 他们是应该继续留在学校,接受职业培训(可能是工作和兼职教育的结合),还是全职进入劳动力市场?

由于16岁之于青少年抉择的重要性,探讨兼职工作、学业成绩及离校决定关系的文章一直是以前文献关注的焦点。根据1992年英国劳动力调查数据显示,三分之一的16岁到17岁接受全日制教育的青少年从事兼职工作(Sly,1993)。1992年全日制学生中约有23.8%的人从事兼职工作,到1994年这一比例提升至28.2%[1]。米克尔怀特等(Micklewright et al.,1994)以家庭消费调查数据(Family Expenditure Survey,FES)为基础的研究同样发现青少年具有类似的工作习惯。一些以美国数据为基础的研究也表明,全日制学生兼职工作并非英国特有的现象。例如,格里利谢斯(Griliches,1980)分析了1966年和1974年的数据,发现至少有50%的高中生在学习的同时兼职工作。

影响个体所获教育水平的因素分析,一直是经验分析文献的主题。大多数文献都试图在解决教育水平的高低是否受到学校质量的差别、个体特征及家庭投入等因素的影响(Steedman,1983;Robertson and Symons,1990)。

最后,许多英国青少年在超过法定最小离校年龄后仍继续接受教育,对此问题的关注激发了一部分学者探究继续求学的决定因素。赖斯(Rice,1987),米克尔怀特等(Micklewright et al.,1989)和米克尔怀特(Micklewright,1989)都调查了青少年离校的影响因素。达斯特曼等(Dustmann et al.,2003)的研究表明,班级规模是一个重要决定因素。此外,布斯和萨切尔(Booth and Satchell,1994)关于参加职业培训的影响因素一文中,发现青少年参加职业培训课程的人数较少,应该引起政府的关注。

虽然青少年的劳动供给、学业表现及离校决定都是大量实证文献的主题,但这三者的关系却未能引起足够的关注。有不少文献在研究,例如,从事兼职工作对接受全日制教育学生的学习、职业预期(Griliches,1980)以及今后工资水平的影响(Ehrenberg and Sherman,1987)。埃伦伯格和舍曼(Ehrenberg and Sherman)调查了接受全日制教育学生从事兼职工作对于学业表现及下一年入学决定的影响。他们发现兼职工作对于平均成绩没有影响,但对下一年的入学决定有一定的负面作用。埃克斯坦和沃尔品(Eckstein and Wolpin,1999)则认为学习的同时从事兼职工作会影响学生的成绩。另一方面,这也可以为学生提供更多关于劳动力市场的信息,学生可以据此信息做出职业选

---

[1] 我们的计算以英国劳动力调查数据库(British Labour Force Survey,LFS)为基础。

择。探讨在接受全日制教育阶段从事兼职工作对今后收入的影响时,鲁姆(Ruhm,1997)和莱特(Light,2001)发现二者成正相关关系。而霍茨等(Hotz et al.,2002)认为在控制选择偏差后,正向作用会减弱。

学习的同时是否兼职、学业表现及教育与职业的选择可能需要同时决定,但接受全日制教育的同时,兼职工作与离校决定的关系事先无法预测。一方面,工作与学习同时进行可能是青少年希望尽快加入劳动力市场的暗示。另一方面,它可能为年轻人提供有关低技能劳动者在劳动力市场处于劣势的第一手信息,这些信息可能会使青少年在离开学校时接受更多的培训或教育。

类似地,学业成绩可能受兼职工作时间的影响,因此人们可能预测在16岁时,工作小时数与考试成绩负相关。当前许多欧洲国家开始讨论或者已经实施增收学费的政策(虽然仅局限于高等教育阶段),对于此类议题,探讨全日制学生从事兼职工作的潜在副作用就显得更加重要。反过来,16岁时全国统考的成功对于个体完成义务教育后继续求学有一定的积极作用,特别是如果校方要求学生们达到一个特定的标准才有资格继续求学。这样,个体在16岁时打工的时间不仅可能对其离校决定有直接影响,也可能对其考试成绩有间接影响。

在这篇文章中,我们应用全国儿童发展研究(National Child Development Study,NCDS)数据库的第三期和第四期调查,将兼职工作、学业成绩和离校决定之间可能的关系融合在一个由三个等式组成的模型中。该模型允许工作小时数既与考试成绩有关,又影响离校决定,同时让考试成绩也影响离校决定。我们可以同时估计这三个结果。与早期研究不同的是,我们分别对待离校的两种不同的情形:16岁少年离校后直接进入劳动力市场和他们参加工作与培训相结合的课程。这是一个很重要的差别,因为大多数学生在离开学校后没有直接进入劳动力市场。

本文由以下几部分构成。第2部分讨论在模型测算中用到的数据,第3部分陈述计量模型,第4部分讨论结果,第5部分给出结论。

2 数据和变量

我们关于接受教育水平,学业表现和离校决定的分析是以NCDS数据库为基础的。该数据库追踪了1958年3月3日到9日出生的一组儿童[参见Micklewright(1986)对数据的详细描述]。这组数据也被应用于英国几篇类似的研究报告中,如:多顿和维尼奥尔斯(Dolton and Vignoles,2000),哈蒙和沃克(Harmon and Walker,2000),范斯坦和西蒙斯(Feinstein and Symons,1999),柯里和托马斯(Currie and Thomas,2001),罗伯逊和西蒙斯(Robertson and Symons,1996),迪尔登等(Dearden et al.,2002)及达斯特曼等(Dustmann,2003)。本研究关注于该数据库的第三期和第四期调查以及在第三期之后进行的全国考试调查(Public Examinations Survey,PES)所收集的信息。

第三期调查收集了被调查者的详细信息,如教育和生理的情况、对未来的期望、休闲娱乐活动以及住户调查的常规信息。类似的信息也收录在在第四期 NCDS 调查中。第四期的调查在 1981 年,即个体 23 岁时实施,也收集了涵盖教育和就业等方面详细的信息。这样我们在每个青少年 16 岁做出选择的前后,对他及他的家庭都有一个清晰的蓝图。NCDS 数据库记录的青少年是第一批按照法律规定未满 16 岁不能离开全日制教育的个体。

虽然 NCDS 数据库提供了异常详细的信息,但其数据也不尽完美。在过去 10 年中,英格兰和威尔士学校的结构和组织以及继续教育都经历了一系列变化,这些可能对青年人上学、培训及就业倾向产生一定的影响。此外,NCDS 的被调查者都达到了最小离校年龄时的劳动力市场与现在的劳动力市场也存在较大差异。即便如此,对 NCDS 数据的重新考察,对当今的教育及培训政策仍有一定的启发。虽然在中等和高等教育阶段发生了巨大变化,今天的青少年仍面临着与 1974 年青少年同样的三重抉择。

NCDS 第三期的调查者被问到,他们学习阶段是否有固定的兼职工作以及每周工作时间,他们的回答记录在格状的表格中。我们使用这些信息来测量全日制学生兼职工作的时间。

估测样本是从接受 NCDS 第三期、第四期以及全国考试调查的 11 602 个调查者中选出的 3 427 个子样本。由于苏格兰教育体制的差别,我们的分析仅限于生活在英格兰和威尔士的个体。第三期的信息从 4 个不同的方面(个体本人、个体父母、个体在 16 岁时所在学校及个体的医生)采集,一部分受访者有一个或多个问题的缺失。

NCDS 第三期是在 1974 年春天收集的,这意味着我们所观测的个体仍在接受中学阶段的全日制教育,并将于 6 月参加第一次全国考试:中等水平测试[1](O'levels)及中学毕业考试(Certificates of Secondary Education, CSE)。根据 NCDS 第三期所记录的信息本身,我们既无法判断他们在考试中取得的成绩,也无法判断他们面临第一次选择时(1974 年 6 月)是否决定离开学校。庆幸的是,从 NCDS 第三期受访者所在学校收集的全国考试调查数据是在 1978 年采集的,该数据详细地记载了 NCDS 第三期 95% 受访者的考试成绩。我们根据 1974 年 NCDS 数据库中观测者通过中等水平测试考试的科目数测量其学业成绩。在调查的时候,存在两种全国考试:中等水平测试(O'levels)及中学毕业考试(CSE)。对于参加中等水平测试的候选者,他们的成绩从 A—E 分为五档,其中 C 及以上被认为通过。对于中学毕业考试,结果被标注为 1 到 5,其中 1 相当于中等水平测试的通过水平。因此我们在分析中用到的中等水平测试包括中学毕业考试成绩为 1 的个体。由于 1 之后的中学毕业考试与中等水平测试不具可比性,我们在本文中不会用到中学毕业考试成绩低于 1 的变量。

---

[1]　相当于我国的初中升学考试。——译者注

关于离校决定的信息,主要来自 NCDS 第四期调查。作为 NCDS 第四期问卷的一部分,受访者需要每月填写一次月记,记录他们所有的经济活动。我们使用 1975 年 2 月记录的信息,察看个体在他们即将年满 16 周岁的时候,是决定继续接受全日制教育,还是从事一些职业培训。[1]

由于许多观测者某些重要问题信息缺失或信息失准,我们最终的样本只有 3 427 个观测者,远远小于 NCDS 第三期、全国考试调查及 NCDS 第四期的总样本数 11 602。在附录中的表 A1,我们根据最终估测的样本,以及 NCDS 第三期、全国考试调查及 NCDS 第四期的总样本(只分别去掉了单个观测者缺失变量的值)分别列出了一些变量的均值和标准差。由于均值达到令人信服的一致,这就意味着就目前的样本而言,我们由于缺失样本所遗漏的信息不会改变原始样本的构成。

2.1 变量

表 1 给出了我们分析中所用到的所有男性样本和女性样本变量的均值及变量的简要定义。在个体即将年满 16 岁时,决定继续接受全日制教育的男性与女性青年均在 32% 左右,决定参加培训课程的男女比例分别为 38% 和 22%,剩余的 46% 的女性及 30% 的男性决定全职进入劳动力市场。这样,虽然在普通教育阶段男性与女性基本持平,但选择离校或继续接受培训课程的男性的比例远远大于女性。

■表 1　描述性统计、活动的选择、工作小时数及考试表现

变　量	变量的描述	女性($n = 1\,713$) 均值百分比	男性($n = 1\,714$) 均值百分比
因变量:			
在 16 岁	16 岁末的活动选择		
0	继续留在学校	31.560	31.800
1	参加培训项目	22.090	38.020
2	进入劳动力市场	46.340	30.180
小时数	在 16 岁时兼职工作的小时数		
0		49.550	47.960
0—3		2.580	6.380
3—6		16.890	13.810
9—12		5.000	6.430
12—15		1.840	5.020
15+		2.520	6.800
考试	通过的初中毕业考试科目数 (包括 O'level 和 CSE1 级)	2.207	2.433

[1]　我们把工作中含有任何培训内容的工作以及参加全日制培训课程的个体,都归为"培训"一类。例如,某个体一边工作,一边参加学徒类的培训与某人一边接受政府培训,一边接受兼职教育一样,都归为"培训"。

个体在校期间,也就是在参加最终考试之前,基本上每 2 个人中就有 1 个人从事兼职。在那些兼职的人群中,个体普遍每周工作 3—9 小时,工作 15 小时以上的男性居多。就考试成绩而言,根据我们统计的通过中等水平测试的科目数(包括成绩为 1 的中学毕业考试测试者),男性平均比女性多。

表 2 列出了我们分析中所用到的解释变量的均值及变量描述。这包括很多家庭及父母背景的变量,幼年所在学校变量,父母对子女学业的关注度以及对子女们教育与职业发展预期的变量。此外我们还加入了测量儿童能力的变量。

家庭及父母背景的变量由家庭姊妹数目、劳动力市场状态、父母职业等级、父母教育水平、家庭收入[1]及 16 岁青少年的种族等组成。

儿童的学校信息变量,即儿童在 16 岁时即 1974 年所参加的学校类型。在 20 世纪 70 年代早期,许多地方政府有三种类型的学校可以选择,分别是文法学校、普通现代中学及职业技术学校。儿童在 11 或 12 岁所参加的考试作为选拔儿童参加其中一种学校类型的参考标准。然而这个系统由于完全按照学生在 11 或 12 岁的成绩作为选拔标准而备受批判。结果,20 世纪 60 年代中期以后,许多当地的教育机构转向开设综合学校,无论儿童能力如何,接纳当地所有的儿童。我们在分析中包含了一个虚拟变量用以反映学校类型。我们还加入了观测者所在学校的师生比变量作为另一个反映 16 岁儿童所受教育质量的变量。[2]

为了衡量父母对于其子女教育生涯的期望,我们通过加总两个变量来估计:一是老师认为父母是否关心孩子的学业成绩;另一个为父母是否希望孩子参加高中升学考试(A'levels)或继续攻读大学。

分析中还包含了测量青少年在离开学校时总的经济情况的变量。我们应用 1974 年夏所有放弃继续学习个体的地区失业率来表示,该变量可以反映劳动力市场对青少年离校者的需求状况。

NCDS 包含了儿童在 7、11 及 16 岁时获得的数学和阅读理解成绩。这些成绩被广泛应用到各种研究中。这些以前的成果可能反映无法观测到的能力的变化或者儿童的努力程度。该变量与儿童所在学校是如何衡量学业表现高度相关。许多学者试图应用标准化成绩控制这些差异,哈努谢克等(Hanushek et al.,1996)的研究就是其中之一。我们在三个等式中也包含了儿童在 7 岁的测试成绩。因为我们认为儿童在 7 岁的成绩最能真实反映青少年的潜能及父母对孩子早期教育的投

---

[1]　NCDS 第三期调查关于收入的信息记录在表格中。我们追随 Micklewright(1986),构建了收入的连续变量,考虑了家庭各方面的收入来源。

[2]　该变量通过总学生人数除以相应的全职教师得出。

19

变　　　量	变 量 的 描 述	女性（$n = 1\,713$）		男性（$n = 1\,714$）	
		均值	方差	均值	方差
解释变量:					
oldsib	姐姐或哥哥的数量	0.429 4	0.64	0.426	0.63
yngsib	弟弟或妹妹的数量	1.211 8	1.23	1.195	1.25
Paageft[L]*	父亲离开全日制教育的时间	4.018 7	1.75	4.005	1.71
Maageft[L]*	母亲离开全日制教育的时间	4.009 9	1.39	4.028	1.42
unrate[E]	刚离校者的地区失业率	0.038 8	0.04	0.040	0.04
Ctratio	学校的生师比	17.392	14.08	17.203	1.91
able7	成绩占 7 岁时数学和阅读测试成绩总和的百分比	72.298	21.26	75.437	19.68
loginc[E]	家庭收入的对数	3.864	0.37	3.858	0.42
pawork	父亲工作	0.912		0.896	
nopa	没有父亲	0.037		0.047	
mawork	母亲工作	0.701		0.681	
paprof[L]	父亲的职业等级为"专家级"	0.055		0.059	
paskill[L]	父亲的职业等级为"熟练"	0.515		0.481	
pass[L]	父亲的职业等级为"半熟练"	0.339		0.349	
paserv[L]	父亲的社会经济群体为"服务业"	0.006		0.003	
pafarm[L]	父亲的社会经济群体为"农业"	0.023		0.028	
maprof[L]	母亲的职业等级为"专家级"	0.003		0.002	
maserv[L]	母亲的社会经济群体为"服务业"	0.128		0.113	
*Kidnoeur***	非欧洲籍少年	0.014		0.009	
comp	参加综合学校的青少年（不需要对能力的遴选）	0.539		0.521	
grammar	参加文法学校的青少年（能力高的儿童方能参加）	0.133		0.165	
special	参加特殊学校的青少年（残疾或特殊需要的儿童）	0.023		0.017	
indep	参加私立学校的青少年	0.048		0.040	
singsex	参加单一性别学校的青少年	0.249		0.284	
modern	参加现代中学的青少年	0.243		0.248	
tech	参加技术学校的青少年	0.011		0.005	
intpar	老师认为父母对孩子的学业很关心	0.736		0.755	
parleave	父母希望孩子在 16 岁离开学校	0.344		0.308	
paralev	父母希望孩子参加高中升学考试	0.224		0.280	
paruniv	父母希望孩子接受高等教育	0.367		0.345	

　　注:这些变量的测量范围为 1 到 10;其中 1 代表父母在 12 岁或更小的年龄离校,2 代表父母在 13 或 14 岁离开学校等等。

　　E 代表在考试等式中没有考虑的变量;L 代表在离校决定等式中没有考虑的变量。

　　** 由于样本较小,阻止我们使用更精确的变量测量种族问题。

入,并且不容易受后期父母关注度、教学质量及其他影响孩子们考试成绩因素的"污染"。此外,7 岁时的成绩可以避免任何潜在的与青少年在 16 岁时成绩相关的内生性问题。

3 计量模型

我们的模型由三个等式组成。第一个等式解释未完成全日制义务教育的 16 岁青少年,从事兼职工作小时数的变化。关于工作小时数信息的收集是在受访者参加中等水平测试或是准许离校前的至少 3 到 4 个月的时间里进行的。第二个等式解释了青少年在 16 岁时考试成绩的决定因素。第三个等式说明了考试后的离校决定。根据这三个选择做出决定的不同时间,我们把它们处理成为一个时间序列,在学校接受全日制教育时,也就是参加中考前需要决定是否兼职工作,而选择是否继续求学时,考试成绩已经确定。我们在列出估计等式时考虑了这个时间顺序,并同时允许无法观测到的变量同时影响这三个结果。这使得我们无法估计考试结果或所愿意提供的工作小时数的随机效用。因为时间本身暗含着考试结果中无法预测的部分或者每一种求学选择的吸引力不会影响个体愿意提供的工作小时数。另一方面,考试结果的可预测部分包含一些青少年知道但计量经济学家无法观测的因素,也可能影响具体工作小时数的决定。这就是为什么工作小时等式包含了所有其他两个等式的回归变量及一个残差项,该残差项可能与其他等式的残差项相关。个体的一系列决定可能会受考试结果的影响,类似地,个体对今后一系列决定的预期也可能影响考试结果。也就是说三个决定本质上是一个联合体,年轻人对一个决定的想法可能影响其早期的决定,但这只能通过"简约式"(reduced form)方法估计——一些决定的影响无法通过确切的模型表达,但所有的可观测变量及不可观测变量均已包含在回归方程内。另一方面,我们确切地估计了工作小时数对考试成绩及继续求学的影响,以及考试成绩对继续求学的随机影响。

NCDS 数据关于工作小时数的记载只有分类的信息。根据 NCDS 数据库,工作小时数被分成 7 类,每一类的边界参见表 1。我们可以通过组回归模拟这个变量(Stewart, 1983)[1]

$$H^* = X_H \beta_H + u_H$$

$$H = 3j \quad \text{if} \quad m_{j-1} < H^* \leqslant m_j \tag{1}$$

$$m_{-1} = -\infty, \ m_j = 0.5 + 3j \ (j = 0, \cdots, 5), \ m_6 = \infty$$

其中,H 代表小时数分类,乘以 3 使其在规模上可以与每周实际工作小时数可比;H^* 是一

---

[1] 为了注释方便,该指数说明个体自始至终都缺失该变量。

个潜在变量；X_H 代表解释变量的向量，它包含模型中所有的变量；残差项 u_H 的分布会在下面详细讨论。

考试等式中的被解释变量是青少年在 16 岁时通过的中等水平测试的科目数（参见第 2 部分）。大约有 50％的个体，通过的科目数为 0。我们可以通过截尾（censored）回归等式进行估计：

$$E^* = X_E \beta_E + \gamma_E H + u_E; \ E = \max(E^*, 0) \tag{2}$$

其中，E 代表通过的中等水平测试的科目数；E^* 是一个潜在变量；X_E 代表解释变量的向量；u_E 是残差项。该等式清晰地说明考试成绩与上学时的兼职工作时间 H 有因果关系。

继续接受全日制教育（$C = 0$），参加职业培训（$C = 1$）以及进入劳动力市场（$C = 2$）的决定，可以被看成是接受教育从多到少的倒排序。有序反应模型（ordered response model）可以恰当地描述这种关系[1]：

$$C^* = X_C \beta_C + \gamma_C H + \delta_C E + u_C$$
$$C = 0 \quad \text{if} \quad C^* < 0, \ C = 1 \quad \text{if} \quad 0 < C^* < m_C, \ C = 2 \quad \text{if} \quad C^* > m_C \tag{3}$$

其中，C^* 是可能的各种选择的潜在变量；X_C 是解释变量的向量；u_C 代表残差项（方差被正态化到 1）。C^* 的具体数值由 16 岁时兼职工作时间及考试成绩决定，系数分别为 γ_C 和 δ_C。在标准的有序 probit 模型中，不同选择的边界 $m_C > 0$ 需要通过其他参数估计。我们扩展了标准形式，允许 m_C 由等式中所有的解释变量决定。

$$m_C = exp(X_C \beta_m + \gamma_m H + \delta_m E) \tag{4}$$

这使得该模型与多重正态逻辑斯特（multinomial logit）模型有相同的自由度，因为其他的选择没有排序［参见 Pradhan 和 Van Soest（1995）在一个类似的框架下对两个模型做的比较］。假定向量的残差项 $u = (u_H, u_E, u_C)'$ 与 X_H，X_E 和 X_C 中所有的解释变量相互独立，并且服从均值为零，协方差矩阵的多重正态变量分布。通过正态化，$\sum(3, 3) = Var(u_C)$ 被设定为 1，如果 $\sum(1, 2) = 0$，说明考试等式中的工作小时变量是外生变量。类似地，如果 $\sum(1, 3) = \sum(2, 3) = 0$，说明在是否离校的等式中工作小时变量和考试成绩都是外生变量。如果 $\sum$ 是对角线型矩阵，三个等式可以通过最大似然法估计；如果 $\sum$ 不是对角线型矩阵，由于内生性问题，分

---

[1]　这个序列可能会遭到质疑，因为如果离开学校的个体没有找到工作，也将被视为加入了培训机制。我们目前还没有探索出其他序列。Pradhan 和 van Soest（1995）通过比较序列模型与非序列模型，发现对于回归变量的结果非常相似。

别估计考试等式和离校决定等式的结果不具有一致性。因此需要将三个等式通过最大似然法一起估计。在这种情况下，考试等式和离校决定等式均不适用简单的两阶段估计法。每个人的似然估计值可能是三边正态概率（如果 $E = 0$）或者是单一密度函数乘以一个双边正态条件概率（如果 $E > 0$）。参见附录对似然估计的介绍。

为了使结果适用于一般的情况而不受限于 $\sum$，我们需要对 X_E 和 X_C 中的变量做些界定。表 1 中，我们对没有包含在考试等式中的变量标记了一个上角标"E"，对没有包含在离校决定等式中的变量标记了一个上角标"L"。为了识别考试等式中的工作小时系数，我们去掉了当地失业率变量和我们根据 X_E 对父母收入的测量变量。失业率对于考试结果没有直接影响的假设似乎非常合理。父母收入对于学生考试成绩的影响应该通过学校类型（较富裕的家庭倾向于将孩子送到较好的学校）、父母的职业水平及父母对孩子学业的关心程度来体现。我们在考试等式中将保留这些变量。我们在等式中没有包含收入变量是因为考试成绩的影响因素已经通过上面提到的变量来反映了，收入变量已经对成绩没有其他进一步的影响了[1]。

为了确定工作的小时数和考试成绩在离校决定等式中的作用，我们从 X_C 中去掉了父母的职业和教育状态，但我们保留了反映父母对孩子继续接受高等教育愿望的变量（变量名称分别为：paralev, paruniv, parint）。我们去掉这两个变量意味着父母的教育和职业状态对于继续求学的决定，除了通过父母对孩子今后教育及职业预期的变量体现外，没有其他直接的影响[2]。

4 结论

我们已经估计并比较了各种不同的等式。根据似然比率（likelihood ratio）我们得出了以下结论：第一，男、女分开估计的结果好于男女混合估计的结果，根据常数项计算的似然比率我们拒绝了男女混合样本的估计模型。第二，可以任意变换顺序的离校决定等式好于序列离散模型。第三，相对于一般的模型，我们无法拒绝严格限制残差项不相关的模型。这意味着当条件变量非常丰富时，包括对能力的测量变量，消除了三个等式中无法观测变量的相关性。最后，相对于考试等式和离校决定等式中的工作小时非线性的假定（即通过不同工作小时的虚拟变量表示），我们不能拒绝工作

---

[1]　即便考虑了学校的类型和父母的兴趣，父母的收入对考试成绩也可能有影响，因为富裕的家庭可能提供更多的教育资源。为了检验这一假设是否合理，我们对考试等式做了一些回归运算以便识别工作小时的影响，如果等式中只包含当地失业率及父母收入。我们发现父母收入变量不显著，女性与男性的 p 值分别为 0.27 和 0.17。此外，父母的收入不是一个很好的预测工作的小时数的变量（参见表 6），也就是说在上面提到的识别等式中工作小时数主要由当地失业率决定。

[2]　在离校决定等式中没有考虑父母的教育程度可能也受到争论。为了测试这个决定，我们估计了包含父母的教育程度的离校决定等式（检验考试成绩通过只排除父母的职业和劳动力市场状态）。反映显著性的 p 值对于男性和女性分别为 0.11 和 0.87。

小时线性的假定。

　　我们汇报了两类模型结果。模型 I 认为 $\sum$ 是对角线型矩阵,也就是说限制了残差项间的相关性。这对应于分别估计的三个等式。模型 II 允许残差项间的任意相关。

■表 3　男性和女性的考试等式

变　量	回　归　结　果							
	男　　性				女　　性			
	模型 I		模型 II		模型 I		模型 II	
	系数	t 值	系数	t 值	系数	t 值	系数	t 值
常数项	−7.263	−6.07	−7.326	−5.74	−10.881	−10.25	−10.877	−9.95
$oldsib/10$	−0.878	−5.33	−0.920	−5.52	−0.275	−1.94	−0.261	−1.82
$yngsib/10$	−0.208	−2.61	−0.215	−2.53	−0.159	−2.13	−0.161	−2.03
$pawork$	0.152	0.32	0.103	0.22	0.022	0.06	0.076	0.22
$paprof$	1.686	2.71	1.713	2.72	1.238	2.69	1.096	2.23
$paskil$	0.347	0.76	0.303	0.66	0.962	2.94	0.976	2.87
$pass$	0.317	0.68	0.281	0.60	0.724	2.15	0.719	2.08
$mawork$	−0.265	−1.25	−0.311	−1.42	−0.019	−0.10	−0.027	−0.14
$maprof$	0.935	0.53	1.005	0.56	−0.389	−0.05	−0.272	−0.02
$kidnoteu$	−0.933	−0.74	−0.854	−0.66	−0.969	−0.83	−1.175	−1.00
$comp$	0.544	2.30	0.593	2.37	0.816	3.78	0.828	3.83
$grammar$	2.807	7.90	2.855	7.69	2.492	7.97	2.478	7.81
$indep$	2.272	4.25	2.451	4.11	2.315	5.12	2.297	4.94
$special$	1.138	1.50	1.194	1.50	1.433	1.31	1.483	1.33
$singsex$	−0.293	−1.17	−0.280	−1.11	0.534	2.58	0.524	2.54
$ctratio/10$	−0.403	−0.78	−0.458	−0.86	−0.197	−0.45	−0.150	−0.34
$intpar$	0.768	3.35	0.767	3.33	1.310	6.24	1.354	6.02
$paruniv$	2.945	12.21	3.043	10.90	2.903	12.46	2.930	12.47
$paralev$	1.207	4.73	1.257	4.83	1.127	5.13	1.129	5.12
$paageft/10$	1.939	2.85	1.885	2.76	1.713	2.93	1.776	2.94
$maageft/10$	1.738	2.13	1.777	2.17	1.544	2.21	1.444	2.05
$able7/10$	0.684	12.89	0.670	11.94	0.943	17.31	0.945	16.56
$hours$	−0.049	−2.88	0.013	0.20	−0.022	−1.20	−0.061	−0.71
$sigma(ex)$	3.150	33.40	3.171	30.88	2.884	38.14	2.895	35.85
$Rho(1, 2)$			−0.204	−0.94			0.118	0.47

4.1　工作小时数,考试成绩及留校决定的相互依赖性

　　我们首先讨论了考试等式中工作小时变量及离校决定等式中工作小时和考试成绩变量的

参数估计。表 3 列出了考试等式中的估计结果。表 4 列出了离校决定等式中工作小时数和考试成绩变量的边际效应(具体计算细节参见附件)。首先我们探讨考试等式,即表 3。通过对比模型 Ⅰ 和模型 Ⅱ,我们得出以下列结论:对于男性,在模型 Ⅰ 中,即不允许残差项相关的模型中,工作小时数对于考试成绩的影响显著为负。计量结果显示,兼职工作时间每增加 10 个小时,通过中等水平测试的科目数对于男性减少 0.49,对于女性减少 0.22[1];但对于女性,该估计结果不显著。如果允许残差项的相关(即模型 Ⅱ),则无论对于男性和女性,该结果变得均不显著。估计的相关系数 $\rho(1,2)$ 与零的差别也不显著。也就是说相对于更加一般化的模型 Ⅱ,我们不能拒绝模型 Ⅰ 中的零假设。

■表 4 工作小时数和考试成绩变量对于离校决定的边际效应(不同选择的比较)

变　　量	选　　　　择					
	继续留校		培　　训		劳动力市场	
	系数	t 值	系数	t 值	系数	t 值
男性						
模型Ⅰ						
工作小时数	−0.004	1.73	0.003	1.79	0.000 5	0.28
考试成绩	0.063	9.90	−0.006	0.77	−0.057 4	7.27
模型Ⅱ						
工作小时数	−0.003	0.68	0.003	1.56	−0.000	0.05
考试成绩	0.066	5.08	−0.006	0.68	−0.059	3.77
$Rho(1,3)$	0.019	0.15				
$Rho(2,3)$	0.016	0.12				
女性						
模型Ⅰ						
工作小时数	−0.003	1.46	0.007	3.00	−0.003	1.15
考试成绩	0.063	9.33	0.003	0.44	−0.066	8.09
模型Ⅱ						
工作小时数	−0.009	1.47	0.004	1.35	0.005	0.63
考试成绩	0.046	3.18	−0.001	0.11	−0.045	2.29
$Rho(1,3)$	−0.106	−0.64				
$Rho(2,3)$	−0.258	−1.45				

对于离校决定等式,我们只讨论了三种情况中,每种情况可能的边际效应,并在表 4 中列出。当我们把残差项的相关性限制在 0 时(模型 Ⅰ),我们发现工作的小时数对继续留在学校读书决定的影响为负,该结论对男女均成立,但只对男性的影响在 10% 的统计水平上显著。工作小时数对

----

[1]　这里我们没有考虑那些通过 O'level 科目数为 0 的个体。

男性和女性而言均有利于其参加培训类项目。如果我们允许系数存在非零相关(模型Ⅱ),工作小时变量的符号没有改变,但不再显著,对于相关系数 $\rho(1, 3)$ 的估计也不再显著。此外,相对于一般化的模型Ⅱ,模型Ⅰ也仍然成立。综上所述,我们发现相对于男性,兼职工作时间对于考试成绩及继续接受全日制教育有负作用,但这种影响不是很明显,就离校决定等式而言,其显著性刚达到统计显著的边界上。

考试成绩对离校决定的作用是非常明显的,并且通过调整内生性问题而做的变化对结果的影响很小。根据模型Ⅱ,通过的中等水平测试科目数每增加一门,男性与女性离开学校参加工作的概率分别减少5.9%和4.5%,继续留在学校读书的概率分别增加6.6%和4.6%。考试成绩对参加培训项目的影响对于男性和女性均不显著。从这些结论我们推出,上学时做兼职工作对考试成绩可能没有显著的影响,兼职工作对于离校决定的影响也比较温和,在更加一般化的模型中不显著。也就是说上学时做些兼职工作对于考试成绩和离校决定都没有显著影响。与此形成鲜明对比的是,考试成绩对离校决定有显著影响:较高的成绩降低了个体直接参加劳动力市场的概率,增加了其继续留在学校读书的概率。

4.2 父母的背景

4.2.1 考试成绩

现在我们再一次仔细研究每一个等式,检验一下其他变量的影响。我们首先讨论表3中考试成绩等式的系数。我们发现学校类型变量的系数为正,这具有很强的政策含义,特别是对英国重点学校与非重点学校是否存在优势的截然相反的争论。我们发现青少年就读的学校类型对于其学业表现有显著的影响,即便我们控制了家庭背景及能力的差别。我们的基准学校类型是现代中学或技校(能力较低个体参加的公立的学校)。就读于私立学校(优质非公立学校)或文法学校(能力较高个体参加的公立学校)(变量名为:*indep, grammar*)的青少年的学业表现明显好于能力水平相同但就读于非重点的公立学校的同伴。文法与私立学校更可能开展6年级的课程,为学生们提供更多进入高中学习的机会,鼓励学生们继续深造。此外,参加分性别的学校仅对女性有影响:它对女孩提高成绩有很大帮助,对男孩学业表现的作用为负但不显著。这些结论与青少年女性会在单一性别的环境表现更突出,但男孩却没什么影响的发现相一致[1]。

反映父母对于青少年教育及职业发展前景的虚拟变量(*intpar, paruniv, paralev*)均很显著且符号与预期相符。这意味着父母的态度对于孩子的学业表现非常重要。根据第1列和第3

---

[1] 参见 Dearden 等(2002)和 Dustmann 等(2003)关于学校类型对于学业成绩影响更为详细的分析。

列的估计,当青少年中等水平测试通过科目数大于 1 时,父母希望青少年继续就读高中。当他们通过的中等水平测试科目数大于等于 3 时,男孩和女孩的父母都希望他们在 16 岁时选择继续接受高等教育[1]。

父亲与母亲教育背景($paageft$, $maageft$,父母离开全日制教育的年龄)对孩子学业表现的影响可能对于男性与女性样本都很重要且非常显著,且父亲与母亲的作用非常相似。可能由于我们控制了父母对于孩子学业表现的兴趣及孩子的能力,而这些变量在某些程度上也反映了父母投入的质量。测量能力的变量($able7$)与预期的正向符号相同,并非常显著。根据第 1 列和第 3 列,考试成绩每增加 10 分(考试成绩的范围在 1 到 100 之间),将提高男性 0.67 门中等水平测试的通过率,女性为 0.96。

对于男性和女性而言,兄弟姊妹数都对其考试成绩有负面作用,特别是哥哥或姐姐的作用更明显。此结论与贝克尔(Becker, 1991)关于权衡家庭孩子的数量与质量的假设相一致,也就是说当家庭规模增加时,父母对每一个孩子的关注度将减少。此外,我们发现出生的顺序也会影响考试成绩,特别对男性而言。也就是说父母的注意力不会平均分配,对于年长的孩子关注度可能更高。哈努谢克(Hanushek, 1992)也发现了类似的结论,他认为出生顺序对孩子的学习成绩非常重要。较明显的出生顺序的反向作用也在布莱克、德弗罗和萨瓦尼斯(Black, Devereux and Salvanes, 2005)的研究中体现。

4.2.2 离校决定

离校决定的估计结果在附录的表 A2 中呈现,模型 II 关于男性和女性三种结果概率的边际效用在表 5 中列出[2]。这里我们既考虑了对 C^* 的直接作用,也考虑了通过 m_C 产生的间接效用[详细解释参见公式(4)及附录]。第 1 列说明了各变量对继续留在学校概率的影响,第 2 列和第 3 列分别是对选择培训类项目和直接进入劳动力市场概率的影响。

即便控制考试成绩,一些学校类型对于离校决定仍有影响。我们发现青少年如果就读于文法或私立学校,则更有可能在 16 岁以后继续留在学校里,即便我们控制了通过中等水平测试的科目数。这里,学校类型的虚拟变量可能会反映诸如职业指导质量等一系列会随着学校类型而变化的变量的作用。例如,在文法或私立学校的伙伴效应可能会阻止青少年过早离开学校。此外,专业的教师队伍也会给青少年一些关于教育或职业发展非正式的建议,这些都会影响青少年的离校决定。

---

[1] 也可以参见 Feinstein 和 Simons(1999)关于父母兴趣对孩子学业成就的分析。

[2] 通过模型 I 估计的系数也非常相似,除了上面讨论的工作小时变量和考试成绩变量。

■表5　模型 Ⅱ 的边际效应

变　　量	选　　择					
	继续留校		继续留校		继续留校	
	系数	t 值	系数	t 值	系数	t 值
男性						
oldsib/10	−0.019	0.82	−0.009	0.49	0.029	1.53
yngsib/10	−0.007	0.64	−0.003	0.31	0.010	1.19
mawork	−0.022	0.70	0.070	2.24	−0.047	1.70
pawork	0.018	0.32	−0.010	0.22	−0.007	0.17
kidnoteu	0.071	0.56	0.009	0.09	−0.081	0.83
comp	0.048	1.46	−0.063	2.42	0.015	0.56
grammar	0.086	1.77	−0.272	3.81	0.186	2.49
indep	0.206	2.78	−0.180	1.34	−0.026	0.18
special	0.092	0.84	−0.464	2.34	0.371	2.48
singsex	0.057	1.86	0.008	0.26	−0.066	2.24
loginc	0.009	0.22	0.019	0.48	−0.028	0.77
unrate	−0.340	1.10	0.381	1.40	−0.040	0.15
ctratio/10	−0.138	2.53	−0.001	0.05	0.140	2.34
intpar	0.050	1.59	0.014	0.54	−0.065	2.54
paruniv	0.343	9.86	−0.151	4.16	−0.192	5.14
paralev	0.225	6.29	−0.085	2.41	−0.140	4.26
able7/10	0.026	2.77	−0.000	0.14	−0.025	3.02
hours	−0.003	0.68	0.003	1.56	−0.000	0.05
exam	0.066	5.08	−0.006	0.68	−0.059	3.77
女性						
oldsib/10	−0.033	1.69	−0.028	1.39	0.061	2.74
yngsib/10	0.012	0.95	−0.027	2.42	0.014	1.21
mawork	0.027	0.95	0.000	0.01	−0.027	0.82
pawork	0.024	0.50	0.027	0.56	−0.052	0.96
kidnoteu	−0.002	0.01	0.223	2.02	−0.221	1.26
comp	0.062	1.88	−0.022	0.80	−0.040	1.18
grammar	0.127	2.73	−0.071	1.24	−0.055	0.82
indep	0.139	1.78	0.129	1.37	−0.268	2.47
special	−0.078	0.47	0.122	1.12	−0.044	0.35
singsex	0.010	0.34	−0.030	0.90	0.019	0.53
loginc	0.041	1.05	−0.011	0.31	−0.029	0.67
unrate	−0.588	1.93	−0.041	0.15	0.629	2.04
ctratio/10	−0.129	1.85	0.104	1.36	0.025	0.30
intpar	0.055	1.73	0.044	1.50	−0.099	2.77
paruniv	0.431	11.57	0.026	0.66	−0.457	9.96
paralev	0.197	5.57	0.071	2.34	−0.268	8.12
able7/10	0.010	0.94	0.016	2.12	−0.026	2.37
hours	−0.009	1.47	0.004	1.35	0.005	0.63
exam	0.046	3.18	−0.001	0.11	−0.045	2.29

表 5 还显示,反映父母对青少年学业情况关注度的变量及父母期望孩子继续求学愿望的变量非常显著。父母希望孩子攻读大学或取得高中文凭的愿望可以分别增加男性 35% 和 25% 继续留在学校读书的概率。对于女性,父母希望孩子攻读大学的意愿可以增加她们 41% 继续留在学校读书的概率。这些显著的效应说明,即便在 16 岁,父母对于孩子职业发展的影响仍很重要[1]。

生师比与男性继续留在学校读书的概率呈现负显著相关,但对女性不显著。达斯特曼等(Dustmann,et al.,2003)详细讨论了班级规模对继续留校读书的决定及今后劳动力市场表现的影响。

中等水平测试通过的科目数对于男性和女性是否离校选择的影响相似(参见前面的讨论),但能力变量的作用在性别之间差异较大。对于男性而言,能力高的个体会增加其继续接受全日制教育的概率,减少其直接参加劳动力市场的概率。对于参加培训类项目的影响不显著。对于女性而言,能力变量与参加培训类项目的概率显著正相关,与直接参加劳动力市场的概率负相关。这可能意味着,无论女孩的能力或学业表现如何,一些较传统的年轻女性倾向于从事需要特定技能或其他类型培训的职业(如护士、行政人员)。需要强调的是,这些结论虽然对于 NCDS 样本群适用,但不一定适用于当今劳动力市场的女性。

4.2.3 工作的小时数

我们现在讨论工作小时等式。表 6 汇报了模型 II 的估计结果。由于该模型是组群回归模型,系数可以被解释为工作小时的边际效应(不考虑工作小时为 0 的特殊情况)。

不论对于男性还是女性,弟弟、妹妹的数量对于青少年工作的小时数均有显著正相关的作用,但哥哥和姐姐的数量对于工作小时数的影响不显著。一个显然的解释是青少年不得不与他们的弟弟、妹妹竞争父母有限的物质资源,但哥哥和姐姐在财政上可能相对独立。大多数关于父母职业及技能水平的变量是不显著的,只有一个例外是父亲拥有或在一家农场工作,他将直接影响男性的劳动供给时间。母亲是否工作对男性和女性的工作小时数都显著正相关,对于年轻女性的显著性水平为 5%,对于年轻男性的显著性水平为 10%。一个可能的原因是,女性通常在可能为其子女提供兼职工作机会的岗位工作。或者说母亲工作更有可能使其子女效仿其行为从事兼职工作,另外一种可能是家庭中的妇女工作意味着家庭财政状况不理想,这样子女们也不得不做兼职工作维持学业。

学校类型的符号与预期相同。在私立学校或文法学校就读的青少年通常比在基准学校(如现

---

[1] 参见 Dustmann(2004)关于儿童年龄对于选择学校轨道重要性的讨论。

■表6　工作小时等式

变　　量	模型II回归结果			
	男　　性		女　　性	
	系数	t 值	系数	t 值
常数项	0.359	0.09	−1.337	−0.42
$oldsib/10$	0.006	0.01	0.235	0.78
$yngsib/10$	0.725	3.46	0.552	3.34
$loginc$	0.647	0.76	−0.245	−0.42
$pawork$	0.791	0.72	1.772	2.04
$paprof$	−0.970	−0.59	−4.207	−3.62
$paskil$	−0.393	−0.38	−1.706	−2.24
$pass$	−1.162	−1.08	−1.623	−2.07
$pafarm$	8.287	5.41	−0.535	−0.47
$mawork$	1.177	1.86	0.962	1.98
$maprof$	−3.881	−0.68	−4.804	−0.31
$maserv$	−0.364	−0.44	0.987	1.45
$paserv$	−2.127	−0.66	0.204	0.06
$kidnoteu$	−3.441	−1.51	−6.777	−2.36
$comp$	−1.762	−2.79	−0.470	−0.93
$grammar$	−1.810	−1.74	−1.270	−1.64
$indep$	−7.409	−4.47	−2.817	−2.32
$special$	−5.602	−2.64	−4.299	−2.28
$singsex$	−1.047	−1.49	−0.119	−0.23
$ctratio/10$	−1.479	−1.12	0.572	0.46
$intpar$	0.577	1.02	1.426	2.94
$paruniv$	−3.627	−5.37	−0.263	−0.47
$paralev$	−0.889	−1.29	0.376	0.72
$paageft/10$	−0.553	−0.28	−1.538	−0.98
$maageft/10$	−1.551	−0.68	−1.826	−1.01
$unrate$	−19.245	−3.29	−24.355	−5.36
$able7/10$	0.465	3.38	0.353	3.03
$sigma$	9.048	32.65	7.211	31.15

代中等学校和技校）就读的个体工作的小时数少。可能因为在私立学校或文法学校就读的16岁少年没有多少空闲时间做兼职工作，他们可能有较多的家庭作业，较丰富的业余生活或需要在上学的路上花费较长的时间。奇怪的是，在综合中学就读的男性少年也比现代中等学校和技校的学生工作的小时数少。此外，如果父母希望孩子攻读大学，其子女的兼职工作小时数会较少，该变量仅对女性显著。最后能力变量对于男性和女性均有显著的正相关作用，可能因为能力高的个体在学习上只需要花费较少的时间，有更充裕的时间打工（我们限定了学校类型）。另一方面，我们预计在另

一极端能力较低的个体应该也愿意工作,因为他们的教育回报率可能较低。但我们没有找到证据显示能力变量是非单调性的。

5 结论

在这篇论文中,我们建立模型,研究了接受全日制教育的16岁少年选择兼职工作的原因,受此影响的考试成绩及其职业选择,并考虑了三者之间可能存在的相互依赖性。特别是,我们考虑到了工作小时数对考试成绩和离校决定的影响,以及学业表现对离校决定的影响。这三个结果呈现时间上的先后顺序,在期末考试前兼职工作小时数已观测完毕,而学生在做是否留校的决定时考试成绩已经确定。我们根据三个事件构建模型,并考虑其内在的时间顺序。我们将16岁青少年离开学校的情形区分为两种:一种是直接就业,另一种是接受进一步的职业培训。虽然青少年的这两类决定都不再接受全日制教育,但这种区分非常重要,因为很大一部分的学生在离开学校时并没有直接就业,而是参加了各种各样的培训。我们用一种较灵活的方法模拟这个决定,既考虑到他们选择的时间排序,也考虑到临界参数由观测到的特征决定。

我们的分析建立在第三期和第四期的全国儿童发展研究数据库的基础上。此项普查特别针对学校方面的表现,家庭背景情况及青少年的其他活动等内容提供了非常详细的数据。此外,该调查提供了不同时间点的数据,使我们了解不同时间各变量的情况,对我们发现三个事件的关联性起到了重要作用。

最初的识别测试显示我们需要分开估计男性和女性的各种选择,这样可以提供较为全面且灵活的结论。检验结果表明相对于更加一般化的模型,我们不能否认这样一个假设,即将三个等式的残差项设定为对角线型矩阵形式。这意味着,丰富的控制变量使得决定各等式结果的不可观测因素在等式间的相关性变得不再重要。

关于接受全日制教育的学生从事兼职工作的时间与学业表现的关系,我们发现兼职工作对于男性的考试成绩有较微弱的影响,对女性没有影响。工作的小时数对于继续留校接受全日制教育有负面影响,但仍很微弱且只对男性显著。我们从这些结果得出结论,在校打工行为对于女性的学习成绩和提前离开学校的决定没有不利影响,但对男性有较小的负面影响。这些结果非常重要,因为他们意味着在学校学习期间做兼职工作对于学业成绩没有较大的负面作用。但是我们的结论只适用于1974年这组青少年人群,可能不适用于目前在学校就读的学生。

另一方面,我们发现个体在初中毕业考试中的表现对于男性和女性的离校决定均有很大影响。无论我们分别估算三个等式,还是估算一个综合的结构模型,这些结论几乎没什么变化。

我们根据诸多不同的家庭背景特征得出的结论还包括:在规模较大的班级读书的青少年一般

比在较小规模班级读书的学生更早离开学校。该结论在我们限定学校类型的情况下仍成立。在私立学校和文法学校就读的孩子的学业表现好于那些在其他普通学校就读的同伴，即便我们已经考虑到了父母和家庭背景及个人特征的影响。父母的其他特征固然重要，但父母对孩子今后学业成就的期望对于青少年的考试成绩和继续留校读书的决定有重大影响。我们还发现考试成绩与兄弟姐妹数呈负相关关系。其中哥哥姐姐与弟弟妹妹之间考试成绩的差异明确说明了出生顺序的影响，该结论与其他文献最近的发现一致。不过，出生顺序虽然会导致考试成绩的差别，但不会对青少年选择继续留校与否造成影响。

附录

似然估计与边际效应

我们只列出了个体参加培训类项目（即 $C = 1$）的似然估计。个体选择 $C = 0$ 及 $C = 2$ 的似然估计可以用类似的方法推出。我们需要区别两种情况：

（1） $H = 3j$；$E = 0$；$C = 1$

似然估计可以表示为：

$$L = P\{m_{j-1} < H^* < m_j,\ E^* < 0,\ 0 < C^* < m_C\}$$
$$= P\{m_{j-1} - X_H\beta_H < u_H < m_j - X_H\beta_H,\ u_E < -X_E\beta_E - \gamma_E H,$$
$$-X_C\beta_C - \gamma_C H < u_C < m_C - X_C\beta_C - \gamma_C H\} \tag{5}$$

此公式可以重新写成一个线性的四个三变量正态概率结合的形式。对于 m_C，公式（4）右边的表达式可以替换进来。

（2） $H = 3j$；$E = E^* > 0$；$C = 1$

如果可以将考试等式中的残差项表示为 $e_E = E - X_E\beta_E - \gamma_E H$，则似然估计可以表示为：

$$L = f_{E^*}(E)P\{m_{j-1} < H^* < m_j < 0,\ 0 < C^* < m_C \mid E\}$$
$$= f_{u_E}(e_E)P\{m_{j-1} - X_H\beta_H < u_H < m_j - X_H\beta_H,$$
$$-X_C\beta_C - \gamma_C H - \delta_C E < u_C$$
$$< m_C - X_C\beta_C - \gamma_C H - \delta_C E \mid u_E = e_E\} \tag{6}$$

其中 f_{E^*} 和 f_{u_E} 分别是控制限定了其他外部变量后，E^* 和 u_E 的单边正态密度函数。等式（6）中的条件概率函数服从双边正态分布。我们运用 Gauss 软件的 BFGS 运算法则进行最大似然估计，并从分值的其他衡量准则计算标准差。

■表 A1 样本缺失的损耗

变　　量	NCDS3，NCDS4，PES 所有的观测者			估计的样本		
	观测者	均值	残差	观测者	均值	残差
oldsib	8 223	1. 16	1. 41	3 380	1. 04	1. 28
yngsib	8 213	1. 21	1. 27	3 373	1. 20	1. 23
paageft	8 106	4. 03	1. 82	3 427	4. 01	1. 73
maageft	8 217	3. 97	1. 43	3 427	4. 01	1. 41
able7	10 109	65. 20	21. 16	3 427	67. 11	20. 42
loginc	6 538	3. 80	0. 42	3 427	3. 83	0. 39
pwork	8 340	0. 87	0. 32	3 427	0. 90	0. 29
mawork	8 222	0. 66	0. 47	3 427	0. 69	0. 46
stayon	8 832	0. 31	0. 45	3 427	0. 32	0. 46

■表 A2　模型 II 持续等式

变　　量	男　　性				女　　性			
	参数		m_C 临界		参数		m_C 临界	
	系数	t 值	系数	t 值	系数	t 值	系数	t 值
常数项	2. 071	3. 33	0. 526	1. 46	2. 168	3. 05	−0. 654	−0. 91
oldsib/10	0. 069	0. 88	−0. 013	−0. 28	0. 113	1. 77	−0. 052	−0. 74
yngsib/10	0. 026	0. 63	−0. 003	−0. 15	−0. 042	−0. 98	−0. 094	−2. 19
mawork	0. 082	0. 73	0. 165	2. 23	−0. 085	−0. 90	−0. 016	−0. 17
pawork	−0. 058	−0. 29	−0. 032	−0. 27	−0. 082	−0. 50	0. 049	0. 28
kidnoteu	−0. 276	−0. 67	−0. 024	−0. 10	−0. 032	−0. 05	0. 650	1. 54
comp	−0. 165	−1. 44	−0. 154	−2. 34	−0. 207	−1. 88	−0. 128	−1. 26
grammar	−0. 293	−1. 70	−0. 625	−3. 87	−0. 419	−2. 64	−0. 353	−1. 82
indep	−0. 700	−2. 78	−0. 471	−1. 60	−0. 455	−1. 72	0. 250	0. 80
special	−0. 317	−0. 82	−1. 037	−2. 31	0. 279	0. 49	0. 460	0. 99
singsex	−0. 202	−1. 85	−0. 005	−0. 07	−0. 040	−0. 38	−0. 107	−0. 92
loginc	−0. 034	−0. 24	0. 041	0. 43	−0. 142	−1. 10	−0. 072	−0. 55
unrate	1. 180	1. 09	0. 955	1. 47	1. 949	1. 97	0. 474	0. 50
ctratio/10	0. 488	2. 39	0. 047	0. 68	0. 433	1. 75	0. 436	1. 68
intpar	−0. 178	−1. 58	0. 013	0. 19	−0. 184	−1. 66	0. 085	0. 79
paruniv	−1. 192	−8. 67	−0. 457	−5. 22	−1. 453	−11. 16	−0. 365	−2. 75
paralev	−0. 780	−5. 91	−0. 275	−3. 45	−0. 665	−5. 39	0. 006	0. 05
able7/10	−0. 095	−2. 79	−0. 013	−0. 77	−0. 037	−1. 05	0. 038	1. 32
hours	0. 011	0. 76	0. 009	1. 74	0. 033	1. 54	0. 023	2. 60
exam	−0. 224	−5. 99	−0. 036	−1. 82	−0. 154	−3. 35	−0. 050	−2. 05
$Rho(1, 3)$	0. 019	0. 15			−0. 106	−0. 64		
$Rho(2, 3)$	0. 016	0. 12			−0. 258	−1. 45		

离校等式的边际效应

在表 4 和表 5 呈现的边际效应的计算是以公式(3)和公式(4)为基础的。为了方便标注，我们让 $Z_C = (X_C, H, E)$，$\theta_C = (\beta_C', \gamma_C, \delta_C)'$ 和 $\theta_m = (\beta_m', \gamma_m, \delta_m)'$，我们可以得到：

$$\frac{\partial P[C = 0 \mid Z_C]}{\partial Z_C} = - f_{u_c}(- Z_C \theta_C) Z_C \tag{7}$$

$$\frac{\partial P[C = 1 \mid Z_C]}{\partial Z_C} = f_{u_c}(- Z_C \theta_C) Z_C + f_{u_c}(m_C - Z_C \theta_C)(m_C - 1) Z_C \tag{8}$$

$$\frac{\partial P[C = 2 \mid Z_C]}{\partial Z_C} = f_{u_c}(m_C - Z_C \theta_C)(1 - m_C) Z_C \tag{9}$$

表 4 和表 5 的作用是通过样本均值来估计的。由于边际效应是参数的方程，计算边际效应的标准差可以通过估计所使用的参数的标准差来计算(假定 Z_C 的分布是已知的)。这可以通过 delta 方法解决。另一种更为简便的计算方法是使用模拟(simulation)。表 4 和表 5 的标准差是根据 500 个样本的边际效应的标准差计算而得，我们也可以根据估计中所用到的参数向量的估计估算所使用的参数的标准差来计算(假定 Z_C 的分布是已知的)。这基本可以通过 delta 方法解决。另一种更为简便的计算方法是使用模拟(simulation)。表 4 和表 5 的标准差是根据 500 个样本的边际效应的标准差计算而得，我们也可以根据测算时所用到的参数向量的预计的渐进分布，随即抽出 500 次参数向量计算而得。

参考文献

Becker GS (1981) A treatise on the family. Harvard University Press, Cambridge

Becker GS, Lewis HG (1973) On the interaction between the quantity and quality of children. J Polit Econ 81 Suppl S279–S288

Behrman JR, Taubman P(1986) Birth order, schooling and earnings. J Labor Econ 4:S121–S145

Black S, Devereux P, Salvanes KG (2005) The more the merrier? The effect of family size and birth order on children's education. Quart J Econ 120:669–700

Booth, AL, Satchell SE (1994) Apprenticeships and job tenure. Oxford Econ Papers 46:676–695

Card D, Krueger A (1992) Does school quality matter? Returns to education and the characteristics of public schools in the United States. J Polit Econ 100:1–40

Coleman JS (1966) Equality of educational opportunity, Washington

Currie J, Thomas D (1999) Early test scores, socio-economic status and future outcomes. Res Labor Econ 20:103–132

Davie R (1971) Size of class, educational attainment and adjustment. Concern, No. 7, 8–14

Dearden L, Ferri J and Meghir C (2002) The effect of school quality on educational attainment and wages. Rev Econ Statist 84:1–20

Dolton P and Vignoles A (2000) The impact of school quality on labour market success in the United Kingdom mimeo, University of Newcastle

Dustmann C (2004) Parental background, secondary school track choice, and wages. Oxford Econ Papers 56:209–230

Dustmann C, Rajah N, van Soest A (2003) Class size, education, and wages. Econ J 113:F99–F120

Eckstein Z, Wolpin K (1999) Why youth drop out of high school: the impact of preferences, opportunities and abilities. Econometrica 67:1295–1339

Ehrenberg RG, Sherman DR (1987) Employment while in college, academic achievement and post college outcomes. J Human Resour 22:1–23

Feinstein L, Symons J (1999) Attainment in secondary school. Oxford Economic Papers, 51: 300–321

Griliches Z (1980) Schooling interruption, work while in school and the returns from schooling. Scand J Econ 82:291–303

Harmon C, Walker I (2000) The returns to the quantity and quality of education: evidence for men in England and Wales. Econ 67:19–36

Hanushek EA (1992) The trade off between child quantity and quality. J Polit Econ 100:84–117

Hanushek EA, Rivkin SG, Taylor LL (1996) Aggregation and the estimated effects of school resources. Rev Econ Statist 78:611–627

Hotz VJ, Xu LC, Tienda M, Ahituv A (2002) Are there returns to the wages of young men from working while in school? Rev Econ Statist 84:221–236

Light A (2001) In-school work experience and the return to schooling. J Labor Econ 19:65–93

MacLennan E, Fitz J, Sullivan S (1985) Working children. Low Pay Unit, London

Micklewright J (1986) A note on household income data in ncds3, *ncds user support working paper*, vol 18, City University, London

Micklewright J (1989) Choice at 16. Economica 56:25–39

Micklewright J, Pearson M, Smith R (1989) Has Britain an early school leaving problem? Fiscal Stud 10:1–16

Micklewright J, Rajah N, Smith S (1994) Labouring and learning: part-time work and full-time education. Nat Inst Econ Rev 2:73–85

Pradhan M, van Soest A (1995) Formal and informal sector employment in urban areas in Bolivia. Labour Econ 2:275–298

Rice PG (1987) The demand for post-compulsory education in the UK and the effects of educational maintenance allowances. Economica 54:465–476

Robertson D, Symons J (1990) The occupational choice of british children. Econ J 100:828–841

Robertson D, Symons J (1996) Do peer groups matter? Peer group versus schooling effects on academic attainment. London School of Economics, Centre for Economic Performance Discussion Paper No. 311

Ruhm C (1997) Is high school employment consumption of investment? J Labor Econ 14: 735–776

Sly F (1993) Economic activity of 16 and 17 year olds. Employment Gazette, July, pp. 307–312

Steedman J (1983) Examination results in selective and non-selective schools. National Children's Bureau, London

Stewart M (1983) On least squares estimation when the dependent variable is grouped. Rev Econ Stud 50:737–753

该学习了？ *

——学校组织结构与学生成绩的关系

欧泽肯·埃伦(Ozkan Eren)　　丹尼尔·米莉美特(Daniel L. Millimet)

摘要： 通过参数法与非参数法，我们估计了在此之前相对很少探讨的教育过程的"投入"，以及学习时间对于学业表现分布的影响。结果显示每学年的长度、每天课时数和课时的长度确实影响学生的学习成绩，但在方向和程度上其影响对整个学业分布上的不同个体是有差异的。我们发现较短的学习年限使学习成绩分布在高端的个体更受益，但较长的学习年限会增加分布在低端的个体的成绩。此外，当每天至少有 8 节课，每节课的平均时间在 46—50 分钟时，分布在低端的学生的学习成绩会提高。当每天课程只有 7 节课，每节课的时间少于等于 45 分钟或长于 51 分钟时，分布在高端的学生的学习成绩会提高。

关键词： 学生成绩　学校质量　随机占优　分位数处理效应　反倾向分数权重

1 引言

尽管在 1890—1990 年的这段时期内，美国学生的人均支出平均每年增长 3.5%（Hanush-

---

* 作者非常感谢两名匿名审稿人的有益建议和编辑伯恩德·菲茨杰拉德(Bernd Fitzenberger)，当然，文责自负。

ek，1999），使得在小学和初中教育阶段总的财政支出达到 2 000 亿美元（Betts，2001），但是在过去的几十年中，许多文献都发现学生成绩一直停滞不前（例如，Epple and Romano，1998；Hoxby，1999）。由于教育支出与学生表现的不一致，许多研究都试图寻找影响学生成绩最核心的因素。然而，一个在教育过程中潜在的重要投入变量——时间分配被长期忽视，特别是在学校及课堂上花费的时间。

为了尽量添补这一空白，我们评估了几种与学生学业表现相关的学习环境的构成的影响。具体而言，我们主要研究了：(1)每学年的长度，(2)每天课程的数量及(3)平均每节课的长度。我们认为预先设计的这几个变量可能影响学生们的学习情况，原因有以下几项。首先，如埃伦和米莉美特（Eren and Millimet，2005）的发现所述，学校每天的组织结构会影响学生的违规行为。其中学生的违规行为体现在学生由于没有遵守学校规定而被惩罚的次数、获得的校内停课处分、获得的校外停课处分及逃课行为。此外，菲格罗（Figlio，2003）的研究说明学生的捣乱行为会对同伴的考试成绩产生负面影响。其次，不同的组织结构就最优传递信息和最小化教学活动的重复而言都有各自的优势。最后，学习年限的长度直接影响到学生在学校的时间，也会影响其对学校课程的选择。例如，皮斯切克（Pischke，2003）发现较短的学习年限增加了学生复读的概率，但他没有发现其他长期的负面影响。

就政策前景而言，我们这里汇报的结论可能会引起大家巨大的兴趣。因为组织结构的细节完全在学校行政管理人员和州政府政策制定者的决策范围内，本研究的作用在于为他们修改政策提供理论依据。此外，相对而言，重新规划一天的课程不会产生什么成本，特别是相对于其他的政策而言，如减小班级规模。另一方面，改变学习年限的长度，可能会增加政府的预算。例如，得克萨斯州的立法机关目前最后通过立法，要求所有学区在五一劳动节后统一开学，并且在不迟于 6 月 7 日之前结课（*Dallas Morning News*，13 May 2005，p 20A）。该项立法的反对者认为，由于学校提前开学，因放弃旅游，该州每年约损失 3.32 亿美元，再加上 8 月份用于学校制冷设备的 1 000 万美元电费，以及额外的教师工资所带来的成本（Strayhorn，2000）。提前开学的支持者更关心学生的学业成绩，他们认为如果不提前开学，学生的学业成绩无法保证。因此，关于学年长度与学生学业表现的关系的经验证明将为当前政策的争论提供依据，至少在得克萨斯州如此。

我们选取了具有全国代表性的 1990 年进行的全国教育纵向调查样本中 10 年级公立学校的学生作为分析样本，并使用参数法和非参数法评估了学校组织的影响。首先，假设学校组织结构仅具有截距效应，我们应用标准的回归分析探讨学生平均成绩的影响。第二，由于条件均值可能掩盖学校组织结构的异质效应，我们通过估计分位数处理效应（quantile treatment effects，

QTE)将分析扩展到比较一个分布框架下的测验成绩。此外,我们通过解释随机占优(stochastic dominance,SD),运用与福利一致的效用方程概括了分位数处理效应[1]。

估计结果十分具有启示性。具体而言,我们得出了5个结论。首先,如果不控制其他因素,每学年的长度与测试成绩成正比,但该结论在控制其他因素后不成立。其次,缩短每节课的时间,但增加每天的课时数有利于测试成绩的提高,该结论对于是否控制其他变量均成立。但对两种情况,影响程度均很小(小于0.1个标准差)。第三,在不控制其他因素的前提下,每年较长的学习时间和重新组织一天的上课结构(缩短每节课的时间,但增加每天的课程数)对于整个学生分布而言都可以增加其测试成绩。有趣的是,这些结论不是统一的,在中值附近分布的影响程度最高。第四,当我们通过使用反倾向分数权重法(inverse propensity score)调整协方差来检验测试分数的分布时,我们发现学校的组织结构存在极端的异质效应。具体而言,分布在测试分数低端的个体每天上8节课,每节课平均时长为46—50分钟时会提高他们的成绩。与此相反的是,分布在测试分数高端的个体每天上7节课,每节课平均不长于45分钟或多于51分钟时,会提高测试分数。此外,有证据显示随着每学年时间的延长,在低端分布个体的平均成绩会提高而在高端分布个体的成绩会降低。因此,在充满多样化的得克萨斯州,一个统一的开学日期,似乎并不是最优选择(如果仅考虑学生成绩而言)。最后,根据均值估计的学校组织结构的影响在经济学上不一定十分有意义,分布分析的结论显示这些学校组织结构对学习成绩的影响只对部分学生有意义。例如,将每节课时间从46—50分钟缩短到45分或更短将提高中值以上分布个体大约1个标准差的1/3到1/2的测试分数。

本文其他部分的构成如下:第2部分描述实证分析方法。第3部分介绍数据。第4部分给出经验分析结果。第5部分得出结论。

2 实证分析方法

2.1 回归方法

为了分析原始数据,我们应用了标准回归分析,以便重点分析条件均值。具体而言我们通过OLS方法估计了一个线性回归方程。

---

[1] 虽然也有其他的模型可以比较分布(或部分分布),但通过分位数处理效应和随机控制作用进行分析的研究越来越广泛(参见 Bitler et al.,2005;Amin et al.,2003;Abadie,2002;Bishop et al.,2000;Maasoumi and Heshmati,2000)。分位数回归,也经常被应用到对条件分位结果各种"处理"(treatment)效应的异质性的分析中(参见 Abrevaya,2001;Arias et al.,2001;Buchinsky,2001)。类似于目前的研究趋势,Levin(2001)应用分位数回归方法分析了班级规模及同伴效应对学生成绩的影响。

$$s_{ij} = \alpha + x_{ij}\beta + ORG_j\tau + \varepsilon_{ij} \tag{1}$$

其中，s_{ij} 代表个体 i 在学校 j 的测验分数；x 是代表个体、家庭、班级、教师及学校属性的一个向量；ORG 是学校的组织结构变量；ε 代表均值为零，可能具有异质性并满足正态分布的残差项。

2.2 分布方法

2.2.1 分位数处理效应

只注重条件均值，可能会掩盖一些有意义的、与政策相关的，但在整个分布上存在异质性的特征。为了检验这些异质性，我们进行了几组不同学校组织结构测试分数分布的两两比较，并且分析了分位数处理效应。首先，假定 S_0 和 S_1 分别代表两个将要对比的测试分数。例如 $S_0(S_1)$ 表示学生就读的学校每年在校时间为 180 天或更短（181 天或更长）时的测试分数。$\{s_{0i}\}_{i=1}^{N_0}$ 代表 S_0 的 N_0 个观测者的向量（记作：$T_i = 0$）；$\{s_{1i}\}_{i=1}^{N_1}$ 是代表 S_1 的 N_1 个观测者的类似向量（记作：$T_i = 1$）。$F_0(s) \equiv \Pr[S_0 < s]$ 代表 S_0 的积分密度方程（CDF），类似地，$F_1(s)$ 为 S_1 的积分密度方程。F_0 的第 p 分位值等于 s_0^p 的最小值，满足 $F_0(s_0^p) = p$；类似的 s_1^p 代表 F_1 的第 p 分位值，定义方式相同。根据这些注释，第 p 分位数的处理效应可以表示为 $\Delta p = s_1^p - s_0^p$，也就是积分密度方程间在概率为 p 的水平差异[1]。$\hat{\Delta} p$ 的估计值是通过使用类似 $s_j^p \equiv \inf_s\{\Pr[S_j \leqslant s] \geqslant p\}$，$j = 0, 1$ 且 $p = 0.01, \cdots, 0.99$ 的样本获得的。在下面的结果中，我们描绘了 $\hat{\Delta} p$ 以及根据简单自举法（bootstrap）估计的 90% 的置信区间，类似于比特勒等（Bitler et al., 2005）。

2.2.2 分布均衡的测试

除了在每一个分位数值检验分位处理效应外，我们还检验了联合零假设 $H_0: \Delta p = 0 \forall p \in (0, 1)$ 或类似的 $H_0: F_0 = F_1$，通过两样本柯尔莫哥洛夫-斯莫洛夫（Kolmogorov-Smirnov, KS）统计（参见 Abadie, 2002；Bitler 等, 2005）。KS 统计检验可以通过下面的公式来执行的：

$$d_{eq} = \sqrt{\frac{N_0 N_1}{N_0 + N_1}} \sup|F_1 - F_0| \tag{2}$$

具体而言，我们的过程要求：

1. 获得 S_0 和 S_1 的经验积分密度方程，通过：

$$\hat{F}_{jN_j}(s) = \frac{1}{N_j}\sum_{i=1}^{N_j} I(S_j \leqslant s), j = 0, 1 \tag{3}$$

---

[1] 需要强调的是分位数处理效应与处理效应分布的分位数不一致，除非满足排序保留（rank preservation）（参见 Firpo, 2005）。如果没有这个假设，学生测试成绩的排名在分析的每一个组织结构框架下是不变的，分位数处理效应只是反映了两个边际分布分位数的差异。

计算 $\hat{F}_{0N_0}(S_k)$ 和 $\hat{F}_{1N_1}(s_k)$ 的值。其中 $\mathrm{I}(\cdot)$ 是指示方程，s_k，$k=1,\cdots,K$，代表所使用的支撑点（在本研究中 $K=500$）。

2. 计算。

$$\hat{d}_{eq}=\sqrt{\frac{N_0 N_1}{N_0+N_1}}\max_k\{\mid \hat{F}_1(s_k)-\hat{F}_0(s_k)\mid\} \tag{4}$$

对于分布是否均衡测试的结论是通过自举法（具体细节参见 Abadie，2002）来操作的。具体而言，我们将两个样本组合在一起，并根据新组合的样本进行了重新取样（通过替代），把新样本分成两个样本，其中前 N_0 个样本代表 S_0，剩余的代表 S_1，并计算了 KS 统计。该过程重复了 B 次，相应的 p 值等于：

$$p\text{-value}=\frac{1}{B}\sum_{b=1}^{B}\mathrm{I}(\hat{d}_{eq,b}^* > \hat{d}_{eq}) \tag{5}$$

如果 p 值小于理想的显著性水平，如 0.10，则意味着零假设不成立。

2.2.3 加入协方差

到目前为止，分布分析仅考虑了无条件测试分数的分布。然而组织结构和其他学生成就的决定因素之间的相互依赖性可能会妨碍人们从下面的分析中推出因果关系。为了减少选择可观测变量可能带来的偏差，我们使用学生成绩可观测变量决定因素的向量，并通过调整协方差分析测试成绩的分布。如果不可观测变量与测试成绩和处理效应均相关，则人们无法从我们的分析中得出因果结论。也就是说下面描述的协方差矩阵是排他性的[1]。

下面我们应用比特勒等（Bitler，2005）的反倾向分数权重的方法进行分析（也参见 Firpo，2005）。具体而言，S_j，$j=0,1$ 的经验积分密度方程可以通过以下等式计算：

$$\hat{F}_{jN_j}(s)=\frac{\sum_{i=1}^{N_j}\hat{\omega}_i \mathrm{I}(S_j\leqslant s)}{\sum_{i=1}^{N_j}\hat{\omega}_i} \tag{6}$$

其中权重 $\hat{\omega}_i$ 可以表示为：

$$\hat{\omega}_i=\frac{T_i}{\hat{p}_i(x_i)}+\frac{1-T_i}{1-\hat{p}_i(x_i)} \tag{7}$$

T_i 是前面所定义的代表特定学校组织结构的指示变量，$p_i(x_i)$ 是倾向分数（也就是根据第一阶段的

---

[1] 如果排他性的限制假设可行，人们可以根据 Abadie(2002)的方法，识别样本中处理效应的价值受工具变量影响的子样本群（又被称为服从者，compliers）的随机效应。由于我们目前没有合适的工具变量，只好通过调整协方差并假定可观测变量的选择性偏差是合理的，达到相同的目的（参见 Dearden et al.，2002；Maasoumi et al.，2005）。后面我们还将讨论这一问题。

Probit 模型,在控制一系列可观测因素 x_i 后,个体 i 参加具有特定组织结构学校的预测概率)。推论是根据前面讨论的相同的自举法得出的。唯一的区别是第一阶段的 Probit 模型和结果的权重在每一次重复自举法过程中被重新估计。

2.2.4 随机占优

检验分位数处理效应是非常有意义的,因为如果积分密度方程的均衡性不存在并且分位数处理效应的符号是不同的或者在整个分布统计上都很显著,则政策含义是非常含糊的。因此,我们又进行了一阶和二阶的随机占优检验[1]。随机占优的检验提供了有限但稳健的关于分布的福利比较的可能。我们说这些比较是稳健的,因为它们在一个大的分类中对于具体的偏好方程不敏感。然而,它们是有局限性的,因为所分析的福利方程完全依赖于感兴趣的分析结果,而且很显然这些测试没有考虑其他情况如成本。也就是说,随机占优检验关于分布比较的确切含义也不是如它所强调的那样非常具有说服力。

目前文献中有几种关于随机占优检验的方法,我们这里用到的方法是建立在一般 KS 测试方法基础上的[2]。首先假定诺伊曼—摩根斯坦(Neumann-Morgenstern)条件存在,U_1 代表递增的社会福利方程 u 的等级,也就是说福利会随着测试分数的增加而增加 ($u' \geqslant 0$),U_2 为 U_1 次等级的方程,并且满足 $u'' \leqslant 0$ (也就是成凹形)。凹形意味着学生成绩对于不公平的厌恶性;大量的水平非常高的学生与水平非常低的学生结合在一起不是最优选择。值得强调的是,u 指的是政策制定者的福利方程,不是学生的。

在此注释下,S_0 一阶随机占优于 S_1 (可以表示为 S_0 FSD S_1),当且仅当 $E[u(S_0)] \geqslant E[u(S_1)]$ 对于所有的 $u \in U_1$ 且方程 u 具有严格的不平等特征。这里 $E[\cdot]$ 代表预期价值符号。类似的,我们也可以表示为:

$$F_0(z) \leqslant F_1(z) \quad \forall z \in Z, \text{且一些 } z \text{ 满足严格的不平等特征} \tag{8}$$

其中 Z 代表支持 S_0 和 S_1 的联合体。等式(8)的条件也可以描绘为:

$$\Delta_p \leqslant 0 \quad \forall p \in (0, 1), \text{且一些 } p \text{ 满足严格的不平等特征} \tag{9}$$

如果 S_0 一阶随机占优于 S_1,那么对于所有递增的福利方程而言,在等级中一些效用方程满足严格的不平等特征的情况下,S_0 所得到的预期社会福利至少与从 S_1 中得到社会福利一样多。

当且仅当 $E[u(S_0)] \geqslant E[u(S_1)]$ 对于所有的 $u \in U_2$,且方程 u 具有严格的不平等特征时,

---

[1] 人们也可以进行三阶或更高阶的随机占优检验,但其系数不能说明什么问题。

[2] Maasoumi 和 Heshmati(2000)提供了其他可选择测试发展的简单综述。

S_0 二阶随机优于 S_1 的分布（可以记作 S_0 SSD S_1）。或者可以表示为：

$$\int_{-\infty}^{z} F_0(v)\mathrm{d}v \leqslant \int_{-\infty}^{z} F_1(v)\mathrm{d}v \ \forall z \in Z, \text{且一些 } z \text{ 满足严格的不平等特征} \tag{10}$$

或者

$$\int_0^p \Delta_v \mathrm{d}v \leqslant 0 \quad \forall p \in (0, 1)，\text{且一些 } p \text{ 满足严格的不平等特征} \tag{11}$$

如果 S_0 二阶随机占优于 S_1，当等级中效用方程满足严格的不平等特征时，则对于所有递增且在次等级 U_2 具有凹形属性的福利方程从 S_0 得到的预期社会福利至少与从 S_1 中得到的社会福利一样多。一阶随机占优如果成立，则意味着二阶随机占优或更高阶均成立。

我们通过下面一般 KS 检验公式，验证 FSD 和 SSD：

$$d = \sqrt{\frac{N_0 N_1}{N_0 + N_1}} \min_{z \in Z} \sup[F_0(z) - F_1(z)] \tag{12}$$

$$s = \sqrt{\frac{N_0 N_1}{N_0 + N_1}} \min_{z \in Z} \sup \int_{-\infty}^{z} [F_0(v) - F_1(v)]\mathrm{d}v \tag{13}$$

其中最小值来自 $F_0 - F_1$ 和 $F_1 - F_0$，事实上进行这两个检验是为了说明对于平等或是无排序的情况，我们的分析也没有任何歧义。具体而言，我们的估计过程要求：

（1）根据人们是否希望在 s_k，$k = 1, \cdots, K$ 调整协方差公式，通过等式（3）和（6）计算经验积分密度方程。

（2）计算差分 $d_1(s_k) = \hat{F}_{0N_0}s(k) - \hat{F}_{1N_1}(s_k)$ 和 $d_2(s_k) = \hat{F}_{1N_1}s(k) - \hat{F}_{0N_0}(s_k)$，

（3）取 $\max\{d_1\}$ 和 $\max\{d_2\}$ 的最小值，得到 $\hat{d} = \sqrt{\dfrac{N_0 N_1}{N_0 + N_1}}$。

（4）计算总和 $s_{1j} = \sum_{k=1}^{j} d_1(s_k)$ 及 $s_{2j} = \sum_{k=1}^{j} d_2(s_k)$，$j = 1, \cdots, k$。

（5）取 $\max\{s_{1j}\}$ 和 $\max\{s_{2j}\}$ 的最小值，得到 $\hat{s} = \sqrt{\dfrac{N_0 N_1}{N_0 + N_1}}$。

如果 $\hat{d} \leqslant 0$ 且 $\max\{d_1\} < 0$，则说明观测到的 s_0 一阶占优于 s_1；如果 $\hat{d} \leqslant 0$ 且 $\max\{d_2\} < 0$，则说明观测到的是相反情况。如果 $\hat{d} > 0$，说明无法观测到一阶的排序。类似的解释可以应用到 $\hat{s}$，其中 $\max\{s_{1j}\}$ 和 $\max\{s_{2j}\}$ 分别代表各自二阶的情况。

推论是根据两个不同的自举法过程估计一阶随机占优（二阶随机占优）的零假设得出的，零假设可以表示为 $H_0: d \leqslant 0(H_0: s \leqslant 0)$。第一种方法参照阿巴迪（Abadie, 2002），并且与上面描述的测试平等的方法相同。具体而言，我们将两个样本结合在一起，然后重新组合，并随机将样本分成两组,计算等式(12)和(13)的检验统计。

这个过程估计了最不理想情况,即 $F_0 = F_1$ 测试统计的分布,并且重复 B 次,公式(5)给出了相应的 p 值。如果 p 值小于理想的显著水平,我们将拒绝零假设。我们将此过程称为平等自举法。然而如马斯欧米和赫什马蒂(Maasoumi and Heshmati,2005)和林顿等(Linton et al.,2005)所指出的那样,零假设和其他选择假设的边界远远大于最不理想情况的区域。这意味着最不理想情况的边界没有与以自举法为基础的测设的边界渐进吻合,该测试是有偏差的。具体而言,如果 $d = 0$ 或 $s = 0$ 成立,但最不理想情况的条件不满足,测试结果是非渐进的(无效的)。因此我们采用了以马斯欧米和赫什马蒂(Maasoumi and Heshmati,2000,2005)及马斯欧米和米莉美特(Maasoumi and Millimet,2005)为基础的第二种方法。我们根据单个个体样本的 S_0 和 S_1 重新组合(通过替换方法)样本。这样这种方法不需要假设最不理想情况的条件(或者其他零假设的部分条件),我们也不需要通过公式(5)得出 p 值。在这个重新组合的样本中,如果 $\Pr\{\hat{d} \leqslant 0\}$ 非常大,例如 0.90 或更高,且 $\hat{d} \leqslant 0$,我们可以推出一阶随机占优在理想的置信区间内。这是一个经典的置信区间测试;我们试图在估计 $d \leqslant 0$ 事件出现的概率。$\Pr\{\hat{s}^* \leqslant 0\}$ 可以以相同的方式解释。我们将这种过程称为简单自举法。

就各种测试统计及参考方法,我们提供了一个具体数字的例子来说明如何解释结果。让 $\max\{\hat{d}_1\} = 2$,$\max\{\hat{d}_2\} = 1$,$\max\{\hat{s}_1\} = 10$ 及 $\max\{\hat{s}_2\} = -1$。在不考虑反映样本大小的权重的乘积的情况下,根据公式(2)、(12)及(13),可以得出 $\hat{d}_{eq} = 2$,$\hat{d} = 1$ 及 $\hat{s} = -1$。$\hat{d} > 0$ 说明经验积分密度方程至少有一次交叉;$\hat{s} < 0$(且 $\max\{\hat{s}_2\} < 0$)说明经验积分密度方程呈现二阶随机占优,且 $\hat{F}_1$ 优于 $\hat{F}_0$。假设检验平等的自举法过程得到 $\Pr\{\hat{d}_{eq}^* > \hat{d}_{eq}\} = \Pr\{\hat{d}_{eq}^* > 2\} = 0.01$,则意味着只有 1% 自举法的测试统计大于样本的测试统计。进一步假设,通过平等自举法(即强调最不理想情况条件)得到 $\Pr\{\hat{d}^* > \hat{d}\} = \Pr\{\hat{d}^* > 1\} = 0.03$,通过简单自举法(即不强调最不理想情况条件)得到 $\Pr\{\hat{d}^* < 0\} = 0.00$。根据这些自举法频率,我们可以在 95% 的置信区间水平上拒绝两个分布平等的假设(因为 $\Pr\{\hat{d}_{eq}^* > \hat{d}_{eq}\} = 0.01 < 0.05$)。然而平等与简单的自举法结果都说明一阶随机占优不存在。平等自举法过程说明在 95% 的置信区间拒绝一阶随机占优的零假设(因为 $\Pr\{\hat{d}^* > \hat{d}\} = 0.03 < 0.05$),而简单自举法没有提供任何证据,说明其测试统计位于一阶随机占优的(非正)区间内(因为 $\Pr\{\hat{d}^* < 0\} = 0.00$)。关于 $\hat{s}$ 的推论,假定平等自举法得到 $\Pr\{\hat{s}^* > \hat{s}\} = \Pr\{\hat{s}^* > -1\} = 0.99$,简单自举法过程得到 $\Pr\{\hat{s}^* < 0\} = 0.94$,根据这些自举法频率,我们可以推出两个自举法过程都意味着可观测的二阶随机占优的排序在统计上是显著的。具体而言,平等自举法过程不能拒绝二阶随机占优的零假设,因为 p 值为 0.99,大于任何传统的显著性水平(如 0.05 或 0.01);简单自举法的过程说明了存在一个非常高(94%)的概率,测试统

计位于二阶随机占优成立的(非正)区间内。需要强调的是,如果由上面平等自举法过程得到 p 值为 0.10,但简单自举法过程所得到非正测试统计小于 0.90,意味着两个自举法过程关于二阶随机占优的排序在统计上的显著性产生冲突。这在我们下面的结论经常出现,可能由于我们强加了最不理想情况的假设。在这种情况下,我们倾向于保守的简单自举法结果,因为它没有附加最不理想情况的假设。

3 数据

本文选用的样本来自 1988 年的全国教育纵向研究(National Education Longitudinal Study, NELS:88),这是国家教育统计中心进行的一个针对 8 年级学生的广泛的纵向调查。NELS:88 样本是从其中两个阶段选取的。在第一个阶段,从全国大约 40 000 所学校中选取了 1 032 所学校。第二个阶段,每个学校根据种族和性别选取了 26 个学生。因此在最初的样本中包含大约 25 000 名 8 年级的学生。以后又陆续在 1990、1992、1994 和 2000 年进行了跟踪调查。

为了衡量学术成就,该样本的学生分别在 8 年级(基准年)、10 年级(第一次跟踪调查)及 12 年级(第二次跟踪调查)进行了阅读、社会科学、数学及科学的认知测试。四个学科中的每一科的测试都包含了每一个年级相应的学习内容,但为了衡量学术进步,测试也包含了许多与上一个年级重叠的内容[1]。虽然每个学生均有四个测试分数,但在成绩中如果考虑老师及班级信息(下面将详细讨论),样本中每个学生的成绩就只有两门了[2]。

我们将学校的组织结构分三类测量:(1)根据每学年的长度分成两类:180 天或更短,181 天或更长(180+天);(2)每个工作日的课程数,分为三类:6 门课或更少,7 门课,8 门课或更多(8+);(3)每节课的平均长度,分为 3 类:45 分钟或更短,46—50 分钟,51 分钟或更长(51+)。[3]

为了构建最终样本,我们主要讨论了 10 年级公立学校学生的学业成绩,类似于布热和劳斯(Boozer and Rouse, 2001)的研究,我们将四门课程的测试成绩结合起来(也包含了考虑老师及班级信息的条件信息集课程的代理变量)。本文只考虑了那些包含所有测试成绩及相关学校变量的样本。最终样本包括 794 所学校的 10 288 个学生(总观测样本为 18 135 个)。

当使用反倾向分权重来调整协方差时,第一阶段的 Probit 模型包含了广泛的个人、家庭、老师、

---

[1] 我们以 Boozer 和 Rouse(2001)和 Altonji 等(2005)的研究为基础,对每项测试使用了原始项反馈理论(raw item response theory, IRT)分数。

[2] 不同的学生两门课程内容不同,因此我们将 4 门课均放入分析样本。

[3] NELS:88 包含了 6 类不同学年的长度,4 类不同的日课程数及 5 类不同的平均节课时长度。为了方便进行随机优势测试,我们将学年长度为 1—174,175,176—179 及 180 归为一类。181—184 及 185+归为另一类。日课程数为 8 和 9+归为一类。课时长度为 1—40 和 41—45 分钟归为一类,51—55 及 56+归为另一类。

班级及学校特征：

个人变量：种族，性别，8 年级的测试分数，8 年级的平均测试成绩，学生是否留级的代理变量。

家庭变量：父亲的受教育水平，母亲的受教育水平，家庭的组成，父母的结婚状态，家庭的社会经济状态，家庭阅读材料（图书和报纸）的代理变量，家庭电脑的代理变量，学生在家是否有专门的学习空间[1]。

老师变量：种族，性别，年龄，受教育水平，拥有某专业证明的代理变量，拥有某专业学历的代理变量，教师是否能完全胜任课程内容的代理变量，教师是否能完全控制学生纪律的代理变量，教师感觉充分备课的代理变量。

班级变量：学科变量，班级规模，班级中其他种族学生数，班级中英语熟练程度有限的学生数，老师对于班级学习成绩的整体评价。

学校变量：属于城市还是农村，地区，学校总的入学人数，入学成绩，平均每天出勤率，学生种族比例，获得免费午饭的学生的比例，单亲家庭孩子比例，10 年级学生在毕业前的辍学率，全职教师人数，各种族教师人数，教师工资，在过去 4 年老师是否罢工的代理变量，学生补习阅读和补习数学的比例，平均 8 年级测试成绩。

通过虚拟变量控制个人、家庭、老师、班级和学校变量的缺失。

在继续下面的分析前，需要强调几点关于可观测变量的选择。首先，与迪尔登等（Dearden et al.，2002），马斯欧米和米莉美特（Maasoumi and Millimet，2005）及其他研究相似，测试成绩和代表最初能力的平均成绩是有时滞的。在教育过程起到增值作用的前提下，时滞的测试分数可以控制所有以前的对教育生产过程的投入（Goldhaber and Brewer，1997；Todd and Wolpin，2003）。此外，我们也考虑了教师对进行测试班级的能力的主观整体评估。班级的整体能力可以在一定程度上反映出同伴效应，而许多研究证明该效应对学生成绩非常重要。其次，如哈努谢克（Hanushek，1979）所阐明的，控制家庭的特征，如社会经济状态、父母的受教育水平，可以大大缩小由于居住地选择所造成的内生性而产生的偏差。第三，包含所在学校水平的变量以及实际的班级规模是为了调整许多因素，相对于下面处理类型的分析，这些因素可能在居住地选择决定中扮演更重要的角色。此外，控制学生补习数学和阅读的比例，反映了学生群体整体的能力水平，而学生整体的能力水平可能会影响学校的组织结构。最后，戈德哈勃和布鲁尔（Goldhaber and Brewer，1997，p. 505）也同样使用了 NELS:88,10 年级的数学测试成绩，他们的结论是，"无法观测到的学校、老师和班级特征对

---

[1] 家庭社会经济状态的变量范围为−2.97 到 2.56,是通过 NELS: 88 数据的管理人员根据父母问卷得到的:(1)父亲的受教育水平,(2)母亲的受教育水平,(3)父亲的职业,(4)母亲的职业,(5)家庭收入。

于解释学生的学业成绩非常重要,但是这些缺省的变量与我们样本中的可观测变量不相关"。也就是说,我们的结果中缺省的不可观测变量不会在标准的教育生产方程中产生有偏估计。

为了分析的方便,我们分不同的学校组织结构,在表1、表2和表3中列出了一些在分析中用到的较重要的变量,如需要其他结果,作者也可以提供。概括的统计显示学生的可观测变量在不同的学校组织结构中差别很大。首先,其他种族(指非白人)的个体更愿意选择学年较短、每天课程较少但平均每课时较长的学校入学。类似地,其他种族的老师或者在所教领域没有取得研究生学位的老师在这类学校任教的比例更大。其次,与经济条件相关的变量(例如,社会经济状态、学生获得免费午餐的比例、父亲的教育水平)显示,选择较短的学年、每天7节课、每节课时长平均超过51分钟学习的学生的经济条件相关变量普遍较差。最后,与学生成绩相关的变量(例如,10年级和8年级的测试成绩)也具有类似的特性。选择较短的学年,每天课程较少但平均每节课课时较长的学生,

■表1 根据学年长度的概括统计

变　　　量	均值(标准差)	
	180天或更短	180天以上
10年级测试成绩	50.917(9.900)	52.115(9.956)
女性	0.507(0.499)	0.524(0.499)
种族		
白人(1=是)	0.776(0.416)	0.803(0.397)
黑人(1=是)	0.110(0.313)	0.082(0.275)
西班牙或葡萄牙裔(1=是)	0.069(0.254)	0.062(0.241)
8年级测试成绩	51.270(9.907)	52.303(9.998)
家庭的社会经济状况	−0.094(0.722)	0.065(0.728)
父亲的受教育水平	13.325(3.247)	13.978(3.294)
日出勤率	92.714(5.421)	92.791(3.290)
补习数学的比例	8.797(9.325)	6.781(6.902)
获得免费午餐的比例	22.321(19.124)	16.287(17.987)
班级规模	23.503(5.782)	23.813(6.818)
班级其他信仰的人数	4.995(7.295)	4.234(6.332)
老师的种族		
白人(1=是)	0.896(0.305)	0.919(0.271)
黑人(1=是)	0.053(0.225)	0.025(0.156)
西班牙或葡萄牙裔(1=是)	0.015(0.122)	0.006(0.077)
老师持有特定学科研究生学历的比例	0.276(0.447)	0.276(0.447)
老师控制纪律的能力(1=完全控制)	0.930(0.253)	0.935(0.245)
观测样本数	15 429	2 706
样本占总体的比例	0.850	0.150

注:使用了适当的面板权重。列出的变量只是分析中使用的变量的一部分。为了简化易懂,没有列出剩余变量。参见表4注释中关于一整套协方差的解释。

变 量	均值（标准差）		
	0—6 节课	7 节课	8 节课或更多
10 年级测试成绩	50.336(9.985)	51.007(9.864)	52.841(9.641)
女性	0.515(0.499)	0.512(0.499)	0.494(0.500)
种族			
白人(1＝是)	0.735(0.440)	0.793(0.404)	0.852(0.354)
黑人(1＝是)	0.127(0.333)	0.103(0.304)	0.065(0.247)
西班牙或葡萄牙裔(1＝是)	0.080(0.271)	0.067(0.250)	0.044(0.205)
8 年级测试成绩	50.877(9.971)	51.145(9.833)	53.049(9.822)
家庭的社会经济状况	−0.061(0.738)	−0.096(0.730)	−0.048(0.687)
父亲的受教育水平	13.437(3.344)	13.309(3.278)	13.567(3.050)
日出勤率	92.803(5.083)	92.923(3.621)	92.221(7.154)
补习数学的比例	8.631(9.365)	8.914(9.548)	7.530(7.202)
获得免费午餐的比例	20.649(18.677)	23.695(19.905)	19.381(18.164)
班级规模	24.670(6.667)	23.620(6.620)	21.637(6.851)
班级其他信仰的人数	6.224(7.497)	4.473(6.990)	2.751(6.064)
老师的种族			
白人(1＝是)	0.874(0.331)	0.911(0.284)	0.932(0.250)
黑人(1＝是)	0.063(0.243)	0.048(0.214)	0.023(0.150)
西班牙或葡萄牙裔(1＝是)	0.015(0.124)	0.018(0.136)	0.0009(0.031)
老师持有特定学科研究生学历的比例	0.262(0.440)	0.270(0.444)	0.331(0.470)
老师控制纪律的能力(1＝完全控制)	0.925(0.261)	0.939(0.238)	0.930(0.254)
观测样本数	8 416	6 113	3 606
样本占总体的比例	0.464	0.337	0.198

注：使用了适当的面板权重。列出的变量只是分析中使用的变量的一部分。为了简化易懂，没有列出剩余变量。

在学业上表现较差。由于不同组织结构可观测变量的差别较大，人们可能预期如果我们调整协方差相对于不考虑其他控制因素可能会得到完全不同的结果。

4 结论

4.1 回归结果

表 4 呈现了公式(1)OLS 的估计结果；回归系数下面是控制异方差后稳健的标准差。点估计显示更长的学年对于学生的测试成绩会有负面影响($\tau_{180+}=-0.088$，s.e.$=0.148$），每工作日中包含更多的课程对于学业成绩产生积极作用($\tau_7=0.267$，s.e.$=0.157$；$\tau_{8+}=0.262$，s.e.$=0.208$），每节课课时的长度对学业成绩产生反向作用($\tau_{46-50}=-0.462$，s.e.$=0.176$；$\tau_{51+}=-0.745$，

■表3 平均课时长度的概括统计

变　　量	均值(标准差)		
	1—45 分钟	46—50 分钟	51 分钟或更多
10 年级测试成绩	52.511(9.970)	51.740(9.659)	50.042(9.937)
女性	0.503(0.500)	0.510(0.499)	0.512(0.499)
种族			
白人(1＝是)	0.814(0.388)	0.811(0.390)	0.744(0.435)
黑人(1＝是)	0.080(0.271)	0.087(0.282)	0.129(0.335)
西班牙或葡萄牙裔(1＝是)	0.050(0.218)	0.068(0.252)	0.076(0.265)
8 年级测试成绩	52.456(10.129)	52.058(9.845)	50.559(9.811)
家庭的社会经济状况	−0.008(0.706)	−0.048(0.741)	−0.113(0.720)
父亲的受教育水平	13.607(3.112)	13.592(3.334)	13.227(3.273)
日出勤率	91.044(7.239)	93.163(4.772)	93.209(3.985)
补习数学的比率	9.339(9.625)	7.438(8.125)	8.756(9.221)
获得免费午餐的比率	19.606(20.056)	21.290(18.004)	22.385(19.210)
班级规模	21.931(6.413)	23.236(6.720)	24.473(6.841)
班级其他信仰的人数	3.432(6.588)	4.172(6.701)	5.994(7.522)
老师的种族			
白人(1＝是)	0.930(0.253)	0.902(0.296)	0.883(0.321)
黑人(1＝是)	0.022(0.147)	0.047(0.212)	0.063(0.243)
西班或葡萄牙裔(1＝是)	0.003(0.058)	0.018(0.135)	0.015(0.123)
老师持有特定学科研究生学历的比例	0.348(0.476)	0.274(0.446)	0.251(0.433)
老师控制纪律的能力(1＝完全控制)	0.914(0.279)	0.948(0.222)	0.928(0.256)
观测样本数	3 705	5 393	9 037
样本占总体的比例	0.204	0.297	0.498

注:使用了适当的面板权重。列出的变量只是分析中使用的变量的一部分。为了简化易懂,没有列出剩余变量。

s.e.＝0.206)。然而,最终估计显示只有每节课的平均时长及每天 7 节课(相对于更少的课程)的作用在统计上显著。在其他条件相同的情况下,从现代的组织结构(每天 6 节课或更少,每节课平均时长为 51 分钟或更长)转变为每天 7 节课,每节课持续 45 分钟或更短可以提高学生成绩约(0.267＋0.745≈)1 个百分点。由于测试成绩的均值约为 50,标准差为 10,这意味着可以增加 2％或 1/10 个标准差。此外,这种重新的调整是几乎没有什么成本的:将6 个 55 分钟的课时调整为 7 个 45 分钟的课时,可以每天减少约 15 分钟的上课时间,这是一个很重要的发现。为了进一步检验在测试分数不同分布区域,这种效应是否存在异质性,我们转为探讨分布结果。

■表4　估计的时间变量对测试成绩的影响(OLS)

变　　　量	系数(标准差)
学年长度	
180 天或更长(1＝是)	−0.088(0.148)
课时数	
7 课时(1＝是)	0.267(0.157)
8 课时或更多(1＝是)	0.262(0.208)
课时长度	
46—50 分钟(1＝是)	−0.462(0.176)
51＋分钟(1＝是)	−0.745(0.206)

注:所有的结果均应用了适当的面板权重,并根据主观异质性调整了标准差。控制变量有:种族、性别、8 年级学生的测试成绩、8 年级学生的综合平均成绩、留级年数、父亲的教育水平、母亲的教育水平、家庭构成、父母的婚姻状态、家庭的社会经济阶层、家庭的阅读材料、家里是否有计算机、是否有专门的学习位置、教师的种族、教师的性别、教师的年龄、教师的教育水平、教师的学位证明、教师的学历专业、教师对课程内容的把握、纪律措施、教师对课程的准备程度、学科、班级规模、班级中其他种族学生的数量,班级中有限英语程度(LEP)的学生的比例、教师对班级成绩的整体评估、城镇/农村身份、地区、学校入学率、每一个年级的入学率、学校的平均日常参与率、学校的种族构成、校内学生获得免费午餐的比例、校内学生来自单亲家庭的比例、毕业前 10 年级学生的平均辍学率、校内各种族全职教师的数量、教师的薪资、教师过去四年是否参与罢工的指标、校内学生补习阅读和数学的比例和学校层次上 8 年级的平均测试分数。

4.2　分布结果

两两比较无条件(经过调整)测试分数分布的分位数处理效应展现在图 1、图 2、图 3、图 4、图 5、图 6 和图 7 中的上半部分。每个图的下半部分描绘的是无条件但经过调整的分位数处理效应,为了简洁清晰,省略了置信区间,更方便比较它们在影响程度上的差别。根据无条件分布进行的平等测试、一阶随机占优、二阶随机占优的检验结果在表 5 中列出。表 6 给出了通过反倾向分权重分布得出的结果。表 7 概括了每一种方法的统计结果。

4.2.1　学年的长度

为了估算一学年时间长短的影响,我们首先检验了无条件回归结果。图 1(a)揭示了分位数处理效应的结果为倒 U 形,说明每学年的时间越长,越有利于学生的学业成绩,该效应在绝大部分的分位数上均是显著的。特别是,在低端和高端的积分密度分布没有什么区别,分位数处理效应在均值附近最大。就大小而言,在均值附近两类学校组织结构的不同,会产生 2 个点的分数差,平均差别大约为 1.2。此外,我们在 p 值小于 0.01 的置信区间水平上拒绝了无条件分布的平等性(参见表 5A 部分)。

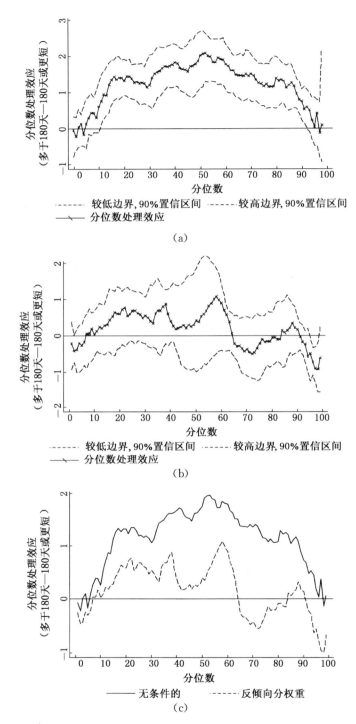

注:图 1(a)应用了无条件积分密度方程,图 1(b)利用反倾向分权重调整了协方差。为了比较程度大小,图 1(c)复制了图 1(a)和图 1(b)(省略了置信区间)。

图 1　180 天或更短以及 180 天以上学年长度的积分密度方程的差别

■ 表 5 无条件测试分数的分布检验

分布 X	分布 Y	观测的排序	平等检验	一阶优势 $d_{1,\text{MAX}}$	$d_{2,\text{MAX}}$	d	Pr $\{d^*\le 0\}$（简单自举法）	Pr $\{d^*\ge d\}$（平等自举法）	二阶优势 $s_{1,\text{MAX}}$	$s_{1,\text{MAX}}$	s	Pr $\{s^*\le 0\}$（简单自举法）	Pr $\{s^*\ge s\}$（平等自举法）
(A) 10年级 学年长度													
180 天或更短	180+天	None	p=0.000	3.199	0.145	0.145	0.000	0.932	636.788	2.980	2.980	0.064	0.496
(B) 10年级 每天课时数													
0~6节课	7节课	Y SSD X	p=0.000	2.404	0.001	0.001	0.044	1.000	442.127	0.000	0.000	0.632	0.980
0~6节课	8+节课	Y FSD X	p=0.000	5.853	0.000	0.000	0.588	1.000	1 393.277	0.000	0.000	1.000	0.992
7节课	8+节课	Y FSD X	p=0.000	4.011	0.000	0.000	0.328	1.000	971.977	−0.003	−0.003	0.944	0.968
(C) 10年级 每节课时长													
1~45分钟	46~50分钟	X SSD Y	p=0.000	0.025	2.208	0.025	0.104	0.992	−0.005	407.236	−0.005	0.544	0.944
1~45分钟	51+分钟	X FSD Y	p=0.000	0.000	5.429	0.000	0.512	1.000	0.000	1 400.592	0.000	0.996	0.980
46~50分钟	51+分钟	X SSD Y	p=0.000	0.083	4.748	0.083	0.008	0.968	0.000	1 092.081	0.000	0.728	0.964

注：所有估计结果均使用了适当的面板权重。概率通过 250 次重复自举法（bootstrap）获得。无法观测到的排序，意味着分布在一阶或二阶的随机优势中无法排序。P 值可以检验公平性，当 CDF_s 相同时，通过相同的抽样（equal boot）代表测试统计的分布，当 0 在一阶或二阶占优时，这代表最不理想的情况。没有使用简单抽样。进一步的细节参见文中的描述。

为了检验我们的福利方程结论是否稳健,我们又探讨了随机占优的结果。我们没有观测出任何一阶和二阶的随机占优,尽管无条件均值的方法更倾向于让学生选择更长的学年。这可能是因为积分密度方程在 5% 以下是交叉的。就结论而言,简单自举法显示 $d \leqslant 0$ 和 $s \leqslant 0$ 的概率非常低,也就是说一阶随机占优和二阶随机占优的排序在统计上是不显著的。平等自举法的结果则表明 p 值远远大于 0.10,意味着当我们在最不理想情况的条件下估计测试分数的统计分布时,我们不能拒绝一阶随机占优和二阶随机占优的零假设。最后,我们可以推得不同的学生参加不同学年长度的学校所得出的无条件测试分数的分布是显著不同的。但是我们在一阶和二阶随机占优的排序上无法得出一致的结论。然而在整个分布的大部分区间,学年的长度与学生的学业成就没有显著的正相关关系。

为了进一步检验我们的结果是否能反映参加不同学年长度的学生在学业成绩上的差别,我们运行了调整协方差的分位数处理效应。图 1(b) 显示分位数处理效应在 10% 到 60% 的区间分布上为正,其他分布范围内基本上为负。也就是说,通过调整协方差,我们得出在较低(高)的分布区间上,测试分数与学年时间长度成正(反)比。然而在整个分布中,90% 的置信区间包含零,只要在超过 95% 分位数上,负的分位数处理效应才在统计上显著。此外,我们在 $p < 0.02$ 的置信区间上很显然的拒绝了分布的平等(参见表 6,A 部分)。虽然有单独的几个分位数处理效应在统计上显著,但是我们拒绝了它们联合显著的零假设。这样,我们可以得出学年的时间长度确实影响学生的学业成绩,但该影响在整个分布上呈现异质性。

在检验随机占优测试时,我们发现简单自举法和平等自举法均在 $p < 0.10$ 的置信区间拒绝了一阶随机占优的零假设(简单自举方法:$\Pr(d^* \leqslant 0) = 0.000$;平等的自举法 $\Pr(d^* \geqslant d) = 0.092$)。我们拒绝平等性和一阶随机占优的结论说明在整个积分密度方程的交叉是统计上显著的,也就是说更长的学年时间会使分位数低的学生的成绩提高,但可能使分布在高分数部分同学的成绩降低。就二阶随机占优测试而言,简单自举法说明 $s \leqslant 0$ 的概率很低;然而当我们在最不理想情况的条件下估计测试统计的分布时,我们不能拒绝平等自举法的零假设。最后,我们可以推出在调整协方差后,学生参加较短学年时间的学校和较长学年时间的学校的测试分数的分布差别较大,并产生交叉(因此推出了一阶随机占优),然而,对于二阶随机占优没有令人信服的证据。

4.2.2 每天的课时数

下面的结论是关于每天的课时数的。图 2、图 3 和图 4 描绘了分位数处理效应,表 5 和表 6 的 B 部分显示了统计结果。对于无条件分位数处理效应的检验[图 2(a)、图 3(a) 和图 4(a) 的最上面],可以得出两个结论:第一,对于三个不同的分类有一个很清晰的排序;8 个课时的分位数处理效应相对于 7 课时或 6 课时或更少,显著为正,7 个课时的分位数处理效应相对于 6 课时或更少也显著

■表6 调整协方差后测试分数的分布检验

分布		观测的排序	平等测试	一阶优势					二阶优势				
X	Y			$d_{1,\text{MAX}}$	$d_{2,\text{MAX}}$	d	Pr $\{d^*\leq 0\}$（简单自举法）	Pr $\{d^*\geq d\}$（平等自举法）	$s_{1,\text{MAX}}$	$s_{1,\text{MAX}}$	s	Pr $\{s^*\leq 0\}$（简单自举法）	Pr $\{s^*\geq s\}$（平等自举法）
(A) 10年级 学年长度													
180天或更短	180+天	None	$p=0.012$	1.644	0.873	0.873	0.000	0.092	145.577	12.590	12.590	0.028	0.268
(B) 10年级 每天课时数													
0~6节课	7节课	Y SSD X	$p=0.000$	7.528	0.100	0.100	0.008	0.992	1 443.390	0.000	0.000	0.368	0.968
0~6节课	8+节课	None	$p=0.000$	2.521	24.657	2.521	0.000	0.000	58.953	3 540.002	58.953	0.032	0.000
7节课	8+节课	None	$p=0.000$	6.864	22.877	6.864	0.000	0.000	259.210	2 315.714	259.210	0.160	0.000
(C) 10年级 每节课时长													
1~45分钟	46~50分钟	None	$p=0.000$	3.955	6.860	3.955	0.004	0.000	248.549	488.678	248.549	0.016	0.000
1~45分钟	51+分钟	X SSD Y	$p=0.000$	0.906	4.526	0.906	0.016	0.012	0.000	595.029	0.000	0.864	0.980
46~50分钟	51+分钟	X SSD Y	$p=0.000$	0.404	2.362	0.404	0.000	0.684	0.000	354.635	0.000	0.720	0.980

注:分布中的协方差根据逆倾向分权重进行了调整,协方差与表 4 中的相同。此外,还控制了课时数、平均课时长度(面板 A),学年长度、平均课时长度和平均课时长度(面板 B),学年长度、课时数(面板 C)。进一步细节参见表 5 和正文。

为正。此外,对于三个分类的每个两两比较的测试中,分位数处理效应在绝大部分(可能不是整个)分布上都很显著。我们可以在 $p < 0.01$ 的置信区间上很容易地拒绝无条件分布的均衡性(表5,B部分)。因此,分位数处理效应再一次证实了通过检验无条件均值法得出的排序(表2)。第二,与学年时间的长度对学生成绩的影响类似,分位数处理效应在整个课时数分布区间也不是一致的,而是按照一个倒 U 形分布。例如,分布于两端的每天8课时或更多的学校其测试分数比每天6课时或更少的学校大约高出测试分数1个百分点;在均值附近的百分数大约高3个百分点。

我们接着讨论随机占优的结果。表5(B部分)再一次确认了我们通过分位数处理效应方法得到结论:在每一种情况下,我们发现每天课时数多的学校一阶排序会比较好。就结论而言,简单自举法显示 $d \leqslant 0$ 的概率在每种情况下都比较低,也就是说一阶随机占优的排序在统计上没意义。但简单自举法却发现二阶随机占优的排序在统计上是显著的,每天8课时或更长好于每天7课时,6课时或更短的学校(7课时:$\Pr(s \leqslant 0) = 0.944$,6课时或更少 $\Pr(s \leqslant 0) = 1.000$)。平等自举法却得出对于所有6种情况(对于一阶随机占优和二阶随机占优的3个两两比较)p 值均远远高于0.10,意味着当我们在最不理想情况的条件下估计测试分数的统计分布时,不能拒绝一阶随机占优和二阶随机占优的零假设。最后,我们可以推出学生参加每天课时数不同的学校所获得的无条件测试分数的分布在统计上是显著不同的,每天课时数多的学校的学生测试成绩在整个分布上偏高。此外,关于一阶随机占优的排序的证据是不清楚的,但每天8小时或更多的课时数有利于二阶随机占优的排序的证据是确凿的。也就是说,任何通过社会福利方程制定政策的决策者都偏好每天8课时或更多的学校,因为社会福利方程是测试分数递增的递增函数并且呈现凹形。

下面我们讨论调整了协方差后的结论。在分析之前,我们需要强调的是,与无条件分析不同的是,调整协方差后的两两比较结论不具有传递性(即不适用于其他情况),因为估计的倾向分以及以此为基础的权重对于相比较的两组是唯一的。因此我们需要对每组比较分别讨论。

图2(b)显示了每天7课时相对于每天6课时或更少课时的对比结果,我们发现除了末端外,分位数处理效应在整个分布上都是正的并且在统计上显著,这与无条件分位数处理效应的结论一致。此外,我们可以很容易的在 $p < 0.01$ 的置信区间上拒绝分布的平等性(参见表6,B部分)。并且其影响程度远远大于无条件的分位数处理效应。每天7课时学校的学生成绩在每一个分位数上通常高于每天6课时或更少课时学生成绩约1/5到1/2个标准差。也就是说无条件分位数处理效应的估计是不准确的。就随机占优测试而言,虽然简单自举法说明 $d \leqslant 0$ 及 $s \leqslant 0$ 的概率很低,意味着一阶随机占优或二阶随机占优的排序在统计上是没有意义的,但我们可以观测出二阶的排序(由于积分密度方程在尾部有交叉)。另一方面,平等自举法产生的 p 值远远大于0.10,意味着当我们在最不理想情况的条件下估计测试分数分布时,不能拒绝一阶随机占优或二阶随机占优。最后,我们

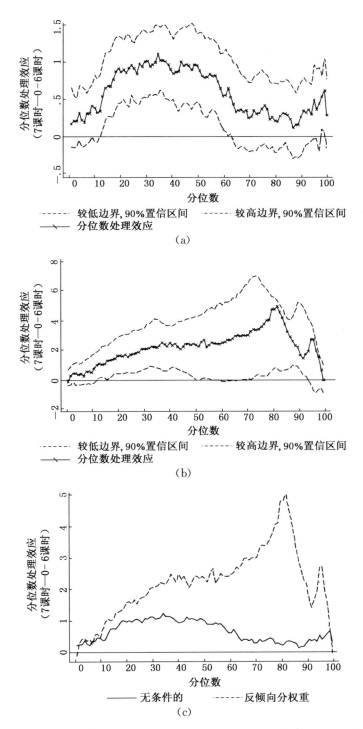

（a）

（b）

（c）

注：图 2(a)应用了无条件积分密度方程,图 2(b)利用反倾向分权重调整了协方差。为了比较程度大小,图2(c)复制了图 2(a)和图 2(b)(省略了置信区间)。

图 2 0—6 个课时与 7 个课时的积分密度方程的差别

得出调整协方差后的测试分数的分布差异较大,几乎在所有分位点上,学生的测试成绩在每天 7 课时的学校高于在每天 6 课时或更少的学校。但对于一阶及二阶随机占优的排序的结论是不清楚的。

图 3(b)比较了每天 8 课时或更多的学校组织结构与 6 课时或更少的学校。该图说明在高于 10%的分位数的分布上,分位数处理效应均为负,并在大约 30%的分位数以上在统计上显著。此外,我们可以很容易地在 $p < 0.01$ 的置信区间上拒绝均衡分布的假设(表 6,B 部分)。与图 2 类似,调整后的分位数处理效应在规模上大于无条件分位数处理效应,但置信区间也非常宽。就随机占优测试而言,我们可以观测到一阶或二阶的排序(由于积分密度方程在尾部交叉),且简单自举法与平等自举法均拒绝了一阶随机占优和二阶随机占优的零假设。因此,我们推出调整协方差后的测试分数的分布在统计上显著不同,并在末端产生交叉:在高分位数分布上,学校组织结构为每天 6 课时或更少的学生成绩好于每天 8 课时或更多的学生的成绩。

最后,在图 4(b)比较了每天 8 课时或更多的组织结构与每天 7 课时的学生成绩。图 4 显示,除了测试成绩低于 10%的分位数,分位数处理效应几乎在整个分布上均不显著。也就是说在低于 10%的分位数上,学校的组织结构为每天 8 课时或更多的学生的成绩好于每天 7 课时的学生成绩。然而,我们仍旧很容易地在 $p < 0.01$ 的置信区间上拒绝了分布的均衡性(表 6,B 部分)就随机占优的测试而言,结果与前一个比较如出一辙。具体而言,我们没有观测到一阶或二阶的排序,并且简单自举法和平等自举法均拒绝了一阶随机占优和二阶随机占优的零假设。因此我们可以得到,调整协方差后的测试分数的分布差异较大,并且有交叉:在非常低的分位数情况下,学校组织结构为每天 8 课时或更多的学生成绩好于每天 7 课时学校的学生。

现在回顾总结一下调整协方差后的分位数处理效应结果,我们得到两个结论。第一,学校目前的组织结构为每天 6 课时或更少,通过转换成每天 7 课时,在整个分布的学生的测试成绩都可以提高。其次,学校目前的组织结构为每天 7 课时,通过调整为每天 8 课时或更多,只有测试成绩分布极低的学生的学习成绩可以提高。然后,根据这些估计的结果,我们不能排除转换为其他类型的课时数的效果可能很小。

4.2.3 平均课时长度

最后一套结果是关于平均课时的长度。图 5、图 6 及图 7 显示了分位数处理效应的结果。表 5 和图 6 的 3 部分列出了统计结果。通过检验无条件分位数处理效应(图的顶部),得出两个结论。第一,与课时数的结论相似,三个不同的分类有一个较清晰的排序。相对于课时长度为 45 分钟或更少的组织结构,课时长度为 46—50 分钟和 51 分钟及更长的学校的分位数处理效应为负。因此,较短的课时长度与学生的测试成绩在整个分布上成正比。此外,分位数处理效应在 3 个两两比较

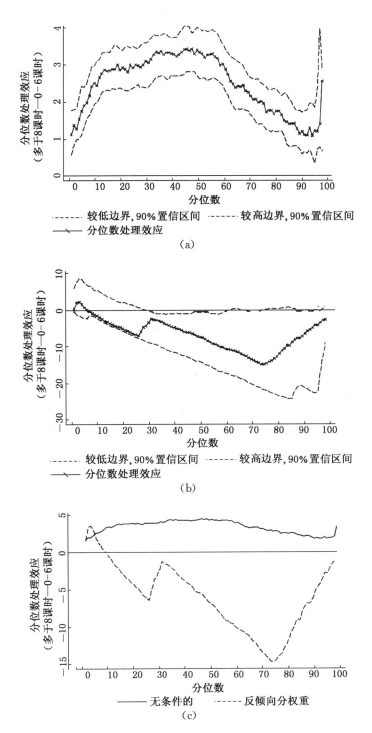

注:图 3(a)应用了无条件积分密度方程,图 3(b)利用反倾向分权重调整了协方差。为了比较程度大小,图 3(c)复制了图 3(a)和图 3(b)(省略了置信区间)。

图 3 0—6 个课时与 8 个课时以上的积分密度方程的差别

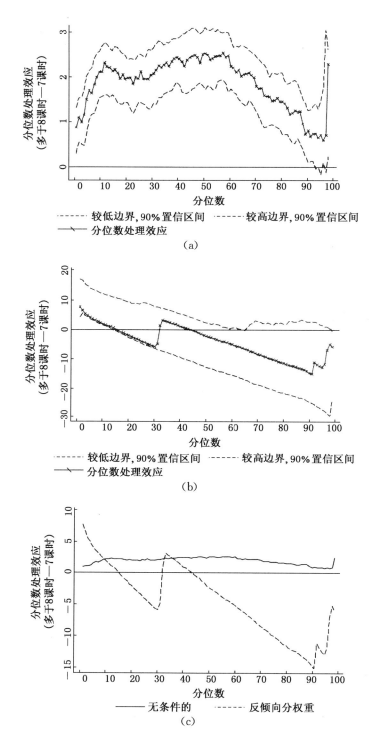

注:图 4(a)应用了无条件积分密度方程,图 4(b)利用反倾向分权重调整了协方差。为了比较程度大小,图 4(c)复制了图 4(a)和图 4(b)(省略了置信区间)。

图 4　7 个课时与 8 个课时以上的积分密度方程的差别

的绝大部分(可能不是全部)的分布上都呈现统计的显著性。我们可以对每一种比较在 $p < 0.01$ 的置信区间很容易地拒绝无条件分布的均衡性(表5,C部分)。因此,分位数处理效应的方法确认了通过检验无条件均值得到的排序。第二,与前面的学校的组织结构的比较类似,分位数处理效应不是统一的,服从 U 形分布,特别是在图6和图7中。这意味着在均值附近测试成绩与课时长度为51分钟或更长的组织结构存在显著的负相关关系。例如,测试分数在均值附近的学生参加课时长度为45分钟或更短的学校的成绩相对于参加课时长度为51分钟或更长的学校会提高 1/3 个标准差。

关于随机占优的结论,表5(C部分)说明我们在每一种情况下观测一阶或二阶的排序,更倾向于课时较短的分布。除了关于课时为51分钟或更长与45分钟或更短的二阶随机占优检验外 $(\Pr(s \leqslant 0) = 0.996)$,简单自举法显示在每一钟情况下,$d \leqslant 0$ 或 $s \leqslant 0$ 的概率很低。平等自举法却得出完全相反的结论,6种情况(3对一阶随机占优和二阶随机占优的两两比较)的 p 值都远远大于 0.10,这意味着当我们在最不理想的情况下估计测试分数的统计分布时,不能拒绝一阶随机占优和二阶随机占优的零假设。因此,我们得出无条件测试分数的分布对于参加不同课时长度的学生差异很显著:几乎在每一个分位点我们均发现课时长度平均较短的学校的学生成绩高于课时长度较长学校的学生的成绩。此外,虽然关于随机占优排序的结论是混合的,但有确凿的二阶随机占优排序的证据表明,45分钟或更短的课时优于51分钟或更长的课时。因此,由于社会福利方程是随着测试分数的增加而增加并且呈现凹形,相对于50分钟或更长的学时的组织结构,根据社会福利方程制定政策的决策者将偏好45分钟或更短学时的学校。

最后,我们讨论调整协方差后的结果,因为每一个两两比较的结论不具有传递性。与前面的部分一样,我们将分别说明每一个比较的结果。首先讨论图5(b),我们发现相对于46—50分钟时长的学校,分位数处理效应的结果偏好于45分钟或更短学时的学校。只是该影响只对分数在均值以上的个体有影响,在均值以下,分位数处理效应在统计上不显著。我们可以很容易地在 $p < 0.01$ 的置信区间内拒绝平等分布的零假设(表6,C部分)。关于随机占优的检验,我们没有观测到一阶或二阶随机占优的排序,两种自举法均拒绝了一阶和二阶随机占优的零假设。因此,我们可以推断,调整协方差后的测试分数的分布在统计上是有显著区别的:在高分位数部分,较短学时的组织结构可以提高大约 1/3 到 1/2 个标准差的测试分数。但即便在福利方程为 U_2 的等级内,根据不同的福利方程不同的政策决策者可能产生不同的排序。

图6(b)显示了51分钟或更长的学时与45分钟或更短的学时的对比结果,在整个分布中分位数处理效应均不显著,虽然分位数处理效应在60%的分位数以下均为负(也就是说偏好于学时较短的组织结构),我们还是在 $p < 0.01$ 的置信区间拒绝了平等分布的零假设(表6,C部分)。此外,

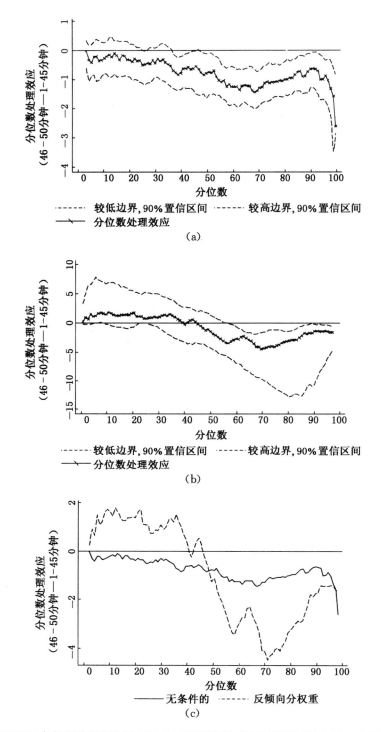

注：图 5(a)应用了无条件积分密度方程，图 5(b)利用反倾向分权重调整了协方差。为了比较程度大小，图 5(c)复制了图 5(a)和图 5(b)(省略了置信区间)。

图 5 1—45 分钟与 46—50 分钟的积分密度方程的差别

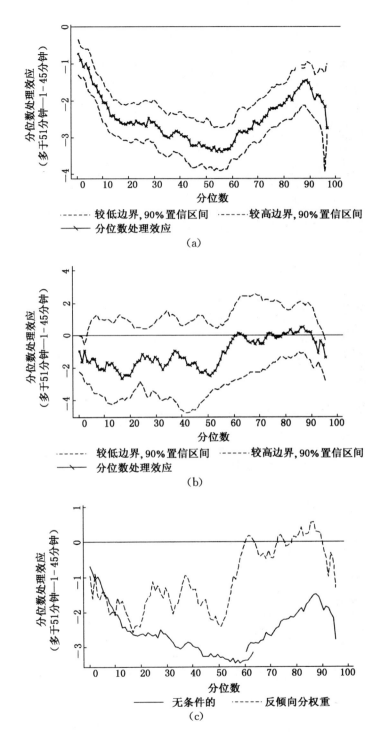

（a）

（b）

（c）

注：图 6(a)应用了无条件积分密度方程,图 6(b)利用反倾向分权重调整了协方差。为了比较程度大小,图 6(c)复制了图 6(a)和图 6(c)(省略了置信区间)。

图 6　1—45 分钟与 51 分钟以上的积分密度方程的差别

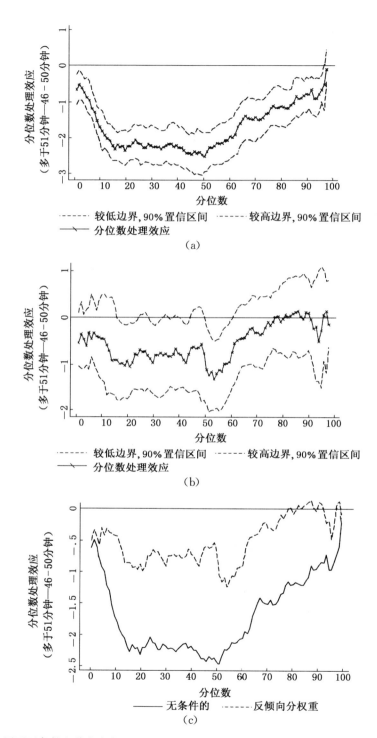

(a)

(b)

(c)

注:图 7(a)应用了无条件积分密度方程,图 7(b)利用反倾向分权重调整了协方差。为了比较程度大小,图 7(c)复制了图 7(a)和图 7(b)(省略了置信区间)。

图 7 46—50 分钟与 51 分钟以上的积分密度方程的差别

两种自举法技术均拒绝了一阶随机占优的零假设,简单自举法还拒绝了二阶随机占优。最后,我们得出:有恰当的证据说明在分布的低分位点的测试分数偏好于 45 分钟或更短的学时,但在高分位点分布的测试分数对于 51 分钟或更多和 45 分钟或更少的选择均有不确定性。

比较 51 分钟或更长的学时和 46—50 分钟学时的组织结构得出了相类似的结论。具体而言,虽然分位数处理效应在低于 80% 的分位点上为负(意味着偏好于较短时长的学校),并在 15% 到 60% 的分布区间上适度显著,但图 7(b)显示在绝大部分的测试成绩的分布上分位数处理效应均不显著。此外我们在 $p < 0.01$ 的置信区间上拒绝了平等分布的零假设(表 6,C 部分)。就随机占优的检验而言,简单自举法拒绝了一阶随机占优和二阶随机占优的零假设,但均衡自举法没有拒绝一阶随机占优和二阶随机占优的零假设。因此,我们可以推断有证据表明在均值及更低的分位数附近的测试成绩与较短学时的组织结构成正比,但是,无法得出一阶随机占优和二阶随机占优排序的确切证据。

根据调整协方差后的检验结果,我们得到两点结论。第一,将目前学校的平均课时长度,即 46—50 分钟缩短到 45 分钟或更短,可以提高测试分数在均值以上学生的成绩。第二,通过将当前学校的平均课时长度在 50 分钟以上调整到 46—50 分钟,可以提高测试分数在均值附近或以下的学生成绩。然而,由于我们估计不精确,与每天的课时数类似,我们无法排除这些转换的效应比较小的可能性。

5 结论

美国及其他地方学生学习成绩的停滞不前使得越来越多的文献都试图寻找学生学习的决定因素。通过使用参数和非参数的方法,我们估计了在此之前教育过程中很少被揭示的"投入",时间的分配对于条件均值及整个分布的 10 年级测试成绩的影响。我们的结果显示分配给学校的时间,通过每学年的天数及每天时间的分配(由每天的课时数及每节课时长度代表)来衡量,确实很重要。如表 7 所示,对于所有的两两比较,无论我们是否调整协方差,我们都能拒绝学生在不同的组织结构中测试成绩分布相同的假设。然而,对于不同的学生影响是不同的,因此只考虑条件均值的方法可能掩盖了学校组织结构细节的真实效应。而且,分布的分析为政策的辩论达成一致提供了机会,可能对政策制定非常有意义,得克萨斯州关于学年长度的争论就是一个例子,或者可以清晰地阐明政策分歧的根源在哪里。

具体而言,我们的分布分析显示学校组织结构对于无条件或条件均值的测试分数产生较小影响的分析是极具误导性的:测试成绩在均值分位点以上的分布在学年长度少于 180 天的学校会提高,但较长的学年有利于成绩分布在较低分位数附近的学生。且成绩分布在较低分位数附近的学

■表7　结果总结

分　　布		是否控制协方差	均衡检验	一 阶 优 势	二 阶 优 势
X	Y				
(A) 10 年级 180 天或更短	学年长度 180＋天	否	拒绝分布的均衡性	没有得出一致的结论。简单自举法没有发现优势的排序,平等自举法不能拒绝随机占优的零假设	没有得出一致的结论。简单自举法没有发现优势的排序,平等自举法不能拒绝随机占优的零假设
		是	拒绝分布的均衡性	没有得出一致的结论。简单自举法没有发现优势的排序,平等自举法不能拒绝随机占优的零假设	没有得出一致的结论。简单自举法没有发现优势的排序,平等自举法不能拒绝随机占优的零假设
(B) 10 年级 0—6 节课	每天课时数 7 节课	否	拒绝分布的均衡性	没有得出一致的结论。简单自举法没有发现优势的排序,平等自举法不能拒绝随机占优的零假设	没有得出一致的结论。简单自举法没有发现优势的排序,平等自举法不能拒绝随机占优的零假设
		是	拒绝分布的均衡性	没有得出一致的结论。简单自举法没有发现优势的排序,平等自举法不能拒绝随机占优的零假设	没有得出一致的结论。简单自举法没有发现优势的排序,平等自举法不能拒绝随机占优的零假设
0—6 节课	8＋节课	否	拒绝分布的均衡性	没有得出一致的结论。简单自举法没有发现优势的排序,平等自举法不能拒绝随机占优的零假设	$Y\ SSD\ X$。简单自举法发现非正检验统计的概率很大,平等自举法不能拒绝随机占优的零假设
		是	拒绝分布的均衡性	没有得出一致的结论。简单自举法没有发现优势的排序,平等自举法不能拒绝随机占优的零假设	没有得出一致的结论。简单自举法没有发现优势的排序,平等自举法不能拒绝随机占优的零假设
7 节课	8＋节课	否	拒绝分布的均衡性	没有得出一致的结论。简单自举法没有发现优势的排序,平等自举法不能拒绝随机占优的零假设	$Y\ SSD\ X$。简单自举法发现非正检验统计的概率很大,平等自举法不能拒绝随机占优的零假设
		是	拒绝分布的均衡性	没有得出一致的结论。简单自举法没有发现优势的排序,平等自举法不能拒绝随机占优的零假设	没有得出一致的结论。简单自举法没有发现优势的排序,平等自举法不能拒绝随机占优的零假设
(C) 10 年级 1—45 分钟	平均课时长度 46—50 分钟	否	拒绝分布的均衡性	没有得出一致的结论。简单自举法没有发现优势的排序,平等自举法不能拒绝随机占优的零假设	没有得出一致的结论。简单自举法没有发现优势的排序,平等自举法不能拒绝随机占优的零假设

分布		是否控制协方差	均衡检验	一 阶 优 势	二 阶 优 势
X	Y				
		是	拒绝分布的均衡性	没有得出一致的结论。简单自举法没有发现优势的排序,平等自举法不能拒绝随机占优的零假设	没有得出一致的结论。简单自举法没有发现优势的排序,平等自举法不能拒绝随机占优的零假设
1—45 分钟	51+分钟	否	拒绝分布的均衡性	没有得出一致的结论。简单自举法没有发现优势的排序,平等自举法不能拒绝随机占优的零假设	Y SSD X。简单自举法发现非正检验统计的概率很大,平等自举法不能拒绝随机占优的零假设
46—50 分钟	51+分钟	否	拒绝分布的均衡性	没有得出一致的结论。简单自举法没有发现优势的排序,平等自举法不能拒绝随机占优的零假设	没有得出一致的结论。简单自举法没有发现优势的排序,平等自举法不能拒绝随机占优的零假设
		是	拒绝分布的均衡性	没有得出一致的结论。简单自举法没有发现优势的排序,平等自举法不能拒绝随机占优的零假设	没有得出一致的结论。简单自举法没有发现优势的排序,平等自举法不能拒绝随机占优的零假设

注:分布中的协方差根据逆倾向分权重进行了调整。协方差与表 4 中的相同。此外,还控制了课时数、平均课时长度(面板 A),学年长度和平均课时长度(面板 B),学年长度、课时数(面板 C)。进一步细节参见表 5 和正文。

生参加每天 8 课时,每节课时长为 46—50 分钟的组织结构的学校可以提高成绩。但是在分位数上端的学生的成绩最适合参加每天 7 课时,每节课时平均为 45 分钟及以下或是每节课 51 分钟或更长的组织结构。这样每个地区或地区间在每天及每学年组织结构上的灵活性有利于将学生分配到最优的学习环境中(至少就成绩表现而言)。然而如果选定一个固定的组织结构,随机占优的分析显示任何厌恶不平等的政策制定者,如果只考虑无条件分布,将根据测试成绩选择每天 8 节课或更多,每节课持续 46—50 分钟的组织结构;通过调整协方差后,我们无法得出任何可能的结论(就一阶和二阶随机占优而言,参见表 7)。需要对这些结果说明的是,虽然我们控制了很多变量,但这些结果仍然对所选的观测者非常敏感。当有合适的工具变量时今后的研究可以评估这个假设的有效性。

参考文献

Abadie A (2002) Bootstrap tests for distributional treatment effects in instrumental variable models. J Am Stat Assoc 97:284–292

Abrevaya J (2001) The effects of demographics and maternal behavior on the distribution of birth outcomes. Empir Econ 26:247–257

Altonji JG, Elder TE, Taber CR (2005) Selection on observed and unobserved variables: assessing the effectiveness of catholic schools. J Political Econ 113:151–184

Amin S, Rai AS, Topa G (2003) Does microcredit reach the poor and vulnerable? Evidence from Northern Bangladesh. J Develop Econ 70:59–82

Arias O, Hallock KF, Sosa-Escudero W (2001) Individual Heterogeneity in the returns to schooling: instrumental variables quantile regression using twins data. Empir Econ 26:7–40

Betts JR (2001) The impact of school resources on women's earnings and educational attainment: findings from the national longitudinal survey of young women. J Labor Econ 19:635–657

Bishop JA, Formby JP, Zeager LA (2000) The effect of food stamp cashout on undernutrition. Econ Lett 67:75–85

Bitler MP, Gelbach JB, Hoynes HW (2005) What mean impacts miss: distributional effects of welfare reform experiments. Am Econ Rev (in press)

Boozer MA, Rouse CC (2001) Intraschool variation in class size: patterns and implications. J Urban Econ 50:163–189

Buchinsky M (2001) Quantile regression with sample selection: estimating women's return to education in the U.S. Empir Econ 26:87–113

Dearden L, Ferri J, Meghir C (2002) The effect of school quality on educational attainment and wages. Rev Econ Stat 84:1–20

Epple D, Romano RE (1998) Competition between private and public schools, vouchers, and peer group effects. Am Econ Rev 88:33–62

Eren O, Millimet DL (2005) Time to misbehave? Unpublished manuscript, Department of Economics, Southern Methodist University

Figlio DN (2003) Boys named sue: disruptive children and their peers. Unpublished manuscript, Department of Economics, University of Florida

Firpo SP (2005) Efficient semiparametric estimation of quantile treatment effects. Econometrica (in press)

Goldhaber DD, Brewer DJ (1997) Why don't schools and teachers seem to matter? assessing the impact of unobservables on educational productivity. J Hum Resour 32:505–523

Hanushek EA (1979) Conceptual and empirical issues in the estimation of educational production functions. J Hum Resour 14:351–388

Hanushek EA (1999) The evidence on class size. In: Mayer SE, Peterson P (eds) Earning and learning: how schools matter. Brookings Institute, Washington, DC, pp 130–168

Hoxby CM (1999) The productivity of schools and other local public goods producers. J Public Econ 74:1–30

Levin J (2001) For whom the reductions count: a quantile regression analysis of class size and peer effects on scholastic achievement. Empir Econ 26:221–246

Linton O, Maasoumi E, Whang YJ (2005) Consistent testing for stochastic dominance: a subsampling approach. Rev Econ Stud 72:735–765

Maasoumi E, Heshmati A (2000) Stochastic dominance amongst swedish income distributions. Econ Rev 19:287–320

Maasoumi E, Heshmati A (2005) Evaluating dominance ranking of PSID incomes by various household attributes. IZA Discussion paper no. 1727

Maasoumi E, Millimet DL (2005) Robust inference concerning recent trends in U.S. environmental quality. J Appl Econ 20:55–77

Maasoumi E, Millimet DL, Rangaprasad V (2005) Class size and educational policy: who benefits from smaller classes? Econ Rev 24:333–368

Pischke J-S (2003) The impact of length of the school year on student performance and earnings: evidence from the German short school year. NBER working paper no. 9964

Strayhorn CK (2000) An economic analysis of the changing school start date in Texas. Window on State Government Special Report, December

Todd PE, Wolpin KI (2003) On the specification and estimation of the production function for cognitive achievement. Econ J 113:F3–F33

谁能踏入大学之门?*

奥斯卡·马塞纳罗-古铁雷斯(Oscar Marcenaro-Gutierrez) 费尔南多·加林多-鲁德(Fernando Galindo-Rueda) 安娜·维尼奥尔斯(Anna Vignoles)

摘要: 在英格兰和威尔士,保障学生接受高等教育是个很重要的政策问题。人们通常会担心来自较低社会经济阶层的儿童不容易获得学位。我们应用青年群体研究数据库分析在 1994 年到 2000 年之间,通过改变社会经济背景是否能够增加上大学的可能性。我们发现高等教育参加者的社会阶层存在显著的不平等,这主要是由于在教育系统的早期存在显著的教育不平等。如果将初中和高中的学业成绩限制在一定范围内,社会经济背景或父母的教育程度对于儿童上大学的概率没有额外的影响。

关键词: 高等教育 社会经济差距 教育参与者

1 简介

在英格兰和威尔士,保障学生接受高等教育是个很重要的政策问题,事实上对于整个英国而

---

* 我们非常感谢两位匿名评审者的有益评论,以及 CEE 研讨会关于此话题的与会者。

言,该问题都很重要。与来自较优越家庭的儿童相比,人们总是担心来自较低社会经济背景的学生不容易获得大学学位。最近的研究表明,高等教育中社会经济背景不平等[1]问题是一个长期的问题,并且在20世纪80年代后期和90年代初期显著恶化[2]。本文通过90年代中后期的相关问题对该领域的研究进行了扩展。[3]90年代关于高等教育的许多政策都发生了变化,使得如何才能接受高等教育变成一个令人更为关注的焦点。例如,1998年学位课程学费的提高使得许多人担心这将进一步阻碍贫困家庭的孩子接受高等教育。尽管较穷的孩子可以免除学费,仍有许多人预测学费可能恶化贫困家庭孩子的状态,使高等教育中的社会经济差距进一步拉大(Callender,2003)。然而,根据现有的这些数据[4]我们无法分离"学费提高"这一政策本身对个体上大学的影响,但我们可以检验90年代,一个对于英格兰和威尔士在高等教育阶段政策变化的重要时期,社会经济背景变化与高等教育参与率的关系。此外,我们提供了出现在英格兰和威尔士教育系统中,不同社会经济背景导致的教育参与率产生差距的时间。具体而言,我们验证了由于家庭背景而导致的教育不平等在英格兰和威尔士的高等教育阶段是扩大了,还是在考虑初中和高中的参与情况(如成绩)后,家庭背景对于高等教育的参与率没有任何影响。该结论对政策应该干预的时间以及教育投资的一系列补偿的争论非常重要(Carneiro and Heckman,2003)。

布兰登和梅钦(Blanden and Machin,2003)已经详细研究了父母收入与高等教育参与率的关系。他们认为从20世纪70年代开始一直延续到90年代的高等教育扩张,同时也伴随着高等教育参加者中富裕家庭儿童与贫困家庭儿童比例的扩大。格伦宁斯特尔(Glennerster,2001)也发现在90年初期,高等教育参加者与社会阶层的关系越来越紧密[5]。加林多—鲁德等(Galindo-Rueda,2004)通过应用两组青年群体研究数据库(1996—1999年)发现,在1998年引入学费政策后,来自较低和较高社会经济背景的儿童参加高等教育的比例迅速扩大。在本篇文章中,我们对这些研究进行了扩展,研究的时间范围更长(1994—2000年),并且更全面地分析了个体、家庭特征和是否参加高等教育之间的关系。具体而言,我们发现高等教育参与者不均衡问题的根源不在高等教育阶段本身,而在于教育系统早期的选择和不平等。

此外,除了上面提到的经验检验的文献外,本文还扩展了其他关于教育不平等的经济理论方面

---

[1] 当然高等教育参与者存在各种形式的不平等,例如种族、性别、区域或几种结合。这里我们谈到的是教育不平等,是通过父母的社会经济群体以及父母的教育水平来衡量的。

[2] 参见 Blanden 等(2002),Galindo-Rueda and Vignoles(2005),Machin and Vignoles(2004)。

[3] 我们以前关于该领域的研究主要是检验在征收学费政策前后是否参加高等教育的影响因素(Galindo-Rueda et al.,2004),这里我们考虑了更长的一段时期,并且分析了与高等教育参与率相关的更广泛的问题。

[4] 人们如何利用现有数据在传统的评估框架下估计学费的影响还不是很清楚。

[5] Erikson 和 Goldthorpe(1985),Erickson 和 Goldthorpe(1992),Saunders(1997)以及 Schoon 等(2002)检验了教育与社会流动性的关系,这里引用的只是很小一部分。

的文献(如 Benabou，1996；De Fraja；2002，Fernández and Rogerson，1996；Fernández and Rogerson，1998)，以及关于此领域的社会学方面的研究(如 Breen and Goldthorpe，1997)。本文对经济学方面的贡献是增加了关于英格兰和威尔士地区社会经济背景与高等教育参与率关系的经验检验方面的研究。许多这类的实证研究都是在社会学的框架下进行的，其中一些也用到了青年群体调查数据库(Youth Cohort Survey)(Jackson et al.，2004；Gayle et al.，2003)。本文也对教育参与不平等的其他来源，如种族、性别、残疾等的文献有一定的贡献(如 Bradley and Taylor，2000；Buchardt，2004)。

本文第 2 部分简要描述英格兰和威尔士地区高等教育参与率的趋势以及近期高等教育政策的变化。第 3 部分介绍所使用的数据。第 4 部分分析测算结果。第 5 部分得出结论。

2 高等教育的参与率与相关政策

英格兰和威尔士的高等教育参与率在过去的 50 年中持续增加(图 1)[1]，可以根据超过最低离校年龄后仍留在学校的学生比例来衡量。然而，高等教育参与率的显著增加还是最近几年的事情。如图 1 所示，在 20 世纪 90 年代早期，年轻人接受高等教育的比例大幅度上升，部分原因可能是那时出现了高等职业技术学校和综合类大学。在随后的几年中，高等教育的入学率虽然仍持续增加但增长率放慢。

1998 年增收学费的政策[2]以及 1999 年生活资助的废除对于总的高等教育参与率没有很大的

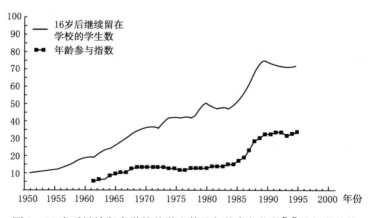

图 1　16 岁后继续留在学校的学生数及年龄参与指数[3]的长期趋势

---

[1]　图 1 是根据英国教育与技能部年龄参加指数得出的。该指数测量了 21 岁以下各社会阶层第一次参加高等教育的比例(也就是每一个社会阶层年轻人接受高等教育占该社会阶层所有年轻人的比例)。

[2]　在 1998 年前，学生不需要支付高等教育的学费，并且根据家庭收入水平有一定的补助。现在家庭年收入在 3 万英镑或以上的家庭，学生需要在学期初支付学费。家庭年收入在 2.1 万到 3 万英镑之间的，可以免除一部分学费。学生贷款取代了原来的资助体系。

[3]　年龄参与指数(age participation index，API)是指 21 岁以下接受高等教育的人数占英国 18 岁青少年总人数的比例。——译者注

影响。图 2 粗略描绘了英格兰和威尔士[1]不同时期不同性别本科生的趋势(包括所有学年的学生,新生、全日制学生和在职的学生)[2]。在引入学费政策后,可以明显看出学生上升的数量有一个微小的停滞,随后又开始有明显的上升趋势。

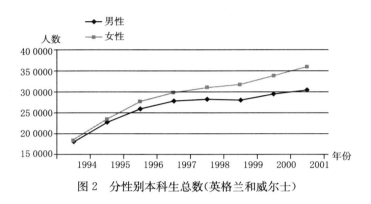

图 2　分性别本科生总数(英格兰和威尔士)

虽然在这段时期,高等教育的参与率持续提高,仍有许多人担心到底哪些人可以接受高等教育,这也是写这篇文章的目的所在。历史上英格兰和威尔士能接受高等教育的群体通常来自较高的社会和经济阶层。当然如果我们分析最高和最低社会经济阶层高等教育参与率的情况是非常惊人的。来自专业技术背景家庭的学生接受高等教育的比例超过 75％,而来自无熟练技能家庭的学生接受高等教育的比例仅为 14％。此外,这种高等教育体系的不均衡现象已经持续了 40 年了。

与我们研究相关的时期,20 世纪 90 年代的数据描述在表 1[3]中列出。数据显示所有社会阶层高等教育的参与率都增加了,但富裕家庭与贫困家庭学生参与率的差距有小幅度扩大的趋势[4]。

高等教育政策最近的发展方向旨在缩小这种差距。2004 年,英国议会以微弱优势通过立法进一步调整了高等教育资助体系,提出有差异的学费政策,也就是不同课程、不同学校可以收取不同的学费。但该提议从拓宽参与面的角度最重要的特征是:毕业后通过与收入相应的贷款体系来偿还学费,返还的教育补助可以重新发放给低收入的学生。由于高等教育的政策一直在变化,接受高等教育人群的社会经济特征一直是大家感兴趣的话题。

---

　　[1]　尽管苏格兰的学生资助体系与英格兰和威尔士的不同,高等教育的参与情况非常相似。
　　[2]　该图是根据英国高等教育统计局的数据得出的。该数据没有包括国际学生、没有填写永久居住地邮编的学生以及在其他领域缺失数据的学生。
　　[3]　根据英国教育与技能部年龄参与指数得出。
　　[4]　1997/1998 年的高等教育参与率有一个小幅度的下降,到 2000 年来自较低和较高社会阶层的学生的高等教育参与率均恢复到引入学费之前的水平。

■表1 各社会等级的年龄参与指数(API),1991/2—2001

等 级	入 学 年 份									
	1992	1993	1994	1995	1996	1997	1998	1999	2000	2001
专家级(A)	71	73	78	80	82	79	72	73	76	79
中级(B)	39	42	45	46	47	48	45	45	48	50
熟练非体力(C1)	27	29	31	31	32	31	29	30	33	33
熟练体力(C2)	15	17	18	18	18	19	18	18	19	21
半熟练(D)	14	16	17	17	17	18	17	17	19	18
不熟练(E)	9	11	11	12	13	14	13	13	14	15
A—C1	40	43	46	47	48	48	45	45	48	50
C2—E	14	16	17	17	18	18	17	17	18	19

注:教育与技能部年龄参与指数,该指数测量了21岁以下英格兰、苏格兰和威尔士地区来自各社会阶层的青年第一次参加高等教育的比例(也就是每一个社会阶层年轻人接受高等教育占该社会阶层所有年轻人的比例)。

3 数据和方法

本研究应用的数据来自青年群体研究数据库(YCS),该数据库由英国教育和技能部收集的一系列纵向调查组成。调查是针对特定的某个学年或某组人群而开展的,在被调查者16—17岁,17—18岁以及18—19岁时,以每年邮寄一次问卷的形式,分三次联系被调查者。受访者第一次接受调查是在他们完成义务教育后的第一年进行。然后每两年进行一次跟踪调查。[1]收集的信息包括年轻人的经济情况,他们在18/19岁时是否接受高等教育,以及他们的教育背景、学历、家庭背景及其他社会和经济变量。该调查在全国范围内均具有代表性(英格兰和威尔士),每一次的调查样本为20 000个观测者。本研究中我们使用了群体6—9,也就是在1994、1996、1998及2000年时18岁的群体。[2]

青年群体研究数据库被广泛应用在分析教育表现及随后的一系列劳动力市场特征中(Croxford,2000;Dolton et al.,2001;Gayle et al.,2000,2002,2003;Howieson and Payne et al.,1996;Payne,1996;Rice,1999)。但该数据库也不是没有缺陷的,反馈率低及高信息缺失率一直是青年群体研究数据库的一个问题,关于该问题也有广泛的学术调查(Lynn,1996)。例如我们最后一个调查群体(群体9)开始时目标样本量为22 500。第一次调研16/17岁青少年时,反馈率为65%。在17岁和18岁青少年的调查中,我们也得到了类似的反馈率。这意味着18岁的样本量仅为最初样本量的28%(6 304个个体)。[3]

---

[1] 一些早期的群体,一直跟踪调查到他们21岁,甚至更大。

[2] 我们避免使用早期的群体是因为1992年双轨制的废除,使得我们跨时期比较高等教育的参与率是有问题的。

[3] 附录A表4显示了各组人群的反馈率,后期的反馈率比最初的略微有些下降。

任何信息缺失问题以及衍生的一系列问题,可以通过限制样本,就我们的模型而言使用成绩较好的学生(也就是初中毕业考试中有 5 门或更多门取得了 A*—C)而最小化。因为只有这些"好"学生有充足的前期准备可以进入高等教育(参见下面关于此问题的讨论及我们的估算策略)。但这本身并不能消除信息缺失问题,只是成绩较好的学生不太容易在样本中被损耗(即成绩好的学生的信息不容易造成缺失)。受限样本的特征在不同时期的调查中略微有些不同(参见附录 A 对第 7 组调查群体的例证)。第 1 期的数据根据没有反馈的个体重新赋予了权重,使样本与总体估计相一致。然而由于信息缺失不是随机的,会随青年研究群体的广度和本质的变化而变化,因此我们的估计中仍存在偏差。为了进一步核实偏差的大小,我们将这一时期没有考虑权重的青年群体研究样本中的高等教育参与率与公开统计中的全国高等教育参与率进行了比较,发现它们非常一致。在 1994 年 29% 的青年群体研究样本参加了高等教育,官方的高等教育参与率为 30%[1]。青年群体研究样本数据表明在 2000/2001 年底,高等教育参与率上升到 35%,英国教育与技能部的统计结果也显示,2001/2002 年高等教育的参与率达到 35%。这样,尽管青年群体研究样本如上所述有些缺陷,我们还是有充足的信心认为我们的数据可以准确反映那个时期高等教育的参与率水平。

我们将 4 组研究样本整合在一起,运用 Probit 模型测算了条件高等教育参与概率。我们对解释变量的选择是以大量文献为参考依据的,并强调家庭背景与儿童教育结果的关系(例如,Behrman,1997)。

根据标准的 Probit 模型,可以得到:

$$P(H = 1 \mid X) = P(X\beta + \varepsilon > 0) = \Phi(X\beta)$$

其中,H 代表是否接受高等教育;X 是解释变量的向量,包括个体大学前的教育水平,家庭背景及学校变量;残差项 ε 服从正态分布。个体大学前的教育水平这里是通过个体在 16 岁时是否通过初中毕业考试来衡量的,如上面所讨论的,我们在样本中附加了个体最少有 5 门初中毕业成绩在 A*—C 之间的条件。[2]家庭背景是通过父母的社会和经济背景、父母的教育水平和种族来衡量[3]。学校变量由学校的类型所代表。在我们的基本的模型中,我们引入了组群虚拟变量,用以控制不同组人群的均值效应。

---

[1] 高等教育的官方统计来自英国教育与技能部高等教育的参与率,该数据是通过全英国年轻人接受高等教育的人数计算得出(例如,年龄参加指数,API)具体信息参见网址:http://www.dfes.gov.uk/trends/index.cfm? fuseaction = home.showChart&cid=4&iid=23&chid=89。

[2] 在一些模型中,我们通过个体在 18 岁的高中毕业成绩控制最初的成就。

[3] 我们也控制了性别。

我们知道这些数据没有包含被一些研究所证明的对教育参与非常重要的变量(Feinstein and Symons, 1999),包括与邻居相关的变量[1]和家庭收入[2]。我们也省略了一些与模型中所包含变量相关的解释变量。因此,该模型可能存在缺失变量偏差的问题。这是目前文献中一个非常普遍的问题,因为大多数数据库的变量都不足以包含所有影响教育参与度的变量。这样通过解释变量解释因果关系时确实会存在一些问题,我们将在下面继续分析这一问题。

另外一个问题是解释变量之间具有相关性。父母的教育水平显然会影响父母的社会经济背景。类似地,父母的社会经济情况也会影响学校类型,种族也同样会影响学校类型。例如,来自白人家庭的孩子所进入的学校的质量优于其他裔群体的学生(Cook and Evans, 2000; Fryer and Levitt, 2005)。然而,我们也知道这些变量又有其本身的作用。例如,父母的教育水平变量可以通过父母的行为方式和教育孩子的行为来修正家庭特征对孩子接受高等教育的影响(Feinstein et al., 2004)。因此,我们把这些变量均作为解释变量,并承认我们只是测量有条件的这些因素与高等教育参与率的关系。例如,通过包含孩子在16岁时的学校类型,将会减少社会经济背景变量对接受高等教育的影响,因为社会经济背景可能会通过影响学校类型对教育结果产生影响。由于这篇文章旨在强调家庭背景变量在义务教育结束后这段时期的额外作用,这将不是一个主要的缺陷。这些变量的相关关系将在下面的结论部分详细阐述。

在初中毕业成绩满足最低要求的前提下,我们最基本的模型测量了一系列家庭背景变量和高等教育参与率之间的关系。然而,如前面所述,我们不能假定我们所观测到的关系一定是因果关系。一些模型中用到的核心解释变量,如父母的社会经济背景,可能存在内生性问题。未测定的父母特征和对继续求学的态度可能对孩子的学业成绩及父母的社会经济情况影响很大。此外,我们的数据中没有任何衡量个体内在能力的变量。如果儿童的能力与父母的社会经济背景相关,家庭背景对高等教育参与率的一些明显而积极的贡献实际是因为这些孩子的能力普遍偏高。[3]在我们的数据中我们不能完全克服这些问题。虽然我们可以测量儿童在16岁的学业表现,但这些变量可能也存在内生性问题。我们对数据进行了广泛的研究,并试图找到代表学生在16岁时学业表现的潜在工具,但我们无法在现有数据库中发现合适的变量。因此,我们通过学生在16岁时的学业成绩变量来观测家庭背景是否对青少年在18岁或之前的学业选择有着重大的影响。我们通过选取一组在16岁时的初中毕业考试中最少有5门成绩在A*—C的学生来检验家庭背

---

[1] 我们只能控制地区。

[2] 家庭收入通过为孩子发展提供必要的资源,父母的行为实践等方面影响孩子的高等教育参加率(参见 Brooks-Gunn and Duncan, 1997)。

[3] 这个模型也可能受制于其他缺失变量的限制。例如数据中没有包含父母的收入。但这些变量都无法从数据中获得。

景对青少年学业选择的影响。此外,我们还引入了其他学习成绩的变量(高中毕业成绩和初中毕业的分数),用以检验在包括了上大学前的这些成绩因素后家庭背景和高等教育参与率的边际关系是否变得不太重要。当然,如果学生准备继续攻读大学,可能在初中或高中毕业考试时更加努力,这也就是这些测量变量都存在内生性问题的原因。但这些数据至少可以说明家庭背景是否对于青少年在 16 岁和 18 岁时的学业选择及学习成绩有影响,而不是对他们是否接受高等教育产生影响。

我们通过群体虚拟变量,基准值为群体 6(即 1994 年参加高等教育学习的群体),允许高等教育参与率的均值随着时间而变化。然后我们通过引入群体虚拟变量与其他解释变量的交互项,来检验解释变量和参加高等教育的选择的边际关系的变化,在下面的部分我们将更为详细地阐述结果。

4 结果

4.1 描述统计

表 2 列出了整个青年群体研究样本的描述统计。第 1 列描述了 1994 年在 18 岁时接受高等教育和没有接受高等教育的样本群体。1994 年时,18 岁的青少年有 29％参加了高等教育学习。第 3 列显示了 1994 年群体中所有青少年各种特征的比例。接下来的几列分别列出了 1996、1998 和 2000 年时 18 岁群体的此类信息。

即便在这段相对较短的时期,参加高等教育的群体的特征仍有一些变化。1994 年接受高等教育学习的个体中 36％的人具有某项职业、管理或专业技术背景。到 2000 年,这一比例提高至 38％。当我们观测学生父母的受教育程度时,可以发现类似的趋势。1994 年样本中,接受高等教育学习的个体中有 29％的学生父亲拥有本科或以上学历,到 2000 年这一比例上升至 32％,学生母亲拥有本科或以上学历的比例具有类似的趋势。这其中的一部分变化是由于样本的总体特征发生了变化(例如,在这一时期的总体样本中,父亲具有本科或以上学历的比例从 17％提升至 21％)。

这段时期学生的初中毕业考试成绩和高中毕业考试成绩均有显著上升。1994 年接受高等教育的群体中有 67％的个体至少通过 3 门或更多的高中毕业考试,到 2000 年这一比例在接受高等教育的群体中提高至 72％。这一趋势既反映了整个群体的高中毕业考试成绩均有所提升,也表明了参加高等教育学习群体的构成可能有些变化。

■ 表2 青年群体样本描述统计

	群体6(1994)			群体7(1996)			群体8(1998)			群体9(2000)		
	接受高等教育群体	没有接受高等教育群体	总体	接受高等教育群体	没有接受高等教育群体	总体	接受高等教育群体	没有接受高等教育群体	总体	接受高等教育群体	没有接受高等教育群体	总体
男性	0.44	0.42	0.43	0.41	0.43	0.42	0.43	0.43	0.43	0.39	0.42	0.41
父母的社会和经济状态												
专家，经理和专业技术职业	0.36	0.20	0.24	0.29	0.20	0.23	0.39	0.23	0.29	0.38	0.22	0.28
其他非体力职业	0.26	0.18	0.21	0.21	0.18	0.19	0.28	0.20	0.23	0.27	0.21	0.23
熟练工种—体力	0.27	0.38	0.34	0.32	0.34	0.33	0.19	0.32	0.27	0.23	0.34	0.29
半熟练工种—体力	0.06	0.12	0.10	0.08	0.12	0.11	0.07	0.12	0.10	0.07	0.11	0.10
无技术工种	0.01	0.03	0.03	0.02	0.03	0.03	0.02	0.03	0.03	0.01	0.04	0.03
其他	0.04	0.09	0.08	0.08	0.13	0.11	0.05	0.10	0.08	0.04	0.08	0.07
种族												
白人*	0.93	0.93	0.94	0.92	0.92	0.92	0.91	0.93	0.92	0.90	0.90	0.91
黑人	0.01	0.02	0.01	0.01	0.01	0.01	0.01	0.01	0.01	0.01	0.02	0.01
亚裔	0.06	0.05	0.05	0.07	0.06	0.06	0.07	0.05	0.06	0.08	0.06	0.07
其他	0.00	0.00	0.00	0.01	0.01	0.01	0.01	0.01	0.01	0.01	0.02	0.01
父母的教育程度												
父亲学历为本科或以上	0.29	0.12	0.17	0.27	0.11	0.16	0.31	0.15	0.20	0.32	0.15	0.21
父亲至少通过1门高中毕业考试*	0.10	0.08	0.08	0.12	0.07	0.09	0.12	0.09	0.10	0.12	0.09	0.10
父亲没有通过任何高中毕业考试或以上	0.61	0.80	0.75	0.61	0.82	0.75	0.57	0.76	0.69	0.56	0.76	0.69
母亲学历为本科或以上	0.17	0.07	0.10	0.18	0.06	0.10	0.21	0.10	0.14	0.23	0.12	0.16
母亲至少通过1门高中毕业考试*	0.15	0.09	0.11	0.17	0.11	0.12	0.18	0.11	0.14	0.16	0.11	0.13
母亲没有通过任何高中毕业考试*	0.68	0.84	0.79	0.65	0.83	0.78	0.61	0.78	0.72	0.61	0.77	0.71
参加的学校类型												
16岁时的综合类学校	0.21	0.29	0.27	0.24	0.35	0.32	0.28	0.40	0.36	0.24	0.33	0.30
18岁以前均为综合类学校*	0.54	0.60	0.58	0.49	0.53	0.52	0.42	0.45	0.44	0.51	0.53	0.52
文法学校	0.10	0.03	0.05	0.08	0.03	0.04	0.09	0.04	0.05	0.09	0.04	0.06
中级现代学校	0.01	0.04	0.03	0.02	0.04	0.03	0.02	0.04	0.03	0.01	0.04	0.03
独立学校	0.14	0.04	0.07	0.17	0.05	0.09	0.20	0.07	0.12	0.15	0.06	0.09
最好学习成绩												
通过1～2门高中毕业考试	0.14	0.14	0.14	0.12	0.11	0.11	0.12	0.13	0.13	0.11	0.13	0.12
通过3门以上高中毕业考试	0.67	0.10	0.26	0.55	0.11	0.24	0.73	0.16	0.35	0.72	0.19	0.38
初中毕业考试有5门及以上成绩为A—C	0.97	0.41	0.57	0.96	0.47	0.61	0.97	0.55	0.69	0.98	0.57	0.71
样本量	2 730	6 696	9 426	2 343	5 642	7 985	3 415	6 496	9 911	2 186	4 082	6 268

注：*在下面的回归中为基准值。

4.2 回归结果

表 3 列出了根据 Probit 模型估算的边际效应,其中如果个体在 18 岁时参加了高等教育学习,被解释变量的值为 1,否则为 0。[1] 如果个体没有参加高等教育学习,可能存在各种各样的情况,他们可能进入了劳动力市场,也可能没有,而是参加了较低层次的学习。我们将 4 组群体整合在一起作为总样本。我们上面讨论的各表的观测值仅限于我们认为有潜力并且可以参加高等教育学习的个体,也就是在初中毕业考试中至少有 5 门的成绩在 A* —C。此外,如上一部分所讨论的磨损可能产生的问题,将样本限制在初中毕业考试中至少有 5 门的成绩在 A* —C 的个体范围内是合理的,因为没有参加高中毕业考试而进入高等教育学习的个体数量在上升。如果将样本仅限制为通过高中毕业考试进入高等教育学习的个体,会使样本过于受局限性。但是即使我们将样本限制为至少通过 1 门高中毕业考试的个体,所得到的结果还是非常相似。

在表 3 的模型 1—3 中,我们加入了虚拟变量,用以表示个体来自哪一个群体,并将群体 6(1994

■表3　参加高等教育的决定因素(边际效应)(限制性样本)

	(1)	(2)	(3)	(4)	(5)	(6)
性别(男性＝1)	0.018	0.039	0.036	0.018	0.039	0.036
	(2.61)	(5.29)	(4.74)	(2.52)	(5.22)	(4.71)
社会和经济群体:基准值为熟练体力劳动者						
专家、经理、专业技术职业	0.058	0.030	0.011	0.057	0.024	0.002
	(6.07)	(3.01)	(1.04)	(3.19)	(1.30)	(0.11)
其他非体力职业	0.060	0.034	0.017	0.043	0.022	0.007
	(6.13)	(3.31)	(1.59)	(2.25)	(1.11)	(0.34)
半熟练工种—体力	−0.009	0.001	−0.015	−0.057	−0.020	−0.026
	(0.64)	(0.04)	(0.99)	(2.00)	(0.67)	(0.85)
无技术工种	−0.014	0.005	0.019	−0.063	−0.058	−0.026
	(0.52)	(0.19)	(0.66)	(1.07)	(0.93)	(0.40)
其他	−0.028	−0.001	−0.005	−0.070	−0.027	−0.013
	(1.76)	(0.08)	(0.30)	(2.08)	(0.77)	(0.34)
族群虚拟变量:基准值为群体 6						
群体 7:在 1996 年 18 岁	−0.024	−0.026	−0.000	−0.016	−0.017	0.002
	(2.38)	(2.53)	(0.00)	(0.86)	(0.91)	(0.08)
群体 8:在 1998 年 18 岁	−0.028	−0.032	−0.044	−0.059	−0.063	−0.060
	(2.94)	(3.24)	(4.30)	(3.27)	(3.35)	(3.05)
群体 9:在 2000 年 18 岁	−0.022	−0.029	−0.051	−0.048	−0.043	−0.067
	(2.15)	(2.70)	(4.63)	(2.46)	(2.13)	(3.24)

---

[1] 因此,我们估计的是高等教育的参与率,而不是学位的获取率。如果社会阶层影响辍学或者没有拿到学位的概率,可以理解为社会阶层对高等教育成绩有一定的影响。

	(1)	(2)	(3)	(4)	(5)	(6)
种族:基准值为白人						
黑人	0.051	0.093	0.091	0.050	0.092	0.090
	(1.34)	(2.35)	(2.23)	(1.32)	(2.32)	(2.21)
亚裔	0.167	0.191	0.193	0.167	0.191	0.193
	(10.54)	(11.67)	(11.47)	(10.59)	(11.69)	(11.48)
其他	−0.046	−0.042	−0.036	−0.046	−0.042	−0.038
	(1.27)	(1.12)	(0.95)	(1.28)	(1.14)	(0.98)
种族变量缺失	0.019	−0.010	0.015	0.012	−0.012	0.017
	(0.27)	(0.14)	(0.20)	(0.18)	(0.17)	(0.22)
父母的受教育程度:基准值为父亲/母亲的受教育程度低于高中毕业						
父亲的学历为本科及以上	0.094	0.044	0.033	0.091	0.042	0.032
	(9.23)	(4.21)	(3.01)	(8.92)	(4.01)	(2.94)
父亲的学历为高中毕业	0.037	0.015	0.013	0.035	0.014	0.012
	(3.03)	(1.20)	(1.01)	(2.82)	(1.07)	(0.94)
父亲的受教育程度缺失	−0.003	0.003	0.011	−0.005	0.002	0.012
	(0.21)	(0.24)	(0.75)	(0.37)	(0.16)	(0.80)
母亲的学历为本科及以上	0.063	0.016	−0.003	0.061	0.016	−0.003
	(5.66)	(1.42)	(0.24)	(5.56)	(1.37)	(0.28)
母亲的学历为高中毕业	0.049	0.019	0.009	0.049	0.019	0.009
	(4.57)	(1.69)	(0.81)	(4.55)	(1.70)	(0.82)
母亲的受教育程度缺失	−0.060	−0.051	−0.043	−0.061	−0.052	−0.043
	(4.32)	(3.57)	(2.91)	(4.39)	(3.61)	(2.93)
参加的学校类型:基准值为18岁以前均为综合类学校						
16岁时综合类学校	−0.039	−0.037	−0.032	−0.039	−0.037	−0.032
	(4.70)	(4.37)	(3.62)	(4.71)	(4.38)	(3.62)
文法学校	0.090	−0.012	−0.029	0.091	−0.011	−0.029
	(6.69)	(0.85)	(2.02)	(6.73)	(0.82)	(2.01)
现代中等学校	−0.127	−0.069	−0.034	−0.127	−0.069	−0.033
	(5.15)	(2.68)	(1.27)	(5.14)	(2.67)	(1.25)
独立学校	0.089	0.001	0.012	0.089	0.001	0.012
	(8.07)	(0.05)	(1.02)	(8.11)	(0.05)	(1.05)
学校类型缺失	0.270	0.181	0.269	0.271	0.184	0.271
	(1.76)	(1.13)	(1.68)	(1.77)	(1.15)	(1.69)
初中毕业考试成绩						
初中毕业考试数学成绩		0.119	0.082		0.119	0.082
		(28.29)	(18.67)		(28.26)	(18.64)
初中毕业考试数学成绩缺失		0.279	0.186		0.281	0.186
		(8.87)	(5.45)		(8.91)	(5.44)
初中毕业考试英语成绩		0.094	0.048		0.094	0.048
		(19.36)	(9.48)		(19.30)	(9.47)
初中毕业考试英语成绩缺失		0.008	−0.075		0.007	−0.076
		(0.19)	(1.71)		(0.17)	(1.73)

	（1）	（2）	（3）	（4）	（5）	（6）
最好学习成绩						
通过 1—2 门高中毕业考试			0.072			0.072
			（6.72）			（6.70）
通过 3 门或以上高中毕业考试			0.361			0.361
			（41.73）			（41.65）
社会与经济背景与群体 7 的交互项						
专家×群体 7				−0.040	−0.024	−0.001
				（1.53）	（0.89）	（0.03）
非体力劳动者×群体 7				−0.023	−0.022	−0.011
				（0.83）	（0.76）	（0.36）
半熟练体力劳动者×群体 7				0.050	0.016	0.013
				（1.27）	（0.39）	（0.30）
无技能体力劳动者×群体 7				0.109	0.107	0.081
				（1.39）	（1.29）	（0.93）
其他×群体 7				0.031	−0.007	−0.024
				（0.72）	（0.15）	（0.51）
社会与经济背景与群体 8 的交互项						
专家×群体 8				0.019	0.030	0.012
				（0.80）	（1.20）	（0.47）
非体力劳动者×群体 8				0.061	0.051	0.031
				（2.36）	（1.91）	（1.12）
半熟练体力劳动者×群体 8				0.075	0.041	0.018
				（1.98）	（1.03）	（0.44）
无技能体力劳动者×群体 8				0.040	0.077	0.052
				（0.54）	（0.99）	（0.64）
其他×群体 8				0.051	0.063	0.036
				（1.16）	（1.37）	（0.76）
社会与经济背景与群体 9 的交互项						
专家×群体 9				0.028	0.018	0.030
				（1.07）	（0.67）	（1.05）
非体力劳动者×群体 9				0.025	0.012	0.015
				（0.87）	（0.40）	（0.50）
半熟练体力劳动者×群体 9				0.065	0.025	0.015
				（1.54）	（0.56）	（0.34）
无技能体力劳动者×群体 9				0.053	0.059	0.033
				（0.63）	（0.66）	（0.36）
其他×群体 9				0.107	0.060	0.028
				（2.05）	（1.11）	（0.50）
样本量	21 600	21 600	21 600	21 600	21 600	21 600

注：样本为青年群体研究数据库中群体 6、群体 7、群体 8 和群体 9 中在 18 岁以前的初中毕业考试中最少有 5 门成绩在 A—C 之间的学生。基准值为来自群体 6（1996 年 18 岁的个体）熟练体力劳动者的家庭，白人，父母的受教育程度在高中以下，在 18 岁前的学校为综合学校并住宿的学生。根据 Probit 模型估计的结果。

年 18 岁的群体)作为比较基准。在学生的其他个人特征给定的前提下,组群虚拟变量衡量了早期与晚期高等教育参与者的平均差别。我们前面所提到的其他的解释变量包括学生的性别、社会经济背景、种族、父母的受教育程度和学校类型。表 3 模型 1 没有控制 16/18 岁学生的学业成绩(除了样本本身限制在初中毕业考试中最少有 5 门成绩在 A—C 之间的学生外)。因此在达到最低初中毕业考试成绩的基础上,该模型衡量了家庭背景、学校类型和是否接受高等教育的边际关系。模型 2,我们加入了学生在 16 岁时的成绩,该成绩通过初中毕业考试的英语和数学成绩[1]来衡量。在模型 3 中,我们引入了学生在 18 岁时的学业表现(通过高中毕业考试科目数来衡量)。尽管这些学习成绩的测量可能存在内生性问题(参见上面的讨论),但是即使考虑了学生在 16 岁和 18 岁的成绩,我们仍可以通过这些模型识别解释变量与高等教育的参与决定是否仍存在边际关系。

在第 4—6 列,我们包括了组群虚拟变量与衡量个体社会经济背景的变量的交互项[2]。这些交互项使我们能够检验这样一个假设:社会和经济背景与高等教育参与决定的关系是否随着时间的变化而变化的。我们最感兴趣的是来自不同社会经济背景的学生高等教育参与率的差别,并且想确认不同时间组群之间的这些差别是否有变化。组群与社会经济群体交互项的系数可以说明我们感兴趣的某个群体的高等教育参与率相对于所有组群之间的社会经济群体接受高等教育的平均差距是增加还是减少了。

现在开始阐述我们的发现。我们首先讨论对于所有群体而言,社会和经济背景与高等教育参与率的关系。在模型 1 中,我们既没有控制群体与社会和经济群体的交互项,也没有控制初中或高中毕业成绩,我们发现社会与经济背景同高等教育的参与率有显著的关系。来自专业技术背景或非体力劳动家庭的个体,比缺省值来自熟练体力劳动家庭的个体参加高等教育的概率高 6 个百分点。其他社会和经济群体变量不显著。需要强调的是,这是一个边际关系,控制了社会和经济背景可能影响的其他因素,例如学校类型。

我们分别控制了表 3 的模型 2 和模型 3 的初中毕业成绩(模型 2)和高中的学业表现(模型 3)。包含初中毕业成绩后减少了但没有消除社会和经济背景与高等教育参与率的显著关系。然而一旦我们引入了高中毕业成绩,就会发现社会经济背景对高等教育参与的影响不再显著。

模型 1—3 规定社会经济背景变量对于所有群体的影响因素相同,它只反映群体的均值效应。模型 1 的群体均值效应显示,相对于基准值 1994 年群体,来自较晚群体的个体参加高等教育的意愿减少了 2—3 个百分点。然而,当我们将 16/18 岁的学习成绩作为对照标准时(模型 2 和模型 3),

---

[1]　如果成绩为 A,则记为 5,B 记为 4,C 记为 3,D 记为 2,E 记为 1,其他为 0。

[2]　我们检验了所有的解释变量与族群虚拟变量的交互项,但由于其他的交互项不显著,我们这里就没有列出。

群体均值效应说明开始征收学费后的群体参加高等教育学习的意愿比早期群体的意愿(1994 年和 1996 年 18 岁的群体)低了 5%。也就是说,在考虑了初中毕业成绩和高中毕业成绩后,较晚的群体参加高等教育的意愿显著下降。

简而言之,表 3 的前 3 个模型说明,在控制个体 16 岁和 18 岁的学业成就后,社会与经济背景同高等教育的参与率没有显著的边际关系。我们在结论部分将详细阐述这一发现对政策制定的重要性。这意味着高等教育参加者背景不均衡的问题的根源在于青少年中学阶段的教育选择及其所取得的成绩,而不是在于进入高等教育之前的那一刻。

4.3 组群效应

如前所述,表 3 的前 3 个模型规定家庭背景变量对所有群体的影响因素相同。在模型 4—6 中,我们通过引入一系列组群与社会经济背景的交互项来检验这一假设对不同群体的影响。

模型 4 没有控制初中和高中毕业成绩,但我们仍发现社会经济背景和高等教育的平均参与率有显著的相关关系。在至少通过 5 门初中毕业考试的观测样本中,来自专业技术背景家庭的学生参加高等教育的概率比基准值高 6 个百分点。类似地,来自非体力劳动背景的家庭的学生接收高等教育的概率比熟练体力工人的孩子高 4%。一旦组群与社会经济群体的交互项被限定,来自熟练技工背景的家庭的个体比来自半熟练技工背景家庭的个体参加高等教育的概率将减少 6%,而来自其他没有分类背景家庭的个体参加高等教育的概率将减少 7%。

模型 4 中的虚拟变量说明,1998 和 2000 年群体个体比 1994 年群体参加高等教育的概率减少了 5—6 个百分点。这一结论再次表明,在控制了个人特征后,较晚的群体参加高等教育学习的意愿在降低。组群与社会经济群体的交互项的系数在模型 4 中统计上不显著。有证据显示,群体 8 (在 1998 年 18 岁)中来自非体力劳动背景的家庭的青少年比基准人群(1994 年 18 岁,来自熟练技工背景家庭的个体)参加高等教育的概率高 6 个百分点。如果我们观测非体力与熟练技工背景家庭的学生高等教育参加率的差别,我们会发现,这一差距在 1998 年为 10.4%[1],而在 1994 年仅为 4.3%。然而该特征在 2000 年群体中不显著。类似地,我们发现群体 8(在 1998 年 18 岁)中来自半熟练技工家庭的个体参加高等教育的概率比基准人群高 7.5%。这意味着对于 1998 年群体而言来自半熟练技工家庭的孩子与来自熟练技工家庭的孩子,接受高等教育学习的概率差别为 1.8%[2]。这似乎与我们的直观认识相悖,该结果说明在 1998 年群体中,来自较低社会经济背景的个体比熟

---

[1] 我们需要将非体力社会与经济群体的虚拟变量的系数与非体力和族群 8 交互项的系数加总(4.3＋6.1 = 10.4)。

[2] 我们需要将半熟练体力劳动的社会经济背景群的虚拟变量系数与半熟练体力劳动与群体 8 交互项的系数相加(−5.7＋7.5 = 1.8)。

练技工背景的个体更愿意接受高等教育学习。但总的来说,在调查的整个时期(1994—2000年)中,高等教育参与者的社会经济背景差距没有扩大的趋势。

我们在模型5中控制了初中毕业成绩变量,在模型6中加入了高中学业表现变量。控制青少年在16和18岁的学习成绩这两个变量可以消除社会与经济背景同高等教育参与率的均值关系。但控制青少年在16和18岁的学习成绩对平均组群效应没有太大的影响。这两个模型的结果仍表明,1998年和2000年群体与较早的群体中具有同样成绩的个体相比,参加高等教育的意愿明显下降。社会经济群体与组群的交互项仍然不显著,这意味着我们即使控制了大学之前的学习成绩,社会经济背景与高等教育参与率之间的关系对于不同组群的影响仍没有变化。

概括地说,当我们只控制最低初中毕业考试的通过门数时,社会经济背景和高等教育参与率有显著的关系。在20世纪90年代,有5门初中毕业成绩在A—C且来自较优越家庭背景的学生比具有同等特征的个体但来自较低家庭背景的学生接受高等教育学习的可能性更大。然而,一旦我们考虑了初、高中毕业考试成绩(尤其是高中毕业考试成绩),社会经济背景与高等教育参与率之间的关系变得不太明显。当然青少年的社会经济背景也会影响其初、高中毕业考试成绩。虽然社会经济背景确实会影响青少年的受教育年限,但我们并未发现高中到大学期间社会经济背景与其教育成就的显著关系[1]。

第二,我们发现来自1998年和2000年的群体(收费后的群体)在个人特征相同的条件下,更不愿意接受高等教育。但在这段时间,总的高等教育参加人数确实在增加,如附录A表6所示(模型1):在不考虑初、高中毕业考试成绩的情况下,较晚的群体接受高等教育的意愿远远高于较早群体。这一明显矛盾是由于平均初、高中考试成绩也在整体上升所致,由于平均成绩的提高使得高等教育的潜在人选也在增加。此模型实际上检验了对于在16岁和18岁学习成绩相同的个体,来自较晚群体的学生是更倾向于还是更不情愿上大学。结果显示,较晚的群体中具有和较早群体相同学习成绩的个体上大学的意愿较低。这与这一时期高等教育参加人数持续增加的事实不矛盾,因为这一时期通过初中和高中毕业考试的人数不断增加,也就是可能上大学的人数在不断增加,而不是与既定的受教育时间有关。换句话说,这也为高等教育参加人数的增加降低了整体的入学标准的言论,提供了一些反驳的证据。因为并没有证据显示初、高中毕业考试的标准有任何变化。此外,由于20世纪80年代和90年代初期高等教育扩大了招生规模,越来越多的个体在没有高中毕

---

[1] 附录A表6显示了对于整个青年群体研究数据库,社会经济背景与高等教育参与率的粗略关系。模型1和模型4说明在没有控制青少年在16岁或18岁的考试成绩的情况下,社会经济背景和高等教育参与率有显著的关系,但一旦考虑了个体在16岁和18岁的成绩后,对于整个青年群体样本社会经济背景与高等教育参与率的关系也变得不显著。附录总体说明,限制性样本中观测到的一些结论同样适用于整体样本。

业考试成绩的情况下便进入大学开始接受高等教育学习。这本身可能在某种程度上支持了早期扩张时"素质下降"的假设。

第三,我们发现社会经济背景与高等教育参与率的关系基本不随时间的变化而变化,只有1998年具有某些社会经济背景的群体例外。显然,我们只发现一组群体随时间变化的结论意味着这样的时间分析应该在更长的一段时期内进行讨论,只有这样才有利于探讨时间趋势的影响。无论如何,一旦我们控制了学生在16岁和18岁时的成绩后,这些相互影响便都消失了。

4.4 其他家庭背景变量

我们现在转而分析其他家庭背景和学校变量。在表3中所列的较好学生样本(即通过5门及以上初中毕业考试的个体)中,男性更可能选择接受高等教育。对于控制了16岁和18岁成绩的模型2和模型3,这个效应更加明显。也就是说,在学习成绩相同的情况下,男孩更可能选择上大学。种族的大多数系数均不显著。[1]但亚裔相对于白人(高17—19个百分点)选择上大学的可能性更高。该结论无论对于任何模型,或是对于整体样本(附录A表6)都很稳健。[2]有许多文献研究种族对于教育选择的影响[参见Bhattacharyya等(2003)的综述]。我们的结论与这类文献的发现基本一致,也就是种族对于教育表现的影响很显著,主要是通过社会经济背景因素影响教育表现。对于不考虑社会经济背景的模型,种族对于教育成就扮演非常重要的角色。在我们的模型中,如果包括社会经济背景,种族仅对亚裔学生的学业成就有显著的正作用。

如同社会经济背景,父母受教育水平与高等教育的参与率有显著的关系。在模型1中,母亲或父亲如果具有本科或以上学历,其子女接受高等教育的概率将会提高6—9%。父母有一方至少通过1门高中毕业考试的孩子,参加高等教育的概率会增加4—5个百分点[3]。如果考虑了青少年在16岁和18岁时的成绩,在模型3中父母受教育水平的影响开始减弱并变得不太显著,只有父亲具有本科或以上学历的孩子参加高等教育的概率比基准值高3%。主要结论可以概括为父母的受教育程度很重要,但父母的受教育水平和孩子的教育选择的边际关系在高中到大学阶段变得不太显著。[4]

模型中,我们也考虑了学校类型,以此代表个体入学前的教育质量,并在一定程度上反映了学

---

[1] 更加理想的设计是把不同种族进行更加细致地划分,而不是我们所使用的粗略归类。但我们的数据库不可能被更加细致划分。

[2] 我们也包括了种族与群体的交互项,但该交互项不显著。

[3] 在意料之中,父母的受教育程度与高等教育参与率的关系在整体样本中更加显著,如果不考虑初中和高中毕业成绩(附录A表6、模型1)。

[4] 我们也包括了父母的教育与族群的交互项,但该变量不显著。

生的能力(能力较高的学生会参加文法学校)。表 3 的默认值为学生在 18 岁以前一直就读于综合类学校。接着我们检验了学校类型和高等教育参与率的关系,学校类型包括:个体在 16 岁前参加的综合类学校、文法学校、中等现代学校和私立学校。模型 1 显示,16 岁前在综合类学校就读的学生,相对于基准值不太愿意接受高等教育的学习(大约低 4 个百分点)。参加文法学校和私立学校的学生更倾向于就读大学(大约高 9 个百分点)。来自中等现代学校的学生参加高等教育的意愿更小(大约低 13 个百分点)。这个模型没有控制青少年在 16—18 岁的学习成绩,而该成绩与学校类型高度相关。在模型 3 中,即便我们考虑了初中和高中毕业考试成绩,在 16 岁前就读于综合类学校的学生比默认值参加高等教育的概率仍低 3 个百分点。这可能意味着参加不同学校的学生,即便能力相同,在课程的选择、职业的选择、职业指导或职业预期方面都显著不同。有意思的是,在控制了初中和高中毕业成绩后,文法学校的学生参加高等教育的概率比默认值低了 3%。[1]

当然,测量个体在 16 岁和 18 岁学业成绩的变量,即通过的高中毕业考试科目数与初中毕业考试的数学和英语成绩,与高等教育的参与率高度相关。成绩越好的学生,即使家庭背景相似,也越有可能接受高等教育的学习。

最后,需要强调的是,我们的结果在包括地区固定效应后,仍是很稳健的。我们的样本量不能满足分地区的估计模型,但我们已经注意到最近关于地区差别对于教育选择决定的影响(Rice,2004)。

5 结论

学生的社会经济背景与他们接受高等教育的可能性具有明显的相关性。但对于 16/18 岁学习成绩相当的学生,社会经济背景对于高等教育的参与率的边际作用变得不显著。因此虽然高等教育系统存在社会和经济背景的不均衡,但该现象是由于 16 到 18 岁之前早期教育系统的不平等和择校所致。具体而言,当我们在模型中包含了测量个体在 16 和 18 岁的学习成绩后,社会经济背景、父母的受教育水平和高等教育的参与率的关系在统计数据上变得不再显著。如果政策制定者想要降低高等教育社会和经济背景的不平等,他们首先需要关注义务教育阶段出现的教育不平等问题。该发现与其他的分析相一致,表明了教育不平等在教育的早期就形成。例如,布拉德利和泰勒(Bradley and Taylor,2000)发现不同种族 16 岁学生的学业成就在很大程度上由之前所接受的教育所决定。

当然仅凭借我们在较早阶段观测到的教育选择的不平等,不能说明经济与社会背景的不平等

---

[1] 我们也包括了学校类型与族群的交互项,但该变量不显著。

与高等教育的不平等问题无关。学生在展望未来时,可能会预测到参加高等教育的障碍,因此在学校期间付出较少的努力。实际上确实存在许多这样潜在的障碍,主要包括高等教育的预期成本,以及学生预期的作用(Connor et al., 2001; Jackson et al., 2004)。因此来自贫困家庭的学生在学习上可能不太用功,特别是在初中毕业考试上,因为他们预测可能无法参加高等教育的学习。学生对参加高等教育可能遇到障碍的想法对于他们接受高等教育的影响是今后需要探讨的一个研究领域。然而,由于优秀的初中毕业考试和高中毕业考试成绩会在劳动力市场上获得较高的回报,学生对于无法参加高等教育学习的预期不能完全解释他们在16岁或18岁时的学业成绩。有可能是,在16岁前接受较差教育的学生,不太可能上大学,因为他们缺乏高等教育所必需的教育背景和资质。

本文也检验了这个时期家庭背景变化所起的作用。虽然这是一段很重要的时期,在这段时期内高等教育开始征收学费,高等教育的其他政策也在变化,这就意味着就较长一段时间而言,我们无法真正评估学费所造成的影响。为了克服这个问题,我们调查了这段时间内参加高等教育学习个体的社会和经济背景特征的变化。我们只在1998年群体中,发现了社会经济背景与高等教育参与率的关系有微弱的变化。然而对于整个1994—2000年期间,我们没有发现来自较高和较低社会与经济背景家庭的个体接受高等教育的差距有扩大的趋势。我们因此得出对于初中和高中毕业考试成绩处在最低线的学生,家庭背景与高等教育参与率的关系在那段时间没有显著的变化。

我们的研究还显示在20世纪90年代后期,高等教育扩张是由于学生在16岁和18岁的考试成绩整体提高所致,而不是降低了入学门槛。在这段时期,初中和高中毕业考试的整体成绩在提高,因此,符合高等教育入学条件的人数在增加。事实上我们发现来自较晚(1998—2000年)群体的青少年在相同的学习成绩条件下,相对于较早(1994—1996年)群体参加高等教育学习的意愿在降低。这意味着这段时期高等教育参加人数的增加是由于越来越多的青少年通过初中和高中毕业考试的最低要求,从而增加了潜在上大学的人数,而不是降低了入学标准或是录取了不合格的学生。当然,也可能是这段时期16岁和18岁时的考试标准发生变化。如上一部分所讨论的,在90年代的早期,高等教育大规模扩张时,可能会使入学门槛降低。

最后,我们发现,即便控制了个人的一系列特征,如社会和经济背景、个体在16岁和18岁的学习成绩,中学类型与高等教育的参与概率仍显著相关。具体而言,如果个体参加的是综合类学校(没有参加高中阶段的教育),则他/她参加高等教育的概率比默认值低3个百分点。这可能意味着课程选择或学生预期对于不同学校的学生是不同的,这个问题值得深入研究。有意思的是对于取得相同初中和高中毕业成绩的个体,文法学校的学生接受高等教育的意愿反而偏低。虽然可能是因为文法学校的学生在劳动力市场的机会更多，因此刺激他们较早地离开全职教育，但我们没有强烈的证据说明这一结论。也可能是，文法学校的学生倾向于在上大学之前到外面走走（在大学与高中之间有间隔，或类似的情况），但我们从数据中无法观测到这些现象。

附录 A

■表4 青年族群调查数据的反馈率

族群	6(1994)	7(1996)	8(1998)	9(2000)
反馈率(%)	69	66	65	65

■表5 群体7 第1次和第2次调查样本特征

	群体7 第1次调查 样本限制在至少5门初中 毕业考试成绩在A—C	群体7 第2次调查 样本限制在至少5门初中 毕业考试成绩在A—C
男性	0.43	0.40
父母的社会经济背景		
专家、经理、专业技术职业	0.27	0.27
其他非体力职业	0.20	0.20
熟练工作—体力	0.32	0.33
半熟练工种—体力	0.09	0.09
无技术工种	0.02	0.02
其他	0.10	0.09
种族		
白人	0.92	0.93
黑人	0.01	0.01
亚裔	0.06	0.05
其他	0.01	0.01
父母的受教育程度		
父亲学历为本科或以上	0.22	0.23
父亲至少通过1门高中毕业考试	0.10	0.10
父亲没有通过任何高中毕业考试*	0.68	0.67
母亲学历为本科或以上	0.14	0.14
母亲至少通过1门高中毕业考试	0.15	0.16
母亲没有通过任何高中毕业考试	0.71	0.70
最好学习成绩		
5门或以上初中毕业考试成绩在A—C	1	1
样本量	9 319	4 883

注：＊代表回归基准值。

	(1)	(2)	(3)	(4)	(5)	(6)
性别(男性＝1)	−0.005	0.036	0.033	−0.006	0.035	0.033
	(1.01)	(6.66)	(6.00)	(1.16)	(6.58)	(5.96)
社会与经济群体:基准值为熟练技工						
专家、经理、专业技术职业	0.099	0.030	0.012	0.140	0.041	0.022
	(13.20)	(4.06)	(1.66)	(10.26)	(3.09)	(1.60)
其他非体力职业	0.089	0.031	0.016	0.111	0.036	0.022
	(11.67)	(4.15)	(2.08)	(7.80)	(2.55)	(1.54)
半熟练工种—体力	−0.029	−0.004	−0.013	−0.050	−0.005	−0.010
	(3.00)	(0.40)	(1.27)	(2.72)	(0.25)	(0.47)
无技术工种	−0.063	−0.016	−0.008	−0.109	−0.069	−0.053
	(3.74)	(0.87)	(0.44)	(3.15)	(1.79)	(1.31)
其他	−0.061	−0.010	−0.012	−0.090	−0.017	−0.008
	(5.87)	(0.92)	(1.07)	(4.41)	(0.75)	(0.36)
族群虚拟变量:基准值为族群 6						
群体 7:在 1996 年 18 岁	0.008	−0.008	0.014	0.045	0.013	0.029
	(1.08)	(1.09)	(1.86)	(3.42)	(0.97)	(2.09)
群体 8:在 1998 年 18 岁	0.015	−0.012	−0.019	0.008	−0.027	−0.022
	(2.10)	(1.76)	(2.63)	(0.61)	(2.06)	(1.61)
群体 9:在 2000 年 18 岁	0.038	0.001	−0.017	0.052	0.008	−0.012
	(4.77)	(0.14)	(2.18)	(3.58)	(0.59)	(0.86)
种族:基准值为白人						
黑人	−0.030	0.043	0.044	−0.031	0.042	0.043
	(1.24)	(1.62)	(1.60)	(1.27)	(1.59)	(1.57)
亚裔	0.129	0.177	0.176	0.130	0.177	0.175
	(10.89)	(13.93)	(13.52)	(10.97)	(13.92)	(13.50)
其他	−0.014	0.000	0.002	−0.013	0.000	0.001
	(0.51)	(0.01)	(0.07)	(0.47)	(0.01)	(0.05)
种族变量缺失	−0.040	−0.036	−0.023	−0.049	−0.037	−0.021
	(0.85)	(0.73)	(0.45)	(1.05)	(0.75)	(0.42)
父母的受教育程度:基准值为父亲/母亲的受教育程度低于高中毕业						
父亲的学历为本科及以上	0.109	0.029	0.020	0.106	0.027	0.019
	(13.18)	(3.64)	(2.45)	(12.70)	(3.42)	(2.37)
父亲的学历为高中毕业	0.057	0.016	0.013	0.055	0.015	0.012
	(5.76)	(1.66)	(1.31)	(5.51)	(1.53)	(1.25)
父亲的受教育程度缺失	−0.039	−0.008	−0.001	−0.042	−0.009	−0.001
	(4.12)	(0.78)	(0.13)	(4.42)	(0.93)	(0.13)
母亲的学历为本科及以上	0.097	0.014	−0.003	0.096	0.014	−0.003
	(10.52)	(1.59)	(0.39)	(10.43)	(1.57)	(0.39)
母亲的学历为高中毕业	0.076	0.016	0.008	0.076	0.017	0.009
	(8.73)	(1.98)	(1.00)	(8.71)	(2.03)	(1.04)

	(1)	(2)	(3)	(4)	(5)	(6)
母亲的受教育程度缺失	−0.067	−0.042	−0.036	−0.068	−0.042	−0.036
	(7.01)	(4.27)	(3.60)	(7.03)	(4.29)	(3.59)
参加的学校类型:基准值为18岁以前均为综合类学校						
16岁时综合类学校	−0.038	−0.027	−0.022	−0.038	−0.027	−0.022
	(6.32)	(4.55)	(3.58)	(6.36)	(4.56)	(3.57)
文法学校	0.204	−0.007	−0.023	0.204	−0.007	−0.023
	(16.41)	(0.68)	(2.17)	(16.43)	(0.66)	(2.15)
现代中等学校	−0.133	−0.045	−0.024	−0.134	−0.045	−0.023
	(8.81)	(2.78)	(1.37)	(8.84)	(2.79)	(1.36)
独立学校	0.177	0.004	0.013	0.177	0.004	0.013
	(18.01)	(0.45)	(1.43)	(18.06)	(0.44)	(1.44)
学校类型缺失	0.315	0.112	0.205	0.316	0.116	0.208
	(2.26)	(0.88)	(1.48)	(2.26)	(0.91)	(1.50)
初中毕业考试成绩						
初中毕业考试数学成绩		0.117	0.083		0.117	0.083
		(41.92)	(28.65)		(41.91)	(28.63)
初中毕业考试数学成绩缺失		0.210	0.115		0.212	0.116
		(9.90)	(5.51)		(9.97)	(5.52)
初中毕业考试英语成绩		0.106	0.066		0.105	0.066
		(32.75)	(19.60)		(32.65)	(19.58)
初中毕业考试英语成绩缺失		0.142	0.062		0.140	0.061
		(5.13)	(2.29)		(5.06)	(2.27)
最好学习成绩						
通过1—2门高中毕业考试			0.133			0.132
			(15.70)			(15.67)
通过3门或以上高中毕业考试			0.360			0.360
			(49.00)			(48.89)
社会与经济背景与群体7的交互项						
专家×群体7				−0.091	−0.041	−0.022
				(5.10)	(2.23)	(1.18)
非体力劳动者×群体7				−0.073	−0.032	−0.022
				(3.82)	(1.65)	(1.10)
半熟练体力劳动者×群体7				0.015	−0.015	−0.014
				(0.54)	(0.53)	(0.51)
无技能体力劳动者×群体7				0.117	0.101	0.083
				(2.13)	(1.67)	(1.36)
其他×群体7				0.037	−0.021	−0.031
				(1.26)	(0.71)	(1.03)
社会与经济背景与群体8的交互项						
专家×群体8				−0.022	0.010	−0.005
				(1.22)	(0.57)	(0.28)

	(1)	(2)	(3)	(4)	(5)	(6)
非体力劳动者×群体8				0.015	0.024	0.007
				(0.76)	(1.24)	(0.36)
半熟练体力劳动者×群体8				0.047	0.011	−0.002
				(1.72)	(0.40)	(0.07)
无技能体力劳动者×群体8				0.073	0.085	0.064
				(1.40)	(1.47)	(1.10)
其他×群体8				0.040	0.037	0.021
				(1.32)	(1.18)	(0.67)
社会与经济背景与群体9的交互项						
专家×群体9				−0.039	−0.017	−0.008
				(2.01)	(0.89)	(0.40)
非体力劳动者×群体9				−0.034	−0.017	−0.013
				(1.63)	(0.80)	(0.62)
半熟练体力劳动者×群体9				0.031	0.011	0.006
				(1.03)	(0.35)	(0.19)
无技能体力劳动者×群体9				0.019	0.049	0.040
				(0.35)	(0.78)	(0.62)
其他×群体9				0.060	0.018	−0.001
				(1.65)	(0.48)	(0.02)
样本量	33 590	33 590	33 590	33 590	33 590	33 590

注:样本学生来自青年族群调查中的群体6、群体7、群体8和群体9。基准值为来自群体6(1996年18岁的个体)熟练体力劳动者的家庭,白人,父母的受教育程度在高中以下,在18岁前的学校为综合学校并住宿的学生。根据 Probit 模型估计的结果。

参考文献

Barr N, Crawford I (1998) The dearing report and the government response: a critique. Polit Q 69(1):72–84

Barr N (2002) Funding higher education: policies for access and quality. House of Commons Education and Skills Committee, Post-16 student support, Session 2001-02, 24 April 2002

Behrman J (1997) Mother's schooling and child education: a survey. University of Pennsylvania, Department of Economics, discussion paper 025, manuscript

Bhattacharyya G, Ison L, Blair M (2003) Minority ethnic attainment and participation in education and training: the evidence. Department for Education and Skills Research Report 01–03

Blanden J, Machin S (2003) Educational inequality and the expansion of UK higher education. Centre for Economic Performance mimeo

Blanden J, Gregg P, Machin S (2003) Changes in educational inequality. Centre for the Economics of Education, discussion paper (forthcoming)

Blanden J, Goodman A, Gregg P, Machin S (2002) Changes in Intergenerational Mobility in Britain. Centre for the Economics of Education, discussion paper no. 26, London School of Economics. In: Corak M (ed.) Generational income mobility in North America and Europe. Cambridge University Press, Cambridge (forthcoming)

Bradley S, Taylor J (2004) Ethnicity, educational attainment and the transition from school. Manchester School 72(3):317–346

Breen R, Goldthorpe J (1997) Explaining educational differentials – towards a formal rational action theory. Ration Soc 9:275–305

Breen R, Goldthorpe J (1999) Class inequality and meritocracy: a critique of saunders and an alternative analysis. Br J Sociol 50(1):1–27

Brooks-Gunn J, Duncan GJ, Mariato N (1997) Poor families, poor outcomes: the well-being of children and youth. In: Duncan GJ and Brooks-Gunn J (eds) Consequences of growing up poor. Russell Sage Foundation, New York, pp 1–17

Buchardt T (2004) Aiming high: the educational and occupational aspirations of young disabled people. Support Learn 19(4):181–186

Callender C (2003) Student financial support in higher education: access and exclusion. In: Tight M (ed) Access and exclusion: international perspectives on higher education research. Elsevier, London, pp 127–158

Cameron S, Heckman J (2001) The dynamics of educational attainment of black, Hispanic and white males. J Polit Econ 109:455–499

Carneiro P, Heckman J (2003) Human capital policy. In: Heckman J, Krueger A (eds.) Inequality in America: what role for human capital policies? MIT Press, Cambridge, pp 79–90

Chevalier A, Lanot G (2006) Financial transfer and educational achievement. Educ Econ 10(2):165–182

Connor H, Dewson S, Tyers C, Eccles J, Aston J (2001) Social class and higher education: issues affecting decisions on participation by lower social class groups. Department for Education and Skills research report RR267

Cook M, Evans W (2000) Families or schools? Explaining the convergence in white and black academic performance. J Labor Econ 18(4):729–754

Currie J, Thomas D (1999) Early test scores, socioeconomic status and future outcomes. NBER working paper no. 6943. National Bureau of Economic Research, Cambridge

Dearden L, Machin S, Reed H (1997) Intergenerational mobility in Britain. Econ J 107:47–64

Dearden L, McIntosh S, Myck M, Vignoles A (2002) The returns to academic, vocational and basic skills in Britain. Bull Econ Res 54(3):249–274

De Fraja G (2005) Reverse discrimination and efficiency in education. Int Econ Rev 46:1009–1031

De Fraja G (2002) The design of optimal education policies. Rev Econ Stud 69:437–466

Dolton P, Greenaway D, Vignoles A (1997) Whither higher education? An economic perspective for the Dearing Committee of Inquiry. Econ J 107(442):710–726

Dolton P, Makepeace G, Gannon B (2001) The earnings and employment effects of young people's vocational training in Britain. Manchester School 69(4):387–417

Erickson R, Goldthorpe J (1992) The constant flux: a study of class mobility in industrial societies. Oxford University Press, Oxford

Feinstein L, Symons J (1999) Attainment in secondary school. Oxford Econ Pap 51:300–321

Feinstein L, Duckworth K, Sabates R (2004) A model of the inter-generational transmission of educational success. Wider benefits of learning research report no. 10, Bedford Group, Institute of Education, London

Fryer R, Levitt S (2005) The black–white test score gap through third grade. NBER working paper 11049, manuscript

Galindo-Rueda F, Vignoles A (2005) The declining relative importance of ability in predicting educational attainment. J Hum Resources 40(2):335–353

Galindo-Rueda F, Marcenaro-Gutierrez O, Vignoles A (2004) The widening socio-economic gap in UK higher education. Natl Inst Econ Rev 190:70–82

Gayle V, Berridge D, Davies R (2000) Young people's routes to higher education: exploring social processes with longitudinal data. Higher Educ Rev 33:47–64

Gayle V, Berridge D, Davies R (2002) Young people's entry to higher education: quantifying influential factors. Oxford Rev Educ 28:5–20

Gayle V, Berridge D, Davies R (2003) Econometric analyses of the demand for higher education. Department for Education and Skills research report RR471

Gibbons S (2001) Paying for good neighbours? Neighbourhood deprivation and the community benefits of education. Centre for the Economics of Education, discussion paper no. 17, London School of Economics

Glennerster H (2001) United kingdom education 1997–2001. Centre for the Analysis of Social Exclusion (CASE), paper 50

Goodman A (2004) Presentation to Department of Trade and Industry (DTI)

Greenaway D and Haynes M (2003) Funding higher education in the UK: the role of fees and loans. Econ J 113(485):F150–F167

Haveman R, Wolfe B (1995) The determinants of children's attainments: a review of methods and findings. J Econ Lit 33 (4):1829–1878

Howieson C, Croxford L (1996) Using the YCS to analyse the outcomes of careers education and guidance. The Stationary Office, DFEE research series, London

Jackson M, Erickson R, Goldthorpe J, Yaish M (2004) Primary and secondary effects on class differentials in educational attainment: the transition to A level courses in England and Wales. Meeting of the ISA Committee on Social Stratification and Mobility, Neuchatel

Lynn P (1996) England and Wales Youth Cohort Study: the effect of time between contacts, questionnaire length, personalisation and other factors on response to the YCS (research studies). The Stationery Office Books, London

Machin S, Vignoles A (2004) Education inequality. Fiscal Stud 25(2):107–128

Machin S, Vignoles A (2005) What's the good of education? The economics of education in the UK. Princeton University Press, Princeton

Payne J (2001) Patterns of participation in full-time education after 16: an analysis of the England and Wales Youth Cohort Studies. Department for Education and Skills, Nottingham

Payne J, Cheng Y, Witherspoon S (1996) Education and training for 16–18 year olds in England and Wales – individual paths and national trends. Policy Studies Institute, London

Rice P (2004) Education and training post-16 – differences across the British regions. CEE conference

Rice P (1999) The impact of local labour markets on investment in further education: evidence from the England and Wales youth cohort studies. J Popul Econ 12(2):287–231

Saunders P (1997) Social mobility in Britain: an empirical evaluation of two competing explanations. Sociology 31:261–288

Sianesi B (2003) Returns to education: a non-technical summary of CEE work and policy discussion. Draft report for Department for Education and Skills

Schoon I, Bynner J, Joshi H, Parsons S, Wiggins RD, Sacker A (2002) The influence of context, timing, and duration of risk experiences for the passage from childhood to mid-adulthood. Child Dev 73(5):1486–1504

Woodhall M (ed.) (2002) Paying for learning: the debate on student fees, grants and loans in international perspective. Welsh J Educ 11(1):1–9

早起的鸟儿有虫吃？[*]

——通过工具变量法估计德国入学年龄对早期教育的影响

帕特里克·普汉尼（Patrick A. Puhani）　　安德烈亚·韦伯（Andrea M. Weber）

摘要： 我们应用德国两组不同数据估计了入学年龄对教育结果的影响，样本分别为小学毕业生和中学中年级的学生。结果是基于工具变量法的估算而得出的，该估测利用的是出生月份这一外在变量。我们发现入学年龄为 7 岁而不是 6 岁的小学生对教育结果有稳健且显著的正影响：小学毕业的成绩增加了 0.4 个标准差并且继续读语法学校（*Gymnasium*）的概率增加了 12 个百分点。

关键词： 教育　移民　政策　识别

---

* 本课题是最初通过与 Michael Fertig，RWI 和 Essen 的讨论形成的。我们也非常感谢 Andreas Ammermüller，Bernd Fitzenberger，Gianno De Fraja，Peter，Fredriksson，Karsten Kohn，Edwin Leuven，Stephen Machin，Dominique Meurs，Kjell Salvanes，三位匿名评审人及 IZA2005 在 Bucham Ammersee 暑期培训班的参加者，CEPR-IFAU-Uppsala Universitet 第二届关于"教育经济和教育政策"欧洲网络研讨会的参加者，ZEW 'Rhein-Main-Neckar Arbeitsmarktseminar 在曼海姆的参加者，巴黎第二大学和圣加仑大学研讨会参加者的有益评论。我们也非常感谢汉森州统计办公室数据研究中心的 Hans-Peter Hafner 为我们提供了汉森州的行政数据。Björn Schumacher 提供了非常出色的研究助理工作。当然文责自负。部分研究得到了安德鲁-德国基金"经济与就业政策，移民和社会公正"项目的资助，而该项目也是"创造欧洲显著增长"研究最核心的一部分。

1 引言

最理想的入学年龄及学前教育的有效性一直是研究者和政策制定者争论的话题。例如柯里(Currie，2001)在经济学文献中概括了早期儿童教育的一些作用,从理论的角度讨论了技能的形成可以被看作是多个阶段的过程:其中早期的教育投资对于后期的教育投资非常重要[参见 Cunhaet 等(2006),在生命周期中技能的形成]。经验研究方面,安格里斯特和克鲁格(Angrist and Krueger，1992)、迈耶和克努森(Mayer and Knutson，1999)估计了美国入学年龄的影响,勒文等(Leuven et al.，2004)、斯特罗姆(Strøm，2004)、费尔蒂西和克鲁维(Fertig and Kluve，2005)以及弗雷德里克森和奥克特(Fredriksson and Öckert，2005)分别提供了荷兰、挪威、德国和瑞典的估计结果。

在德国和大多数的欧洲国家相似,儿童通常在6岁时开始入学。从历史数据来看,6岁或7岁开始入学并不是工业时代的特征。在中世纪德国之前的罗马统治时期,孩子们在7岁开始接受教育(*Page*)。二战后,德国对入学年龄态度的改变始于教育学家们的争论。20世纪50年代初,科恩(Kern，1951)认为提高入学年龄可以降低辍学率。接着在1955年和1964年两个年份,入学年龄共提高了5个月。自那时起,还有一个趋势是,在学习方面有一些障碍的孩子入学年龄通常比官方推荐的入学年龄晚一年。最近几年,有关德国教育系统长时性的讨论又将早期入学提上讨论日程。德国非中央集权式的教育系统的政策制定者们执行了一系列的措施以降低平均入学年龄(参见第2部分)。所以,调查这样的政策是否能增加教育的参加率是非常重要的。

在这篇文章中,我们以出生月份作为入学年龄的外在变量用工具变量法(instrument variable)估计了两个不同入学年龄6岁和7岁的随机效应。6岁和7岁的差异不仅是德国讨论的一个主要话题,也是国际上其他国家争论的一个话题。通过两组不同的数据库,我们测量了入学年龄对于学生在小学毕业及中学中间阶段的影响。我们的结果是基于小学的测验成绩和中学的参与率来测量的。据我们所知,我们的论文是第二个通过工具变量法估计德国入学年龄影响的研究。我们与第一篇费尔蒂西和克鲁维(Fertig and Krueger，2005)关于德国的研究所使用的数据不同,因为出于我们目的的考量,我们对此研究数据的质量存有质疑[参见 Puhani 和 Weber(2005)的讨论]。

入学年龄对教育结果的影响是一个被广泛讨论的话题,特别是在英、美的实证性文献中。[1]然

---

[1] Stipeck(2002)提供了一个全面的文献综述。现有文献中一类主要考察学术"红逆转"(即推迟上学)和提前留级的影响(May et al. 1995；Jimerson et al. 1997；Zill et al. 1997；Graue and DiPerna 2000)或者是优秀儿童提前上学的结果[参见 Proctor 等(1986)的文献综述]。然后,这些文献没有在测量入学年龄效应时考虑内生性问题,因此结论中混合的发现很难解释任何问题(参见 Stipek，2002；Angrist，2004)。另一类文献在研究入学年龄的影响时从出生季节对教育和社会发展或智力发展的影响角度考虑(Kinard and Reinherz，1986；Morrison et al.，1997；Hutchison and Sharp，1999；Stipek and Byler，2001)。大多数的结果都表明,提高入学年龄在长期没有影响,但在短期对学业结果有正的促进作用。由于结果是根据出生季节作为一个外在变量分别来分析,通过简约式(reduced form)估计方法解决内生性问题(但没有文献详细讨论这个问题)。上面所提到的所有文献没有一篇采用最近文献中常用的工具变量法。

而,这些文献没有充分考虑入学年龄的内生性问题。在德国及许多其他国家,入学年龄不仅仅是由外在规则所决定,也与孩子的心智和身体发展水平或父母的意愿相关。在许多国家(如美国),一些学校甚至使用标准测验来评估一年级可能取得的测试成绩或幼儿园的阅读能力。

德国和美国或英国最核心的体制上的差别是在德国孩子不论哪天出生都必须完成至少9年全日制义务教育[1]。在美国和英国,义务教育的长度与出生日期相关度很高,因为孩子们一旦到了特定的年龄,就可以离开学校(美国的研究参见 Angrist and Krueger,1992,英国的研究参见 Del Bono and Galindo-Rueda,2004)[2]。因此,在这些盎格鲁——撒克逊国家,入学较晚的学生可以享受较短的义务教育年限。然而在德国,所有的学生至少要完成9年的全日制义务教育,才能离开学校。因此,德国的这种机制,使入学年龄的影响能够完全独立于义务教育体制,而美国和英国却无法做到。

另外一个使德国的研究也很重要的特征是,德国的教育系统是一个择优机制。不像许多其他国家,德国儿童在小学的表现对其今后一生的教育发展都起到至关重要的作用,因为在小学毕业时(即10岁左右,小学通常4年),学生通过择优的方式进入三种教育轨道:最学术的称为高级中学(*Gymnasium*,通常由9年的教育组成),接着是实科中学(*Realschule*,通常包含6年的教育),再接下来是现代中学(*Hauptschule*,通常有5年的教育,也是最职业化的一种)。教育轨道的选择,是根据小学的学业表现作出的。德国的轨道体系可能扩大了入学年龄的影响,因为早期的不平等会延续至整个教育周期(Hanushek and Wößmann,2006)。因此,入学年龄在德国相对于其他国家综合的教育体系可能有更大更持久的影响。

这篇文章的结构如下。第2部分描绘了我们样本人群入学年龄的一些规则,并概括了德国教育体系的主要特征。在第3部分我们对数据进行了简单介绍。首先,小学的成绩根据"2001国际阅读能力水平研究"(PIRLS)测试得出。第二,中学的教育轨道,我们使用最近发布的黑森(*Hessen*)州行政数据,该数据包括2004/2005年所有普通教育的小学生。第4部分解释了我们识别入学年龄对教育结果的影响的研究方法是正确的。工具是有效的并与作为因变量的可观测变量不相关,此外第一阶段的回归没有呈现弱工具变量问题。估计结果在第5部分呈现,并做了相应的讨论。我们发现很稳健的证据,在7岁而不是6岁入学提高了2/5个标准差的小学成绩,并提高了大约12%的高级中学入学率。如果假定我们观测的数据代表学生们已经选择好中学的教育轨道,则晚上一

---

[1] 确切的规则依州而定。在德国的学制下,9年或10年的全日制义务教育后至少要附加1年的全职教育或在职业学校接受几年在职的教育(*Berufsschule*)。

[2] 更精确地说,在英国和威尔士的儿童(1962年到1997年之间)如果是在9月到1月底之间出生,则可以在到达离校年龄的复活节假期的开始离开学校,在2月和8月底之前出生的儿童则不能在5月底之前离开学校。

年学,学生们可能在中学教育阶段增加将近半年(5个月)的学习时间。第6部分得出了结论,并汇报了从一个小规模校长的调查中得出的结论,开展该调查是为了给我们的实证检验结果提供可能的解释。

2　入学年龄和德国教育体系

在国际比较中,德国义务教育的入学年龄是6岁,在表1所列的所有分布中位于中等位置。6岁之前,德国的儿童通常会上幼儿园,幼儿园的教育更多的以玩为主,而不是学前教育。最近只有少数的几个幼儿园开始教读和写。因此,进入小学对于德国儿童意味着从一个

■表1　各国(地区)义务教育的入学年龄

4岁	5岁	6岁	7岁
北爱尔兰 荷兰(从8/2002开始)	澳大利亚(塔斯马尼亚) 英格兰 马耳他 荷兰(8/2002之前) 新西兰 苏格兰 威尔士	奥地利 澳大利亚* 比利时 塞浦路斯 捷克 法国 德国 希腊 中国香港 匈牙利 冰岛 爱尔兰 意大利 日本 韩国 列支敦士登 立陶宛 卢森堡 挪威 葡萄牙 斯洛伐克 斯洛文尼亚 西班牙 瑞士 美国	保加利亚 加拿大 丹麦 爱沙尼亚 芬兰 拉脱维亚 波兰 罗马尼亚 新加坡 瑞典 瑞士

注:所有信息均以2002年为基础。＊除了塔斯马尼亚州。瑞士各州的入学年龄有些差别。
资料来源:Sharp(2002);Bertram and Pascal (2002)。

纯玩的群体加入到每天从早晨8点到中午12点（只有很短的休息，各州都有自己的规定）的教育机制中来。

虽然德国已经通过法律规定了确切的入学年龄，不同人及学校的差异仍然很大。各州的学校法（*Schulgesetze*）是根据"汉堡条例"制定的，1964年到1997年的联邦德国地区都适用于该条例。"汉堡条例"规定，在6月底前满6周岁的儿童必须在同一学年开学初（通常在8月）上学。在此之后出生的儿童可以在下一年的开学初（仍在8月左右）上学[1]。如果家长或学校校长认为孩子在规定年龄还没有足够成熟，可以适当推迟上学年龄。通常学校法为这种情况留有余地。实际操作上，在官方规定的6月底截止日期到每学年开学日期之间出生的儿童，通常在当他们满6岁的当年入学。但"汉堡条例"规定的6月底的截止日期，是德国所有州在我们数据搜集时期所遵循的官方规定。在1997年以后，汉堡条例开始有些松动。教育部鼓励各州与原来规定的6月底的截止日期有所差异并允许推迟截止日期（通常可以推到9月底）。这进一步增加了各学校及家长已有的差异。然而，今天大多数的州仍旧参考"汉堡条例"，将6月底作为截止日期，但明确规定可以有差异。一些州（巴登-符腾堡州、巴伐利亚州、柏林州、勃兰登堡州、图林根州）最近已经选择了更晚的截止日期。

除了入学的规定外，教育轨道是德国教育体系另外一个值得分析的特征。接受完4年的小学教育后。学生们被允许选择三种中学教育轨道中的一种[2]。最职业或者说最不学术的中学教育称为现代中学（5—9年级），中间水平的为实科中学（5—10年级），最学术的称为高级中学（又称为语法学校，5—13年级）[3]。教育轨道的选择非常重要，只有从高级中学毕业的学生才能升入大学或高职。参加现代中学和实科中学之后，只能在德国的学徒教育体制下接受职业培训。各州三种轨道的学生分布差异很大，但从整个德国来讲是平等的。虽然在接受现代中学、实科中学或学徒培训之后仍有可能进入高级中学轨道，但小学之后的轨道选择对于德国每个人今后的经济和社会生活是一个关键因素（Dustmann，2004）。当然德国也有综合类学校（德语称为*Gesamtschulen*）和由于身体或智力不健全而需要特殊服务的学校（德语称为*Sonderschulen*）。也有称为伍道夫（*Waldorf*）的学校，该类学校有自己独特的教育方法，例如他们不给学生们打分。在2003年，只有17%的毕业生在常规的三种教育轨道之外（其中11%来自综合类学校，6%来自特殊学校，1%

---

[1] 每学年实际的开学日期根据每年的日历及各州略有不同，然而8月1日是官方的全国开学日。实际开学日每年及各州不同是为了避免假期间高速公路的交通堵塞。

[2] 在柏林州和勃兰登堡州，小学教育持续6年，因此这两个州比德国的其他州晚两年进入教育选择轨道。

[3] 在萨克森州和图林根州，语法学校在第12学年结束。在莱茵兰普法尔茨州，语法学校在第12学年半结束。大多数的州目前计划将语法学校延迟至12学年以后，但这与我们的研究不相关。

来自伍道夫学校），如图 1 所示。

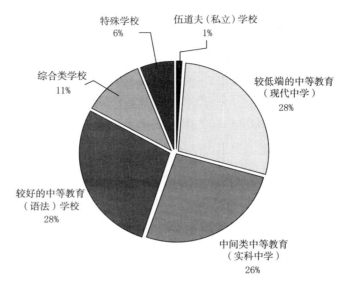

资料来源：德国联邦统计办公室（2004）：Fachserie 11/Reihe 1：Bildung und Kultur，Schuljahr 2003/04，
Wiesbaden。

图 1　德国教育轨道体系：2003 年的毕业生

3　数据

我们使用了两个不同的数据库测量学生们在两个不同阶段的教育表现。首先，2001 年国际阅读能力水平研究为我们提供了国际标准的测验成绩及 6 591 个德国学生在 4 年级的其他相关信息。其次，我们采用了黑森州 2004/2005 年所有小学生的官方数据。这些小学生在 1997 年到 1999 年之间入学。这部分群体与那些参加国际阅读能力水平研究的群体相重合[1]。因此，我们的估计样本共有 182 676 个观测值。更详细的说明在下面几个部分分别加以说明。

3.1　国际阅读能力水平研究

国际阅读能力水平研究（Progress in international reading literacy study，PIRLS）数据是由国际教育水平评估协会（IEA）收集，它包括了国际上可操作的标准阅读文字测试及学生与家长的背景信息。阅读文字测试旨在测试一些最基本的能力，这些能力指日常生活的重要场合所不可或缺的能力以及今后职业教育或专业生涯成功所必需的技能（Bos et al.，2003）。更具体而言，阅读能力是根据四个确定的阅读过程所组成的元素来进行评估。这些反映阅读文字能力的方面分别是："集中

---

[1]　我们也曾试图获得德国其他省的小学行政数据，但是其他州或者拒绝给我们或者声称我们分析的核心变量缺失。

注意力并能清楚陈述信息的能力","快速找到相关参考文献的能力","解释并整合想法和信息的能力","检验、评估所读内容、语言和具体事实的能力"(Gonzalez and Kennedy,2003)。每个孩子被要求回答整个测试 8 套题中的两套,然后用认知理论方法根据其答案打分(具体的打分方法参见:Gonzalez and Kennedy,2003)。为了能进行国际比较,所有的分数将被标准化,均值为 500,标准差为 100。就德国而言,均值分数为 539,标准差为 67。

我们的样本最后共有 211 所小学 7 633 个小学生在 4 年级结束时参加了 PIRLS 测试。因为样本的单位是学校而不是小学生,我们下一部分展现的结果都通过标准差及数据中提供的样本权重调整了整群效应。由于有 1 000 个观测样本没有关于入学年龄的信息(需要精确到月),我们有效样本减至 6 591 个[1]。因为本文最关心的是入学年龄对教育结果的影响,因此我们按照出生月份或入学年龄分组,然后估计 4 年后入学年龄的影响,而不考虑他们到底是几年级。另一种可能是在小学结束时测量教育结果,而不管他们花了几年才达到 4 年级。第二种方法的优势是,学生在小学 4 年级末的表现直接关系到他们可能进入中等教育的轨道。由于 PIRLS 数据是在小学 4 年级收集的,我们的数据中的参数只支持后一种方法。在我们的数据中,86%的小学生在 1997 年入学,11%和 2%的小学生分别在 1996 年(留级生)和 1998 年入学(跳级生)。也就是说我们观测的样本为小学 4 年级学生,他们有可能已经在学校待了 5 年或仅有 3 年的时间。如果留级或跳级的行为在这些相邻的组群中不显著,我们的结果可以大体代表 1997 年入学的学生。

3.2 黑森州所有小学生的行政数据

我们使用的第二套数据库是黑森州在小学生阶段所有综合学校的统计数据据(*Hessische Schülereinzeldaten der Statistik an allgemein bildenden Schulen*)。它涵盖了 2004—2005 年所有教育的小学生并以教育部的名义进行收集。据我们所知,这是第一篇应用个体层面行政数据的研究。原始的样本包括来自 1 869 个学校的 694 523 个观测者。由于它没有包括任何学校成绩和测试分数,我们应用 2004/2005 年的中学入学轨道变量作为 1997 年到 1999 年入学的教育结果。这样就剩下 182 676 个观测者,其中 93%在 6—8 年级。轨道根据学龄被编成代码。13 表示高级中学(语法学校),10 和 9 分别代表实科中学和现代中学。综合学校的学生根据内在轨道被分配在高级中学、

---

[1] 入学年龄的缺失不是随机的。移民及父母受教育程度较低的学生在缺失数据中的比例过高。如果入学年龄的缺失是与我们无法观测到的某些个人特征相关,而此无法观测到的个人特征又与教育结果有关,那么我们根据此样本估计的结果就有偏差。然而,由于我们控制了家庭背景和移民的状态,这些特征可能与无法观测到的特征相关,我们希望能显著减弱我们的估计偏差。

实科中学和现代中学。这种情况下,行政数据的编码就代表他们在这些相应的学校就读。如果没有给出这些信息,我们就记录为10,也就是说类似于实科中学。在特殊学校的学生被记录为7。[1]在下面的部分,我们介绍了数据中关于理论上和实际入学年龄的详细细节,并且设计了用工具变量法估计入学年龄对教育结果的影响。

4 出生月份的外部性和第一阶段的回归

4.1 入学年龄的内生性

通过最小二乘法(OLS)估计入学年龄对教育结果的影响相对于入学年龄对教育结果的实际随机影响一定会产生偏差。原因是入学年龄的选择,不仅与汉堡条例有关,也与儿童的发展和父母的判断相关(参见第 2 部分)。望子成龙的父母可能希望孩子早一点入学(在 5 岁),而学习有障碍的儿童可能比官方规定的日期晚一年(在 7 岁)入学。这些机制意味着平均而言能力较差的儿童入学较晚,OLS方法估计的入学年龄对教育结果的影响可能呈现向下的偏差。

图 2 展示了实际观测的入学年龄和根据"汉堡条例"规定的理论入学年龄的分布。理论上的入学年龄 $I(b_i, s_i)$ 与儿童的出生月份 b_i 和学校的开学月份 s_i 呈现下列关系

$$I(b_i, s_i) = \begin{cases} \dfrac{(72 + s_i) - b_i}{12} & \text{如果 } 1 \leqslant b_i \leqslant 6 \\ \dfrac{(84 + s_i) - b_i}{12} & \text{如果 } 6 < b_i \leqslant 12 \end{cases} \tag{1}$$

其中理论的入学年龄 $I(b_i, s_i)$ 以年为单位测量(小数点到月份)。代表出生月份的变量 b_i 变化范围从 1 到 12。开学日期 s_i 的变化范围为 7 月底,8 月和 9 月初之间。如果 b_i 和 s_i 都是外生变量,理论上入学年龄 $I(b_i, s_i)$ 也是外生变量,并且可以作为实际入学年龄的一个工具。需要强调的是开学日期 s_i 在不同学年和不同州略有差别。在 PIRLS 数据中,由于我们无法识别具体是哪个州,我们假定以 8 月 1 日这个全国广泛采用的日期为实际的开学日期。在黑森州我们观测的样本显示,小学第一年的开学日期总在 8 月。

---

[1] 当我们观测时,原始样本中大约有 0.86% 的学生仍在小学就读。我们在最终结果中删除了这部分样本,因为我们不知道他们今后的中学轨道。为了检测这部分样本对我们结果的影响程度,我们采用了极端稳定性的检验,即将目前小学生的代码指定为 4,这意味着我们假定他们在规定的时间内没有成功升入中学。我们通过排除综合学校和特殊学校的样本,又进一步作了敏感性检验。对于在伍道夫学校的小学生,我们没有单独划分出来,因为伍道夫学校与综合学校非常相近。我们的样本包含了私立学校,有 10 709 个小学生在私立学校就读,其中的 76% 就读于语法学校。

PIRLS 2001

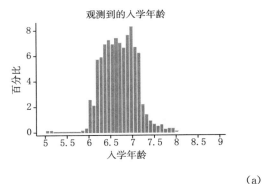

观测到的入学年龄

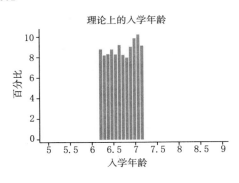

理论上的入学年龄

(a)

黑森州所有学校学生层面的统计数据

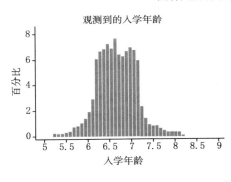

观测到的入学年龄

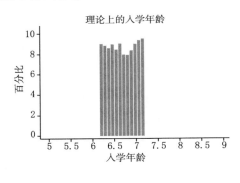

理论上的入学年龄

(b)

注:理论上的入学年龄依据"汉堡条例"。

资料来源:PIRLS 2001,黑森州所有学校学生层面的统计数据,由黑森州统计办公室(*Hessisches Statistisches Landesamt*)提供。

图 2 观测的理论和实际入学年龄

从图 2 中可以清晰地看出实际入学年龄的分布很分散,并且比汉堡条例规定的入学年龄向右偏斜(偏度为正向 0.33～0.50 之间变动)。这是因为许多父母(或学校)希望孩子们比条例规定的年龄晚一年入学。当然,也有一些儿童提前一年在 5 岁时入学。尽管如此,大量的小学生在规定的年份入学。

图 3 进一步描绘了实际入学年龄与第 2 部分讨论的规定入学年龄的吻合度。第一幅图将 PIRLS 数据中根据出生月份估算的实际入学年龄与汉堡条例规定的理论入学年龄进行了对比。直观上观测,理论和实际的入学年龄高度相关。10 月到 6 月出生的儿童平均而言入学日期晚于汉堡条例规定的日期。这与图 2 显示的晚入学比早入学更普遍的结论相一致。然而,对于那些在 7 月到 9 月之间出生的儿童,平均的入学年龄早于汉堡条例规定的年龄。也就是说那些接近临界点出

生的儿童,父母更倾向于让孩子早一点入学。图3(b)再一次证明了在临界点附近出生的儿童与汉堡条例规定的入学日期的差异。黑森州的行政数据也显示:在临界点之后也就是在6月底出生的儿童,平均而言上学日期都早于汉堡条例规定的日期。

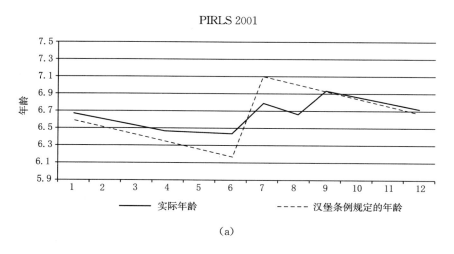

(a)

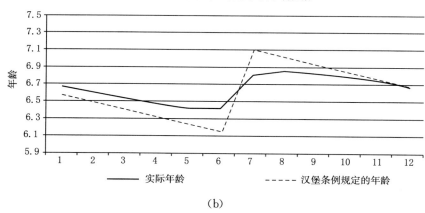

(b)

资料来源:PIRLS 2001,黑森州所有学校学生层面的统计数据及作者自己的计算。

图3　根据出生月份计算的实际的和理论的入学年龄

4.2　识别策略

为了估计实际入学年龄对教育结果的随机影响,我们采用了工具变量的识别策略(两阶段最小二乘法,2SLS)。由汉堡条例所规定的理论入学年龄代表存在内生性的入学年龄变量的工具。其中学校的开学日期如上一部分所解释的,被设定为8月1日(b_i, $s_i = 8$)。为了使工具有效,它必须与实际入学年龄相关,与预期回归等式中影响教育结果却无法观测到的变量不相关。为了测量工具是否是外生性变量,我们需要检验其是否与任何影响教育结果而无法观测到的变量都不相关。但我们无法直接检验该假设,只能通过检验它是否与影响教育结果且能观测到的变量相关。

　　表2列出了我们在两阶段最小二乘工具变量(2SLS)估计模型中用到的变量。值得注意的是,回归变量既包含在第一阶段的回归中(这一章节的下面将详细讨论),也包含在第二阶段的回归中(将在第5部分讨论)。变量的选取,会参考两个数据库中现有的数据。在第一套数据的回归(简称模型I)中,我们除了入学年龄这个工具变量外没有引入任何其他的变量。此过程的内在逻辑是,如果工具(由出生月份所代表)是完全随机且外在的,估计入学年龄对教育结果的影响不需要包括任何其他的控制变量,其结果应与2SLS的估计结果相一致。然而,影响教育结果的控制变量可能会减少估计的标准差。

■表2　回归模型中包含的变量

不同人群组	PIRLS 2001	黑森州行政数据
模型1	只包含入学年龄	只包含入学年龄
模型2	模型1变量＋性别	模型1变量＋性别＋入学年龄群＋国家
模型3	模型2变量＋文化变量(是否是移民[a])	模型2变量＋文化变量(原国籍)
模型4	模型3变量＋家庭背景[b]	
模型5	模型4变量＋家庭背景[c]	

注:a　移民背景通过一个虚拟变量来估计。该虚拟变量通过学生或其父母是否在国外出生或在家经常使用的语言是否是外语来衡量。
　　b　家庭教育被分为三类:(1)普通教育,(2)获得职业高等教育文凭,(3)获得非职业高等教育文凭。
　　c　包含姐妹数,姐妹数平方及家庭藏书量。

　　通过扩展模型1中的回归变量(模型2),我们可以包含性别、地区等控制变量(地区变量只能在黑森州的数据中获得)。在黑森州的行政数据中,我们还控制了入学年龄群。第三套回归变量(模型3)增加了文化背景,通过是否是移民或国籍来衡量。第四种扩展模型中(模型4)加入了父母的文化程度变量,只在PIRLS数据库中包含了该变量而黑森州的行政数据中没有该变量。第五种方法(模型5)增加了父母的家庭背景变量,也就是家里的图书存量和兄弟姊妹数,该变量也只存在于PIRLS数据库中。我们认为在模型5中增加的控制变量可能存在一些问题,因为他们可能与学生们的最终表现相关,因此可能产生内生性问题。例如,如果孩子(预期)在学校的表现很好,父母可能会买更多的书。也就是说,增加这些变量可能会减弱入学年龄对教育结果的影响。

　　虽然工具变量和可观测变量之间如果只存在弱相关关系也符合工具变量的外生性条件,但不能保证工具变量一定是外生的。最近医学研究表明,出生月份,也就是我们使用的工具,可能对学生的生理或心理产生直接的影响(例如,Willer et al. , 2005)。此外,如果孩子出生的月份是父母计划好的或受过良好教育的父母更偏好特定的出生月份,则我们的工具也可能存在内生性(参见 Bound et al.，1995 的详细讨论)。

因此,我们不能完全依靠传统的工具变量的方法。接着我们构建了一个模糊不连续回归设计 (fuzzy regression,参见 Hahn et al.，2001),将结论限制在一个非常小的样本框,也就是在两阶段最小二乘估计中只包含那些出生月份与学校截至的开学日期相差两个月之内的。通过把样本限制在 6 月和 7 月出生的个体,我们希望能消除任何潜在的直接的季节影响,这些因素可能会直接影响到我们工具的有效性。此外,我们把样本缩小到邻近的两个月可以最小化父母对于孩子出生月份的选择,因为很难控制孩子在指定的那两个月出生。

表 3 和表 4 呈现了不同样本框工具变量与整套变量的简单相关程度。10%或 5%的显著性水平分别由 1 个星号和 2 个星号来表示。如表 3 所示,在 PIRLS 数据库最高相关程度的绝对值也仅有 0.02,非常小。因此,工具变量与某些回归变量显著相关的假设是不成立。此结论对于大样本的

■表3　工具变量与可观测变量的简单相关性(PIRLS)

样本框/可观测特征	6/7 月	6—9 月	1—12 月
在模型 2 中增加的变量:性别(缺省值=女性)			
男性	0.03	0.02	0.00
在模型 3 中增加的变量:移民(缺省值=没有移民背景)			
移民	0.04	0.02	0.00
缺省移民变量	−0.03	0.00	−0.02
在模型 4 中增加的变量:父母受教育程度(缺省值=没有获得任何学位)			
父亲:获得学术学位[1]	0.00	0.01	0.00
母亲:获得学术学位	−0.02	−0.01	0.00
父亲:无学术学位	0.03	0.01	0.01
母亲:无学术学位	0.02	0.01	0.00
缺省:父亲的受教育程度	−0.03	−0.01	0.00
缺省:母亲的受教育程度	−0.01	0.00	0.00
在模型 5 中增加的变量:家庭背景			
兄弟姊妹数	−0.01*	0.00	0.01
缺省:兄弟姊妹数	−0.05	−0.02	−0.02**
家庭存书的对数	0.02	0.00	0.01
缺省:家庭存书的对数	−0.03	−0.02	−0.01
样本数	1 123	2 943	6 591

注:* 表示在 10%的水平上显著,** 表示在 5%的水平上显著。不同的模型(模型 1—模型 5)在表 2 中已经解释。模型 1 只包含入学年龄。

资料来源:PIRLS 2001 及作者自己的计算。

---

[1]　即获得普通高等教育文凭。——译者注

■表4　工具与可观测变量的简单相关(黑森州的行政数据)

样 本 框	6月/7月	6—9月	1—12月
在模型2中增加的变量:性别(缺省值＝女性)			
入学组(缺省值＝1997)和地区变量			
性别虚拟变量(男性＝1)	0.00	0.00	0.00
1998年入学组	0.00	0.00	0.01**
1999年入学组	0.01*	0.00	0.00*
地区变量1(Darmstadt)	0.00	0.00	0.00
地区变量2(Frankfurt)	0.00	0.00	0.00
地区变量3(Offenbach Stadt)	0.00	0.00	0.00
地区变量4(Wiesbaden)	0.00	0.00	−0.01**
地区变量5(Bergstraße/Odenwald)	0.01	0.01	0.01**
地区变量6(Darmstadt-Dieburg)	−0.01	−0.01	0.00
地区变量7(Groß-Gerau)	−0.01**	−0.01*	−0.01**
地区变量8(Hochtaunus)	0.00	0.00	0.00
地区变量9(Main-Kinzig)	0.00	0.00	0.00
地区变量10(Offenbach)	0.00	0.00	0.00**
地区变量11(Rheingau-Taunus)	0.00	0.00	0.00
地区变量12(Offenbach)	0.00	0.00	0.00
地区变量13(Wetterau)	0.00	0.00	0.00
地区变量14(Gießen)	0.00	0.00	0.00
地区变量15(Lahn-Dill)	0.00	0.00	0.00
地区变量16(Limburg-Weilburg)	0.01**	0.01	0.00**
地区变量17(Marburg-Bied./Vogelsb.)	−0.01	0.00	0.00
地区变量18(Kassel Stadt)	0.00	0.00	0.00**
地区变量19(Fulda/Hersfeld-Rotenb.)	−0.01	0.00	0.00
地区变量20(Kassel/Werra-Meißner)	0.00	0.00	0.00
地区变量21(Schwalm-Ed./Waldeck-F.)	0.00	0.00	0.00
在模型3中增加的变量:原始国家			
国家1(德语区国家)	0.00	0.01	0.01**
国家2(土耳其)	0.00	−0.01	−0.01**
国家3(意大利和希腊)	−0.01**	−0.01**	−0.01**
国家4(前南斯拉夫)	0.01	0.00	0.00
国家5(其他"西方"国家)	−0.01	0.00	0.00
国家6(东欧;前苏联)	0.00	0.00	0.00
国家7(其他穆斯林国家)	0.00	0.00	0.00**
国家8(其他亚洲国家)	0.00	0.00	0.00
国家9(其他国家)	0.00	0.00	0.00

注:＊表示在10%的水平上显著。＊＊表示在5%的水平上显著。不同的模型(模型1—5)在表2中已经解释。模型1只包含入学年龄。

资料来源:黑森州2004—2005年一般学校统计中学生层面数据由黑森州统计办公室(Hessisches Statistisches Landesamt)提供;作者自己的计算。

黑森州行政数据更加明显,如表4所示,所有变量相关系数的绝对数值均小于0.01。我们的工具变量(以出生月份为代表),似乎与性别、居住地区和国籍都不相关。表3甚至还显示,工具变量与父母的受教育水平,姊妹数及家庭图书存量都不相关。

4.3 第一阶段回归

在讨论了工具变量的外部性和不同的样本框后,我们现在来检验有效工具的第二个条件:与工具变量所代表的变量(入学年龄)部分相关。表5和表6汇报了2SLS估计法第一阶段估计值中,工具变量的系数及 F 检验结果。大拇指法则告诉我们只要 F 统计在10以下则意味着工具变量有一些问题(Staiger and Stock 1997;Stock et al.,2002)[1]。各种模型(模型1—模型5)的 F 统计在4.2节中列出。

表5和表6都清晰的显示,在两套数据中,所使用的工具变量的 F 统计都远远大于10的标准线。与汉堡条例的拟合度可以从表中估计的系数进行判断。使用最窄的样本框,即那些在学校入学临界日期前后两个月内出生儿童的样本与汉堡条例的吻合度是较高的,其中在PIRLS数据库中的系数为0.40(表5)在黑森数据库中的系数为0.41(表6)。在非连续的样本中,这意味着有40%

■表5　第一阶段的回归结果(PIRLS)

样本框/模型	6月/7月	6—9月	1—12月
模型1	0.40**	0.42**	0.49**
(F-统计)	(86.7)	(147.2)	(433.1)
模型2	0.40**	0.42**	0.49**
(F-统计)	(89.1)	(147.8)	(427.1)
模型3	0.40**	0.42**	0.49**
(F-统计)	(90.6)	(147.4)	(426.5)
模型4	0.40**	0.42**	0.49**
(F-统计)	(94.6)	(150.9)	(440.8)
模型5	0.40**	0.42**	0.49**
(F-统计)	(95.1)	(150.6)	(428.6)
样本数	1 123	2 943	6 591

注:* 表示在10%的水平上显著,** 表示在5%的水平上显著。不同的模型(模型1—5)在表2中已经解释。模型1只包含入学年龄。

资料来源:PIRLS 2001 及作者自己的计算。

---

[1] 如果工具较弱,两阶段最小二乘法有较高的标准差,如果参考使用标准差作为渐进的估计值是不可靠的。此外,如果工具较弱,工具变量与估计等式的残差项可能存在微弱的相关关系,这将导致估计结果的不一致(Bound et al.,1995)。也就是说,如果工具较弱,用两阶段最小二乘法估计是不适用的。

样本框/模型	6月/7月	6—9月	1—12月
模型1	0.41**	0.45**	0.49**
(F-统计)	(2 277.1)	(3 504.3)	(8 196.0)
模型2	0.41**	0.45**	0.49**
(F-统计)	(2 306.4)	(3 524.6)	(8 189.0)
模型3	0.41**	0.45**	0.49**
(F-统计)	(2 325.5)	(3 567.7)	(8 321.2)
样本数	32 059	64 072	182 676

注：* 表示在10％的水平上显著，** 表示在5％的水平上显著。不同的模型(模型1—5)在表2中已经解释。模型1只包含入学年龄。

资料来源：黑森州2004—2005年一般学校统计中学生层面数据，由黑森州统计办公室(Hessisches Statistisches Landesamt)提供；作者自己的计算。

的个体符合汉堡条例。当我们在样本中考虑更多的儿童时，也就是将样本框扩大到9月底，该系数也将随之提高。需要注意的是整体样本，即在任意月份(1月到12月)出生的儿童的样本的吻合度也与我们指定的学校开学日期相关。特别是那些在1月到4月出生的儿童，他们的出生日期与学校入学临界日期较远。我们预期出生日期与学校入学临界日期越远符合汉堡条例的程度越高，该假设被图3所证实。整个样本的拟合度为0.49大于小样本框的吻合度。总之，第一阶段的估计系数及F统计再一次肯定了图2的结论，虽然不是所有人都符合学校入学规则，但拟合度还是显著的。

两阶段最小二乘法估计是根据"依从者"入学年龄的外在变化得出入学年龄对教育参与率的影响，这里"依从者"是指那些随工具变量变化而变化的个体(Imbens and Angrist，1994)。虽然两阶段的最小二乘法内在假定入学年龄的影响对整个样本都适用，但这一方法类似于英本斯和安格鲁里斯特(Imbens and Angrist，1994)研究双边工具(binary instruments)使用的本地平均处理效应法(local average treatment effect)。[1]因此，在下一个部分讨论的结论并不能代表整个小学生群体的情况。不符合"汉堡条例"的儿童可能能力较差，因此比规定的日期晚一年入学，或者能力较强，比规定的日期早一年入学，或者孩子的家长对入学日期有自己的想法，因此

[1]　根据入学的截止日期，我们也试图寻找其他工具变量[Puhani 和 Weber(2005)讨论版的文献中有具体的说明]。假定学生普遍认为，将6月底作为入学截止日期的人相比熟悉其他规定的人更具有代表性。例如，在8月出生并在6岁(比"汉堡条例"规定的年龄小)入学的儿童，其智力水平高于平均儿童，从而区别于那些具有代表性的儿童，这一点是说得通的。事实上如果所有的在8月和9月出生并符合规定入学的儿童，智力水平都较高，那么入学年龄的变化对于使用以8月底作为入学截止日期的依从者和使用官方规定的入学年龄的影响是有差别的。该假设也被文献所证实(Puhani and Weber，2005)。

没有按照规定的日期入学。

在确定了工具变量对入学年龄的外部性和相关性影响之后，我们在下面的部分给出了两阶段最小二乘法第二阶段的估计结果。

5 入学年龄对教育结果的影响

5.1 普通最小二乘法的结果

表 7 和表 8 显示了通过使用不同的控制变量估计的入学年龄对教育结果的影响（模型 1 在第一行没有包含任何控制变量，最后一行包含了表 2 列出的所有控制变量）。在 PIRLS 数据库中，教育结果是通过 4 年级的阅读水平来衡量，而汉森数据库中，教育结果是根据中学轨道来衡量，这一轨道要求学生完成与之相对应的教育年限。或者我们可以在汉森州的行政数据库中定义一个参加最学术型的中学轨道（语法学校）的双边变量（或称虚拟变量），建立双边离散工具变量模型（probit instrumental variable model）代替两阶段最小二乘法估计。

表 7 和表 8 的第一列显示全样本（在 1 月到 12 月之间出生的儿童）的 OLS 回归系数。两个样本均显示，在不包含任何控制变量（模型 1）时，回归系数为负并显著不等于零。这意味着入学年龄与教育结果呈显著负相关关系：入学早的儿童的成绩优于入学晚的儿童。然而当我们在回归中引入更多控制变量时（模型 2—模型 5），两个数据库中 OLS 的回归系数的绝对值均递减，这表示实际

■表7 OLS 和第二阶段的回归结果(PIRLS)

样本框/模型	1—12 月	6 月/7 月	6—9 月	1—12 月
估计	OLS	2SLS	2SLS	2SLS
模型 1	−12.80**	28.17**	32.87**	30.74**
（标准差）	(3.0)	(13.2)	(11.3)	(6.2)
模型 2	−11.49**	28.18**	33.24**	30.64**
（标准差）	(3.0)	(13.1)	(11.3)	(6.3)
模型 3	−8.65**	28.98**	34.29**	27.14**
（标准差）	(2.7)	(12.6)	(11.0)	(6.2)
模型 4	−4.57**	26.41**	33.20**	27.37**
（标准差）	(2.3)	(11.5)	(10.2)	(5.8)
模型 5	−1.24	25.83**	31.67**	26.77**
（标准差）	(2.2)	(11.2)	(9.7)	(5.6)
样本数	6 591	1 123	2 943	6 591

注：* 表示在 10% 的水平上显著，** 表示在 5% 的水平上显著。不同的模型（模型 1—5）在表 2 中已经解释。模型 1 只包含入学年龄。

资料来源：PIRLS 2001 及作者自己的计算。

样本框/模型	1—12 月	6 月/7 月		6—9 月		1—12 月	
估计:	OLS	2SLS	Prbit-IV	2SLS	Prbit-IV	2SLS	Prbit-IV
模型 1	−0.37**	0.40**	0.12**	0.45**	0.12**	0.45**	0.11**
(标准差)	(0.01)	(0.05)	(0.01)	(0.04)	(0.01)	(0.03)	(0.01)
模型 2	−0.36**	0.38**	0.12**	0.44**	0.12**	0.44**	0.11**
(标准差)	(0.01)	(0.05)	(0.01)	(0.04)	(0.01)	(0.03)	(0.01)
模型 3	−0.31**	0.37**	0.12**	0.42**	0.12**	0.41**	0.11**
(标准差)	(0.01)	(0.05)	(0.01)	(0.04)	(0.01)	(0.03)	(0.01)
样本数	182 676	32 059		64 072		182 676	

注:2SLS 系数表示根据当前的教育轨迹,较高年龄入学对教育年限的边际作用。延长 0.4 年教育年限的作用相当于增加了 12% 接受更高层次教育的概率。Probit 工具变量的估计汇报了入学年龄为 7 岁相对于 6 岁进入高级中学概率的变化,其中控制变量设置为它们的均值。估计值是通过统计软件 Stata 获得的。Probit-IV 一行列出了通过 delta 方法计算的估计效用的标准差。* 表示在 10% 的水平上显著,** 表示在 5% 的水平上显著。不同的模型(模型 1—5)在表 2 中已经解释。

资料来源:黑森州 2004—2005 一般学校统计中学生层面数据,由黑森州统计办公室(Hessisches Statistisches Landesamt)提供;作者自己的计算。

入学年龄会受到与教育结果相关因素的影响。这意味着入学年龄是一个内生性变量,为工具变量法估计提供了合理的解释。

5.2　两阶段最小二乘法估计结果

如果我们应用两阶段最小二乘法及我们在第 4 部分讨论的工具估计入学年龄对教育结果的影响,将会产生怎样的结果呢? 大致对比一下表 7 和表 8 就可以发现,首先,工具变量把两个数据库中估计的影响系数的符号从负转变为正。其次,两阶段最小二乘法的估计值均为正,并且显著不为零。第三,不同样本框点估计的差异小于最窄样本框的标准差。第四,通过选择不同的控制变量(表 7 的模型 1 到模型 5 及表 8 的模型 3)估计的影响程度基本不变:事实上,在某一列中两阶段最小二乘法估计值的变化总是小于那一列中估计系数的标准差。下面,我们将分别讨论两个数据库中两阶段最小二乘法的估计结果。

如 4.2 部分所述的原因,如果在 PIRLS 数据库中(表 7)两阶段最小二乘法回归估计中包括更多的控制变量,大多会减少入学年龄影响因素估计系数的标准差(从模型 1 到模型 5)。表 7 最主要的发现是用最窄样本框估计的入学年龄对教育结果的影响在 25.8 到 29 分之间变动,当我们扩大样本框时,估计结果也在 26.8 到 34.3 分之间变动。

该怎样解释这些结论呢? 基于最窄的样本框(不连续样本)可得出一种具有代表性的估计,即上学年龄每晚一年(上学年龄为 7 岁而不是 6 岁),测验成绩增加 27%。在 PIRLS 数据库中这大概相当于测验成绩标准差的 2/5。衡量影响大小更为直观的方法是通过比较德国不同学校轨道在 PISA 2000 研究(测试 9 年级学生的阅读文献能力)中的差别。[1] 在对 9 年级学生的 PISA 测试中,高级中学和实科学校学生的成绩差别为 0.78 个标准差,实科学校和现代中学学生的成绩差别为 1.01 个标准差(Baumert et al.,2003)。因此我们的估计表明,入学年龄每晚一年,增加的阅读文献能力水平高于高级中学和实科学校学生成绩差别的一半。这是一个相当重要的结论,这意味着入学年龄可能影响到学校轨道,以下内容也会具体说明这一点。

表 8 表示入学年龄对于中学入学率的影响。根据黑森州行政数据第 3.2 部分介绍的每一个中学轨道相应的学年数可估计出结果。或者可以通过离散工具变量估计入学年龄的影响:当控制变量被设置为均值,考察 7 岁入学(不是 6 岁)的学生进入较高水平中学(语法学校)概率的变化。

因为黑森州行政数据的观测样本大(事实上我们包括了整个样本),表 8 的所有标准差都具有一定说明性。关于使用"汉堡条例"作为工具估计入学年龄对教育结果的影响,两阶段最小二乘法对于不同样本框得到可以比较的估计值,对于最窄的样本框,估计值在 0.37—0.40 之间变动,而较宽的样本框估计值在 0.37—0.40 之间变动。当我们引入不同的控制变量时,不同模型的估计系数差别并不明显。[2] 7 岁入学而非 6 岁入学的学生,可能会增加近半年的中学学习年限,大约 5 个月(假定在我们观测时,所有的小学生一旦进入中学的某一轨道,将会完成该阶段的学习)。这种效应意味着推后一年上学将使上高级中学而不是上实科中学的概率增加 13%。

之所以会出现所估计的这种影响,很可能是由于学生上实科中学而不上现代中学的概率以及上高级中学而不上实科中学的概率增加造成的。为了探究哪些影响造成了这些结果,我们估计了进入高级中学相对于进入实科中学或现代中学的概率及进入高级中学或实科中学相对于进入现代中学的概率。我们通过两阶段最小二乘法,并使用表 8 同样的工具变量及控制变量。结果表明进入高级中学相对于进入实科中学或现代中学的概率增加了 11%—13%,而进入高级中学或实科中学相对于进入现代中学的概率增加了 2%—3%。对于不同的模型,系数都非常稳健并且非常显著。因此,入学年龄关系到高级中学的入学率,而高级中学又是通往大学教育及较高的劳动力市场回报的必经之路。

---

[1]　在估计中没有使用 PISA 数据,是因为它没有包含估计所需要的信息。

[2]　如果在样本中我们不排除仍在读的小学生,汇报的系数可能相似,或者偏高。如果我们包含了在读的小学生(我们教育结果记录为数值 4),最窄(宽)样本框的估计系数在 0.43—0.46(0.46—0.49)之间变动。因此,早入学可能增加在小学就读期间留级的概率。在进一步稳健性检验中,我们排除了综合学校和特殊学校的学生。在这种情况下,估计的系数只有微小的变化,对于最窄(宽)样本框的估计系数为 0.36 到 0.39(0.42 到 0.47)之间变动。

接着,我们用离散工具变量模型估计了进入高级中学而不是实科中学/现代中学的概率。对于入学时间晚一年的影响,用前两个样本框估计出的结果是 12%,用整个样本估计出的结果是 10%到 11%。因此,我们所有的估计过程(根据所需的学年数代理教育轨道的两阶段最小二乘法,由线性概率模型和 Probit 工具变量模型组成的两阶段最小二乘法)得出的关于对比高级中学与实科中学/现代中学入学率的结论是相同的。

然而,有一点需要注意,即我们并没有在 6 年级时就读高级中学并最终获得高中毕业(Abitur)学位(相当于英国的 A-levels[1])的学生的比例数据。根据黑森州行政数据的粗略估算,在 6 年级时进入高级中学学习的小学生中,有 20% 在 10 年级时辍学。到了 11—13 年级(完成高级中学教育)时,学生流失率或许会更高。然而,由于目前我们还没有小学生的固定样本数据,因此现阶段还无法判断所估计的入学年龄对最终学业成就的影响是否有所夸大。但是,对入学年龄群进行的单独估计显示,这种影响相对于年龄大的群体没有下降的趋势。因此就手边的数据而言,没有任何迹象说明学校轨道的变化会冲减入学年龄对中学学习的影响。

5.3　子人群的估计结果

在获得相对稳健的证据证明较晚入学将提高教育结果后,我们在表 9 和表 10 对于两个不同数据库对不同人群进行了分析。对于 PIRLS 数据库,表 9 列出了本国男性、本国女性、移民男性、移民女性、父母具有高等教育学历、父母没有高等教育学历等第一阶段的系数、F 统计及第二阶段的估计结果。所有的估计都采用了两个样本框,即全样本和最窄的不连续样本框并包含了所有的变量(模型 5)。

根据 PIRLS 数据库,通过对子人群进行分析得出的主要结论有:德国男性从晚入学获得的好处比德国女性多,在全样本的估计中男性的影响系数为 42.9(标准差 8.6),女性仅为 16.2(标准差 8.4)。由于较小的样本量和较大的标准差(测试分数的标准差在 5.9 到 62.1 之间变动),子群的估计,特别是在不连续的样本框,很难得出较准确的结论。可能是同样的原因,男性移民(全样本)、女性移民(全样本和不连续样本)、本国女性(不连续样本)及父母具有高等教育学历的个体没有受到上学年龄的显著影响。

需要强调的是,只有当人群符合各自子人群样本中的工具变量时,该人群受到的影响才能通过两阶段最小二乘法识别出来。因此,估计的"本地平均处理效应"(LATE)不一定适用于所有的子人群(例如,如果大多数的男性移民在 7 岁入学,符合工具变量的人可能只是一小部分不具有代表性

---

[1]　即高中毕业考试。——译者注

■表9　PIRLS数据子样本群结果

		第一阶段		第二阶段	
男性—母语	全样本	0.45**	全样本	42.86**
（全样本—样本数：2 642；	(F)	(138.9)	（标准差）	(8.6)
6、7月出生—样本数：447)	6、7月出生	0.30**	6、7月出生	59.83**
	(F)	(21.6)	（标准差）	(22.5)
女性—母语	全样本	0.56**	全样本	16.23**
（全样本—样本数：	(F)	(244.7)	（标准差）	(8.4)
2 717；6、7月出生—样本数：469)	6、7月出生	0.52**	6、7月出生	7.25
	(F)	(104.5)	（标准差）	(12.8)
男性—移民	全样本	0.44**	全样本	20.50
（全样本—样本数：	(F)	(33.4)	（标准差）	(20.2)
668；6、7月出生—样本数：109)	6、7月出生	0.43**	6、7月出生	67.38**
	(F)	(17.7)	（标准差）	(36.2)
女性—移民	全样本	0.38**	全样本	37.65
（全样本—样本数：	(F)	(10.8)	（标准差）	(30.0)
564；6、7月出生—样本数：98)	6、7月出生	0.30**	6、7月出生	—4.06
	(F)	(4.6)	（标准差）	(62.1)
父母—具有学术学位	全样本	0.35**	全样本	29.36**
（全样本—样本数：	(F)	(45.2)	（标准差）	(17.0)
1 330；6、7月出生—样本数：223)	6、7月出生	0.29**	6、7月出生	32.11
	(F)	(10.1)	（标准差）	(30.5)
父母—没有学术学位	全样本	0.53**	全样本	25.71**
（全样本—样本数：	(F)	(438.6)	（标准差）	(5.9)
5 261；6、7月出生—样本数：900)	6、7月出生	0.43**	6、7月出生	24.14**
	(F)	(97.1)	（标准差）	(11.6)

　　注：该表显示完全模型（即模型 5）的回归结果。＊表示在 10% 的水平上显著，＊＊ 表示在 5% 的水平上显著。F 代表工具变量在第一阶段回归中 F-统计值的显著性。

　　资料来源：PIRLS 2001 及作者自己的计算。

的群体）。然而，第一阶段的系数显示，大多数的子人群符合工具变量的程度非常相似，特别是在全样本中。全样本第一阶段的系数通常在 0.44 到 0.56 之间变动。特例是女性移民和父母具有高等教育学历的学生，符合度比较低（全样本中这两个子人群第一阶段的系数分别是 0.38 和 0.35）。

　　根据 PIRLS 数据库估计的表 9 及按黑森州数据库估计的表 10，均显示了全样本（1 月到 12 月出生的小学生）和不连续样本（6 月或 7 月出生的学生）包含所有控制变量的模型 2 的估计结果。黑森州行政数据关于子人群的估计结果与 PIRLS 数据库估计的结果有些差别，没有得出男性入学晚比女性入学晚更有优势的结论。然后，从两个数据库得出的不同结果不一定是矛盾

		第一阶段		第二阶段	
男性—母语（德语区国家）	全样本	0.50**	全样本	0.41**	
（全样本—样本数：79 400；	(F)	(3 885.8)	（标准差）	(0.04)	
6、7 月出生—样本数：13 898)	6、7 月出生	0.41**	6、7 月出生	0.35**	
	(F)	(1 025.0)	（标准差）	(0.08)	
女性—母语（德语区国家）	全样本	0.50**	全样本	0.45**	
（全样本—样本数：77 106；	(F)	(3 845.2)	（标准差）	(0.04)	
6、7 月出生—样本数 13 555)	6、7 月出生	0.41**	6、7 月出生	0.39**	
	(F)	(1 039.2)	（标准差）	(0.08)	
男性—土耳其	全样本	0.46**	全样本	0.21	
（全样本—样本数：5 772；	(F)	(221.0)	（标准差）	(0.14)	
6、7 月出生—样本数 1 009)	6、7 月出生	0.42**	6、7 月出生	0.33	
	(F)	(62.5)	（标准差）	(0.23)	
女性—土耳其	全样本	0.49**	全样本	0.32**	
（全样本—样本数：5 647；	(F)	(255.5)	（标准差）	(0.13)	
6、7 月出生—样本数：1 045)	6、7 月出生	0.45**	6、7 月出生	0.32	
	(F)	(88.3)	（标准差）	(0.22)	
男性—穆斯林国家（除土耳其）	全样本	0.36**	全样本	0.37	
（全样本—样本数：1 539；	(F)	(25.0)	（标准差）	(0.41)	
6、7 月出生—样本数：247)	6、7 月出生	0.31**	6、7 月出生	−0.24	
	(F)	(6.2)	（标准差）	(0.72)	
女性—穆斯林国家（除土耳其）	全样本	0.35**	全样本	0.55	
（全样本—样本数：1 474；	(F)	(26.3)	（标准差）	(0.40)	
6、7 月出生—样本数：248)	6、7 月出生	0.43**	6、7 月出生	1.00 *	
	(F)	(16.0)	（标准差）	(0.55)	
男性—意大利/希腊	全样本	0.52**	全样本	−0.16	
（全样本—样本数：1 462；	(F)	(86.9)	（标准差）	(0.26)	
6、7 月出生—样本数：271)	6、7 月出生	0.37**	6、7 月出生	0.34	
	(F)	(22.5)	（标准差）	(0.61)	
女性—意大利/希腊	全样本	0.51**	全样本	−0.07	
（全样本—样本数：1 419；	(F)	(67.1)	（标准差）	(0.27)	
6、7 月出生—样本数：244)	6、7 月出生	0.50**	6、7 月出生	−0.57	
	(F)	(31.3)	（标准差）	(0.44)	
男性—前南斯拉夫	全样本	0.46**	全样本	0.04	
（全样本—样本数：1 217；	(F)	(48.9)	（标准差）	(0.34)	
6、7 月出生—样本数：213)	6、7 月出生	0.51**	6、7 月出生	0.01	
	(F)	(20.1)	（标准差）	(0.51)	
女性—前南斯拉夫	全样本	0.45**	全样本	0.95**	
（全样本—样本数：1 190；	(F)	(46.2)	（标准差）	(0.41)	
6、7 月出生—样本数：221)	6、7 月出生	0.38**	6、7 月出生	1.09	
	(F)	(15.7)	（标准差）	(0.76)	

注：该表显示完全模型（即模型 3）的回归结果。＊表示在 10％的水平上显著，＊＊表示在 5％的水平上显著。F 代表工具变量在第一阶段回归中 F—统计值的显著性。

资料来源：黑森州 2004—2005 一般学校统计中学生层面数据，由黑森州统计办公室（Hessisches Statistisches Landesamt）提供；作者自己的计算。

的,因为 PIRLS 数据库只测量了读书识字的能力,而黑森州的数据用的是中学教育中反映整体教育成果的指数。

在黑森州的行政数据中,我们可以区分不同国籍的群体(德国,土耳其,除土耳其外的其他穆斯林国家,意大利,希腊,前南斯拉夫)。由于除德国和土耳其以外的其他国家样本人群的人数均小于1 600(全样本)或小于 300(不连续样本),第二阶段估计的标准差在 0.26—0.76 之间变动,也就是说这些国籍群体第二阶段的估计系数也很难确定。我们因此忽略了样本人群人数更少的其他国籍的群体。

所有子人群第一阶段的估计系数与全样本的估计系数非常接近,特别是那些除土耳其外的其他穆斯林国家的男性和女性样本,他们的符合程度较低(全样本第一阶段的系数在 0.35—0.36 之间变动,而其他群体在 0.45—0.52 之间)。虽然第一阶段的 F 统计暗含着:这两组工具变量的选择不是很理想。除土耳其外的其他穆斯林国家的女性的点估计暂时显示她们从入学晚得到的益处比当地人多。然而,与这些估计相连的大的标准差使这些解释很难有说服力,因为所有这些估计的影响在数值上的差别不是很显著。较小的点估计也说明土耳其人相对于本国人入学晚也有一定的优势,只是结果伴随着较大的标准差,使两者的差别不太显著。对于意大利和希腊的男性学生或女性学生或前南斯拉夫男性相对于本国人,我们都不能发现晚入学有任何显著影响。然而,至少在全样本中,对于前南斯拉夫的女性估计的影响是非常显著,而且是所有人群中最大的,虽然标准差也相当大(0.41)。

为了证明许多子人群估计结果不显著是否是由于较少的样本人数所致,我们从本国男性随机抽取了一个子样本,该子样本是受到显著影响的一群人。这组随机抽取的子样本显示当观测样本小于 1 500 个时,估计结果非常不稳健且通常不显著。可能正是这个原因,影响了我们关于外国人所有子样本影响的分析(1 至 12 月出生的土耳其人的全样本是个例外)。因此,更大的样本(我们已经观测了全体人群了)或者更高的符合度可以使我们对于移民(在黑森州的数据中被定义为非居民)的估计在统计上更有说服力。

6 结论

根据工具变量法估计,我们发现在德国当前的教育体系中,相对晚的上学年龄对于教育结果有积极的并且在统计上显著的影响。在小学 4 年级,我们发现根据 PIRLS 数据库中的测试成绩,如果小学生在 7 岁(比法律规定的上学年龄晚了 1 年)而不是 6 岁上学将使教育结果提高 0.40 个标准差。根据 OECD 国际学生评估项目(PISA)的研究,0.40 个标准差相当于高级中学和实科中学平均测试成绩差别的一半。黑森州的行政数据显示入学年龄可能增加 12% 进入最学术性的中学(语法中学)学习的概率。假定如能完成所进学校的学习,这意味着,延长了将近半年的学习时间(大约 5 个月)。

弗雷德里克森和奥克特(Fredriksson and öckert,2005)以及贝达德和迪辉(Bedard and Dhuey,2006)分别应用与我们类似的工具变量法估计了瑞典的行政数据和国际 TIMSS 数据加美国和加拿大的一些数据,他们得出的关于德国的结论与我们的结论相似:弗雷德里克森和奥克特发现:晚入学一年,9 年级学生平均成绩能提高 0.2 个标准差。类似地,贝达德和迪辉对所调查国家 4 年级学生的研究中发现,晚入学可以使平均成绩提高 0.2—0.5 个标准差。斯特罗姆(Strøm,2004)应用挪威 PISA 数据对 15—16 岁学生成绩的估计显示,晚入学可以提高 0.2 个百分的标准差,并争辩说挪威的入学年龄在外因上受到规定的影响。[1]然而我们在上面提到的研究与安格里斯特和克鲁格(Angrist and Krueger,1992)及迈耶和克努森(Mayer and Knutson,1999)的关于美国的结论相悖。他们发现晚入学对教育结果没有影响或者有消极影响。对于美国的发现,部分原因可以归结为在美国出生的月份不像德国会影响义务教育的持续时间。安格里斯特和克鲁格及迈耶和克努森的研究分别发现晚入学对于义务教育之后的阶段没有作用或有消极作用。

根据现在德国儿童入学年龄普遍提前的趋势,我们电话采访了 25 个黑森州的小学校长。我们询问他们对于我们的结论有何感想,即晚入学可以提高学业成绩。[2]在我们采访的 25 所学校中,有两所在特殊的机制下运行:儿童如果天赋好,会说德语并有幼稚园老师的支持可以在 5 岁入学。在这些学校,5—6 岁的儿童不进入一年级,而是进入"零"年级,该年级是幼稚园和学校的混合体。这两所学校都对目前的运行体制很满意,因为他们能够通过额外的教育和教育资源,辅导更正孩子们的一些缺点(一所学校自述他们的移民占到 75% 的份额)。我们无法与第三所学校交流问题的核心思想。然而在其他 22 所标准小学,95% 的校长(22 个当中的 21 个)认为我们的结论是合理的。大多数的小学反对在当前标准的教育体制下提前入学,但支持如果学校体制变成前两所提到的特殊机制,儿童能获得语言或社会问题学习的支持,并且有"零"年级融合幼稚园的元素,儿童可以提

---

[1] 我们的估计是以 PIRLS 数据库为基础(估计值约为 0.4 个标准差),与其他国际的结论相比位于高端。然而与 Bedard 和 Dhuey(2006)在表 3 汇报的 11 个国家第一阶段的估计系数及 Fredriksson 和 Öckert(2005)对瑞典数据的估计结果,德国数据对工具变量的符合度在国际比较中位于低端。由于我们只估计了当地平均处理效应,在德国符合工具的人群可能不如瑞典(如果符合度比较高),更能代表每一个小学生。这可能就是除了学校体制、数据收集和其他因素外,一个重要原因为什么点估计在各国差别如此之大。事实上 Bedard 和 Dhuey(2006)在表 3 分析的第一阶段与第二阶段系数的相关度发现:在 TIMSS 数据中,科学成绩的相关度为－0.19,数学成绩的相关度为－0.02。因此,至少就数学而言,以更高符合度人群的估计将产生更低的处理效应。我们感谢 Peter Fredriksson 为我们指出这一点。

[2] 我们从黑森州学校登记簿随机选取了 30 所小学的电话号码,最后联系成功 25 家(3 所学校拒绝电话采访,2 所学校经过多次尝试均无法联系到相关负责人)。

前入学。

在另外 10 所小学的电话采访中,我们告诉校长早入学对儿童的学业成绩有帮助,也就是与我们研究相反的结论。[1]结果 10 所学校中的 8 所不赞同在当前的德国教育体制下提前入学的合理性。然而,8 所当中的 4 所认为如果学校机制可以调整并适应儿童的需要(更多的休息时间,小班教学,合理的课程安排),他们赞同提前入学。

需要指出的是,我们的识别策略无法区别绝对和相对的年龄效应。如果我们的发现只适用于相对年龄效应(同伴效应),该研究不能作为改变官方入学年龄依据的重要参考。根据研究发现我们只能得出此结论:作为班里最年轻的学生在学习上处于劣势。然而,从我们的学校调查发现,老师们认为绝对的年龄对教育结果影响很大。当我们问及受访者什么原因导致我们的结论,22 所学校当中的 21 所的代表认为:年龄稍大的孩子更加成熟,上课时可以更长时间集中注意力,有更强的生活能力(整理自己的用品),不容易因玩耍而分心,更容易克服沮丧。只有 18%(22 所当中的 4 所)的受访者认为相对年龄也很重要。其他学校,一致否定了相对年龄效应,强调个人的成熟度更重要。类似地,在另外 10 所学校的第二次的电话参访中,受访者也认为不成熟(而不是相对年龄)是他们反对在当前的教育体制中提前入学的原因。这些认为绝对年龄重要的发现与弗雷德里克森和奥克特(Fredriksson and Öckert 2005)的结论一致。

如果我们因此认为我们结论是绝对年龄效应所致,则政策的结论将依赖于我们观测的是纯绝对成熟效应,还是学习能力与成熟度的交叉效应。如果我们的结论由纯成熟效应所致,改变所有学生的入学年龄不会改变年龄较大学生与年龄较小学生的成绩差异。然而,我们认为我们的结论由学习能力与成熟度的交叉效应所致(例如,7 岁上学的儿童在 1 到 4 年级时获得的知识比更小年龄的儿童多),提高入学年龄可以提高早期教育的效率。然而,也应当权衡一下晚入学产生的积极效应与晚进入劳动力市场产生的经济损失。

总之,我们的统计分析不能预测改变官方入学年龄的规定对教育结果产生的影响。然而,在当前的教育体制下,我们的结论认为入学年龄确实会对个人的教育结果有一定的影响。如果想分离导致我们结果的潜在因素(也就是相对年龄,纯成熟度,成熟度与学习能力的交叉作用),需要收集各种的数据,包括在指定的班级里各种相对年龄的数据,整个生命周期能力发展的数据。我们的结果不能单独作为反对早入学的证据。提前入学可能是很有前途的,但哪一种类型的学习可以更能适应儿童的需要,是另一个值得研究的课题,但需要政府收集并整理这方面合适的数据。

---

[1] 感谢 Dominique Meurs 建议我们使用这种方法。

参考文献

Angrist JD (2004) American education research changes track. Oxf Rev Econ Policy 20:198–212

Angrist JD, Krueger AB (1992) The effect of age at school entry on educational attainment: an application of instrumental variables with moments from two samples. J Am Stat Assoc 87:328–335

Baumert J, Trautwein U, Artelt C (2003) Schulumwelten – institutionelle Bedingungen des Lehrens und Lernens. In: Deutsches PISA-Konsortium (ed) PISA 2000 . Ein differenzierter Blick auf die Länder der Bundesrepublik Deutschland. Verlag Leske + Budrich, Opladen, pp 261–331

Bedard K, Dhuey E (2006) The persistence of early childhood maturity: international evidence of long-run age effects. Working paper, Department of Economics University of California, Santa Barbara. Q J Econ (forthcoming)

Bertram T, Pascal C (2002) Early years education: an international perspective. Qualifications and Curriculum Authority, London

Bos W, Lankes EM, Prenzel M, Schwippert K, Walther G, Valtin R (2003) Erste Ergebnisse aus IGLU. Waxmann Verlag, Münster

Bound J, Jaeger DA, Baker RM (1995) Problems with instrumental variables estimation when the correlation between the instruments and the endogenous explanatory variables is weak. J Am Stat Assoc 90:443–450

Cunha F, Heckman JJ, Lochner L, Masterov DV (2006) Interpreting the evidence on life cycle skill formation. In: Hanushek E, Welch F (eds) Handbook of the economics of education. Elsevier, North-Holland, New York (forthcoming)

Currie J (2001) Early childhood education programs. J Econ Perspect 15:213–238

Del Bono E, Galindo-Rueda F (2004) Do a few months of compulsory schooling matter? The education and labour market impact of school leaving rules. IZA discussion paper no. 1233

Dustmann C (2004) Parental background, secondary school track choice, and wages. Oxf Econ Pap 56:209–230

Fertig M, Kluve J (2005) The effect of age at school entry on educational attainment in Germany. IZA discussion paper no. 1507

Fredriksson P, Öckert B (2005) Is early learning really more productive? The effect of school starting age on school and labour market performance. IZA discussion paper no. 1659

Gonzalez EJ, Kennedy AM (2003) PIRLS 2001 user guide for the international database. International Study Center, Lynch School of Education, Boston College, Boston

Graue ME, DiPerna J (2000) Redshirting and early retention: who gets the "Gift of Time" and what are its outcomes? Am Educ Res J 37:509–534

Hahn J, Todd P, Van der Klaauw W (2001) Identification and estimation of treatment effects with a regression-discontinuity design. Econometrica 69:201–209

Hanushek EA, Wößmann L (2006) Does educational tracking affect performance and inequality?: differences-in-differences evidence across countries. Econ J 116:63–76

Hutchison D, Sharp C (1999) A lasting legacy? The persistence of season of birth effects. NFER conference paper, presented at the British Educational Research Association Conference, University of Brighton

Imbens GW, Angrist JD (1994) Identification and estimation of local average treatment effects. Econometrica 62:467–475

Jimerson S, Carlson E, Rotert M, Egeland B, Sroufe LA (1997) A prospective, longitudinal study of the correlates and consequences of early grade retention. J Sch Psychol 35:3–25

Kern A (1951) Sitzenbleiberelend und Schulreife. Verlag Herder, Freiburg

Kinard EM, Reinherz H (1986) Birthdate effects on school performance and adjustment: a loɪ tudinal study. J Educ Res 79:366–372

Leuven E, Lindahl M, Oosterbeek H, Webbink D (2004) New evidence on the effect of time in school on early achievement. HEW 0410001, Economics Working Paper Archive at WUSTL

May DC, Kundert DK, Brent D (1995) Does delayed school entry reduce later grade retentions and use of special education services? Remedial Spec Educ 16:288–294

Mayer S, Knutson D (1999) Does the timing of school affect how much children learn? In: Mayer

S, Peterson P (eds) Earning and learning: how schools matter. Brookings Institution Press, Washington, pp 79–102

Morrison FJ, Griffith EM, Alberts DM (1997) Nature-nurture in the classroom: entrance age, school readiness, and learning in children. Dev Psychol 33:254–262

Proctor TB, Black KN, Feldhusen JF (1986) Early admission of selected children to elementary school: a review of the research literature. J Educ Res 80:70–76

Puhani PA, Weber AM (2005) Does the early bird catch the worm? Instrumental variable estimates of educational effects of age of school enty in Germany. IZA discussion paper no. 1827

Sharp C (2002) School starting age: European policy and recent research. In: NFER conference paper, presented at the LGA seminar 'When Should Our Children Start School?'. LGA Conference Centre, London

Staiger D, Stock JH (1997) Instrumental variables regression with weak instruments. Econometrica 65:557–586

Stipek D (2002) At what age should children enter Kindergarten? A question for policy makers and parents. Soc Policy Rep 16:3–16

Stipek D, Byler P (2001) Academic achievement and social behaviors associated with age of entry into kindergarten. Appl Dev Psychol 22:175–189

Stock JH, Wright JH, Yogo M (2002) Survey of weak instruments and weak identification in generalized method of moments. J Bus Econ Stat 4:518–529

Strøm B (2004) Student achievement and birthday effects. Mimeo, Norwegian University of Science and Technology

Willer CW, Dyment DA, Sadovnick AD, Rothwell PM, Murray TJ, Ebers GC (2005) Timing of birth and risk of multiple sclerosis: population based study. Br Med J 330:120–123

Zill N, Loomis LS, West J (1997) National household education survey. The elementary school performance and adjustment of children who enter Kindergarten late or repeat Kindergarten: findings from national surveys. In: NCES statistical analysis report 98–097. US Department of Education, National Center for Education Statistics, Washington

奥地利学校的同伴效应*

尼科尔·施内维斯(Nicole Schneeweis)　鲁道夫·温特-艾伯莫尔(Rudolf Winter-Ebmer)

摘要： 本文研究了奥地利的教育产出,并重点关注了同学对学生学业表现的影响。我们应用 PISA 2000 和 PISA 2003 数据估计同伴效应对 15 岁和 16 岁学生的影响。我们还通过学校固定效应控制了学生潜在的对学校和同伴组的自选择。估计结果显示,同伴对于学生的阅读素养有显著的正相关作用,对于数学素养的影响较小;而来自较差家庭背景的学生同伴效应对于阅读素养的影响更大。此外,分位数回归显示同伴效应对于阅读素养的影响是不对称的,能力较低的个体受到的影响较大。也就是说,能力较低的个体会更受益于与聪明的同伴在一起,而能力较高的个体受影响程度较小。

关键词： 教育 同伴效应　PISA

1 引言

　　学生的学术成就是教育经济学的一个研究主题。一些认知发展的决定因素,例如个人投入、父

＊ 感谢 René Böheim, Daniele Checchi, Christian Dustmann, Steve Machin, Pedro Martins,所有在因斯布鲁克、林茨和曼海姆参加研讨会的学者,以及两名匿名审稿人的有益评论。Rudolf Winter-Ebmer 也在与伯恩的 IZA 以及伦敦的 CEPR 工作,感谢奥地利 FWF 的资金支持。

母辅导以及优越的家庭条件等不能被公共政策影响的因素,但学校资源的使用可能会受到公共政策的影响。传统的关于学校资源的讨论涉及教育、教师工资以及班级规模的影响。关于班级规模影响的发现有些模糊,但是许多研究表明学校组织结构的变化对于学生的学习成绩有显著的影响(例如,Betts,1998;Woβmann,2003a)。

在所有组织结构变化中,班级构成是在国际上研究最为广泛的话题。该假设的出发点是儿童不仅向老师学习,也会向班级和学校的其他同学学习。同伴效应被认为是动机和激励因素的一个重要来源。同学之间的相互学习可以分为两种,直接学习或间接影响。首先,通过各种小组学习,互相帮助,共同探讨一些概念、技术或前景,学生间会直接产生影响。一群同龄学生在一起可以互相提供新的信息、新的看问题的视角,因此与同学交谈是一种可以大大增强认知能力的活动。此外,学生也会通过观察学习,间接受到同伴的影响。同伴被当作重要角色的模型,是一种强有力的传播态度、价值观、思维及行为方式的渠道(Bandura,1986)。

此外,这些心理探讨方法和同学间的互动效应可以根据一些约束条件、预期和偏好体现出来(Manski,2000)。比如说随着其他学生努力程度的提高,可以假定某个学生学习的低效性会递减(Benabou,1993)。此外,一个学生通过有益的或干扰性的行为可能会对整个班级的学习产生正的或负的外部性影响(Lazear,2001)。总之,同伴效应被认为从许多方面可以影响学生的学习成绩。

同年龄组群体对学生学业成绩的影响,即同伴效应是本文研究的核心内容。同伴效应的规模和本质可能影响学校的最优组织结构。是否应该把学生分配到不同学校和不同班级中,是否应偏好一个综合性更强的教育系统,这样的问题可以通过分析学生间的相互影响来回答。目前首先要回答的问题是:"能力高的个体应该被集中在一起还是应该平均分配到各个学校和每个班级中?"支持"分开式"教育系统的学者认为,这样可以更好地满足学生的需要,方便教师对班级进行管理,而反对者认为欠缺资质的学生需要有一些聪明的同学作为同伴,激励他们学习。

同伴效应随着学生家庭背景和自身能力的不同,可能有所差异。如果发现同伴效应具有不对称性,例如,能力低的学生相对于能力高的同学更容易受同伴影响,则减少教育分层将有利于增加整体的学习总量,重新分配学生从经济的角度讲有利于增加学习成效。如果该不对称性恰好相反,即能力高的个体更容易受到同伴的影响,则将学生分类将会是最优政策。如果同伴效应是对称的,则对学生的安排只是一个单纯的分配问题。

近期有关学校分层和分类的研究评估了早期学校对优劣生分开教育的优势和劣势。布鲁内尔罗等(Brunello et al.,2006)发现专业和职业技能在劳动力市场上的回报有权衡取舍的关系,这是由于早期学校的分类并导致学生不得不在早期做出选择所致。问题出现在学校对于学生的不当分类,且早期的教育不全面等原因。哈努谢克和沃曼(Hanushek and Wößmann,2006)调查了18—26个国家6种国际学生评估测试的结果发现,证据明确显示早期学校对学生分类增加了教育的不平等。此外,作者还发现一些迹象表明早期学校分类会降低学生的平均学业表现。其他的关于综合类学校的一些争论围绕增长理论展开。克鲁格和库马(Krueger and Kumar,2004)认为欧洲人强调学校的早期分类,并偏好职业教育可能会阻碍欧洲经济的增长前景,因为综合类教育更有利于科技发展及对科技发展的适应。

本文主要想研究同伴效益相对于其他教育投入的影响力,及同伴效应的影响是对称的还是非对称的。[1]我们应用PISA 2000和PISA 2003估计了奥地利教育生产函数。具体而言我们研究了奥地利中等教育的下列问题:同年龄群体对于学生的学习成绩是否有显著效应? 来自较差家庭环境的学生和能力较低的学生是否受同伴的影响更大? 同伴效应对不同科目如阅读素养和数学素养的影响是否相同?

2 同伴群体效应的识别

曼斯基(Manski,1995,2000)设计了一个系统分析社交的模型。他首先提出关于为什么属于同一组群体的个体行为可能趋近的三个不同的假设:

(1)内在效应:个体在某种程度上某项行为的概率会随着群体中出现这种行为而增加。就我们的研究而言,学生的学习成绩与同组群体的平均成绩成正比。

(2)环境效应:个体在某种程度上某项行为的概率会受到该组群体外在背景特征的影响。就本文而言,学生的成绩与同伴的社会与经济背景的构成相关。

(3)相关效应:个体在某种程度上的行为类似,因为他们具有相似的背景特征,面临相似的环境。就我们的研究而言,学生的成绩在组内高度相关因为来自相似家庭环境的学生会受到相同学校相同老师的教诲。

内在效应和环境效应会受到外界环境的干扰,而相关效应是一个非社会现象。区别内在效应和环境效应非常重要。正的环境效应意味着如果个体 i 的同学 j 来自有利于提高学业成绩的背景,则个体 i 的学习成绩会随之提高。而内在效应则意味着,这种影响还没有结束,学生 i 实际成绩的增加会进一步影响学生 j 的学习成绩,他们是相互影响的,具有乘数效应。对于社会和教育政策的制定而言,了解班级中单个个体认知表现的加强是否对于整个班级成绩有自动提高的影响是非常

---

[1] 我们只强调学生的认知发展,教育的其他方面,如社交能力,不予以考虑。当然人们可以反驳这样的观点,即不同家庭背景的孩子在一起,有助于社交能力的提高。

重要的。然而,环境效应和内在效应在实际操作中无法分离,因为学生 i 的背景特征会影响学生 i 的学习成绩:会造成多重共线性(multicollinearity)问题。此外,对内在效应的研究面临着经典的同时性偏误(simultaneity problem),因为该组学习成绩的均值作为被解释变量,而该组学习成绩的均值本身会受到学生成绩的影响。该问题被曼斯基(Manski,2000)称为反射问题。如果不借助非常强的限制条件,很难解决这个问题。与其他文献相一致,我们回避了这些问题,只估计了环境效应的影响。

　　另一个涉及的计量经济学问题是,学生可能自己选择学校和同伴组。如果能力较强(无法观测到)的个体倾向于选择较好的学校和同伴组,估计的同伴效应可能产生向上的偏差。我们的识别策略是双重的:首先,我们包含了关于学生家庭背景的丰富信息。其次,我们引入学校固定效应以便消除与不同质量的学校、不同的邻居和家庭背景相关的分类问题。因此我们只比较了同一学校内 9 年级与 10 年级学生,主要调查了学校内同伴质量的变化。我们假定来自 9 年级和 10 年级的学生在学校质量方面没有差别,他们也不会自己选择进入不同年级。我们认为这些假设是非常合理的。[1]

　　欣德尔-兰威德(Schindler-Rangvid,2003),麦克尤恩(McEwan,2003)以及安默米尔和皮斯克(Ammermüller and Pischke,2006)都使用了类似的方法。欣德尔-兰威德用 PISA 数据估计了丹麦学生教育的同伴效应。她的识别策略是根据非选择性的丹麦教育系统及可用的额外注册数据设计的,因此减少了缺省变量偏差。麦克尤恩(McEwan,2003)和安默米尔和皮斯克(Ammermüller and Pischke,2006)应用学校固定效应比较了不同班级的学生,克服了分类问题。

　　固定效应法是一个很好的策略,但需要相当强烈的假设。需要假设学生没有因为能力差别而被分到不同的班级。探讨小学和中学教育的同伴效应的经验研究很多(例如,Hoxby,2000;Levin,2001;Fertig,2003;Hanushek et al.,2003;Robertson and Symons,2003;Angrist and Lang,2004;Betts and Zau,2004;Vigdor and Nechyba,2004;Gibbons and Telhaj,2006)。也有很多探讨高等教育的同伴效应(例如,Sacerdote,2001;Arcidiacono and Nicholson,2005;Winston and Zimmerman,2006)。大多数的研究都表明同学校和同班级的学生对于个体的成绩有显著正向影响,且该影响在班级层次上更明显。一些研究提出了同伴效应是否对称的问题。如欣德尔-兰威德(Schindler-Rangvid,2003)发现在丹麦同伴效应对于薄弱学生的作用更强,列文(Levin,2001)认为在荷兰同伴效应也同样对薄弱学生的作用更大。萨科德特(Sacer-

---

　　[1]　另外一种方法是使用增值模型,它适用于学生的行为被长期观测且无法应用个人的固定效应。该方法对于 PISA 数据库是不适用的。除了这个因素外,当学生在一段时间内没有变化时,运行增值模型就会遇到困难,因为很长的时间内同伴的构成变化太小。参见 Gibbons 和 Telhaj(2006)对增值模型的应用,在观测期内,他们能观测到学生对学校的影响。

dote，2001）以及温斯顿和齐梅（Winston and Zimmerman，2006）的研究显示同伴效应是非线性的，就美国的高等教育而言，对能力较低的学生同伴效应作用更强。考虑到班级和学校的异质性，结果却不甚明晰：欣德尔-兰威德（Schindler-Rangvid，2003）没有发现在丹麦存在显著的社会异质效应，费尔蒂希（Fertig，2003）的研究表明在美国，班级里学生的能力差距会产生负的同伴效应。维德尔和尼科巴（Vigdor and Nechyba，2004）则发现在北卡罗来纳州，学生能力的差距会产生正的同伴效应。

也有许多学者研究同伴效应在其他领域的作用，如青少年行为（Kooreman，2006；Soetevent and Kooreman，2006），青少年犯罪（Bayer et al.，2004）或青少年吸烟问题（Krauth，2005；Eisenberg，2004）。有趣的是，福尔克和伊奇诺（Falk and Ichino，2006）通过实验的方法研究了同伴效应对工作生产力的影响。作者发现生产力方面存在显著的同伴效应。此外，生产力低的工人对于同事的行为更敏感。

3　实证研究框架

本文所进行的实证研究分析是以 PISA 2000 和 PISA 2003 的数据为基础的[1]。PISA 数据库是 OECD 在许多国家进行的国际学生评估，该评估共进行了两次。该调查对接近完成基础教育的15—16 岁学生进行评估。评估主要分为三个领域：阅读素养、数学素养及科学素养，此外，还收集了学生和学校的详细背景信息。在每一轮的调查中，共有来自 200 所学校的 4 600 名奥地利学生参加了 PISA 的评估。在 PISA 2000 的调查中，最重要的研究领域是阅读素养，因此有 2/3 的测试题是围绕阅读展开，且所有参与的学生都进行了阅读素养的评估。数学素养和科学素养属于次重要领域，不是所有的学生都回答了数学素养和科学素养的问题。在 2003 年，数学素养成为最重要的测试领域，对所有的学生都进行了数学素养的评估。同样，阅读素养和科学素养的问题没有要求所有学生作答。因此，我们应用 2000 年 PISA 数据研究了同伴效应对阅读素养的影响，用 2003 年的 PISA 数据研究了同伴效应对数学素养的影响。

在奥地利，初中和高中的学校都进行了学生分类。首先，学生在 10 岁需要选择学校类型和具体的学校。他们可以参加"实科学校"（Hauptschule）或者"语法学校"（Gymnasium）（较好的综合类学校），后者只录取那些成绩较好的学生。语法学校聘用学历更高的老师，支付较高的工资，提供更学术化的课程。孩子 14 岁时，需要和父母再次选择学校类型和学校。总体来说可以选择 4 大类：

---

[1]　关于奥地利及其他国家 PISA 成绩的信息，可以参见 Haider 等（2001）及 OECD（2001，2004），对于调查设计及样本的详细描述参见 OECD（2002，2005）。

离开学校系统开始工作,进入中级职业学校,进入高等职业学校或进入高级综合类学校。大学及大多数其他高等教育学校只录取完成高等职业学校或高级综合类学校学业的学生。如果个体的选择为离开学校系统开始工作,他/她需要参加一年职业学校的预科班,才可以正式开始学徒的身份,而且成为学徒后通常也得在职业学校兼职学习。选择范围内的所有学校,如中级职业学校、高等职业学校和高级综合类学校,都存在许多种类型,这与职业或学术的程度相关。在奥地利参加 PISA 测试的学生来自 17 种不同类型的学校。此外,由于在奥地利私立学校的比重很低,只有 10% 参加PISA测试的学生来自私立中学,因此私立学校在我们的研究中不是很重要。

我们通过标准的教育生产函数模型估计了同伴效应对于教育结果的影响。PISA 成绩由个人的特征、家庭背景的特点及同伴组的特征所决定。我们选用了两种不同的模型。在第一种模型中,我们包括了学校资源和学校类型的虚拟变量(相当于学校类型的固定效应模型)。我们假定不同学校类型的学生分配能够很好地反映择校过程。我们更偏爱第二种模型,该模型控制了学校的固定效应,可以表示为:

$$Y_{isg} = \beta_0 + \beta_1 X_{isg} + \beta_2 P_{-isg} - \mu_s + \varepsilon_{isg}$$

其中,Y_{isg} 是学生 i 在 s 学校 g 年级的教育结果;X_{isg} 是个人和家庭特征的向量;P_{-isg} 表示不考虑学生 i 的同伴组的均值特征;μ_s 是学校的固定效应;ε_{isg} 是无法观测到的残差。

测量同伴组影响最关键的问题是我们无法得到一个学生真正参照组的信息。由于我们无法识别某个受测学生的朋友,我们不得不假设学生会受到同班同学的显著影响,因为学生毕竟在学校要待相当长的一段时间。库尔曼(Kooreman,2006)以及索特爱文特和库尔曼(Soetevent and Kooreman,2006)的研究都显示同学对于中学期间青少年行为,如吸烟、喝酒以及逃学行为的影响都非常重要。来自同一学校(班级)的同伴对于学生相关的行为如学习的影响更显著。

PISA 数据没有包含关于班级的信息,但有关于学校和年级的细节。因此,同伴组在我们的研究中被定义为参加同一所学校同一个年级的学生。我们预期相对于直接与班级同学匹配的研究结果,在我们研究中估计的同伴效应的影响偏小。贝茨和佐(Betts and Zau,2004)、维德尔和尼科巴(Vigdor and Nechyba,2004)的研究都表明在班级层次同伴效应的分析相对于年级组同伴,影响更大。

在从 PISA 数据选择研究样本时,我们遵循以下几点准则。首先,不考虑来自两种类型学校的学生,这两种学校是照顾特殊需要的学生的学校以及职业学校(Berufsschulen)。特殊学校的学生在课程设置以及学生能力方面都无法与其他学校的学生相比。职业学校对于学徒来说是兼职学习的学校。学生可能每周在校学习一天,其他时间在工厂工作。我们认为这些学生的参照组应该是实习单位的雇员或邻居,而不是学校的学生。

同伴组是依据参加同一所学校同一个年级的学生而选取的,因此如果学生没有汇报所在的年级,将被排除在样本外(这部分群体在阅读测试中大约占 2.6%,在数学测试中约占 0.16%)。为了代表同伴的质量,我们使用了关于学生社会与经济背景的指示变量。如果学生的这一变量缺失也将被排除在样本外(我们在阅读测试中删除了 1% 的样本,在数学测试中删除了 2.6%)。由于同伴的质量是通过一个学生同伴均值的特征来表示,我们选取的样本至少有 8 个学生作为同伴。此外,学校固定效应的估计要求每个学校至少有两个同伴组,因此只有一个同伴组的学校也将被删除。同伴组的规模在 8—27 个学生之间,同伴组的平均值为 16 个学生。

为了解释控制变量中不存在随机缺失值的问题,并且控制样本规模,我们在所有的回归中均包含了缺失的虚拟变量和缺失的解释变量(缺失值被设置为 0)。最后,我们的阅读素养样本为 2 529 个学生,数学素养样本有 2 824 个学生。样本对于奥地利中等教育的学生仍具有代表性,可能不能代表所有的学生群体,但至少可以代表中等或较好的学校。

表 1 列出了所使用变量的详细描述及概括统计。被解释变量是学生在阅读素养和数学素养测试中取得的合理成绩。每一个 PISA 测试包含一系列不同难度水平的问题,通过让学生回答不同的测试问题,PISA 的成员可以根据观测到的回答对学生的实际分数构建一个估计值(合理成绩)。

■表 1　概括统计

变　量	描　　　述	阅读素养		数学素养	
		均值	标准差*	均值	标准差
阅读素养成绩	阅读素养测试成绩的第一个合理值	541.06	73.75		
数学素养成绩	数学素养测试成绩的第一个合理值			544.76	81.18
个人特征					
女性	学生是女性	0.59		0.57	
年级	学校的年级	9.52		9.50	
家庭结构					
核心家庭	学生与父母(或监护人)一起居住	0.87		0.84	
单亲家庭	学生与母亲或父亲(或监护人)一起居住	0.12		0.15	
其他家庭	学生与其他人一起生活	0.01		0.02	
种族					
奥地利裔	学生是奥地利人	0.87		0.86	
移民	学生没有在奥地利出生	0.05		0.07	
父母移民	母亲或父亲或两者均不在奥地利出生	0.09		0.08	

变　　量	描　　述	阅读素养		数学素养	
		均值	标准差*	均值	标准差
家庭背景					
母亲的受教育水平					
母亲没有接受中学教育	母亲没有上学或仅完成小学教育	0.03		0.02	
母亲初中毕业	母亲完成初中教育	0.20		0.08	
母亲职业高中毕业	母亲完成旨在进入劳动力市场的高中教育	0.48		0.45	
母亲普通高中毕业	母亲完成旨在继续大学或其他高等教育学习的高中教育	0.08		0.20	
母亲高等教育	母亲完成了后义务教育阶段的学习或高等教育	0.21		0.25	
社会经济状态	父母达到的最高国际社会与经济职业状态指数,值越低说明职业状态越低	51.79	13.67	50.39	16.35
家庭藏书量	家庭里书籍总数	222.91	226.60	208.12	221.16
教育资源	家庭教育资源指数(字典,安静的学习环境,教科书,计算器),值越低说明资源较匮乏	0.36	0.72	0.29	0.69
父母无工作	学生的父亲正在找工作(如果父亲的变量缺失,则以母亲取代)	0.01		0.02	
父母全职工作	父母均全职工作,如果父亲或母亲的变量缺失,另一方全职工作也包含在内	0.35		0.36	
学校特征					
学校规模	学校总入学人数	659.68	506.88	686.55	563.28
每年周数	每学年上课周数	38.96	2.52	39.20	2.15
城市学校	学校位于多于10万人的城市	0.31		0.28	
学生/老师	生师比	9.68	2.03	9.76	1.94
老师学历	老师具有大学教育学学历的比例	0.94	0.15	0.71	0.27
日常测试	学生通过标准的和(或)教师设计的试题进行评估,1年4次或更多(在数学成绩的样本中有3次)	0.86		0.99	
提高类课程	学校为有天赋的学生提供的额外的课程(在数学样本中增加数学的授课难度和知识面)	0.48		0.19	
补习类课程	学校为能力较低的个体提供语言类培训和(或)学习技巧方面的特殊课程(在数学样本中为补习数学)	0.78		0.72	
缺乏资料	学校在某种程度上缺乏指导类资料	0.10		0.26	
教师短缺	学校(有一点,有些,大量)欠缺(合格的)老师(数学样本中欠缺数学老师)	0.23		0.18	

变 量	描 述	阅读素养		数学素养	
		均值	标准差*	均值	标准差
教师行为	校长对于教师的评价指数(包括老师的期望值,师生关系,满足学生需要方面,教师旷课现象,拒绝改变,过分严格,鼓励学生实现他们的潜能)赋值越低说明师生关系不融洽	—0.17	0.80	0.29	0.90
同伴特征					
同伴的社会与经济特征	同伴组社会与经济特征的均值	51.79	6.31	50.39	8.30
特征的异质性	同伴组社会与经济特征的标准差	12.26	2.90	14.30	2.98
学校类型					
高级综合类学校	Gymnasien				
GYM	文科背景	0.11		0.08	
RGYM	理科背景	0.07		0.07	
ORG	理科背景(只有9—12年级)	0.08		0.08	
高等职业学校	Berufsbildende Höhere Schulen				
BHSt	科技、艺术和贸易	0.17		0.18	
BHSk	商务	0.17		0.14	
BHSw	本国科学和商业	0.11		0.09	
BHSl	农业、林业	0.02		0.02	
ALE	教师培训	0.04		0.02	
中等职业学校	Berufsbildende Mittlere Schulen				
BMSt	科技、艺术和贸易	0.05		0.03	
BMSk	商务	0.04		0.02	
BMSw	本国科学和商业	0.08		0.04	
BMSl	农业、林业	0.04		0.05	
小规模学校					
学校规模适度小		—		0.15	
学校规模非常小		—		0.03	
学校数		86		95	
学生数		2 529		2 824	

注:*对于双边变量,我们没有汇报标准差。

同伴质量是通过同伴的社会与经济职业状态指数来表示。社会经济状态指数通过学生汇报自己父母的职业来获取,并在16—90之间变动。赋值越低表示社会经济状态指数越低。该变量是一个测量职业分层的连续变量,是通过最大化教育对收入的间接影响,而最小化直接影响(纯年龄影响)对职业进行的排序(Ganzeboom et al.,1992)。该指数比父母的教育水平更能贴切地反映奥地利的情况,因为 PISA 提供了标准的教育分类体系(ISCED),而该分类不能完全适用于奥地利的教育系统,在分类压缩的过程中丢失了许多有价值的信息。此外,社会经济职业状态指数显示的差异远远大于教育水平的差异,因为它还反映了父母在完成学业后的发展情况。

第一步,我们通过对调查数据的回归分析估计了教育生产方程,并测量了同伴质量对学生学业表现的平均影响。我们还应用了调查测算技术,因为样本并不是随机的,而是复杂的样本分层过程的产物。为了确保样本的代表性,我们考虑了三种不同方式的影响。首先,由于不同学生取样的差异,我们考虑了学生权重。其次,通过估计组群稳健标准差(cluster robust standard errors)的方法,克服来自同一学校学生的差异可能小于不同学校间学生的差异所造成的影响。第三,样本的收集完全独立于学校类型,因此学校类型在统计上是独立的,可以根据此特性进行分析。

调查回归(survey regression),如 OLS,旨在估计均值效应,也就是解释变量对每个学生的平均影响。通过运用分位数估计同伴效应,我们可以根据条件测试分数的分布了解不同学生所受到的影响(Koenker and Bassett,1978)。在估计中,我们使用了所有的观测值来检验不同分位点的同伴效应,并根据不同的分位数,我们对残差赋予了不同的权重。潜在异质性的稳健性检验可以通过自举法(bootstrap)来实现,也就是通过对数据重新抽样的方式来获得标准差。我们使用了 200 次重复的自举抽样(bootstrap replications)。

4 结论

下面这个部分描述了实证检验结果。4.1 部分估计了平均同伴效应,以此验证后面估算中所用到的基本模型的可信度。4.2 检验了社会经济地位较低的学生以及能力较低的学生对同伴的依赖性更强的假设。此外,我们还分析了同伴的社会异质性是否对学生产生相反的影响。

4.1 平均同伴效应

表 2 列出了同伴效应对阅读和数学测试成绩的平均影响。第 1 列和第 3 列的回归结果包括个人、家庭和学校的特征及 14 个代表学校类型的指示变量,即模型(1)。第 2 列和第 4 列考虑了学校的固定效应而非学校类型和学校资源,即模型(2)。固定效应的估计应该从学校类型的选择中去除,因为只能通过学校内部同伴质量的差异来识别测算值。

模型(1)的结果显示,对于阅读和数学成绩而言,同伴效应的作用非常显著。如果我们在回归中不包括学校资源,这些影响没有很大的差别(我们没有列出这个结果)。一旦我们考虑了学校的固定效应,同伴的社会经济状态均值的系数急剧缩减(特别是对于数学测试成绩)并且不再显著。这个结果说明学校选择的影响非常重要:同一种类型不同学校间学生能力的差异很大。当然通过

■表2　同伴效应的平均影响

变　　　　量	阅 读 素 养		数 学 素 养	
	(1)	(2)	(1)	(2)
同伴的社会与经济特征	1.266	0.484	1.713	−0.140
	(0.321)***	(0.440)	(0.273)***	(0.309)
女性	16.979	16.141	−22.799	−21.386
	(3.379)***	(3.563)***	(3.410)***	(3.410)***
年级	25.997	26.746	31.074	30.756
	(2.527)***	(2.450)***	(2.241)***	(1.794)***
核心家庭（参照组）				
单亲家庭	6.113	6.831	−1.507	−1.023
	(5.404)	(5.434)	(3.299)	(3.215)
其他家庭	1.496	0.078	−25.200	−25.212
	(13.853)	(13.460)	(11.028)**	(11.883)**
奥地利裔（参照组）				
移民	−32.441	−25.973	−27.380	−26.649
	(8.388)***	(8.316)***	(6.224)***	(6.015)***
父母为移民	−14.900	−11.817	−26.320	−23.457
	(5.859)**	(5.598)**	(4.071)***	(4.350)***
母亲受教育程度为中学以下（参照组）				
母亲初中毕业	0.413	1.131	9.491	9.312
	(5.917)	(5.822)	(7.599)	(7.447)
母亲职业高中毕业	9.464	9.162	9.545	8.406
	(6.055)	(5.838)	(6.973)	(7.060)
母亲普通高中毕业	11.161	10.273	14.427	15.304
	(6.755)	(6.678)	(7.468)*	(7.198)**
母亲接受过高等教育	7.727	7.718	2.742	3.190
	(6.809)	(6.721)	(7.817)	(7.988)
社会经济状态	0.236	0.207	0.217	0.094
	(0.117)**	(0.117)*	(0.092)**	(0.092)
家庭藏书量	0.038	0.034	0.050	0.045
	(0.007)***	(0.006)***	(0.007)***	(0.006)***
教育资源	3.201	2.764	−1.056	−1.524
	(1.918)*	(1.982)	(1.952)	(1.899)
父母无工作	−42.305	−36.297	1.813	3.470
	(12.608)***	(12.657)***	(10.587)	(10.996)
父母全职工作	−6.402	−5.300	−4.038	−2.917
	(2.866)**	(2.881)*	(2.708)	(2.595)
父母全职工作	0.011		0.004	
	(0.006)**		(0.004)	
每年上课周数	2.662		−0.332	
	(0.006)**		(0.004)	

变　　量	阅 读 素 养		数 学 素 养	
	(1)	(2)	(1)	(2)
城市学校	−2.223		6.794	
	(6.612)		(5.500)	
生师比	4.414		−9.916	
	(8.215)		(8.065)	
生师比平方	−0.348		0.739	
	(0.386)		(0.389)*	
教师的学历	8.280		34.232	
	(12.835)		(11.215)***	
日常测试	−10.730		102.022	
	(6.618)		(24.291)***	
提高类课程	−0.302		15.576	
	(4.339)		(8.206)*	
补习类课程	−0.109		−7.383	
	(5.199)		(5.590)	
缺乏资料	5.434		−1.612	
	(6.306)		(6.626)	
教师短缺	8.463		−5.946	
	(6.434)		(5.912)	
教师行为	7.197		2.881	
	(3.417)**		(3.000)	
GYM（参照组）				
RGYM	−28.822		−11.508	
	(11.684)**		(10.260)	
ORG	−34.229		−1.900	
	(14.712)**		(9.538)	
BHSt	−33.489		50.305	
	(8.708)		(8.883)	
BHSk	−9.648		1.826	
	(8.708)		(8.883)	
BHSw	−34.861		−19.901	
	(10.201)***		(17.416)	
BHSl	−6.455		40.196	
	(17.044)		(12.869)***	
ALE	−23.556		−8.691	
	(10.668)**		(28.033)	
BMSt	−62.814		−6.790	
	(12.827)***		(14.234)	
BMSk	−47.870		−142.972	
	(14.980)***		(12.222)***	

变 量	阅 读 素 养		数 学 素 养	
	(1)	(2)	(1)	(2)
BMSw	−68.712		−36.175	
	(13.542)***		(10.743)***	
BMSl	−77.057		−15.086	
	(17.329)***		(12.350)	
学校规模适度小			−23.063	
			(9.195)**	
学校规模非常小			−43.309	
			(21.520)**	
常数项	104.889	258.982	65.737	218.338
	(65.095)	(34.330)***	(70.096)	(22.739)***
学校固定效应	否	是	否	是
观测值	2 529	2 529	2 824	2 824
R^2	0.303	0.360	0.414	0.472

注:调查回归分析,括号内为标准差,包含了一些缺失解释变量的虚拟变量。

*** 、** 和 * 分别代表显著程度为 1%、5%和 10%。

区分学校影响,可以使由于对父母的社会经济背景测量不准确以及我们无法观测到班级中所有同伴而造成的潜在的测量错误所产生的估计偏差缩小。[1]

除了同伴组这个变量,我们也应该讨论一下其他变量的影响。大多数的个人特征都呈现了与预期相同方向的效应。女性在阅读素养方面的能力普遍好于男性,而男性则在数学素养方面更擅长。年级对于学习成绩来说是一个重要的衡量指标,10 年级学生的测试成绩普遍好于 9 年级学生。单亲家庭的孩子在学习成绩方面没有显著劣势。与核心家庭相比,即与父母共同生活的学生,估算结果显示单亲家庭的孩子在阅读方面表现更好,但统计上的显著性很微弱,以至于我们不能得出任何结论。

移民和第二代移民的表现相对于奥地利裔的学生差很多。移民的系数在程度上与年级的影响相当,这意味着外国背景家庭的孩子在学习表现上比其他学生落后一年。[2]

代表学生家庭背景的变量也显示出对成绩,特别是阅读能力的重要性。家庭的社会与经济状态、家庭藏书量以及父母在职场的地位均对学生的成绩有与预期有相同的结果。母亲的教育水平对于孩子的学习成绩是一个通用的预测值,但一旦控制了父母的社会经济状态后,也失去了解释的

[1] Ammermüller 和 Pischke(2006)应用了类似的固定效应方法,并认为固定效应的方法使估计值的偏差显著缩小,如果通过工具变量更正测量错误,他们发现固定效应的估计结果与 OLS 的估计结果非常接近。

[2] 参见 Schneeweis (2006)关于不同国家本国居民与移民差异的分析。

力度。父亲教育水平的影响力度就更不显著了。

与个人特征和家庭背景相比,学校资源都变得不太重要。对于阅读成绩而言,学校规模、每学年的上课周数以及老师的行为会产生一些影响。对于数学成绩而言,教师的学历变量、学生的日常测试以及对有天赋学生的提升活动都会进一步促进学生对知识的熟练掌握程度。而生师比对成绩没有显著影响。[1]由于较好的学生可能会进入质量较高的学校,而这类学校各方面的配套资源本身就好,因此在解释学校特征对学习成绩影响因素时需要格外小心。

学校类型的虚拟变量十分显著,并在很大程度上影响学生成绩。我们发现参加中等职业学校的学生阅读和数学成绩普遍偏低。平均而言,与高级综合学校的学生相比,他们的阅读成绩大约低64分,数学成绩大约低50分。总体来看,学校类型对于学业表现的影响程度上非常大且在统计上十分显著,这反映了奥地利分层的学校体系。在分析同伴效应时,控制学校类型的固定效应,可以大大减少自选择偏差。

概括起来,通过简单调查回归分析,我们发现同伴效应对学生成绩的影响比较显著,但一旦引入了学校固定效应,同伴效应对学生成绩的影响就不再显著。

4.2 非对称的同伴效应

同伴效应对于中等成绩学生的影响没有很牢固的证据,可能是因为同伴效应对于班级中一部分学生影响显著,这种影响被整体的不显著所掩盖。从政策的角度而言,对同伴效应非对称性的讨论非常有意义,因为如果这种非对称的同伴效应存在,就涉及是否需要将学生在不同的学校和班级进行分配。既然同伴效应不能在轨道分类的辩论中取得政策性结论,回答下面的问题是非常必要的:同伴组会对哪些群体有影响? 家庭条件较差的学生是否更容易受到同伴的影响? 通过与聪明的学生在一起,资质较好的学生还是较差的学生会受益更多?

为了回答上述问题,我们需要检验两个假设:

(1)来自较差社会经济背景家庭的学生在学习方面对同伴的依赖性更强,因此受同伴的影响也更大。

(2)与同伴的认知能力差距较大,成绩较差的学生从优秀的学生同伴中受益更多。因为当程度较低时,可学习的内容更多。另一方面,程度较低的学生可能受聪明学生的影响较小,因为从观察中向同伴学习以及健康、竞争的学习环境需要同样的认知能力。[2]

---

[1] 对班级规模影响的详细讨论参见 Hanushek(1997,1999,2002),Krueger 和 Whitmore(2001)及 Krueger(2003)。

[2] 不对称性也可能来自心理方面的原因,例如在相对位置、状态、嫉妒或偏好等方面遵从他人的担心。第一种观点实际是激发大家向顶端学习而顺从者通常向均值靠拢,如果分数分散程度增加而均值没有变化时,他们受影响程度可能很小。

为了检验第一个假设,我们通过引入同伴群社会经济状况的均值与学生自己的社会经济背景的交互项估计了两个模型。估计的系数在表3中列出。对于阅读成绩而言,我们发现存在统计上的显著非对称性:来自较低社会经济背景的学生的同伴效应最强,随着学生家庭背景的提高,同伴效应的影响在逐渐减弱。该结果在两个模型的变化幅度不大。这些重要的交互项说明了在表2的简单模型中,我们为什么无法发现显著的同伴效应。

■表3 根据家庭背景计算的非对称的同伴效应(A)

变 量	阅读素养		数学素养	
	(1)	(2)	(1)	(2)
同伴的社会与经济特征	2.622	1.987	1.568	−0.852
	(0.889)***	(0.965)**	(0.601)**	(0.610)
自己的社会与经济背景×同伴的社会与经济特征	−0.026	−0.027	0.003	0.013
	(0.015)*	(0.015)*	(0.009)	(0.010)
学校类型效应	是	否	是	否
学校固定效应	否	是	否	是
观测值	2 529	2 529	2 824	2 824

注:调查回归分析,括号内为标准差,包含了一些缺失解释变量的虚拟变量,包含了个人特征和家庭背景变量,模型(1)中还包含了学校特征的变量。
*** 、** 和 * 分别代表显著程度为1%、5%和10%。

在学校固定效应模型中所体现的显著的同伴组的影响可以这样理解:将学生转移到质量高1个标准差的新同伴组,其他条件不变,将会提高学生的阅读成绩。社会经济指数较低的学生(最低的25%)通过这种转移可以使其成绩增加5.2分,这相当于阅读成绩标准差的7.1%。来自较优越家庭背景(75%以上)的学生通过这种移动可以提高阅读成绩标准差的3.31%。在模型(1)中的影响相对较大。

与此相对比的是,同伴效应对数学成绩没有什么影响:在模型(1)中可以识别出存在同伴效应的均值,但没有发现任何非对称性。在固定效应的模型中,均值效应和非对称效应均非常小且不显著。

为什么数学与阅读成绩的差异会如此之大? 其他的研究也表明中学中的同伴效应对阅读的影响大于数学。有研究表明同伴效应对数学成绩的影响在教育的早期更重要,然而在教育的后期,同伴效应对语言的影响更显著。罗伯茨顿和西蒙(Robertson and Symons,2003)发现,在数学成绩上11岁的英国儿童更容易受到同伴的影响。列文(Levin,2001)的研究表明4年级学生的同伴效应只对数学成绩有影响,6年级学生的同伴效应对数学成绩的影响更大,直到8年级对数学与阅读的影响相当。维德尔和尼科巴(Vigdor and Nechyba,2004)使用了北卡罗来纳州的面板数据发现5年级学生的同伴效应对数学成绩的影响更明显。对于高年级学生而言情况就颠倒了,对于数学成绩的影响开始下降,并且在8年级时,同伴效应对于阅读成绩的影响是数学成绩的1.6倍。我们通过交互项对9年级与10年级学生的同伴效应分别进行了估计也得到了类似的结论:9年级学生的同伴对数学成绩的影响偏大,但10年级学生的同伴对阅读成绩的影响较大。

此外,就奥地利的情况而言,如果在一个城市中同一种类型的学校有好几所,学生的转学可能也会影响到成绩,学生或家长不得不决定最终选择哪一所学校。在奥地利,由于几乎没有官方的学校排名,父母或学生只能根据小道消息对学校的质量做出判断。能力较差的学生或来自较低社会与经济背景的学生可能倾向于选择要求不太严,考试较容易通过的学校。这对于数学(和科学)成绩的影响较大,因为这些学科的不合格率可能远远高于其他学科。这可能有助于解释为什么通过控制学校类型的调查回归方法与学校固定效应模型检验同伴效应对阅读成绩的影响时结论基本相同,而对数学成绩影响的检验差异较大。也有其他一些方面的原因支持这个解释:(1)学校固定效应本身大大消除了学生自身社会经济状况的影响(比较第3列与第4列)。(2)学校变量,如老师的学历、日常测试及对有天赋学生的拔高课程相对于阅读成绩而言,对解释数学成绩的力度更大。所有这些因素均导致学校作用对于数学学习的影响更大。此外,我们检验了学校虚拟变量的标准差,发现在数学成绩组的数据更高。控制不同的学校类型后,学校影响的标准差同样对于数学成绩偏高。

一个相关的非参数策略是根据学生的家庭背景将他们分为两类,高端家庭学生和低端家庭学生。高端家庭的学生相对于同伴组的平均水平具有较高的社会经济指数,低端家庭学生的社会经济指数是在平均或以下的水平。我们允许每一类的同伴效应不同。表4显示了同伴效应的估计结

■表4 根据家庭背景计算的非对称的同伴效应 (B)

变　　量	阅读素养		数学素养	
	(1)	(2)	(1)	(2)
同伴的社会与经济特征				
高端学生	1.068	0.351	2.030	0.124
	(0.350)***	(0.488)	(0.319)***	(0.348)
低端学生	1.697	0.943	1.651	−0.208
	(0.450)***	(0.506)*	(0.326)***	(0.322)
学校类型影响	是	否	是	否
学校固定效应	否	是	否	是
观测值	2 529	2 529	2 824	2 824

注:调查回归分析,括号内为标准差,包含了一些缺失解释变量的虚拟变量,包含了个人特征和家庭背景变量,模型(1)中还包含了学校特征的变量。

*** 、** 和 * 分别代表显著程度为1%、5%和10%。

果,再一次证实了我们上面的结论。对于阅读成绩,我们发现高端家庭的学生受到同伴的影响较小,甚至在学校固定效应的模型中不显著。来自低端家庭的孩子受到的同伴效应的影响较大且非常显著,并在两个模型中均成立。

为了证明不同的影响程度,假设同伴的质量增加了 6.3 个百分点(也就是同伴组平均社会与经济状态的一个标准差):位于社会与经济指数分布低端的学生根据模型(1)可以增加 11 分阅读成绩,根据模型(2)可以增加 6 分阅读成绩。如果学生的社会经济指数高于平均值,在模型(1)和模型(2)中分别可以增加 7 分和 2 分的阅读成绩。也就是说同伴效应对于低端家庭学生的影响是高端家庭学生的两倍。对于数学成绩,在模型(1)中的同伴效应对于高端家庭的学生影响更大,但在固定效应模型中,对于两类家庭孩子的影响均不显著。

到目前为止,我们假定学生受同学的影响相同。我们也可以假定高端或低端的同伴影响力更强。我们进行了一些更深入的分析(没有在表中列出),不仅允许不同学生受影响程度的不同,也允许不同学生影响他人的能力也不同。问题是不同的学生是否受同伴中成绩好或成绩差的同学影响更大?仅在模型(1)中,对于阅读和数学成绩,我们发现会产生更强的影响。结果显示,如果同伴组低端部分的学生具有较高的素质,将对高端学生产生积极的影响。对于低端学生而言,高端学生整体素质的高低对其影响更大。这些结果非常有意义,指出了在班级中高端学生与低端学生辅导活动的重要性:辅导的学生与被辅导的同学可以共同进步。

行为经济学最近的研究显示,个体的合作行为具有异质性,合作的意愿与其他人的合作态度有关(Gächter and Thöni, 2005)。在我们的社交模型中,我们可以假定同伴效应的影响程度与班级中的合作性有关。PISA 数据提供了学生的合作学习行为指数,该指数是通过大量的描述学生对待与他人一起学习的态度的问题中得出的(例如,我喜欢与其他人一起工作,我喜欢帮助别人,集中大家的想法是非常有帮助的)。我们将同伴效应与同伴组中合作行为指数的均值作为交互项,发现合作学习水平越高的组,同伴效应对于阅读成绩的影响越大,该结论对于是否控制学校固定效应的模型均适用。对于数学成绩的估计,没有发现显著影响。

第 2 个假设是通过分位数回归来检验的,允许同伴效应对于不同认知能力(根据 PISA 成绩判断)的学生有差异。估计结果是根据有条件测试分数分布中 15%、25%、50%、75% 以及 85% 的分位点而得出的。表 5 显示了每一个分位数估计的结果。对于阅读成绩而言,能力分布在低端的学生比能力分布在中位数以上的个体似乎更容易受到同伴的影响。在我们引入固定效应后,该结论仍然成立,只是在统计上的显著性减弱。此外,同伴效应与学生自身的社会经济情况的交互项也显示出负相关性:成绩中下等并来自较差家庭背景的学生受同伴的影响最大。对于数学成绩而言,结果似乎缺少揭示性:测试成绩分布在 85% 以下的学生,具有相对较小的同伴效应,但这些影响在引入固定效应模型后完全消失。

■表5 根据能力和家庭背景计算的非对称的同伴效应

	分 位 数				
	0.15	0.25	0.50	0.75	0.85
阅读（1）					
同伴的社会与经济特征	2.932	3.744	2.979	1.974	0.995
	(1.717) *	(1.493) **	(1.118) ***	(1.188) *	(1.368)
自己的社会与经济背景×同伴的社会与经济特征	−0.027	−0.042	−0.033	−0.019	−0.004
	(0.031)	(0.026) *	(0.020) *	(0.021)	(0.023)
阅读（2）					
同伴的社会与经济特征	1.383	2.502	2.602	0.945	0.678
	(1.807)	(1.702)	(1.352) *	(1.160)	(1.193)
自己的社会与经济背景×同伴的社会与经济特征	−0.012	−0.035	−0.039	−0.017	−0.029
	(0.029)	(0.027)	(0.023) *	(0.020)	(0.022)
数学（1）					
同伴的社会与经济特征	1.448	1.290	1.582	1.461	0.806
	(0.727) **	(0.758) *	(0.586) ***	(0.628) **	(0.815)
自己的社会与经济背景×同伴的社会与经济特征	−0.008	−0.000	0.003	0.013	0.022
	(0.014)	(0.013)	(0.010)	(0.012)	(0.015)
数学（2）					
同伴的社会与经济特征	−0.452	−0.913	−0.638	−1.465	−1.255
	(1.122)	(1.026)	(0.828)	(1.023)	(1.123)
自己的社会与经济背景×同伴的社会与经济特征	0.001	0.010	0.011	0.026	0.024
	(0.016)	(0.015)	(0.012)	(0.016)	(0.018)

注：分位数回归；括号内为自举法的标准差；包含了一些缺失解释变量的虚拟变量，也包含了个人特征和家庭背景变量，模型(1)中还包含了学校类型和学校特征的变量，模型(2)中包含了学校固定效应。

*** 、** 和 * 分别代表显著程度为 1%、5% 和 10%。

就公共政策而言，需要对结论的解释非常小心。我们的结论显示将能力较高的学生更加平等地分配在各所学校将有利于提高整体的阅读成绩，而能力较低的学生及来自家庭背景较差的学生从中获益则更多。但根据这些结论制定政策时需格外小心，因为学校本身的筛选也非常重要，特别是对于数学成绩而言。在改变学校的社会经济状态的构成之前，需要检验不同学生群体的组合是否会对同伴产生影响，当学校或班级中存在的社会异质性产生反作用时，这种情况是有可能发生的。学生可能不仅会受到同伴平均素质水平的影响，也会受到同伴多样性的影响。因此我们通过引入同伴素质变量的标准差检验了社会地位的异质性对于学生学习成绩的影响。表6显示了分位数回归系数。对于阅读素养而言，社会地位的异质性不会产生显著的副效应，不管是否控制了学校固定效应的影响。对于数学素养而言,回归结果显示异质性对于分布在15%分位点的学生会产生副作用,而对于分布在85%分位点的学生可能产生一些积极的作用。这意味着社会地位的多样性对于聪明学生可以提高他们的数学成绩,而对于能力较低的学生则不利于他们数学的学习。这些结论有点矛盾:同伴效应对于阅读成绩更重要且更显著,但社会地位的多样性可能对数学成绩产生负面影响。一个可能的解决方案,已经在奥地利的许多学校实行了,就是整合学校与班级,但对于一些学科,如数学,针对不同水平的学生配备辅导人员。

■表6　根据能力和异质性计算的非对称的同伴效应

| | 分　位　数 | | | | |
	0.15	0.25	0.50	0.75	0.85
阅读(1)					
同伴的社会与经济特征	1.628	1.458	1.330	0.901	0.459
	(0.677)**	(0.560)***	(0.485)***	(0.540)*	(0.599)
社会背景的异质性	−1.123	−0.724	−0.455	0.940	1.364
	(1.051)	(0.838)	(0.741)	(0.840)	(0.946)
阅读(2)					
同伴的社会与经济特征	0.826	0.632	0.583	0.081	−0.565
	(0.917)	(0.846)	(0.687)	(0.811)	(0.766)
社会背景的异质性	−0.046	−2.022	0.250	−0.123	0.231
	(1.438)	(1.292)	(1.041)	(1.013)	(1.260)
数学(1)					
同伴的社会与经济特征	1.226	1.292	1.735	1.953	1.717
	(0.340)***	(0.322)***	(0.265)***	(0.304)***	(0.352)***
社会背景的异质性	−0.730	−0.022	−0.066	1.113	1.685
	(0.726)	(0.735)	(0.585)	(0.662)*	(0.683)**
数学(2)					
同伴的社会与经济特征	−0.146	−0.527	0.051	−0.310	0.098
	(0.604)	(0.563)	(0.474)	(0.627)	(0.605)
社会背景的异质性	−1.714	−0.950	−0.718	0.728	1.705
	(0.972)*	(0.882)	(0.873)	(0.898)	(0.920)*

　　注:分位数回归;括号内为自举法的标准差;包含了一些缺失解释变量的虚拟变量,也包含了个人特征和家庭背景变量,模型(1)中还包含了学校类型和学校特征的变量,模型(2)中包含了学校固定效应。
　　***、** 和 * 分别代表显著程度为1%、5%和10%。

5　结论

　　在这篇文章中,我们应用从 PISA 2000 和 PISA 2003 得到的数据研究了奥地利学校同伴效应的影响。估计同伴效应的影响是非常困难的，最主要的原因是学生自己选择到不同学校及相应的同伴组。由于奥地利学校体制将接受中等教育的学生分配到不同类型的学校中，我们使用了两种模型来估计：控制学校类型的回归和学校固定效应方法。

我们发现同伴效应对于阅读成绩的影响非常显著，并随着学生自己的社会经济背景的提高而递减。因此，家庭背景较差的学生相比其他学生通过与较好的学生为伴，可以获得更高的回报。但对于数学成绩我们无法观测到这种现象：对不同学校学生的遴选对于数学成绩的影响更大。此外，同伴效应对于阅读成绩而言是不对称的，对于能力较低的个体影响更大，这意味着能力较低的个体更受益于好的同伴。有些事实可以说明我们只是估计了同伴效应影响的底线：(1)我们只观测了同年级的学生，而不是同一个班级的学生，因此文中所用的同伴的概念——在同一个年级的学生，但不必在同一个班级——有些过于宽泛。(2)在固定效应估计中的测量错误可能减小估计的偏差，将同伴效应的影响压缩至零。

同伴效应的影响总是会引起政策的兴趣，因为这涉及重新将学生分配到不同的学校和环境：能力弱的学生如果与学习成绩非常好的学生在一个班，将会大大受益。为了加强重新分配有效性，就提高学生的认知能力而言，上述结论必须满足两个条件。第一，同伴效应对能力较低个体的影响高于对能力较高个体的影响，第二，学校异质性的增加也不会有损于整个群体的平均学习能力。我们的结论没有给出一个明确的信息，用以支持重新分配学生的做法。一方面我们发现一些关于阅读成绩的同伴效应，使那些能力较低及社会与经济背景较差的学生从中受益更多。另一方面，学生群体中如果存在较大的异质性，对于成绩较差的学生在数学方面的学习却不利。也许其中一个解决方案是，将更多的学生整合在一起，但对于特定的学科，如数学、科学，允许在不同层次上组建一些较小的学习小组。

此外，奥地利的学校体系在学校类型和不同学校之间存在很多分层。根据 PISA 成绩测量的认知能力在不同的学校类型和不同的学校之间差别很大。那些旨在培养学生进入高校的学生成绩明显高于平均水平。然而奥地利公众一直在讨论的一个核心问题是，是否应该禁止多种学校类型共存的局面，所有 10 岁到 14 岁的儿童应该在一种类型的学校学习。我们对于同伴效应的实验是在有限学校类型的高中阶段进行的，对于是否禁止奥地利学校早期的分层，是我们的结论所无法得出的。

参考文献

Ammermüller A, Pischke JS (2006) Peer effects in European primary schools: evidence from PIRLS. Institute for the Study of Labor (IZA), Bonn, Discussion paper no. 2077

Angrist JD, Lang K (2004) Does school integration generate peer effects? Evidence from Boston's Metco program. Am Econ Rev 94(5):1613–1634

Arcidiacono P, Nicholson S (2005) Peer effects in medical school. J Public Econ 89(2–3):327–350

Bandura A (1986) Observational learning, chapter 2. In: Social foundations of thought and action. A social cognitive theory. Prentice-Hall, USA

Bayer P, Pintoff R, Pozen DE (2004) Building criminal capital behind bars: peer effects in juvenile corrections. Yale School of Management, Working Paper, July 2004

Bénabou R (1993) Workings in a city: location, education and production. Q J Econ 108(3):619–652

Betts JR (1998) The impact of educational standards on the level and distribution of earnings. Am Econ Rev 88(1):266–275

Betts JR, Zau A (2004) Peer groups and academic achievement: panel evidence from administrative data. Public Policy Institute of California, February 2004

Brunello G, Giannini M, Ariga K (2006) The optimal timing of school tracking. In: Peterson P, Wößmann L (eds) Schools and the equal opportunity problem. MIT Press, Cambridge USA (in press)

Eisenberg D (2004) Peer effects for adolescent substance use: do they really exist? Berkeley School of Public Health, Working Paper, March 2004

Falk A, Ichino A (2006) Clean evidence on peer effects. J Labor Econ 24(1):39–57

Fertig M (2003) Educational production, endogenous peer group formation and class composition. Evidence from the PISA 2000 study. Institute for the Study of Labor (IZA), Bonn, Discussion paper no. 714

Gächter S, Thöni C (2005) Social learning and voluntary cooperation among like-minded people. J Eur Econ Assoc 3(2–3):303–314

Ganzeboom HBG, DeGraaf PM, Treiman DJ (1992) A standard international index of occupational status. Soc Sci Res 21:1–56

Gibbons S, Telhaj S (2006) Peer effects and pupil attainment: evidence from secondary school transition. London School of Economics, CEP Working paper

Hanushek EA (1997) Assessing the effects of school resources on student performance: an update. Educ Eval Policy Anal 19(2):141–164

Hanushek EA (1999) The evidence on class size. In: Mayer SE, Peterson P (eds) Earning and learning: How schools matter. Brookings Institution, Washington, pp 131–168

Hanushek EA (2002) Evidence, politics, and the class size debate. In: Lawrence M, Rothstein R (eds) The class size debate. Economic Policy Institute, Washington, pp 37–65

Hanushek EA, Wössmann L (2006) Does educational tracking affect performance and inequality? Differences-in-differences evidence across countries. Econ J 116(510):C63-C76

Hanushek EA, Kain JF, Markman JM, Rivkin SG (2003) Does peer ability affect student achievement? J Appl Econ 18(5):527–544

Haider G et al. (2001) PISA 2000. Nationaler Bericht. Österreichischer Studien-Verlag, Innsbruck. (http://www.pisa-austria.at/pisa2000/index.htm.)

Hoxby CM (2000) Peer effects in the classroom: learning from gender and race variation. National Bureau of Economic Research, Working paper no. 7867

Koenker R, Bassett G Jr. (1978) Regression quantiles. Econometrica 46(1):33–50

Kooreman P (2006) Time, money, peers, and parents: some data and theories on teenage behavior. J Popul Econ (in press)

Krauth B (2005) Peer effects and selection effects on youth smoking in Canada. Can J Econ 38(3)

Krueger AB (2003) Economic considerations and class size. Econ J 113(485):F34-F63

Krueger D, Kumar KB (2004) Skill-specific rather than general education: a reason for US-Europe growth differences? J Econ Growth 9(2):167–207

Krueger AB, Whitmore DM (2001) The effect of attending a small class in the early grades on college-test taking and middle school test results: evidence from project STAR. Econ J 111(468)

Lazear EP (2001) Educational production. Q J Econ 116(3):777–803

Levin J (2001) For whom the reductions count? A quantile regression analysis of class size and peer effects on scholastic achievement. Empir Econ 26:221–246

Manski CF (1995) Identification problems in the social sciences. Harvard University Press, Massachusetts

Manski CF (2000) Economic analysis of social interactions. J Econ Perspect 14(3):115–136

McEwan PJ (2003) Peer effects on student achievement: evidence from Chile. Econ Educ Rev 22:131–141

Organisation for Economic Co-operation and Development (2001) Knowledge and skills for life. First results from PISA 2000, Paris. http://www.pisa.oecd.org

Organisation for Economic Co-operation and Development (2002) PISA 2000 technical report, Paris. http://www.pisa.oecd.org/tech/intro.htm

Organisation for Economic Co-operation and Development (2004) Learning for tomorrow's world: first results from PISA 2003, Paris. http://www.pisa.oecd.org

Organisation for Economic Co-operation and Development (2005) PISA 2003 technical report, Paris. http://www.pisa.oecd.org

Robertson D, Symons J (2003) Do peer groups matter? Peer group versus schooling effects on academic achievement. Economica 70:31–53

Sacerdote B (2001) Peer effects with random assignment: Results for Dartmouth roommates. Q J Econ 116(2):681–704

Schindler-Rangvid B (2003) Educational peer effects. Quantile regression evidence from Denmark with PISA 2000 data, chapter 3. Do schools matter? Ph.D. thesis, Aarhus School of Business, Denmark

Schneeweis N (2006) On the integration of immigrant children in education. University of Linz, Working Paper

Soetevent A, Kooreman P (2006) A discrete choice model with social interactions: with an application to High School teen behavior. J Appl Econ (in press)

Vigdor J, Nechyba T (2004) Peer effects in North Carolina public schools. Duke University Durham USA, Working Paper, July 2004

Winston GC, Zimmerman DJ (2006) Peer effects in higher education. In: Hoxby C (ed) College decisions: How students actually make them and how they could. University of Chicago Press for the NBER (in press)

WößmannL (2003a) Schooling resources, educational institutions and student performance: the international evidence. Oxf Bull Econ Stat 65(2):117–170

教师的公正排名 [*]

亨德里克·朱尔金斯(Hendrik Jürges)　克斯廷·施奈德(Kerstin Schneider)

摘要： 经济理论显示，根据学生的相对表现来奖励教师是最优的。我们根据随机边界分析设计了计量经济学方法，用以构建教师的公正排序机制，并考虑了学生的社会与经济背景、学校因素及教师对成绩的固有印象等因素。通过国际阅读素养研究 PIRLS(德语 IGLU)数据，我们揭示了数据的异质性并估计了每个教师的教学有效性。虽然控制变量不够丰富，但足可以得到对未被观测的教师质量的"公正"估计。豪斯曼—泰勒类型的估计值是最优估计值，因为教师的教学有效性可能和一些外在变量相关。

关键词： 教师质量　公正排名　信任度　随机边界　豪斯曼—泰勒估计值

1　引言

在这篇论文中，我们根据大规模评估研究的结果讨论说明了计算教师或学校公正排名的一种计量方法。"公正"在此文中意味着不考虑超出个别老师所能控制的学生成绩的重要决定因素，并

---

* 本文得到了 3 位匿名评论人以及 2005 年德国经济协会代表大会(Verein für Socialpolitik)参加者非常有益的帮助。

考虑了衡量学生成绩的内在印象因素。我们对教师的排名是根据他们的效率或质量,其中效率的估计是根据可观测的产出对可观测的投入回归的残差得出的。通过采纳以经验生产分析的方法定义的技术效率,我们对生产商品和生产技能进行了类比。

为什么我们要将老师根据他们的效率进行排名,为什么我们特别关注公平? 首先,我们认为通过对质量的衡量对教师进行排名可以作为提升教育系统质量的助力。除了学生的家庭背景以外,教师的质量被公认为是教育生产函数中最重要的因素之一。人们,至少对于经济学家而言,促进教师更加积极地工作并提高教育质量的一个简单方法就是绩效工资。其中,学生的学习成绩水平或学生学习成绩的变化可以用来衡量教师的质量。例如,可参见美国信用(accountability Systems)系统的讨论(Hanushek and Raymond,2004;Jacob,2005),英国的绩效管理体系(Propper and Wilson,2003),或者朱尔金斯等(Jürges et al.,2005b)开发的标准竞争模型。

虽然在理论的讨论上倾向于根据绩效为教师发工资,却没有清晰明了的实际数据可以证明教师工资与教师质量之间的关系。例如哈努谢克等(Hanushek et al.,1999)发现学校之间教师的流动性很少受工资激励机制影响,却与非货币方面的因素,如学生团体的构成关系很大。此外,他们也没有发现学区数学与阅读成绩和学区教师工资一致的关系。然而,如巴卢(Ballou,2001)所示,在公立学校无法实行绩效工资可能与教学本身无关,而是由特定的原因,如教师工会的反对所造成。除了教师的工资可以增加教学质量之外,要求更严格的学历和资质也可以提高教学质量。如安格里斯特和格彦(Angrist and Guryan,2004)所阐明的,这个策略也可能失败:美国引入州政府指定的教师测试后提高了教师的工资,但相应的教育质量没有提高。

拉维(Lavy,2002,2004)根据竞赛排名数据评估以色列10—12年级的高中教师绩效工资效果时发现的证据表明了绩效工资的积极作用。该竞赛在5个不同的学科展开:英语、希伯来语、阿拉伯语、数学和其他。每一个竞赛的指导老师可能赢得7 500美元的奖励,与年均仅3万美元的总收入相比,是一笔不小的数目。拉维的研究表明这种教师的绩效激励对于学生的学业成就具有显著的积极作用,特别是对于来自较差家庭背景的孩子。在他的研究中,学生成绩提高的表现是测试成绩的提高和辍学率的降低。这可能主要归功于教学方法的改进、放学后的补课以及教师更重视满足学生的需求。值得一提的是,拉维没有发现故意捏造学生成绩的证据。通过比较教师的激励机制与传统的教育激励项目,如增加学校资源,我们发现后者对三种学业成就指标具有较大的作用,三种学业成就指标分别是平均测试成绩、通过的科目数和学生参加入学考试的比重,但对于三种其他的结果影响较小(通过的理科科目数,获得大学入学通知的比例,辍学率)。此外,每所学校激励项目所投入资源的成本是激励机制成本的两倍。总体而言,教师的激励机制相对于向学校投入更多的资源,如用于增加教学时间、实行小班级教学、对基础薄弱学生提供额外辅导等,被证明成本效益更高。

　　只要人们讨论或实行绩效工资机制,就会受到来自教师工会的强烈反对。这种机制向学校系统引入了竞争的元素,这是以前从未听说过的。虽然有很好的理由反对向学校系统引入过多外部激励因素,例如外部的激励可能会压制内在的动因,但教师工会提出的反驳意见通常会缺乏公正性。例如,在英国引入奖金机制之前,一个教师工会的领导认为"所有的证据都指向一个事实,即教师无法控制的背景因素破坏了根据学生进步来对教师进行奖励评估这一方式的有效性"(Payne,2000)。一个相似的论点在新西兰(几年前引入了绩效工资机制)也曾被人指出:"该标准假定所有的学校是相同,但是在最差的 10％的学校(学生来自几乎没有任何经济或社会资源的家庭)任教相对于在最好的 10％的学校(学生在许多方面均具有优势)任教,其难度是无法衡量的"(Sullivan,1999)。

　　最近,德国的 7 个联邦州政府一起在各年级小学生和中学生间引入了常规标准测试(VERA)。德国的教师工会反对公开学校层面的测试结果以及根据此结果的排名,因为,如他们所描述的,不同的学校在不同的条件下运行。相应地,政治家们许诺不会根据测试结果对学校或老师进行排名。这样做的唯一原因是害怕根据学生成绩造成所谓不公正的排名,这个政策看上去有些过度小心,甚至有失偏颇。

　　公正排名的问题当然不是新近提出的。其中的一个问题是,如何衡量学校信用度,凯恩和斯坦格尔(Kane and Staiger, 2002a, b)已经提出过改问题。测试成绩作为衡量学校质量的可靠性可能受短期效应的影响,例如一只狗在停车场吠叫,可能是因为测试当天天气潮湿(Kane and Staiger, 2002a, p. 95)。此外,凯恩和斯坦格尔还指出平均测试成绩的不准确也可能来自小样本中样本的差异性所致,这种差异源于不同学生测试样本的不同特质。结果,较大的学校相对于较小的学校不太可能在评估表现方面有较大的差异,这样减少了绩效增值方法的可信度。没有在凯恩和斯坦格尔文章中提到的一个可能的解决方法是通过随机效用估计教师的有效性,而不是简单平均(参见第 2 部分)。

　　解释学生群体的社会与人口构成是大多数学校信用体系最基本的要求。例如,在美国引入公立学校的绩效责任制时,几个州已经构建了"相似学校指数"确保每个学校只与可对比的学校进行比较(例如,可参见 http://www.cde.ca.gov/ta/关于加利福尼亚州相似学校指数的信息)。相似的学校通常指那些具有相似的(广义的)社会与人口背景的学校,例如种族的构成比例或者参加免费午餐项目的学生比例相似。目前已有的学校指数的一个问题是其构成相对有些特别,根据现有的数据构建而成。在本文中我们提出一个以回归法为基础构建教师和学校"公正"的排名。我们也提出了一套由有限数量构成的背景变量,该套变量对于学生的成绩具有高度的说明性,并且在标准测试的过程中可以以较低的成本收集得到。此外,我们建议应该更加关注每个教师的表现,而不是学校的平均表现。该建议也得到了拉维(Lavy,2002,2004)研究结论的支持,他发现如果人们直接以教师作为评价对象,激励工作更加有效。

我们借以说明该方法的德国小学的数据,最初是更大的国际研究的一部分(即国际阅读素养研究,PIRLS)。鉴于以下原因,德国小学的数据适用于此研究。第一,因为教育体系的差别,测评不同国家的相对有效性是一件非常困难的任务。因此,我们将研究的范围限定于一国之内。第二,在教育研究中,理解所研究的教育体系的具体制度是很重要的。德国小学一个显著特点是学生通常与几名相同的老师一起学习至少两年,在很多情况下一起度过 4 年,也就是整个小学阶段。此外,小学的任课老师讲授大多数或者全部的科目。在中学阶段就不存在这种情况,老师通常只专注于一门课程。我们所掌握数据中的大多数学生的阅读及其他课程因而由一个老师教授,因此我们可以将学生的进步归功于一个老师。最后,第三个值得一提的德国小学系统的特征是学校的可选择面是非常有限的(虽然当前这种情况在一些联邦州政府正在转变)。通常根据学区将学生分配到各个公立学校,私立学校很少。因此,对学生的分类通常是凭借可观测的社会经济背景特征,而不是根据内在(甚至不可观测的)能力。

与其他已经采用学校绩效责任制的国家相比,德国教育政策在评估教师表现以及将结果公开方面有些过于小心。这与美国不同。虽然学校绩效责任制的反对者可能不无道理,但赞成者的人数可能远远超过反对者。例如,94％的美国公众更支持采用测试和标准评估(Hoxby,2002),并且发现评估对学生成绩的平均表现有显著的积极影响(例如,Hanushek and Raymond,2004)。绩效责任制的成本效益是学校系统的其他改革无法匹敌的。在美国,即便是花费最多的绩效责任制度的成本也不到1％的生均经费的 1/4(Hoxby,2002)。在美国将班级规模略减少 10％的成本是普通绩效责任制成本的 124 倍。如果老师工资增加 10％,其成本的增加为平均评估项目成本的 88 倍。

在过去,德国学校没有定期的标准化测试,但一些州政府至少有中间退出考试(Jürges et al.,2005a)。这些测试的结果通常不会在学校层面公开。因此父母与学生无法根据测试结果估计学校质量。然而,这在将来可能发生变化,因为德国所有公务员将引入绩效工资评价体系。在德国大多数的老师仍是公务员。学校或教师的绩效体系可以作为绩效奖励教师的基础。当教师的绩效工资最终不得不实施时,本文所构建的"公正排名"方法就需要仔细研究了。

本文的其他部分的结构如下。第 2 部分,我们描述并且讨论了不同的以回归法为基础(随机边界)的方法,以估计每个教师的教学有效性。第 3 部分详细描述了用来证明这些方法的德国 PIRLS 数据。第 4 部分陈述了结果。第 5 部分进行了概括和总结。

2 用随机边界模型估计教师教学的有效性

这篇论文中用来估计教师教学有效性所使用的方法是基于下面的通用面板数据模型：

$$y_{is} = z_i\gamma + x_{is}\beta + u_i + v_{is} \tag{1}$$

在等式(1)中，y_{is} 代表 s 学生在 i 教师班的测试成绩(教育产出)；投入变量 x_{is} 是学生的背景变量，在同一个班级里不同的学生是不同的；而投入变量 z_i 对于同一个班级或同一个老师是固定的；变量 x_{is} 可以是父母的教育背景等；z_i 可以是班级规模或班级中移民学生的比例。

残差项由两部分组成，一部分是通常的残差项 v_{is}，满足独立的单一分布$(i.i.d)$，另一部分是教师特有的残差项 u_i，解释教师 i 在教育生产方程中的有效性或质量。在下面的陈述中，教师的有效性和教师的质量代表同一个含义。

通过各种方法估计 u_i 的随机边界方法的文献，大多数为评估公司的有效性为目标的生产力评估分析。这里有效性是指由于公司管理质量的差别所导致的未被观测到的异质性。换句话说，在给定的可观测的投入量完全相同时，公司的相对有效性解释了为什么不同公司的产量仍有差别。等式(1)通过应用面板数据描述了一个典型的随机边界模型［参见 Kumbhakar 和 Lovell(2000)对随机边界分析的整体介绍］。

与通常的面板数据模型不同，我们没有不同时间不同个体的观测值。学生是以班级为单位，且/或拥有共同的老师，我们的数据是分层次的，班级规模随时间的变化而变化，观测单位是班级(或老师)。我们的数据也适用于经典计量经济学面板数据。在教育学的文献中，面板模型经常被用到，但通常称之为多水平模型(multilevel model)或层级线性模型(hierarchical linear model)。我们的数据与大多数经济学文献所用到的面板数据的区别是，我们的样本没有时间顺序。因此我们不必考虑无法观测到的时间变化的影响，这种影响会导致时间间隔较短的观测值之间有更强的依赖性。

据我们估测，未被观测到的质量 u_i 是一个核心变量。这与通常的面板数据形成鲜明对比，在通常的面板数据中，人们通常关心的不是个体影响的本身，而是对个体影响的处理效用，以据此得出系数 β 和 γ 的一致估计值。对于既定的面板数据，有几种模型可以用于估计 u_i。最简单的方法是固定效应或虚拟变量模型。$\hat{u}_i$ 代表每一个教师虚拟变量的参数，与所有的 $\hat{\beta}$ 一起估计。或者 $\hat{u}_i$ 可以被恢复为教师平均的联合残差 $\hat{\varepsilon}_{is} = \hat{u}_i + \hat{v}_{is}$。固定效应估计值的优势是即便投入量与教师的作用 $\hat{u}_i$ 相关，我们仍能得到一致的斜率估计值 $\hat{\beta}$。得到一致的固定效应斜率估计值的唯一假定条件是投入量与随机误差项 v_{is} 不相关。

固定效应估计值有两个缺点。第一，虽然估计的有效参数是无偏的，但这些参数只有在每个教师的学生数目非常多时才一致。无偏性不会使某些学生不正常的发挥对教师产生深刻影响,且一旦教师被告知如果所教授班级的学生接受多次测试,固定效应就可以发现教师的平均真实教学质量,无偏性也不会对其产生深刻影响。第二,所有教师或班级固定效应变量的影响都包含在估计的固定效应的估计值中。

有一种解释方法可以在解释班级固定变量的影响的同时仍保持固定效应估计值的优势,即间或出现在应用计量经济学文献中的两阶段方法(Black and Lynch,2001):第一步,估测上述固定效应模型。第二步,根据班级固定效应变量,回归在第一阶段得到个人效应的估计值。如果所有的随教师变化的变量的个人特有均值 $\hat{x}_i$ 也包含在第二步中,这个两阶段模型类似于 y_{is} 对 x_{is},$\hat{x}_i$ 以及 z_i 的混合(pool)OLS回归。然而,我们都知道这不是最好的方法,因为混合OLS回归忽略了残差项中教师间的相互关系。

这意味着我们应该使用随机效用(或方差分量)模型回归 x_{is},$\hat{x}_i$ 以及 z_i 对 y_{is} 的影响。在随机效应模型中,个体特有的变量 u_i 不能任意估计,需假定其服从均值为0,方差为 σ_u^2 的分布,并且与解释变量不相关。在经济学文献中有一个通常的错误认识,那就是如果豪斯曼检验(Hausman test)显著,则意味着固定效应模型优于随机效应模型(Skrondal and Rabe-Hasketh,2004)。如果如我们所建议的,在回归中包含只随着班级或老师而变化的所有个体独特的解释变量的均值,则可以与那些班级固定变量的系数一样,得到这些解释变量的一致的回归系数。需要注意的是,如果控制了均值 $\bar{x}_i$,模型 x_{is} 与个体特有影响 u_i 呈垂直关系。当然,v_{is} 与 x_{is} 或 z_i 或者 u_i 与 z_i 之间的关联性仍然是潜在的问题,这些问题需要通过工具变量的方法(或者其他不同的方法)来解决。

在我们应用的过程中,我们对残差而不是斜率系数感兴趣。随机效应的估计与固定效应的估计相比,还有另外一个优势。如前面所提到的,在固定效应模型中,个人特有的影响可以通过联合残差项的组内教师均值得到。然而当每个教师的可观测学生数 S_i 比较小时,组内教师均值的估计值对样本量的变化非常敏感。随机效应的估计值考虑了每个教师观测值的数量,因为它缩小了联合残差项的组内教师均值,以便得到单个个体的特有影响:

$$\hat{u}_i^{RE} = \left(1 - \frac{\hat{\sigma}_v^2}{\hat{\sigma}_v^2 + S_i \hat{\sigma}_u^2}\right) \frac{1}{S_i} \sum_{s=1}^{S_i} \hat{\varepsilon}_{is}^{RE} \tag{2}$$

其中括号内的表达方式是收缩因子。在既定的 $\hat{\sigma}_u^2$ 和 $\hat{\sigma}_v^2$,收缩因子随班级中学生数 S_i 的增加而增加,当 S_i 趋近无限大时,收缩因子接近单位值。因此随机效应的估计值就某种意义来说是保守型估计,当某一教师的信息很少(如只有很少的几个学生),随机效应的估计值接近0,也就是说估计值为所有老师的平均值。由于随机效应估计值假定教师的质量是从概率分布中推导出来的,只有几个学生教师的估计值接近分布的均值。当我们对某个老师的学生没有任何信息时,我们最好的估计值是整体的均值(Goldstein，1997)。

在我们研究的内容中一个可能的内生性来源，也是在学校效率的文献中经常被忽视的，就是对教师的排序。例如较好的老师可以选择学校或在某所学校内选择班级，这样他们通常会选择在学习能力方面或社会经济背景方面基本没什么问题的学生。也可能是较好的老师被分配到问题很多较难管理的班级中。无论在哪一种情况下，这样的排序都会使 γ 的估计值造成潜在的偏差，因为 u_i 与 z_i 相关。豪斯曼和泰勒(Hausman and Taylor，1981)设计了一种考虑这类内生性问题的随机效应工具变量的估计方法。

豪斯曼—泰勒(HT)估计值有效的前提假设是一些背景变量事实上是外生性的。具体而言，豪斯曼—泰勒通过让 $z_i = (z_{i1}, z_{i2})$ 和 $x_{is} = (x_{is1}, x_{is2})$ 分割了 z_i 和 x_{is}，并假设在 z_{i1} 和 x_{is1} 中的变量与 u_i 不相关，但在 z_{i2} 和 x_{is2} 中的变量允许与 u_i 相关。豪斯曼—泰勒通过三阶段的步骤估计而得。第一步，通过上面所描述的固定效应回归计算与 β 一致的估计值。第二步，通过工具变量回归个人特有的残差项，该残差项通过第一步不随时间而变化的解释变量 $z_i = (z_{i1}, z_{i2})$ 得到。由于 z_{i2} 被假设具有内生性，它们根据不随时间变化的外生性变量 x_{is1} 为工具估计而得。序列条件的识别需满足在 x_{is1} 中随班级变化的变量数多于在 z_{i2} 中不随班级变化的内生性变量的数目。此外，工具与 z_{i2} 的相关性需要足够大以避免弱工具问题。第二步的回归可以得到一致的但无效的 γ 估计值。第一步和第二步的估计值结合起来可以计算方差为 $\hat{\sigma}_u^2$ 和 $\hat{\sigma}_v^2$ 的残差项。该残差项反过来又可以作为在常规的随机效应模型中所有变量的准去平均值(quasi-demean)[1]。第三步，回归准去平均的等式右边的变量通过工具 z_{i1}、$\bar{x}_{i1}$ 以及个体特有的均值 $x_{is1} - \bar{x}_{i1}$、$x_{is2} - \bar{x}_{i2}$ 的标准差，得到准去平均的被解释变量。

在这篇文章中，我们主要讨论以回归为基础的效率估计。另一个概念上有些差别但广泛使用的估计方法是数据包络分析(data envelopment analysis)。数据包络分析是一种非随机的线性程序方法，可以处理多产出的问题。它与我们所用的给出具体生产方程的形式及效率的分布所不同，是一种非参数估计。

过去的研究表明，两种方法均有它们的优缺点。龚和西克尔斯(Gong and Sickles，1992)以及西克尔斯(Sickles，2005)通过面板数据检验了数据包络分析和以回归为基础的随机边界分析的相对效果。相对稳健的结果显示，当存在较大的测量误差并且能保证生产方程的形式正确的情况下，随机边界分析优于数据包络分析。然而以回归为基础的方法的缺点是非常依赖于生产方程的形式，也是无可争论的。我们认为在处理学生成绩的数据时，测量误差问题更严峻。此外，数据包络

---

[1]　也就是说，在去平均的时候是用原值的 y 减去 u_i 乘以 y 的均值。——译者注

分析不适合解释存在大量解释变量的情况。事实上，当我们通过数据包络分析，应用相同的解释变量估计随机有效性变量时，发现几乎所有的老师均在有效边界上，也就是说有意义的排名几乎不可能。

3 德国 PIRLS 数据

除了国际数学与科学教育成绩趋势(TIMSS)和学生能力国际评估计划(PISA)，PIRLS 是德国第三大规模的学生评估数据。2001 年有 35 个国家的学生参加了 PIRLS 的评估(在德国称为 IGLU)，它测试了学生(9—11 岁)在 4 年级的读写能力。PIRLS 从学生及家长(家庭问卷)两个渠道收集了大量的关于学生社会与经济背景方面的信息，并通过教师和校长问卷获得一些额外的信息(数据可以通过 http://www. timss. bc. edu/免费获得)。

在下面的分析中，我们试图从问卷中选出一套数量较少但能充分反映学生社会与经济背景信息的变量。表 1 描述了根据学生、校长和老师问卷选出的将在分析中用到的变量。我们在分析中只包含了提供所有信息的学生。在我们的分析样本中，共有 4 964 名学生和 279 名教师。在分析中用到的因变量是 PIRLS 测试中阅读成绩的标准分(rasch score)，均值为 150，标准差为 10。表 1 的第 1 部分概括了从学生问卷中得到的信息。50％的调查者为男生，16％的学生年龄大于 4 年级通常的年龄，4％的学生年龄小于 4 年级通常的年龄。学生岁数大可能是因为他们不得不复读某一年级或是他们在 6 岁时还不够成熟而不能上学。类似地，如果孩子天资聪明或成熟得早，他可能在 6 岁前就上学了(关于德国年龄对学校选择和影响的计量分析，参见 Fertig and Kluve，2005；Puhani and Weber，2005；Jürges and Schneider，2006)。

第 2 套变量反映了学生的教育背景。儿童家庭的藏书量显著不同。9％家庭的藏书量不到 10 本，15％家庭的藏书量超过 200 本。62％的学生家里每天都会买报纸。在我们文章中对于学生财富的测量是通过他们在家里是否有独立的房间，有 80％的家庭达到了这一标准。我们最初在回归中包含了其他变量，如家庭中是否有割草机代表该家庭是否有花园以及是否有第二辆车。这两个变量结果都不显著，因此我们在最终的模型中没有包含这些变量。关于学生移民背景的信息也非常重要。为了区分第一代和第二代移民，我们构建了两个变量：如果学生在到德国前已经至少 1 岁，我们记为第一代移民，该部分群体占样本量的 9％。此外，我们增加了一个控制父母移民背景的变量，如果父母在国外出生或学生不确定该变量赋值为 1。在样本中有 30％的学生的父母至少一方在国外出生。为了解释融合的状态，我们控制了学生在家的语言。样本中 11％的学生汇报说他们在家从不或偶尔说德语。

	来源[a]	均值	组内标准差	组间标准差	最小值	最大值
阅读成绩		150.3	8.04	3.93	134.4	159.1
男孩	S	0.50	0.49	0.13	0.14	1.00
晚入学/留级	S	0.16	0.35	0.13	0.00	1.00
早入学/跳级	S	0.04	0.19	0.06	0.00	0.33
0—10本书	S	0.09	0.27	0.10	0.00	0.50
11—25本书	S	0.25	0.41	0.13	0.00	0.71
26—100本书	S	0.35	0.46	0.13	0.00	0.80
101—200本书	S	0.16	0.35	0.10	0.00	0.44
>200本书	S	0.15	0.33	0.11	0.00	0.53
日报	S	0.62	0.46	0.16	0.06	1.00
自己独立的房间	S	0.80	0.38	0.15	0.20	1.00
国外出生	S	0.09	0.28	0.10	0.00	1.00
父母在国外出生	S	0.29	0.41	0.20	0.00	1.00
在家不说德语	S	0.11	0.29	0.11	0.00	0.64
学生数	4 964					
居住在城市	P	0.33		0.47	0.00	1.00
居住在郊区	P	0.22		0.42	0.00	1.00
学校规模	P	289.6		129.7	48.0	768.0
老师在课堂上提供帮助	T	0.41		0.49	0.00	1.00
班内有图书馆	T	0.83		0.38	0.00	1.00
经济贫困的学生比例	P	18.5		17.14	5.00	75.0
经济富裕的学生比例	P	15.4		17.58	5.00	75.0
班级规模	T	22.5		3.98	9.00	32.0
教师数	279					

注：a S、T、P分别代表学生、老师、校长的问卷。

表1的第2部分描述了从老师和校长问卷中获得的变量。这些变量对于同一班级或同一老师是固定的。平均的班级规模为每班22.5个学生。83%的班级在教室里有图书馆。41%的教师至少偶尔会得到阅读专家或其他教师的帮助。大多数的学校位于城市或郊区的社区中，每所学校的年均招生人数为290名。关于学校中学生的构成是通过校长分别回答了来自经济困难和经济富裕家庭的孩子的比例而获知的。来自贫困家庭和富裕家庭学生的比例分别为18.5%和15.4%。

乍一看，没有用家庭问卷中的数据测量单个学生家庭的背景似乎很奇怪。通常父母比10岁的儿童可以给出更多可靠的答案。我们仍旧决定不使用从父母问卷中得到的信息。通常，在PIRLS数据中父母的不应答率（12%）远远高于学生（1.6%）、老师（7%）和校长（5%）。因此，我们怀疑即便我们经常发出家庭问卷，合作率也会非常低。即便在那些已经填写了的家庭问卷中，也有很多项目没有回答,这就会大大降低具有有效信息的观测值。此外,如果进一步研究那些没有应答问卷父母的特征,我们发现无应答的家庭是有选择性的。学生的阅读成绩越高,父母完成问卷的比例越高,他们会告知他们的受教育程度或者他们在孩子入学前是否给他们读书。我们又进一步应用父母的数据检验学生对于家庭藏书量(一个非常重要的家庭背景变量)的回答是否可靠。对比结果,与预期一样,孩子与父母的回答差别较大。只有36%的学生和家长关于藏书量的回答是一致的。但是在另外40%的样本中,父母与孩子的回答在相邻的区域内。有45%的家长关于家庭藏书量的回答多于孩子,而只有19%的孩子的回答多于家长。尽管有这么多差异,我们没有证据显示家长的回答比学生更可靠。如果两个变量测量了同一个概念,较不可靠的测量变量(具有较大测量误差)与被解释变量的相关度较小。然而,父母与学生的回答均与学生的测验成绩的相关度非常相近。测试成绩通过父母回答的藏书量的回归方程的拟合度(R^2)为0.102,而通过学生回答的藏书量的回归方程的拟合度为0.100。此外,父母与学生答案的差分与学生的成绩也不相关,因此可以得出没有系统的测量误差。因为我们认为父母对问卷回答的高度选择性是一个很严重的数据问题,我们决定不采纳从父母问卷中得到的信息。

我们数据的特殊性是我们只有在一个时间点测量的成绩。因此,我们不可能用增值法计算教师质量。这对于评估中学的老师确实是一个问题,但对于我们这里用到的小学数据不是问题。有59%的学校报告老师在同一个班级待了4年,也就是整个小学阶段。有7%的教师在同一个班级待了3年。学生与老师关系的时间长短的决定通常由学校层次决定。我们在分析中排除了教师在同一班级的时间变化很大的学校或是只有1年时间的学校的样本,这部分学校所占样本比例少于5%。有意思的是,教育与学生的经济背景以及老师与同一班学生关系的时间长短呈负相关关系。由来自较优越家庭背景的学生组成的学校,老师通常不会在同一班级待4年。为了检验时间的长度是否影响我们的结论,我们在样本中去掉了在同一个班级少于4年的老师,也就是没有与学生共同度过整个小学阶段。结果在本质上基本没变化。

选择在等式中所包含的变量非常重要,因为我们估计的教师效应的可靠性依赖于所包括的所有描述学生和学校背景的相关变量。为了选择应该包含的变量,我们尝试了各种模型(就不在这里一一赘述),包括通过一套更丰富的变量。但估计的质量没有提高,例如增加额外的关于财富的测量,我们决定用一套在文献中经常使用的相对较小的变量组解释学生的成绩。

4 结论

我们的分析过程分为两步。第一步,如上一部分所描述的,是以回归为基础的有效性估计。除了估计每一名教师的质量,这一步也可以识别构建教师公正排名所必需的变量。在第二步,我们根据估计的质量参数对教师进行排名,然后比较"公正"的排名与只根据分数的排名,也就是比较无条件的教师排名与控制了学生社会与经济背景的排名。

4.1　以回归为基础的有效性估计

根据等式(1)估计教育生产方程,我们需要选择相关的背景变量。表达式 $z_i\gamma + u_i$ 包含了所有可测量的和无法测量的不随教师变化的特征对学生成绩的影响。问题是哪些变量应该包含在 z_i 中非常重要。只应用描述教师环境的变量是非常关键的,也就是个体教师所无法控制的因素,而不是教师对教学的态度,正规学历或学校及教师的努力程度(参见 Ladd and Walsh,2002)。我们也从回归中排除了教师的工作经验,为数不多的可以观测的质量指标之一,因为我们希望测量的教师质量不应该考虑教师的工作经验。相反,如果确实是经验丰富的教师优于年轻教师,我们应该确保这些教师得到更高的工资。事实上,绩效工资在测量效率时,应该不考虑教师的个人特征,而只是凭借教师所无法控制的可观测变量来评估。例如,学生的经济背景,父母的教育水平或者学校的设备。当然教学方法或者同事之间的合作也是衡量人们所愿意奖励的教师的能力或效率的重要参考标准。

表 2 包含了基于三套解释变量(学生的特征以及根据教师和校长问卷得到变量),通过固定效应、随机效应以及豪斯曼—泰勒方法对学生成绩的回归结果。第一列显示了固定效应的回归结果,消除了在教师层面上所有不变的变量,只保留了学生的特征,下面我们简单讨论一下结果:

(1) 女孩的表现优于男孩。由于因变量的标准差为10,估计的−0.748的系数转换为学生成绩的性别差别为一个标准差的 7%。类似的差别可以在每一个参加 PIRLS 评估的国家中发现(Mullis et al.,2003)。

(2) 比 4 年级平均年龄大的孩子通常表现较差,而比平均年龄小的学生表现较好。这可能不是年龄的关系而是由于两个选择效应所致。第一,在儿童上小学前,他们需要通过检验和测试他们是否足够成熟可以进入小学学习。没有成熟的儿童需要晚 1 年上学(这样就比同龄人大 1 岁)。第二,学习不好的学生需要重复某一年级的课程。

(3) 根据家庭藏书量以及家庭是否每天都买报纸衡量的智力背景对学生的成绩有显著影响。

(4) 根据学生是否拥有自己独立的房间衡量的家庭财富对学生的成绩影响是积极且显著的,但相比家庭是否每天都有报纸的影响,程度较小,只是其作用的1/2。

(5) 如上所述,我们通过三个变量测量了学生的移民背景:学生是否在德国出生,父母是否在国外出生以及学生在家是否说德语。我们发现具有移民背景的学生的测试成绩明显低于非移民学生的测试成绩。

■表2　回归结果

	固定效应 （1）	IV-随机效应（2）		豪斯曼—泰勒 （3）
		教师组内	教师组间	
男孩	−0.748**	−0.748**	0.973	−0.748**
	(3.31)	(3.31)	(0.69)	(3.41)
晚入学/留级	−2.742**	−2.742**	−1.070	−2.742**
	(8.50)	(8.50)	(0.59)	(8.74)
早入学/跳级	1.268*	1.268*	−7.515*	1.267*
	(2.24)	(2.24)	(2.29)	(2.30)
11—25 本书	1.712**	1.712**	1.064	1.712**
	(3.85)	(3.85)	(0.40)	(3.96)
26—100 本书	3.397**	3.397**	0.605	3.396**
	(7.69)	(7.69)	(0.25)	(7.91)
101—200 本书	4.337**	4.337**	5.164	4.337**
	(8.71)	(8.71)	(1.85)	(8.96)
＞200 本书	5.054**	5.054**	5.518*	5.054**
	(9.97)	(9.97)	(2.07)	(10.26)
日报	2.492**	2.492**	0.182	2.491**
	(10.24)	(10.24)	(0.14)	(10.53)
自己独立房间	1.327**	1.327**	2.114	1.327**
	(4.48)	(4.48)	(1.29)	(4.61)
国外出生	−1.395**	−1.395**	−2.868	−1.395**
	(3.30)	(3.30)	(1.20)	(3.39)
父母国外出生	−1.170**	−1.170**	−0.999	−1.170**
	(3.89)	(3.89)	(0.69)	(4.00)
在家不说德语	−2.569**	−2.569**	3.062	−2.569**
	(6.18)	(6.18)	(1.24)	(6.36)
居住在城市			0.272	1.024
			(0.61)	(0.18)
居住在郊区			0.033	−0.049
			(0.07)	(0.01)
学校规模			0.002	0.002
			(1.11)	(0.12)
老师在课堂提供帮助			0.205	0.093
			(0.53)	(0.03)
班内有图书馆			0.151	0.734
			(0.32)	(0.18)
经济贫困的学生比例			−0.041**	−0.140
			(3.24)	(0.35)
经济富裕的学生比例			0.007	0.057
			(0.62)	(0.15)
班级规模			−0.126	−0.110
			(0.94)	(0.14)
常数项	146.104**	144.969**		148.717**
	(292.64)	(36.35)		(6.62)
样本量（4）	964	4 964		4 964
教师数	279	279		279

注：括号内为 z 统计的绝对值。

＊代表在 5％的水平上显著，＊＊代表在 1％的水平上显著。

150

为了控制不随教师变化的变量,我们估计了一个随机效应模型,包括教师独特变量的均值以及其他不随教师变化的变量。这样我们就可以区分教师组内因素(类似于固定效应模型)和教师组间因素两部分。随教师变化的变量系数在组间因素部分反映,即个体特有变量均值的系数。这些系数在 1% 的显著区间联合显著,这意味着固定效应有效性的测量与在班级内部变化的解释变量相关。在随机效应模型中,我们通过应用工具变量估计值也考虑了受到广泛争议的班级规模的内生性问题(关于在大规模评估中班级规模效应的详细讨论,参见 West and Wößmann,2006)。这里用到的工具是理论上的班级规模,我们的计算方法如下:在德国,联邦州政府规定了小学的最大班级规模。由于德国实行联邦制,各州的最大班级规模是不同的,但是变化范围非常小,班级规模在 28 到 30 名学生之间。不过,我们从数据中无法得知学校位于哪个州,因此我们设置最大班级规模为 29 名学生。根据 4 年级的学生数 G 的平均班级规模和最大班级规模 C_{max},我们计算出理论上的班级规模 C_T:

$$C_T = \frac{G}{[(G-1)/C_{max}]+1} \tag{3}$$

4 年级的学生数可以被视为一种外生性变量,因为德国的儿童根据学区被分配到各个小学。图 1 显示了实际的班级规模、其工具变量以及理论上的班级规模的关系。

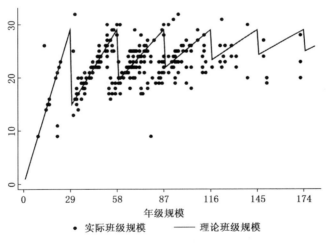

图 1   德国 PIRLS 样本中理论和实际班级规模

随机效应的回归结果在表 2 的第 2 列中显示。班级规模具有不显著的负作用,这与大多数的经验研究文献的结论一致。在教师层面上,根据教师和校长问卷获得的唯一显著的变量是学校里处于经济劣势的学生比例。结合起来时,教师和校长变量的影响在统计上不显著($p = 0.14$)。最有可能的原因是学生变量对于教师所处环境的描述已经足够详细。

然而,如第 2 部分所讨论的,随机效应的估计没有考虑衡量有效性的残差 u_i 与不随教师变化的变量相关的可能性。我们因此又估计了类似于豪斯曼—泰勒的模型。与教科书上该模型唯一的区别是我们允许"外部的"工具(在本文中指的是理论上的班级规模)。潜在的内生性变量是学校的特征,可能会影响到教师的排名。例如,一些老师可能比其他老师更适合教授学习有困难的学生,他们可能自己选择去或被分配到这类学生占很大比例的学校。这样,教师的效率可能与一些投入变量相关度较高。不随教师变化的变量,如实际的班级规模和经济劣势(优势)学生的比例,被看做是内在变量。在班级内变化的内在变量包括学生是否有移民背景以及他们在家是否说德语。我们将其他变量视为外在变量,因为班级的特定组成因素在教师加入这所学校前是无法预测到的,只有学校的总体变量可以预测到,因此会影响教师的排序。此外,我们假定学校的位置、学校的规模,班级中是否有额外的辅导以及是否有图书馆作为外在变量,也就是说他们不影响教师的排名。

在第 3 列,我们显示了豪斯曼—泰勒估计值的结果。对于随教师变化变量的估计系数几乎与固定效应回归完全一致。结果,豪斯曼检验没有拒绝豪斯曼—泰勒模型($\chi^2 = 0.000\ 4$)。没有一个不随教师变化的变量对于学生的阅读成绩在统计上有显著的作用。为了进一步检验豪斯曼—泰勒模型,我们想验证工具是否为弱工具。豪斯曼—泰勒模型需要工具与在 z_{i2} 中的变量高度相关。当我们在第 1 阶段的回归中包括工具时,得到 ΔR^2 在 0.01 到 0.02 之间,测量工具联合显著性的 F 测试在 11.6 到 70.1 之间,这意味着工具为强工具。

4.2 构建教师的公正排名

表 3 的第 1 列显示了原始教师分数排名与我们通过有效性估计控制社会经济背景的教师排名的相关性。所有以回归为基础的质量测量与以原始分数为基础的排名是相关的,通过固定效应模型估计的相关度远远高于豪斯曼—泰勒模型。如在模型中所讨论的,有效性估计的结果不应该对所使用的估计方法过度敏感(Sickles,2005)。表 3 显示工具随机效应估计与豪斯曼—泰勒估计的斯皮尔曼等级(spearman rank)相关度为 0.840,固定效应估计和工具随机效应的估计相关度为 0.849。固定效应估计与豪斯曼—泰勒估计的斯皮尔曼等级相关系数是 0.676。这样,如果不考虑不随教师变化的信息确实会影响我们的排名。由于豪斯曼—泰勒模型在许多方面都考虑了内生性问题并且识别了不随教师变化的变量,我们认为豪斯曼—泰勒估计值是最优估计值。在下面的叙述中,我们将重点比较以原始分为基础的排名和以豪斯曼—泰勒估计为基础的有效性估计。

教师的"公正"排名问题不仅需要考虑控制背景变量,或者教师无法控制的投入变量,还必须考虑学生分配给不同老师的随机变化以及成绩测量的随机误差。图 2 显示了原始教师分数的置信区间以及以豪斯曼—泰勒估计为基础的有效性测量。显然,许多置信区间在很大范围内重叠,表明大多数教师间的差异不是很大。我们因此建议构建一个排序区分三组不同的教师：明显高于平均值的教师（"平均值之上"）；接近平均值的教师（"平均值"）；明显低于平均值的教师（"平均值之下"）。

■表3　根据原始分数与有效性测量的等级相关度

	原始分数	固定效应	工具随机效应
固定效应	0.913		
工具随机效应	0.658	0.849	
豪斯曼—泰勒	0.541	0.676	0.840

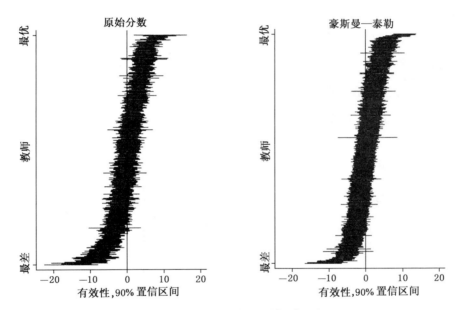

图2　教师有效性测量90％置信区间

表4显示控制背景变量时老师的位置是如何变化的。首先考虑最后一列。根据无条件分数，279位教师中有59位教师在我们的排序中属于平均值之上，占21.2％；177位（63.3％）教师属于平均值水平，43位（15.4％）教师在平均值之下。根据豪斯曼—泰勒估计的有效测量值（此测量值的置信区间范围更大，有效值的方差更小），位于平均值水平的教师增加到197名，也就是说与平均值在统计上有差别的教师数量减少了。两种方法排序的差别是：66.1％根据无条件分数位于平均值之上的教师根据豪斯曼—泰勒估计的有效测量值转为平均值水平，1.7％变成平均值之下。相反，根据原始分数测量在平均值之下的教师，根据豪斯曼—泰勒估计的有效测量值有46.5％转为平均值水平，14％变为平均值之上。根据原始分数测量在平均值水平的教师，改换测量方法后基本上仍留在原组，整体而言62％的教师没有改变排序。

表4 根据原始分数测量的有效组以及根据建立在有效性测量基础上的豪斯曼—泰勒估计的转换矩阵（括号内为行的百分比）

原始分数	根据豪斯曼泰勒估计测量的分数			观测值
	平均值之上	平均值	平均值之下	
平均值之上	19(32.2)	39(66.1)	1(1.7)	59
平均值	18(10.2)	138(78.0)	21(11.9)	177
平均值之下	6(14.0)	20(46.5)	17(39.5)	43
观测值	43	197	39	

图3表明教授不同背景学生的教师排序的可能流动性。在图3的上半部分，我们根据学校（一类学校中经济困难家庭的学生少于10%，另一类学校中经济困难家庭的学生多于10%）将老师区分为两类；在图3的下半部分，我们根据学生的学习环境（即家庭藏书量）将教师分为两类。两个图实际上非常接近。正如所预期那样，由较多来自困难家庭或家庭教育环境不太好的学生组成的学校的老师受益于条件排序，但条件排序对教授来自家庭条件较好的学生的教师不利。

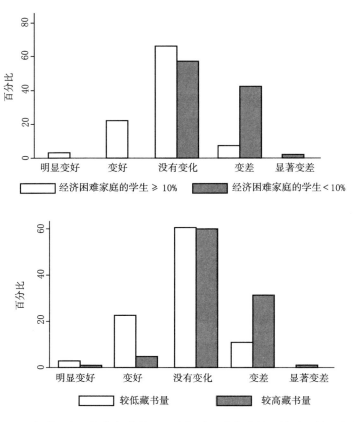

图3 根据学生的经济与智力情况用豪斯曼—泰勒有效性估计的等级变化

5 结论与展望

如果教师会根据绩效奖励机制而转变为"好教师",如拉维(Lavy,2004)所证明的,则教师提高的教学有效性需要准确地衡量。经济学家基本上都同意将学生的标准测试成绩作为衡量教师表现的基础。然而不加限定的测试成绩是不适宜的,因此必须控制学生的社会经济背景。

这篇文章中,我们根据以回归为基础(随机边界)的有效性估计提出了一种测算教师有效性、努力或无法观测的质量的方法。估计教师的质量,我们只需要从学生问卷中收集信息(关于学生的背景),可能加上一些其他的关于当地经济特征的指示变量,如收入、失业率、学区移民的结构和比例以及很容易说明学校设备的变量。PIRLS 数据中教师和校长问卷尽管包含很多细节,却没有提供额外的相关信息。这是很重要的,因为一旦他们知道自己的回答会影响教师的排名和收入,他们就不会在问卷中提供真实答案。在学生问卷中,除现有实际的测试成绩外只需加入四五个问题,这样获得的相关信息就可以补充完善总的指标变量体系。

根据允许投入变量存在内生性的不同面板估计值,我们在由三组不同教师组成的样本中,构建了教师有效性的测量或质量排名的方法。三组不同的教师为:明显高于平均值的教师,明显低于平均值的教师以及与平均值水平无显著差异的教师。如预期所料,根据无条件测试分数和根据有效性估计测试的排名显著不同。在控制了学生和学校的背景条件后,不到 2/3 的教师仍留在原来的排名档中。因此,不考虑相关的背景信息,只以学生原始成绩评估教师质量事实上是不公正的。

我们认为这篇文章是尝试构建德国教师绩效工资基础的第一步(也可以用作对学校层面的评估)。对于评估小学教师,我们提出的方法是可以直接应用的。然而它不能直接应用于评估中学教师,因为与小学不同的是,一名教师不可能负责一个班级的整个学习过程,中学教师的变化可能更加频繁。这里提出的有效性估计反映了过去所有教授学生课程教师的质量。重复观测是可行的,我们可以通过包含在 $t-1$ 时期测量的教师表现作为回归的解释变量,解释这一现象。

如果德国教育政策认同评估教师和学校质量的必要性,一个很自然的问题就是如何使用这些信息。当前德国学校确保质量的政策是对学生进行测试,然后只给学校一个反馈,没有收集反映学生背景的数据。学校质量的结果测量,只是从校长那里收集一些大致的关于学生的信息,控制背景因素。此外该信息没有公开,妨碍了学校间的公平竞争。

今后,德国所有公务员[1]的一部分工资都会按照绩效来支付。教师质量的测量,以及这里讨

---

[1] 在德国,教师属于公务员。——译者注

论的一些情况可以对教师付出更多的努力创造物质上的激励作用。应用以公正排名为基础的绩效工资支付体系可以大幅度减少德国教师单一支付体系的问题，有利于教师职业生涯的快速提升。

参考文献

Angrist JD, Guryan J (2004) Teacher testing, teacher education, and teacher characteristics. Am Econ Rev 94:241–246

Ballou D (2001) Pay for performance in public and private schools. Econ Educ Rev 20:51–61

Black SE, Lynch LM (2001) How to compete: the impact of workplace practices and information technology on productivity. Rev Econ Stat 83:434–445

Fertig M, Kluve J (2005) The effect of age at school entry on educational attainment in Germany. RWI Discussion Papers No. 27

Goldstein, H (1997) Methods in school effectiveness research. School Eff School Improv 8:369–395

Gong B, Sickles RC (1992) Finite sample evidence on the performance of stochastic frontiers and data envelopment analysis. J Econom 51:259–284

Hanushek EA, Kain JF, Rivkin SG (1999) Do higher salaries buy better teachers? NBER Working Paper 7082

Hanushek EA, Raymond ME (2004) The effect of school accountability systems on the level and distribution of student achievement. J Eur Econ Assoc 2:406–415

Hausman JA, Taylor WE (1981) Panel data and unobservable individual effects. Econometrica 49:1377–1398

Hoxby CM (2002) The cost of accountability. NBER Working Paper 8855

Jacob BA (2005) Accountability, incentives and behavior: the impact of high-stakes testing in the Chicago Public Schools. J Public Econ 89:761–796

Jürges H, Schneider K, Büchel F (2005a) The effect of central exit examinations on student achievement: quasi-experimental evidence from TIMSS Germany. J Eur Econ Assoc 3:1134–1155

Jürges H, Richter WF, Schneider K (2005b) Teacher quality and incentives. Theoretical and empirical effects of standards on teacher quality. FinanzArchiv 61:1–25

Jürges H, Schneider K (2006) Age at school entry and teacher's recommendations for secondary school track choice in Germany. Paper presented at the 20th annual ESPE conference, Verona

Kane TJ, Staiger DO (2002a) Volatility in school test scores: implications for test-based accountability systems, Brookings Papers on Education Policy 2002, pp 235–283

Kane TJ, Staiger DO (2002b) The promise and pitfalls of using imprecise school accountability measures. J Econ Perspect 16:91–114

Kumbhakar SC, Lovell CAK (2000) Stochastic Frontier analysis. Cambridge University Press, Cambridge

Ladd HF, Walsh RP (2002) Implementing value-added measures of school effectiveness: getting the incentives right. Econ Educ Rev 21:1–17

Lavy V (2002) Evaluating the effect of teachers' group performance incentives on pupil achievement. J Polit Econ 110:1286–1317

Lavy V (2004) Performance pay and teachers' effort, productivity and grading ethics. NBER Working Paper 10622

Mullis IVS, Martin MO, Gonzalez EJ, Kennedy AM (2003) PIRLS2001 International Report: IEA's Study of Reading Literacy Achievement in Primary Schools. Boston College, Chestnut Hill, MA

Payne J (2000) School teachers' review body gives green light to performance-related pay. http://www.eiro.eurofound.eu.int/2000/11/feature/uk0011100f.html

Propper C, Wilson D (2003) The use and usefulness of performance measures in the public sector. Oxford Rev Econ Policy 19:250–267

Puhani P, Weber A (2005) Does the early bird catch the worm? Instrumental variable estimates of the educational effects of age at school entry in Germany. IZA Discussion Paper 1827

Skrondal A, Rabe-Hasketh S (2004) Generalized latent variable modeling. Multilevel, longitudinal and structural equation models. Chapman & Hall/CRC, Boca Raton

Sickles RC (2005) Panel estimators and the identification of firm-specific efficiency levels in parametric, semiparametric and nonparametric settings. J Econom 126:305–334

Sullivan K (1999) Teachers standards and professionalism: contested perspectives in a decade of reform. Paper presented at the AARE-NZARE 1999. http://www.aare.edu.au/99pap/sul99090.htm

West MR, Wößmann L (2006) Class-size effects in school systems around the world: evidence from between-grade variation in TIMSS. Eur Econ Rev 50:695–736

丹麦学校组成效应[*]

——根据 PISA 2000 分位数回归的经验分析

比阿特丽斯·欣德尔·兰威德(Beatrice Schindler Rangvid)

摘要： 本文根据 OECD 收集的 PISA 第一轮调查数据以及丹麦的登记数据,用以估计学校的社会经济背景对学生成绩的影响。PISA 数据的设计在分析学校组成效应方面的一个最大缺点是每所学校的学生样本都有些小。从与 PISA 学生同年龄段学生的行政登记数据获得的家庭背景信息有助于克服这一缺点。为了弥补学校组成变量的内生性问题,估计结果根据 PISA 数据考虑了非常丰富的家庭和学校变量。分位数回归结果显示在整个条件阅读素养成绩的分布中,学校组成效应是有差别的,较低分位点的学生在成绩上的收获最大。数学素养的测试结果显示,能力高与能力低的同学就读于由较好的学生组成的学校获得的好处是相同的,许多科学素养测试的结果仅在边际上显著。这些结果表明将不同家庭背景的学生混合起来可以提高阅读素养与数学素养的公平性;然而技能水平只能在阅读素养方面有所提高。对于数学素养而言,将学生混合在一起不能提高平均成绩,因为对分布在高分位点学生成绩的不利影响抵消了对分布在低分位点学生成绩的积极影响。

---

* 感谢 Amelie Constant,Bernd Fitzenberger,Eskil Heinesen,Peter Jensen,Craig Riddell,Michael Rosholm,Nina Smith,Robert Wright,在 ESPE 和 EALE 2003 会议和 AKF 研讨会的参加者,两位匿名审稿人的有益评论和建议。感谢丹麦社会科学研究会提供的财政资助。

关键词： 教育　学校组成效应　PISA 分位数回归

1　引言

在欧洲的许多大城市，许多政策制定者对于关照在同一居住区内在经济和社会上处于劣势的家庭以及少数民族家庭的结果感到很困惑。一个很现实的问题是，美国的贫民区已经存在了很多年了，贫民集中居住在一个地方的现象目前在许多欧洲国家也成为一个很重要的问题，丹麦就是其中之一（Hummelgaard et al.，1995；Hummelgaard and Husted，2001）。这些贫困的居住区有许多社会问题，例如失业、依靠社会救助以及犯罪。教育在提高弱势群体的机会方面扮演了一个重要的角色。然而，居住的集中效应导致学校的分层。丹麦许多城市某些少数种族学生的快速上升，以及允许学生在他们指定居住地区外的公立学校就读的开放入学政策，使学校的社会经济分层在过去20 年显著增加（Glavind，2004）；较好的家庭选择不去那些由较差社会经济背景的学生占较大比重的公立学校。在哥本哈根市的一些地区，只有 10%—15% 的学生就读于他们当地的公立学校。在学校中社会经济背景的分割可能导致的恶化效应引起了丹麦的政策制定者们极大的关注度，他们通过重新定义学区、发展有吸引力的学校并采取措施缩小居住地的分层，开始着手减小学校分层。此外，在 2001 年，因为丹麦在国际学生评估研究（PISA）中的成绩很不好，丹麦教育部迫于压力第一次合法地公开了全国学校离校考试的详细成绩。如预期所料，公开的成绩显示较富地区学校的学生成绩好于由较弱的社会经济背景的学生组成的学校的成绩。不管是因为这些学生的个人背景，还是由于这些学生聚集在某些特定的学校所致，可以通过计量经济模型剥离选择效应后得到的真实效应来回答。

研究学校的弱势学生群体效应的另一个原因是，丹麦政策制定者正在考虑允许儿童在教育中有更多的选择。对个人学前的资助与照顾，以及更灵活地选择公立学校的学前教育和公立学校已经列上政治议程。现有的研究显示，允许更自由地选择学校可能使社会分层进一步加剧，因为能够进行选择的大部分是较富裕的家庭（Söderström and Uusitalo，2005）。由于儿童教育市场越来越开放，分析丹麦学校社会经济分层的影响是非常重要的。

另外一个关于较小的学校的社会经济分层争论的重要方面是，学校的社会经济背景的混合对于学生成绩的影响是否超过学生的个体特征、家庭背景和学校资源的影响。研究得出了各种各样的结论。詹克斯和迈耶（Jencks and Mayer，1990）与思拉普等（Thrupp et al.，2002）的研究综述显示，这类研究的结论有很大的不同。有的研究发现一些影响，有的则没有。[1]学校的学生数与学生

---

[1]　最近关于教育的同伴效应的文献包括：Ammermüller and Pischke(2006)；Goux and Maurin(2006)；Gould et al.(2004)。

测试成绩的关系提出了许多关于学校中学生群体组成效应的因果关系的问题。

这篇文章旨在检验丹麦的具体情况。具体而言,我想回答两个问题:

(1)学校社会经济的组成如何影响学生在阅读素养、数学素养和科学素养方面的成绩?

(2)在估计平均效应时应该假设内在效应的同质性是成立的,还是对条件测试分布不同点的学生的影响是不同的?

本文的贡献体现在三个方面。第一,据我所知,这是为数不多的使用分位数回归分析方法估计学校组成效应(或与此相近的同伴效应)的研究之一。我只知道两篇用分位数回归方法估计教育的同伴效应的相关文献(Levin,2001;Schneeweis and Winter-Ebmer,2007)。这种方法具有半参数的优点,允许研究者估计整个条件测试分数分布的不同效应。这对于学校的组成效应而言特别重要,我们必须根据最优平等(best equilibrium)考虑效果,因为分给一所学校一个好学生相当于另一所学校减少了一个好学生。因此,即使能力较低的学生通过就读于由较好社会经济背景家庭的学生组成的学校会从中受益,对政治家们来说,最好的策略是还需要考虑这对能力较高的学生造成的影响。第二,这是唯一一篇在 PISA 的学生数据上增加同年龄学生数据的研究,这样可以在估计学校组成效应时,更正原始的 PISA 数据存在的一些主要问题。PISA 数据来自每所学校的学生样本都很小,与原始的 PISA 数据不同,这些额外的数据可以更加准确地估计学校或年级组成效应。[1] 最后,这是第一篇研究丹麦学校组成效应的文章。[2]

我试图通过控制一套非常丰富的家庭背景变量,考虑学校组成效应变量潜在的内生性问题(该问题在这类研究中是最具挑战性的问题),这套家庭背景变量可以在国际 PISA 2000 数据库中得到。然而,就像我在第 2 部分详细说明的,即使包含了非常丰富的控制变量,这些结果由于不可观测因素,仍然存在选择性偏差。在考虑到这些事实的情况下,结果显示,就读于好学校(根据学生的社会经济背景来衡量)对于在条件测试分数分布中位于中间部分的学生的测试成绩具有显著的不可忽视的积极影响。该影响对于所有的三门学科均成立。然而,在通过分位数回归的分析方法分析就读于由较好社会经济背景的学生组成的学校的影响的分布时,不同的学科领域显示出不同的特点:虽然分布在最低分位数点的学生的阅读素养提高最多,但对于数学素养而言,能力低与能力高的学生通过就读于由较好生源组成的学校的受益相同,对于科学素养的分位数回归结果仅在边际上显著。

---

[1]　然而,一个缺陷是额外的行政数据限制了我们只能利用国际数据库中丹麦的数据进行分析。

[2]　2001 年和 2003 年的两份 OECD 报告根据我在这篇研究中所使用的数据库提出了学校组成效应的问题。学校组成效应与学生测试成绩的相关性也在 Andersen 等(2001)的研究中简单涉及。所有这些研究都发现这种相关性在丹麦也存在,但它的影响在 OECD 平均值之下。

本文的第 2 部分定义了学校组成效应的概念,并讨论了它们的识别问题。第 3 部分详细介绍了数据,第 4 部分讨论了经验检验模型,第 5 部分汇报了结果和敏感性分析,最后一部分得出了结论。

2 学校组成效应

全世界接受教育的方法有很多种,有的是从早期开始跟踪不同能力的学生,学生根据能力进入不同类型的学校(如德国、奥地利),有的是在初中毕业前一直在综合类学校学习(如北欧的国家、西班牙)。[1] 对于每一种体系既有赞同也有反对的意见。一些人认为,由来自不同家庭背景的学生组成的学校有利于学生在学术和非学术方面的共同成长。然而,反对者认为,具有相似能力的学生在一起学习才有利于学生的共同进步,如果能力较低的学生与来自家庭背景很好的学生在一个学校学习,这对于能力低和能力高的学生都无益处。

学校的组成效应可能通过影响学习环境以及直接的同伴效应影响学生的学习成绩。学习环境可能是通过不同的学校或班级氛围,不同的老师活动,以及直接的同伴的影响所形成的。威尔森(Wilson,1959)和布劳(Blau,1960)在他们研讨会的文章中认为学校的组成效应与学生成绩的联系是标准化的。潜在的含义是每个学生自身形成了教育环境的内在准则,并以此指导他们的学习和行为(Dreeben and Barr,1988)。例如来自中产阶级背景的学生,他们的社会阶层就预示着他们必须有较高的教育预期。如果他们就读于由工人阶级家庭的学生组成的学校可能降低他们的教育预期。另一方面,由较高的社会经济背景的学生组成的学校可能形成一个学生社会系统,该系统本身就是对智力的一种肯定。另一种解释是学生会通过他们的教育环境进行关于学业表现的比较并形成自己的学术认识,对同伴可能会产生一定的影响。第三种解释是学校和老师会根据学生组的特点调整他们的指导行为,这也可能对学生产生一些影响(Mahard and Crain,1983)。学校的组成效应不仅可能直接影响单个学生的表现,也可能间接地通过老师的认识来影响。老师比较消极的预期可能人为降低对学生完成学业的预期。也有一种可能是能力或学校的社会经济背景情况会影响学校的课程。例如,来自较低社会经济背景的学生可能在混合的社会经济背景学校表现更好,因为老师根据班级的平均水平设置课程目标,这个平均水平在以中产阶级家庭的孩子为主体的学校通常高于主要由来自较低社会阶层的学生组成的学校。这种观点假定来自较低社会阶层的学生在受到较好的教学指导后可以提高成绩。最后,这种影响可能来自学生间的互相影响以及学校、班级或同伴组之间的相互指导(Webb 1991)。

---

[1] 关于不同国家的学习体制的信息参见 OECD(2003),图 7.21。

然而,在经验分析社会干涉现象时可能遇到在统计上无法克服的困难。在曼斯基(Manski,1993)的研究工作中,他区分了两种最基本的构成因素,代理人的干涉和同学间的相互影响(内在效应和外在效应),并且他认为在经验分析中无法区分内在效应和外在效应。内在效应指的是代理人是如何受群体成员的当时行为选择的影响(在我们的例子中,学生的成绩与其同学们的成绩有关)。外在效应是指个人行为可能随群体的外在的可观测特征而变化;此时学生的成绩与其同学的社会经济成分相关。内在效应对政策干预产生了一种"社会乘数"效应,这可能对非处理组的个体产生溢出效应,如果处理组的个体通过内在的干涉影响了非处理组的个体行为的话,反过来他们自己也会受到这种效应的影响(Manski,1993,2000)。然而,外在干涉不会产生这样一个"社会乘数"效应。内在效应与外在效应的差别是无法通过本研究所使用的识别方法加以区分的。例如,同伴的平均社会经济背景会影响学生的成绩可能是因为"真正的外部关系效应"的存在,也因为同伴的平均社会经济背景会影响学生的平均成绩,而学生们的平均成绩可能会影响单个学生的成绩(内在的同伴组效应)。然而,估计联合效应的影响,对于本文所强调的政策干预,即减少不同学校的社会分层是非常相关的。

本文主要关注的并不是如何区分内在效应和外在效应,而是如何将它们与相关的效应区分开。这些效应是由于来自相似的家庭背景的学生并就读于同一所学校时,他们的学习成绩相互关联而产生的。在这种情况下,群体行为对个人行为的积极影响很容易被解释为社会效应,而实际上是由于该学生的个人特征与参照组所有成员的特征相同。

个人的自我选择最有可能产生相关效应,它可能有几种不同的来源。第一,对孩子的教育有强烈责任感的父母可能选择在他们认为足够好的学校附近生活。他们可能将学校中学生的构成作为学校质量的衡量标准。他们也可能考虑生师比,或者学校中核心课程的老师是该领域专家的比例,因为这些因素对学生学习行为的导向性很强。家长对学生的学习过程参与越多将可能产生越好的教育结果,这种自我选择可能使学校组成效应的影响产生向上的偏差,因为学生并非随机分配到各所学校。相反,如果家长对于学校的选择比较挑剔,而对孩子的教育上花的时间较少,可能使学校的组成效应的影响产生向下的偏差。

以前的研究或者忽视了这种潜在的偏差[1],或者试图通过例如工具变量的方法解释这种偏差。[2]然而众所周知有效的工具非常难找。在最近的研究中,许多学者提出使用大的面板数据

---

[1] 例如:Levin(2001);Driessen(2002);Willms(1986);Betts and Morell(1999);Zimmer and Toma(2000)。

[2] 例如参见:Feinstein and Symons(1999);Robertson and Symons(2003)。其研究试图提供与本研究不同的另外一种识别策略。我也试图采用 Feinstein 和 Symons(1999)的方法,用 15 个当地的权威虚拟变量代表学校组成的工具,但过度识别限制(overidentifying restrictions)的测试明显地拒绝了工具的有效性($p = 0.018$),导致这种识别策略不适用于本研究。

解决内生性问题,这可以使作者通过加入学校、年级和学生水平的固定效应来解决选择性问题(Hanushek et al., 2003; Betts and Zau, 2004)。当有自然实验或真实的经验数据时,也有其他的方法避免选择性偏差。[1]然而,好的工具变量很少见。在缺乏有效的工具时,研究者通常使用丰富的数据库来尝试克服选择性问题。只有当可观测变量可以完全解释选择过程时,才可以推出因果关系。

在此基础上,解决数据的内生性问题最好的方法(比如我使用的方法)可能就是控制可能影响学校选择的变量。通过使用一套影响学生测试成绩和学校选择的有效控制变量,可以显著减少缺省变量偏差。因此,我们需要家庭和学生背景变量来控制父母在教育环境和品位方面的差别,以及可能影响学校选择和学习的学校因素。本研究所使用的 PISA 数据库具有丰富的信息可以允许我们控制这些因素,使我们这里所用到的识别方法更加可信。[2] PISA 数据特别适合使用这种方法,因为 PISA 研究(如以前其他的国际学生成绩研究,如 TIMSS)的一个最主要目的就是研究家庭对学生学习的影响。家长对儿童教育的兴趣被认为是学校学习成绩最重要的一个预测值,也可能导致对学校的选择。当父母与孩子可以很好地进行交流时,他们可以给孩子鼓励,跟踪孩子的进步或者向孩子展现他们关心孩子在学校的表现。因此,除了一些传统的变量,例如父母的教育程度、职业、收入和财富、家庭结构,回归中还包含了一些组成变量,例如父母的学术兴趣、家庭的教育资源以及文化财产,作为控制变量。家庭环境的这些方面都可以说暗含着一个学术目标,而该目标会影响学校的选择以及今后的学术成绩。学校的投入量,例如教师,可能不是随机分配到各所学校,学校的组成可以作为学校质量的代理变量。[3]所以,在最初的分析中,我控制了很多与学校相关的变量。然而,由于这些变量中的大多数均不显著[4],在最后的回归中只是有选择性地包含了几个变量。如在前面学校构成效应的定义中所解释的,学校氛围、教学方法、教师流动的变化在现有文献中被认为是学生群体社会经济构成变化效应的一部分,因此在回归中是内生性变量。另一方面,在类似这样的设置中,识别策略依赖于广泛的控制变量,学校氛围和教师流动性的差别也可能部分反映了父母对学校的选择。由于学者们对于是否应该在研究中包含学校氛围、教师行为等变量还存在争议,我们估计并讨论了两种模型的结果。

---

[1] 例如参见 Boozer 和 Cacciola(2001)、Sacerdote(2001)、Zimmerman(2003)和 Hoxby(2000)的自然实验以及 Falk 和 Ichino(2006)用略有些不同的内容所做的真实实验。

[2] 这种识别方法也可被视为一种"线性匹配"方法。在关于匹配方法的文献中,识别策略依靠控制人们认为可能影响学校选择和测量结果的所有相关变量。

[3] 例如,Hanushek 等(2004)显示,教授的对象如果是成绩较差的学生可能是教师流动的一个重要影响因素。他们的结果强调了由成绩较差的学生组成的学校在保留教师方面是非常困难的。

[4] Schneeweis 和 Winter-Ebmer,(2007)应用 PISA 2000 奥地利子样本分析奥地利学校的研究中也同样发现了这一点。他们在研究中包含了非常广泛的学校特征的变量,但 12 个变量中只有 2 个显著。

我很快意识到这套控制变量虽然很丰富,但也不可能囊括所有变量。然而,施内维斯和温特-艾伯莫尔(Schneeweis and Winter-Ebmer, 2007)的研究为我们的识别策略增加了额外的权重。他们应用 PISA 2000 奥地利的子样本进行了类似的分析,通过估计同一种学校类型的固定效应解决内生性问题,并且发现了具有类似规模的学校组成效应。[1] 他们认为在奥地利不同的教育体系中,自我选择主要是对不同类型学校的选择,而不是对同一种类型学校间的选择;因此可以假定选择同一种类型学校的学生和家长具有共同的可观测的和不可观测的特征。他们最终得出学校固定效应的估计有利于减小自我选择偏差。他们的结论与我的结果的相似性增强了我的估计策略的可信度:即便我在不能更正未观测到的变量的自选择偏差的情况下(他们可以),仍得到了相似的结论。因为在丹麦,学校没有区分不同的学术轨道(在第 5 部分详细讨论了施内维斯和温特-艾伯莫尔的结论)。然而,虽然与现有文献的相似结果增强了识别策略的可信度,我们仍对由于相关效应所产生的偏差有些担心,这意味着我们在解释任何结果时都需要格外小心。

3 数据

我使用的是 OECD 国际学生评估项目数据库(PISA)中丹麦的数据。PISA 调查的第一轮是在 2000 年进行的,测试了 32 个国家的阅读素养、数学素养和科学素养的水平。PISA 的目标人群是 15 岁的学生。测试的内容主要检验学生对日常生活的知识和技能的掌握,而不是看他们有多擅长某一学科。除了进行认知能力的测试,学生们还回答了有关背景调查的问卷,学校校长也填写了关于他们学校调查的问卷。关于 PISA 数据的详细描述参见 OECD(2001, 2002a, b),该报告记录了选择样本的过程、问卷的设计、调查的不同阶段的反馈率和各个国家的结果。

在丹麦,我们将样本根据学校规模进行了分类(分为非常小、比较小和比较大)。在这个基础上,根据学校规模的比例系统地选择了一些学校。在每所学校中,随机选择了不超过 28 名 15 岁的学生作为被调查者。[2] 然而,许多学校的受访者非常少。在 PISA 数据中,丹麦学校的子样本中每所学校的平均学生数只有 19 人(参见图 1)。在我们的研究中这是有问题的,因为我们研究的主要问题(学校的组成效应)的变量的准确性会受到样本量较小的影响。然而,丹麦统计局收集的行政登记数据提供了与所有 PISA 学校样本中同年龄段学生(也就是 8 年级和 9 年级)的家庭背景[3] 信

---

[1] 他们发现当学校组成变量每上升 1 个标准差时,会产生正的且非常显著 0.05—0.07 个标准差之间的平均学校组成效应,我的结果根据不同的模型(模型 2 和模型 3)显示学校组成效应在 0.05—0.08 个标准差之间。但是他们通过不同的方法测量了学校组成效应,他们应用的变量是父母职业的均值以及文化交流。我使用他们的测量变量复制了他们的分析得到了与本研究非常相近的结果。只有阅读成绩可以完全比较,因为 Schneeweiss 和 Winter-Ebme 将数学和科学成绩混合在一起。

[2] 在丹麦,每所学校选择的最多样本数不同于其他 PISA 调查的国家,其他国家每所学校的最多样本数为 35。

[3] 在这个扩展的样本中,包含了学生层次的父母的受教育程度、家庭情况、种族和家庭收入等信息的数据。

息。[1]图1用方格描绘了在引入行政登记数据之前和之后的测量学校组成效应的学校样本规模的分布。包含了所有学校8年级和9年级的行政数据之后,每所学校的估计样本量从19增加到78(增加了将近4倍)。我通过应用所有学校和学生的全样本构建了学校组成效应的变量。[2]在4.2部分,作为稳健性检验,我给出了额外的估计结果,这是在去掉8年级和9年级不到20个学生的学校(数量只有几所)的观测值的情况下。通过引入虚拟变量解决缺失值问题(当观察中的值缺失时,虚拟变量的值被设置为1),以便控制所有回归中解释变量的缺失值问题。[3]在这些情况下,解释变量的值被设置为0。

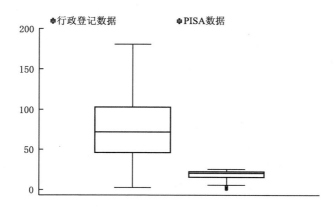

图1　用方格描绘的使用和没有使用根据行政登记数据库获得的额外数据后 PISA 学校的学生样本数

使用项目反应理论(item response theory)计算分数,PISA 根据 OECD 常用的均值为500,标准差为100的标准分数描述了学生在每一门学科的表现。PISA2000研究的核心问题是阅读素养能力。因此,对于数学素养和科学素养的评估有更多的局限性:阅读素养成绩的样本量是数学素养和科学素养样本的两倍(阅读素养、数学素养和科学素养的样本量分别为4 175、2 350和2 314)。测试成绩及其他变量的均值和标准差在附录的表 A1 中呈现。我们通过4个变量对接受测试的学生进行统计上的控制,分别是父母受教育程度(最高学历)、学生与父母共同生活、学生的种族和父母

---

　　[1]　我选择8年级和9年级的学生作为调查样本有两个原因:第一,我们只有8年级到10年级每个学生学校的代码,但由于10年级不是义务教育,10年级的学生样本是高度具有选择性的。因此我们在计算相关学校的社会与经济背景变量时,只用了8年级与9年级的学生。其次,8年级和8年级也似乎是相关的年龄组:PISA 样本中15岁的学生有6%和92%分别为8年级和9年级的学生。

　　[2]　在引入行政数据时,有一个较小的陷阱:225所学校中的8所,行政登记数据中没有8年级和9年级的数据。这些学校大多数是高中学校,不幸的是登记数据中没有记载他们在高中阶段第一年的学校代码。因此,对于这8所学校,我们不能构建学校组成效应变量,因此我们从样本中去掉了这些样本(60个学生,大约占样本的1.4%)。

　　[3]　在虚拟变量中包含缺省值不能解决反馈率所造成的偏见问题。父母属于最高的职业等级的学生的缺失值为6%,父母的受教育程度为最高水平的学生的缺失值为4%。学校背景变量的缺失值为4%。我分析了缺失值学生父亲和母亲受教育程度的均值,发现他们多来自于较差的家庭条件,测试成绩的分数较低。

的收入。这些是学生成绩在学校组成效应和同伴效应文献中重要的决定因素。谢维特和威廉姆 （Shavit and Williams，1985）认为，一些研究无法观测到在统计上显著的效应是因为学校的社会经济背景变量的内容变化范围过小。在我的数据中，参加 PISA 测试学校的父母受教育程度的均值变化范围是 9.7 学年到 15.4 学年，其他种族学生的比例在 0% 到 100% 之间变化[1]，与亲生父母共同生活的学生比例在 6% 到 100% 之间波动[2]，父母平均收入在 110 000—656 000 丹麦克朗之间 （参见附录表 A1）。因此，学校组成效应均值变化的幅度范围过小显然并不是本文所担心的问题。然而，学生的社会经济背景只是我们考虑的一个维度。另一个维度是受调查学生的异质性。由来自社会各阶层的学生组成的学校可能受益于多样性，也可能受限于多样性，因为应对不同水平的学生并不是件简单的事。"学生背景的变化幅度"（用同伴背景的标准差来衡量）的变化范围小于平均同伴背景的变化范围，使得我们很难发现测试成绩的显著效应（参见图 A1）。

在最初的分析中，我引入了四个测量变量，这四个变量从个体和整体两方面对受调查学校进行了测量。[3]然而，将它们联合起来测量时，如预期所料，它们之间呈现出高度的相关性。每一对相关系数的变化范围是 0.14—0.78 之间，且非常明显。同时，为了解释这些结果，最好有每所学校学生质量的一维指数。该指数是由计算标准的社会与经济背景变量得到，也是 4 个社会经济背景变量的指示指标中最重要的组成部分（Jolliffe，1986）。[4]考虑到学生的多样性对学生成绩影响的变化范围，我引入了同一所学校测量学校组成效应的标准差，用以测量异质性和均值。

PISA 学生问卷调查不仅包含一套一般性的父母背景特征的测量变量（例如教育、财富、家庭特征，整套的控制变量参见表 A1），还包含了其他几个关于父母的参与度及对孩子教育兴趣的问题。调查结果可以归纳在 3 个变量内。[5]父母的学术兴趣[6]测量了学术，或更广义上的，学生家庭的文化氛围。重要的是，这一变量包含父母是否与他们的孩子一起从事一些活动。家庭文化资产，例如古典文学、诗歌以及艺术作品经常被认为与教育的成功有很大关系。家庭教育资源，例如课桌、课

---

[1] 其他种族学生的比例达到 100% 的极值，可能是一些学校样本较小的原因。对于所选取的学校 8 年级和 9 年级学生样本多于 20 名学生时，最高比例为 93%。在敏感度部分，我通过删除样本中只有少数几个观测值的几个学校测试了结果的稳健性。

[2] 只有 6% 的学生与亲生父母居住也是因为样本中某些学校的学生数太少。如果所选取的学校 8 年级和 9 年级学生样本多于 20 名学生时，最低比例上升至 15%。

[3] 我在敏感度检测部分汇报了这些估计的结果。

[4] 4 个最重要的社会与经济背景变量的权重是：父母受教育程度（0.50），父母的收入（0.65），与父母双方一起生活 （0.50），移民背景（0.29）。第一个最重要的元素在 4 个变量中解释了 38% 的差异。这与其他的用 PCA 方法分析学生层面数据的分析非常接近，构建了一维的学校组成效应变量（例如，Willms，1986）。

[5] 具体细节参见数据附录或 OECD（2001），附录 A1。在最初的分析中，我也包含了社会交流指数，但是由于系数的估计很少显著，这个组成元素没有包含在最后的模型中。

[6] 在最后出版的 PISA 数据库，这个变量被重新命名为"文化交流"。

本和计算机。这里我们只强调对学生课业有直接帮助的资源。

校长问卷提供了丰富的学校的信息特征。在回归中我们包含了这些特征变量,具体包括学校规模(以平方的形式出现)、学生与任课教师的比例、学校自主性指数[1]、丹麦语/数学/科学各学科拥有高等教育文凭的老师在学校中所占比例,以及学校是否使用标准化的测试成绩评估 15 岁学生学术技能水平的虚拟变量等信息的变量。[2]关于学校氛围和教师动机与行为的额外信息会通过 4 个组合变量来呈现,它们分别是教师行为表现、教师道德水平、教师辅助程度以及教师与学生的关系(参见数据附录中每一个项在组成因素中的计算)。

4 方法

4.1 估算

所有的回归均为教育生产函数的标准形式。[3]

$$A_{ij} = \beta X_{ij} + \gamma S_j + \delta SC_j + \varepsilon_{ij} \tag{1}$$

可观测的特征变量 X 包含,父母受教育程度、父母职业、父母收入和经济状况、家庭教育资源、父母学术兴趣、文化资产等方面信息,以及性别、种族、年级和学生是否与亲生父母共同生活等虚拟变量。[4]学校特征变量 S 包含学校实际招生人数的二次项、学校的生师比[5]、学校丹麦语/数学/科学各科老师具有高等教育文凭的比例[6]、学校自主性指数以及学校里 15 岁学生是否进行标准化测试。变量 SC 表示关于学校组成效应的信息,包括本学校学生社会经济背景特征的均值和方差,该变量由校长对四个因素的分析计算而得出的合成变量所表示。这四个因素为:父母受教育程度,学生是否与亲生父母共同生活,种族,父母的收入。[7]如果学生的学校组成是随机分配的或至少不

---

[1] 学校自主性的变量根据几个问题,由校长判断哪些是不属于学校职责的内容而得出。并转化为相应的分数,分值越高意味着自主性越高。

[2] 在最初的分析中还包含了其他控制变量(被测试学科的指导小时数,学校的基础设施和教育资源,完全有资质的教师比例,在过去的 3 个月中教师参加职业发展项目的比例以及是否为私立学校的虚拟变量),但是其估计系数几乎都不显著。在最后的回归中,我去掉了这中间的很多变量。在教育生产方程中一个可能有用的变量是学校的支出。在一些学校系统中,学校间资源的分配随学校参加者而变化是非常重要的,但 PISA 数据库没有提供该信息。就丹麦而言,这些问题不太严重。因为丹麦政府会对学习有障碍和双语学生提供住宿资助。

[3] 如果在估计学校组成效应对学生成绩的影响时,考虑学生内在能力或以前的成绩就更加理想了。然而,在本研究中我们没有这类数据,因为 PISA 数据是横截面数据,在我们的样本中没有关于以前成绩或 IQ 测试成绩的额外信息。此外丹麦唯一一个全国学生的评估测试是在义务教育阶段快结束的时候进行(也就是在 PISA 测试之后)。

[4] 在最初的分析中我们还控制了学生年龄,以及姊妹数和出生顺序,但它们在所有回归中的估计系数均不显著。为了不减少其余系数的估计力度,我在最终的模型中去除了这些变量。

[5] 作为控制变量,生师比通常优于班级规模,因为学校通常将比较难教的学生分配到规模较小的班级致使班级规模作为解释变量可能产生偏差。

[6] 阅读测试分数的回归中仅包含了丹麦语老师所占的比例,数学和科学测试成绩的回归类似。

[7] 关于社会与经济背景特征合作变量如何衡量的具体细节,参见数据部分。

与影响择校条件和测试成绩的无法观测的因素系统相关,则等式(1)可以得到对学校组成效应的无偏差的估算 δ。详细的辨别方法在第 2 部分阐述。

每一个测试领域(阅读、数学和科学),都是由三个模型进行估算的:第一,模型(1)仅包含学生特征和家庭背景的控制变量;模型(2)在模型(1)的基础上增加了学校特征;模型(3)在此基础上又增加了学习氛围和学校教师行为表现变量。分析从利用最小二乘法估算模型开始,该模型估算了学校组成效应对条件测试分数分布中心的影响。然而,由于我对学校的组成效应对不同能力水平学生的不同影响程度很感兴趣,所以我用分位数回归方法重新估算了模型。新近发表的几篇论文也采用了分位数回归的方法研究了除均值外,因变量分布不同点的特征。[1] 最基本的分位数回归模型将条件分位数限定为协方差的一个线性方程,第 θ 分位点的一个常用方法是将模型写为(参见如 Buchinsky,1998):

$$y_i = x'_i \beta_\theta + u_{\theta i}, \quad Quant_\theta(y_i \mid x_i) = x'_i \beta_\theta \quad \theta \in (0, 1) \tag{2}$$

其中,$Quant_\theta(y_i \mid x_i)$ 代表根据回归向量 x_i,y_i 的分位数。该模型没有指明残差项的分布。假定 $u_{\theta i}$ 满足分位数回归限制 $Quant_\theta(u_{\theta i} \mid x_i) = 0$。该模型最重要的特征是协方差的边际效应 β_θ,随不同分位点的变化而变化。

5 结论

5.1 学校组成效应是否存在?

表 1 所呈现的是对所有三个测试学科进行的 OLS 估算的主要结论。我们在表中只列出了感兴趣的系数:附录(表 A2)中提供了所有的估算结果。为了适应分层的样本设计,回归中考虑了学生的权重。[2] 此外,我们对标准差进行了调整以适应每所学校学生的组群效应。我也通过自举法(1 000 次的重复)计算了置信区间。在每次的自举重复中都包含了最重要的组成等式和成绩等式,以便能考虑到在第一阶段的主成分分析中的学校社会经济背景变量中引入的额外的估算差。[3] 当估算中采用自举法时,则学校社会经济背景变量的置信区间会略微增大(阅读成绩增加 8%,数学和科学成绩分别增加 11% 和 13%),但结果仍非常明确。如前所述,我们对三门测试学科中每一门

---

[1] 类似的文献例如:Buchinsky(1994);Eide and Showalter(1998);Green and Riddell(2003);Bedard(2003);以及关于实验经济学的一些特殊问题(Fitzenberger et al.,2001)。

[2] 在 PISA 样本设计中,学校是最重要的抽样单位。学校根据规模,被成比例的抽取。我应用了 PISA 数据中所谓的"学生最后权重"。这个对于 j 学生 i 学校的权重 W_{ij} 的计算考虑了样本中包含 i 学校的概率,如果包含了 i 学校选择学生 j 的概率,以及样本设计的一些不足。具体细节参见 OECD 2002b,p.51。

[3] 作者感谢 Bernd Fitzenberger 对此提出的建议。

都分别用三种不同的模型进行了估算:模型(1)除了学校社会经济背景变量外,只包含了学生和家庭背景的控制变量,模型(2)包含了学校特征变量,模型(3)增加了学习氛围和教师行为表现的控制变量。此外,我们也列出了没有控制任何变量模型0的估算结果。

■表1 根据 OLS 对阅读、数学和科学测试成绩的回归结果

	模型 0		模型 1		模型 2		模型 3	
	系数	稳健标准差	系数	稳健标准差	系数	稳健标准差	系数	稳健标准差
阅读能力								
学校的社会经济背景均值	**54.13**	7.49	**18.91**	5.57	**17.36**	5.20	**12.21**	4.92
学校的社会经济背景变量	10.13	9.57	7.8	7.34	4.01	7.01	5.24	6.58
学生背景控制				x		x		X
学校控制变量								
学习环境								x
观测值			4 175		4 175		4 175	
调整的 R^2			0.07		0.29		0.30		0.31
数学能力								
学校的社会经济背景均值	**50.34**	6.24	**21.89**	5.67	**20.01**	5.57	**16.95**	5.52
学校的社会经济背景变量	1.86	11.95	−3.46	9.24	−7.44	7.67	−6.06	7.75
学生背景控制				x		x		X
学校控制变量						X		x
学习环境								x
观测值			2 350		2 350		2 350		2 350
调整的 R^2			0.07		0.23		0.24		0.25
科学能力								
学校的社会经济背景均值	**52.6**	6.65	**19.15**	5.99	**17.38**	5.99	**15.95**	5.95
学校的社会经济背景变量	3.69	11.84	5.85	9.57	0.25	9.37	1.63	9.09
学生背景控制				x		x		X
学校控制变量						X		x
学习环境								x
观测值			2 314		2 314		2 314		2 314
调整的 R^2			0.06		0.22		0.23		0.23

注:学生背景控制变量包括:性别,年级、种族、核心家庭、父母受教育程度、父母职业、父母收入和财富、家庭的教育资源、父母的学术兴趣、文化资产。学校的控制变量有:入学登记人数的2次项、生/师比、阅读/数学/科学老师具有本学科高度教育文凭的比例、是否有标准化测试(0/1)、学校自主性指数。学习环境的特征包括:教师的帮助、教师的道德水平、教师的行为以及教师与学生的关系。回归中包含了缺省值的虚拟变量。

所估算的学生测试成绩的生产函数模型所产生的系数和 R^2 值与其他论文中的一致。[1]有趣

---

[1] 然而,在文献中包含之前成绩的 R^2 值通常很高。

的是,该模型对数学素养和科学素养分数差异的解释力度小于对阅读素养差异的解释。[1]通过比较模型(0)到(3)R^2值的大小,我们发现这是因为父母的特征在解释阅读素养成绩的差异时优于其对数学素养和科学素养成绩的解释。[2]在加入学校和教师因素后,所能解释的剩余差异非常小。

我们最关心的是学校社会经济背景变量的系数。学校组成效应变量的结果显示,仅有程度(level)上的系数是正的且显著的,而学校学生背景的差异系数无法精确估计,标准差几乎与系数(且系数非零)的数值相同。[3]因此,在由较高社会经济特征学生组成的学校,其学生的阅读素养、数学素养和科学素养成绩相应地也比较高。不同的学科在学校组成效应的估算上仅有微小的差异。表1模型(2)和模型(3)的估计显示学校的社会经济背景每增加1个标准差(0.44)测试成绩便提高大约0.05—0.09个标准差,但这一结论依据学科和模型的变化而有所变化。[4]

我也简单考察了个体变量的系数,并将所有结果列在附录表A2中。学生特征和家庭背景变量大多数的估算系数在统计学上都很显著,并与人们之前预计的方向相同。例如,在控制了其他因素后,父母受教育程度、父母职业、父母的学术兴趣、家庭教育资源、文化资产(对数学素养不显著)、是丹麦本土人以及与亲生父母、双亲共同生活等变量均呈现正的且显著的结果,这与论文中通常得到的结论相同。学生所在年级如果低于15岁学生普遍所在的年级,则他们的测试分数在所有的三个学科中均比较低。女性学生预测的阅读素养成绩高于男性学生,但其预测的数学和科学的成绩均低于男性。与直觉相反的是,在PISA数据库中,家庭的财富与阅读素养成反比,但家庭财富对于数学素养和科学素养的负作用不显著。[5]

通过比较各个模型的学校组成效应的估计,我发现在加入学生和家庭背景的控制变量后显著减小了学校组成效应对成绩的影响,而加入学校特征变量后(模型2),只有很小的作用。但增加学校氛围和教师的控制变量后(模型3)减少了阅读素养成绩的点估计影响约30%,数学素养成绩的影响约15%,而对于科学素养成绩的影响仅在边际上显著。[6]虽然只有很少的几个学校因素及学

---

[1] Robertson和Symons(2003)发现了一个类似的甚至更显著的结果,即其对数学成绩差异的解释力度仅为对阅读成绩差异解释力度的小一半。

[2] 学生的家庭背景对于阅读成绩的重要性可以解释为阅读技能在代际间的转换低于数学和科学能力在代际间的转换。

[3] 这部分可能因为"学生背景的差异"变量的差异小于"学校组成效应均值"变量,参见数据部分的详细讨论。

[4] 对于不同分位点分样本回归某学生自己的社会与经济背景变量时,允许异质效应的存在可以得到相似的结果。对于较低的两个分位点,影响比较大且显著,但对于比较高的分位点影响大大减小且不显著。这意味着来自较差社会与经济背景家庭的学生参加由较高社会与经济背景学生组成的学校将会受益,但该影响对于高于平均水平的社会经济背景的学生不显著。

[5] 对于财富变量进行了额外的分析,包括关于财富构成的9个单独问题的答案(详情参见OECD, 2001)。结果显示财富构成的变量不仅测量了"财富",也测量了购买教育软件的需要(也就是成绩较低的父母购买教育软件帮助孩子学习)以及拥有几台电视和几辆汽车的偏好,而这些反过来又反映了对学术而不是财富的"非偏好"。这些结果显示,财富组成变量不仅测量了纯财富效应,也测量了可能对测试成绩起反作用的其他因素。然而,关于此问题进一步的调查超出了本研究的范围。

[6] 然而,如4.3部分将要显示的,包含学校特征的变量在测试成绩分布的不同点,学校社会与经济背景的估计具有不同的影响。OLS的估计结果仅提供了成绩分布中心的一种情况。

习环境的单独估计的系数是显著的(参见表 A2),但模型(2)中的学校因素以及模型(3)中加入的学习环境信息是联合高度显著的。[1]

与本研究使用可观测的数据非常相关的研究是将我的结果与使用实验或准实验的方法分析得到的结论相比较,实验或准实验的方法被认为是对于研究选择性问题更加可靠和值得信赖的方法。哈努谢克等(Hanushek et al.,2003)评估了同伴组成效应(通过同学滞后的测试成绩来衡量)对学生数学素养成绩的影响。他们通过去掉学生和学校及年级的固定效应以及可观测的家庭及学校特征,控制了容易与同伴效应混淆的影响成绩最重要的决定因素。他们的结果与本研究的结论相似,学生(无论他们在学校测试成绩分布的最初位置)与成绩较好的学生作为同学都会受益。然而对成绩的差异似乎没有系统的影响。霍斯比(Hoxby,2000)应用了学校某个特定年级连续几年性别和种族构成的变化鉴定同伴效应。她发现同伴阅读成绩外在变化 1 个百分点将提高学生自己的成绩约 0.15—0.4 个百分点,依赖于具体的模型。在略有些不同的设置中,齐梅(Zimmerman,2003)进行了类似于准实验的实验策略测量了同屋室友对学术结果的影响,他发现较小的且统计上显著的效应。

OLS 估计方法的主要结果可以概括为两点:学校的社会经济背景的层次与测试成绩在所有三个学科都显著相关,但学生群体的异质性是否会影响测试分数还没有一致的结论。其次,学校组成效应对于每一个学科的影响程度类似,但在模型 3 中控制了学习氛围的变量后对于阅读素养成绩的影响会减小。

5.2 异质效应:分位数回归的估计结果

OLS 的发现主要讨论了学校组成效应如何影响学生的平均表现。然而,如果组成的变化对于能力低和能力高的学生有不同的效应,分位数回归的结果在整个条件测试分数的分布上是不同的。[2][3] 为了检验这一假设,我用分位数回归的方法重新估计了模型,使用的分位数范围在 0.05—0.95 之间,间隔区间为 0.05。完整的结果在表 A3a-c 中呈现。[4] 关于上面 OLS 的估计结果,除了传统的单一等式自举法过程,我计算了一个自举法过程的置信区间,该过程包括了第一阶段的

---

[1] 如在数据部分所提到的,我已经去掉了一些不显著的学校控制变量。但我没有进一步去掉更多的控制变量,虽然这些系数对于预测测试成绩也不显著,但排除它们将增加学校社会与经济背景变量的估计系数。

[2] 如 Woessmann(2004)所述:"学生能力本身仍旧没有测量,事实上根据定义,一旦控制了家庭背景的影响,条件分数的分布应该与能力显著相关(或者,更精确地说,能力的那部分因素与家庭背景不相关)。"

[3] 条件测试分数的分布反映了在控制了可观测的协方差后测试分数剩余的差异。剩余的差异可能与能力的几个方面相关,也可能有额外的随机性。

[4] 为了表达在整个条件分数的分布中学生和学校投入变量的影响,而不是汇报十几个回归结果,在最后的结果列表中只列出了第 10、第 25、第 50、第 75 和第 90 分位点的结果。

主成分分析。本研究所感兴趣的主要的参数的系数在图2和表A4中列出。如上面所述,学生组成效应的异质性程度的估计结果自始至终都无法精确估计,因此没有用图形来表示,但结果在表A3 a-c中列出。

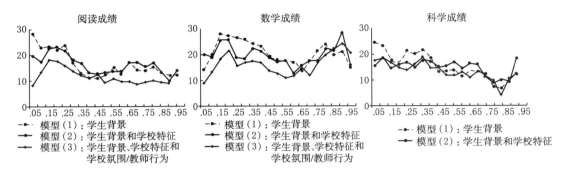

图2 阅读、数学和科学成绩的分位数回归结果

如前面所证明的,学习气氛和教师行为的变化在文献中被认为是改变社会经济背景的组成效应的一部分,因此在估计中可以被认为是内生性变量。另一方面,在类似于这样的设置中,识别策略依赖于包含广泛的控制变量,这样的差别可能也反映了父母对学校的选择。因此我们估计了两个模型并讨论了它们的结果。

和前面一样,我们对每一学科的测试分数估计了三个模型。一个模型仅包含了学生背景特征,第二个模型增加了一些学校特征变量,最后一个模型加入了学习氛围和教师行为的变量。在上一部分通过OLS的估计结果显示了所有的三门学科的成绩分布在中心区域的学生的组成效应对学生的测试成绩有正的且显著的影响。然而,对于阅读素养成绩的分位数回归结果显示在整个条件测试分数的分布区间内学校组成效应呈递减的趋势(图2,左图)。在测试成绩分布较低的区域,学校组成效应呈现正的且显著的效应(固有的循环暗示在5%的显著性水平上);在较高的测试成绩分布区域,影响的程度在减弱并最终使估计结果变得不显著。估计结果显示,与只包含学生背景(模型1)或学生背景加学校特征的模型(模型2)相比,估计结果在控制了学习气氛和教师行为的模型3中有些小,并且只在测试分数分布的较低区域显著(除了非常低的区域,在最低端估计也不显著)。如在第2部分所解释的,在模型中加入学习氛围和教师行为的控制变量后将减小学校组成效应的估计值,暗示着学校组成效应的一部分是由于学校或班级层次学习环境的变化,而不是直接的同伴效应。

科学素养成绩的结果展现了一个相似的特征:学校社会经济背景变量呈递减的趋势(图2,右图),但仅在模型(1)和模型(2)测试成绩分布较低的很小范围内显著。当增加了学习氛围和教师行为的变量后,点估计保留了组成效应递减的特征,但几乎在整个测试成绩的分布区间内,估计的影响都不再显著,意味着可观测的学校组成效应完全归因于学习环境的变化。因此,对于科学素养成绩而言,同伴效应不能解释任何剩余的差异。

概括起来,对于阅读素养成绩,以及在某种程度上对于科学素养成绩,我发现较高的社会经济背景特征可以提高在低端成绩分布的学生的分数,但对(非常)高端成绩分布的学生没有影响。数学素养成绩的结果略有些不同(图2,中间图)。虽然在分布的低端呈现明显的递减趋势(大约在第15到第65分位点上),学校的社会经济背景效应在较高分位点又呈现递增趋势。因此,其特征呈现为U形,这意味着学校的社会经济背景对于能力高和能力低的学生非常相似。与阅读素养分数相似,增加学习氛围和教师行为的控制变量会减少学校社会经济背景变量(特别是在成绩分布的低端)对数学素养的估计值的影响。这暗含着学校社会经济背景变量对数学素养成绩分布低端学生的这部分影响是由于能力较低的学生所就读的学校的学习气氛和教师行为的差别所致。尽管在程度上呈现递减趋势,估计值在数学素养的大多数分布区间是显著的。

据我所知,唯一的一篇与本研究相似用分位数回归的方法估计学校组成效应的研究是施内维斯和温特-艾伯莫尔(Schneeweis and Winter-Ebmer,2007)。[1] 如在第2部分所解释的,他们与我使用的数据相同,只是子样本不同(他们使用的是奥地利而不是丹麦)。与我们的研究相比,非常明显,尽管分析的方法略有不同,[2] 我们均得到了相似的结论。特别是他们分位数回归的结果在整个测试成绩分布区间呈现了相似的递减特性,在本质上与我们的结论非常接近(他们是根据职业特征表示的社会与经济指数估计的)。对于阅读素养成绩分布在低端的(15%的分位点)学生,他们估算的最大效应规模大约为0.11个标准差,对应于我们研究的0.08或0.10个标准差由于具体的模型的差异(模型2和3)。[3]

将上面的结果概括起来,我们可以得到对于阅读素养而言,学校的社会经济背景效应对于成绩分布低端的学生具有显著的积极效应(除了最低端)。这些效应在整个分布区间呈现递减的趋势并最终在成绩分布的(比较)高端变得不显著。该结构形式的结果表明:(i)成绩较弱的学生可以从一个更加平等的混合各种经济与社会背景的学校中受益,(ii)各种经济与社会背景的混合能帮助成绩较弱学生而非伤害最优学生,从而暗示了学生总体水平的提高。学校的社会经济背景变量在大多数成绩分布区间,甚至对于中等偏上的学生都起到积极的作用(但在加入学习氛围和教师行为的模

---

[1] Levin(2001)也使用了分位数回归的方法估计了同伴效应。但他的估计是以学生的IQ测试成绩为基础,他估计的这类同伴效应不具有典型性,只是针对班上具有相似IQ成绩的学生。

[2] 具体而言,他们在其估计中包含了学校类型的固定效应,而这在丹麦是不可能的。此外,他们应用了PISA数据所包含的以职业特征衡量的社会与经济指数衡量同学的社会与经济特征。

[3] 然而,以文化交流变量为基础衡量的学校组成效应,在整个测试分数分布区间具有同质的效应(Schneeweis and Winter-Ebmer,2007)。

型后,该结论不成立),虽然其在影响程度上小于成绩分布低端的学生。因此,背景混合的政策显示,由经济与社会背景不太好的学生组成的学校不利于成绩较差的学生。然而,即使混合可能伤害最好的学生,但帮助成绩较差的学生可能还是政策关心的焦点(出于平等的考虑)。对于数学成绩,只有(i)成立,而(ii)不成立,因为社会经济背景对成绩的影响在分布的中值附近或多或少呈对称的特性。因此,如果各种社会经济背景的群体更加融合,我们也不期望结果有显著的不同。但如果对于平等的关心成为社会的核心问题,各种社会经济背景的混合可以得到一个更加理想的结果。最后,对于科学成绩仅在边际有显著的影响。

最终的结论是,当公平成为最主要的政策目标时,学校间更加平等的混合来自不同经济与社会背景的学生是最优政策,这样可以帮助成绩较差的学生提高他们的阅读素养和数学素养。但预计只有阅读素养的平均成绩可以得到提高。

5.3 结果是否稳健?

我已经揭示了结果对于各种模型各个方面变化的敏感度。第一,为了提高对于学校社会与经济背景变量测量的准确性,我去掉了学校中参加 PISA 测试的 8 年级和 9 年级学生不足 20 人的学校的学生。这意味着,我减少了 1.5% 的样本,这也略微降低了学校社会与经济背景变量的点估计,但没有改变学校社会与经济背景变量的规模、显著性以及符号。第二,通过将由 4 个社会经济背景变量所组成的主成分中的每一个变量放入回归中,我分析了每一个变量的表现。因此,我没有使用主成分分析所生成的学校社会经济背景变量,而是在回归中包含了父母学龄长度的均值,少数种族学生的比例,与双亲共同生活学生的比例,家庭中父母的平均收入,并把它们放在 4 个不同的回归中,分别作为测量学校组成效应的变量。[1]结果可能与预期一致:较高的父母平均受教育程度对于所有学科的测试成绩均有显著的正面影响。此外平均父母收入、学生与父母共同居住的比例、丹麦籍学生的比例均对测试成绩呈现显著正相关。第三,我调查了学校社会经济效应是否为线性关系。这样做的目的是为了检验学校组成变量和成绩的关系是否呈凹形,因为很多研究都发现了它们之间呈非线性关系(例如 Zimmer and Toma,2000;McEwan,2003)。当我在估计中包含了衡量学校社会经济变量均值的二次项时,学校社会和经济变量的系数只变化了一点并且仍呈现十分显著的相关性。[2]二次项的估计系数符号为负,且只有科学素养成绩的估计在 5% 的水平上显著,阅读素养和数学素养的估计仅在边际上显著。由于有证据显示

---

[1]　将它们联合作为一组包含在一个模型中,它们十分显著。但在解释单个变量的影响程度时,容易受到其他学校特征变量的干扰。

[2]　我也尝试着包含学校异质性的二次项,但二次项的系数都不显著。

OLS 的估计结果呈现非线性,我在估计分位数回归模型时也包括了学校社会经济背景的二次项,但是它们很少显著。[1]因此我决定对估计等式采用线性的形式。第四,我考察了学校的社会经济背景的估计是否存在性别差别。如果确实存在差别,学校组成效应的变化将转化成性别差别的变化,这对于丹麦的数据非常重要:女孩阅读素养的成绩远远好于男孩,大约比男孩的阅读分数高 1/4 个标准差,但男孩在数学素养和科学素养方面优于女孩,比女孩的数学/科学成绩大约高一个标准差的 15%/12%。为了分析性别异质效应的可能性,我在估计的模型时,包含了(i)性别和学校社会经济背景变量均值的交互项,(ii)将男孩和女孩的子样本分离,允许所有的系数随性别而变化。然而,我发现学校组成效应对不同性别没有系统的差别。总之,我的结论对于不同的模型形式在本质上区别不明显。

6 讨论和结论

"潜在的"学校组成效应对学生成绩的影响引起了许多国家政策制定者们的关注。本研究分析了三个主要学科(阅读、数学和科学)学校组成效应对学生能力的影响。通过使用国际 PISA 数据(国际学生评估项目)丹麦子样本,并控制广泛的协方差变量,我试图减少由于内在的学校选择变量所产生的偏差。此外,我从所有 PISA 参加者同龄校友的行政登记数据中提取了家庭背景变量的数据,这就允许我们比单独的 PISA 数据本身能更加准确地测量学校社会经济背景变量的效应。该估计结果阐明了在引言中提出的一些问题。

对于一般学生而言,同学们的平均社会经济背景对其阅读、数学和科学成绩的影响呈现正面的且非常显著的效应,虽然学校学生群体的异质性无法得到精确的估计。这些结论可能无法得出令人信服的、学生是否受到更多样化群体的(不利)影响的证据,但这却是政府实行混合群体政策的一种结果,因为这些结果都表明学校的社会经济背景的组成效应对于成绩有重要的影响。

(ii) 通过与较好的学生为伴,在成绩分位数分布低端的学生阅读素养成绩的收获最大,而在数学素养方面,结果显示通过参加由较好学生组成的学校,能力高与能力低的学生受益相同。科学素养成绩的结果仅在边际上显著。因此,对于阅读素养,学校组成效应对于在条件测试分布的较低端的影响更重要,从而肯定了文献的预测:成绩较低的学生对其他人的依赖性较强,而成绩好的学生在学习上较独立。然而这种差别对于数学和科学成绩并不适用。其他结论显示,学校的部分组成效应通过学习氛围(学校和教学氛围,老师的行为)的变化而生效。

总而言之,这些结论建议将不同学校学生更加平等地混合可以提高阅读素养平均测试成绩的分数,增强阅读素养成绩的平等性。对于数学素养成绩,更加混合的社会经济群体对平均测试成绩

---

[1]　15 个估计中仅有 3 个估计的二次项显著。

的影响不显著。因为虽然在成绩分布低端的个体通过与较好的学生作为同伴会提高成绩,但这是以优秀学生的恶化效应为代价的。但是,更加混合的群体将促进数学成绩更加平等,可能有助于减少学校的社会与经济分层。科学成绩可能不受影响。

不同学校学生混合的变化仅是提高学生学业成绩很多政策中的一项,因此比较学校社会与经济背景效应与其他干涉因素的影响(如老师的质量、班级规模)的大小是非常必要的。在研究教师质量作用时,里夫金等(Rivkin et al.,2005)发现平均教师质量每提高一个标准差,将提高学生在阅读素养和数学素养成绩 0.10 个标准差,这比本研究估计的影响偏大(本研究发现,社会经济背景特征每增加 1 个标准差将提高 0.05—0.08 个测试成绩的标准差)。通过 STAR 实验重新检验结果,学生被随机分配到较小规模(13—17 个学生)的班级和通常规模(22—25 个学生)的班级;根据我们的数据,班级规模的减少相当于对于成绩的提高了 2 个标准差。[1] 克鲁格(Krueger,1999)发现较小规模班级的学生可以提高大约 0.22 个标准差的成绩。与其他提高测试成绩的政策相比,改变学校学生的融合度在促进学生的成绩方面与其他措施类似可以起到相同的作用。

然而,在考虑本研究所估计的学校组成效应时,需要记住一个前提条件。如上面所讨论的,估计中剩余的选择性偏差仍是人们担心的一个问题。因此,就某种程度而言,估计的学校组成效应反映了剩余的无法观测到的特征(家庭、学校或邻居水平)或影响学校组成变量和因变量的经济条件。我们无法确定政策制定者通过改变学生的混合度是否可以真正影响学生的成绩,也就是说该结论没有提供关于学校组成效应非常坚固的证据。然而,虽然估计的影响可能来自于学校的学生构成以及其他无法观测的因素,但学校组成效应的存在是无法忽视的。

数据附录

父母学术兴趣

PISA 父母学术兴趣指数根据学生汇报父母与他们一起从事下列活动的频率而得出的。这些活动包括:一起讨论政治和社会问题;一起谈论图书、电影或电视节目以及听古典音乐。这个变量在国际 PISA 数据库最后的版本改名为文化交流。

社会交流

PISA 社会交流指数根据学生汇报父母与他们一起从事下列活动的频率而得出的。这些活动

---

[1] 在他们的样本中只有两种不同的班级规模,因此不能通过 1 个标准差的计算比较两个研究的结果。然而在我的数据库中,8 年级和 9 年级学生班级规模(较小规模班级和通常规模班级)的差别大约为 2 个标准差。

■表 A1　统计描述

变　　　量	样本数	均值	标准差	最小值	最大值
学校组成效应:最主要的测量					
学校组成效应(社会与经济背景变量)均值	4 175	−0.040	0.439	−1.936	1.293
学校组成效应(社会与经济背景变量)方差	4 175	1.124	0.248	0.455	3.307
学校组成效应:其他衡量指标					
父母受教育水平的均值(学年的长度)	4 175	12.371	0.946	9.667	15.446
与亲生父母一起居住的比例	4 175	0.339	0.113	0.063	1.000
学校中移民学生的比例	4 175	0.064	0.104	0.000	1.000
学校父母收入均值(年收入:000DKK)	4 175	327.962	73.226	109.644	656.056
学生背景					
女性学生	4 175	0.494	0.500	0.000	1.000
本国学生	4 156	0.930	0.250	0.000	1.000
8 年级学生(15 岁学生的标准年级应为 9 年级)	4 087	0.060	0.240	0.000	1.000
与亲生父母一起居住	4 132	0.710	0.454	0.000	1.000
父母的最高教育水平	4 028	12.940	2.390	0.000	15.000
父母最高的职业(PISA 指数)	3 916	49.458	16.338	16.000	90.000
父母的财富(PISA 指数)	4 164	0.610	0.600	0.000	3.380
父母的收入(年收入:000DK)	4 059	484.190	252.600	0.000	3 594.940
家庭教育资源(PISA 指数)	4 163	−0.219	0.933	−4.150	0.760
父母学术兴趣(PISA 指数)	4 114	0.108	0.978	−2.200	2.270
父母资产(PISA 指数)	4 114	−0.124	0.966	−1.650	1.150
学校特征					
专职丹麦语教师的比例	4 147	0.529	0.299	0.000	1.000
专职数学教师的比例	4 154	0.506	0.289	0.000	1.000
专职科学教师的比例	4 154	0.693	0.362	0.000	1.000
学校的生/师比	4 157	10.320	4.410	0.220	17.730
学校规模(入学登记人数)	3 861	405.972	216.222	3.000	1 195.000
学校评估使用标准测试成绩	3 996	0.908	0.289	0.000	1.000
学校自主性(PISA 指数)	4 174	0.128	0.625	−1.110	1.720
学校和教学氛围					
教师的帮助程度(PISA 指数)	4 144	0.170	0.840	−3.030	1.950
教师行为(PISA 指数)	4 174	−0.810	0.880	−2.410	1.220
教师的道德水平(PISA 指数)	4 174	0.023	0.830	−3.400	1.780
教师与学生的关系(PISA 指数)	4 141	0.300	1.000	−2.900	2.830
样本规模					
学生数			4 175		
学校数			207		

注:为了反映财富、家庭教育资源、父母的学术兴趣、社会交流和文化资产等方面的信息,OECD 根据学生问卷对几个问题的回答创建了综合变量。

包括：与父母一起谈论在学校的表现如何；与父母一起在餐桌吃饭；与父母在一起的时间。

家庭文化资产

PISA数据与家庭里"古典"文化相关资产指数是根据学生汇报家里是否有下列项目（古典文学、诗集以及艺术品）而得到的。

家庭教育资源

PISA家庭教育资源指数是通过学生汇报家里是否有下列东西以及具体的数目而得到，这些东西包括：字典，安静的学习地方，课桌，课本和计算器。

教师行为

PISA教师行为指数（或校长观测到的与影响学校教学氛围相关的教师因素）是根据校长关于15岁学生的学习是否受下列情况所阻碍的汇报而得出的：教师较低的预期；师生关系很紧张；教师无法满足单个学生的需求；教师旷课；教师拒绝改变；教师对学生的要求过于严格；教师没有鼓励学生去达到他们潜在的最高水平。较低的指数值意味着自律氛围比较差。

教师的道德

PISA教师的道德指数（校长观测到的教师道德和责任感）是根据学校校长对以下陈述的肯定而得出：教师在学校的道德水平很高；教师工作时充满激情；教师以学校为荣以及教师认为学术成绩很重要。

教师的帮助程度

PISA教师帮助指数是根据学生对于下列情形的频率汇报得到的。这些情形包括：教师对每个学生的学习都很感兴趣；教师给每个学生充分表达自己想法的机会；教师对学生的功课给予指导；教师在学生彻底理解前会持续讲解；教师给予学生多方面的帮助；教师在学习方面帮助学生。

师生关系

PISA师生关系指数是根据学生对于下列陈述的肯定程度而得出：学生与大多数的教师相处融洽；大多数教师关心学生的生活情况；大多数教师认真倾听我的叙述；如果我需要额外的帮助，我可以从教师那里得到帮助；以及大多数的教师对我很公正。

■ 表 A2 阅读、数学和科学成绩 OLS 的回归结果

阅读、数学和科学成绩	阅读 模型1 系数	标准差	阅读 模型2 系数	标准差	阅读 模型3 系数	标准差	数学 模型1 系数	标准差	数学 模型2 系数	标准差	数学 模型3 系数	标准差	科学 模型1 系数	标准差	科学 模型2 系数	标准差	科学 模型3 系数	标准差
学校组成效应（社会与经济背景变量均值）	18.91	5.57	17.36	5.20	12.21	4.92	21.89	5.67	20.01	5.57	16.95	5.52	19.70	5.99	18.19	5.90	15.95	5.95
学校组成效应（社会与经济背景变量）方差	7.80	7.34	4.01	7.01	5.24	6.58	-3.46	9.24	-7.44	7.67	-6.06	7.76	4.64	9.14	-0.32	9.02	1.63	9.09
女性学生	18.91	2.73	19.19	2.75	17.59	2.79	-16.74	3.72	-16.61	3.59	-18.20	3.55	-16.81	3.92	-17.33	3.90	-18.65	3.89
本国学生	39.25	6.90	39.08	6.91	39.65	6.70	29.68	7.93	29.84	8.09	28.37	8.10	43.99	10.08	43.19	10.08	44.17	10.14
8年级学生（15岁学生应为9年级）	-48.08	6.49	-49.28	6.19	-50.25	6.03	-41.16	6.81	-41.61	6.36	-43.95	6.48	-34.33	8.22	-34.96	7.89	-33.06	7.81
与亲生父母一起居住	10.51	3.43	8.98	3.33	7.64	3.35	11.24	4.14	10.49	4.12	9.63	4.24	7.58	4.59	5.99	4.49	5.37	4.53
父母的最高教育水平	6.28	0.64	6.20	0.67	6.17	0.63	3.56	0.88	3.50	0.93	3.52	0.92	6.34	0.95	6.46	0.95	6.22	0.92
父母最高的职业	0.61	0.11	0.59	0.11	0.54	0.11	0.62	0.13	0.62	0.13	0.57	0.13	0.56	0.26	0.53	0.16	0.52	0.16
父母的财富（PISA指数）	-8.57	2.06	-8.70	2.10	-8.52	2.09	-1.74	2.59	-2.70	2.61	-2.11	2.58	-3.26	3.16	-3.43	3.23	-3.28	3.13
父母的收入（年收入：000DKK）	0.01	0.01	0.01	0.01	0.01	0.01	0.00	0.01	0.00	0.01	0.01	0.01	0.01	0.01	0.01	0.01	0.01	0.01
家庭教育资源	6.08	1.70	5.88	1.59	4.86	1.57	6.01	1.89	5.87	1.89	5.36	1.89	5.45	2.65	5.04	2.53	4.23	2.51
父母的学术兴趣	17.48	1.74	16.97	1.70	16.11	1.49	13.62	2.25	13.53	2.27	11.41	2.10	17.08	2.33	16.25	2.29	15.58	2.32
文化资产	4.35	1.84	5.36	1.83	5.25	1.79	2.41	2.10	2.92	2.10	2.76	2.09	3.33	2.54	4.71	2.51	4.49	2.52
专职丹麦语教师的比例					6.87	6.48					—	—					—	—
专职数学教师的比例					—	—			5.61	9.63	5.52	9.27					—	—
专职科学教师的比例					—	—					—	—			13.99	8.65	10.86	8.18
学校的生／师比			0.47	0.86	0.83	0.87			-0.85	0.98	-0.84	0.94			0.33	0.97	0.23	0.96
学校规模			0.10	0.04	0.11	0.04			0.10	0.04	0.11	0.04			0.10	0.04	0.11	0.04
学校规模平方			-0.01	0.00	0.00	0.00			-0.00	0.00	0.00	0.00			-0.00	0.00	0.00	0.00
学校使用标准化测试成绩改进行评估			18.71	8.60	16.30	7.62			15.18	9.00	13.43	8.84			12.12	10.14	10.15	9.81
学校自主性			-2.14	3.37	-3.13	3.21			4.76	3.39	4.08	3.46			-3.21	4.08	-4.92	3.91
教师的帮助					1.84	2.26					-0.35	2.51					2.65	3.35
教师的行为					-1.59	2.09					0.98	2.68					1.65	2.84
教师的道德					2.51	2.27					2.90	2.42					3.01	2.74
师生关系					9.21	1.78					7.74	2.19					8.24	2.74
常数项	354.11	16.08	304.64	27.27	282.10	19.72	443.25	19.19	409.60	27.76	395.01	22.40	358.89	21.01	306.94	33.94	298.74	24.17
调整的 R^2	0.28		0.29		0.31		0.23		0.24		0.25		0.21		0.22		0.23	
样本数	4 175						2 350						2 314					

注：回归中包含了缺省值的虚拟变量。

表A3 阅读、数学和科学成绩分位数回归结果

阅读、数学和科学成绩	0.10分位数		0.25分位数		0.50分位数		0.75分位数		0.90分位数	
	系数	标准差	系数	标准差	系数	标准差	系数	标准差	系数	标准差
学校组成效应(社会与经济背景变量)均值	13.88	8.52	15.83	6.38	9.47	4.39	9.25	5.58	8.88	6.04
学校组成效应(社会与经济背景变量)方差	-0.04	10.19	4.51	7.55	2.91	7.65	6.81	8.39	4.91	9.16
女性学生	28.91	5.31	19.84	4.00	17.85	2.96	12.24	3.44	14.76	4.07
本国学生	52.19	11.47	48.69	8.40	38.75	7.56	38.69	7.89	27.75	9.82
8年级学生(15岁学生的标准年级应为9年级)	-71.02	12.20	-58.85	9.36	-48.53	8.04	-39.51	7.85	-32.43	9.91
与亲生父母一起居住	7.07	5.70	7.01	4.36	7.93	3.69	0.22	4.06	6.15	4.31
父母的最高受教育水平	5.87	1.27	6.81	0.85	5.87	0.80	5.86	0.78	5.57	0.99
父母最高的职业	0.70	0.19	0.58	0.14	0.63	0.12	0.58	0.13	0.73	0.16
父母的财富(PISA指数)	-12.20	4.13	-9.53	2.90	-5.92	2.14	-6.53	2.75	-5.32	3.10
父母的收入(年收入:000DK)	0.01	0.01	0.01	0.01	0.01	0.01	0.02	0.01	0.01	0.01
家庭教育资源	7.85	3.07	5.01	2.25	1.05	1.99	5.32	2.04	7.28	2.54
父母的学术兴趣	15.23	2.98	14.61	2.31	16.16	1.82	16.12	1.93	15.40	2.29
文化资产	6.15	2.95	5.56	2.24	4.95	1.88	3.18	1.91	6.18	2.31
专职丹麦语教师比例	6.33	10.50	6.78	7.61	8.02	5.91	5.09	7.09	8.40	6.95
学校生/师比	1.28	1.34	-0.21	1.02	0.88	0.73	0.14	0.99	0.67	1.30
学校规模	0.17	0.05	0.15	0.04	0.05	0.03	0.08	0.03	0.07	0.04
学校规模平方	0.00	0.00	0.00	0.00	0.00	0.00	0.00	0.00	0.00	0.00
学校使用用标准测试成绩	8.97	12.06	7.77	6.83	5.95	4.76	13.18	5.45	14.78	6.77
学校自主性	-2.89	5.71	-1.26	3.65	-2.79	2.96	-3.00	3.43	-5.80	3.75
教师的帮助	9.43	3.25	4.14	2.89	2.35	1.96	-0.60	2.24	-4.41	2.71
教师的行为	-1.99	3.24	-4.16	2.62	-0.91	2.11	0.63	2.34	-1.97	2.55
教师的道德	2.88	3.59	0.98	2.64	2.45	1.89	3.20	2.86	0.70	3.01
师生关系	6.70	2.89	7.13	2.31	8.82	1.78	12.41	2.25	9.51	2.48
常数项	158.21	33.73	227.70	23.93	309.58	18.65	359.70	21.63	403.87	23.57
调整的 R^2	0.20		0.18		0.16		0.13		0.14	
样本数										

数学成绩	0.10分位数		0.25分位数		0.50分位数		0.75分位数		0.90分位数	
	系数	标准差	系数	标准差	系数	标准差	系数	标准差	系数	标准差
学校组成效应 (社会与经济背景变量) 均值	13.14	10.08	15.65	7.64	12.78	6.90	17.00	6.29	23.92	7.18
学校组成效应 (社会与经济背景变量) 方差	−14.43	13.54	1.04	13.68	−2.02	8.18	−12.98	10.16	−15.29	13.96
女性学生	−9.47	6.21	−13.48	4.50	−18.07	4.27	−21.21	4.47	−25.00	5.25
本国学生	43.37	17.28	26.98	11.94	32.16	8.05	30.02	11.01	27.47	11.33
8年级学生 (15岁学生的标准年级应为9年级)	−35.97	17.78	−39.15	9.63	−52.48	7.99	−63.57	11.43	−53.15	12.76
与亲生父母一起居住	18.20	7.42	20.77	5.62	0.23	5.32	1.30	5.56	−6.38	5.65
父母的最高受教育水平	5.12	1.70	4.44	1.18	3.48	1.05	3.16	1.12	3.95	1.11
父母最高的职业	0.76	0.20	0.52	0.17	0.64	0.16	0.38	0.18	0.31	0.20
父母的财富 (PISA指数)	−1.95	4.83	−1.05	3.37	−0.63	3.09	−6.84	2.97	−2.65	3.72
父母的收入 (年收入:000DK)	0.00	0.01	−0.02	0.01	0.01	0.01	0.01	0.01	0.01	0.01
家庭教育资源	5.49	3.73	6.65	2.96	4.52	2.67	7.40	2.69	3.87	3.25
父母的学术兴趣	10.96	3.74	8.87	2.73	9.01	2.53	9.47	2.71	13.00	3.06
文化资产	3.17	3.84	3.81	2.97	1.47	2.61	3.64	2.66	3.37	2.95
专职数学教师比例	16.29	15.54	7.80	11.33	2.50	9.97	11.82	10.35	4.47	12.69
学生/师比	0.01	1.55	−0.20	1.31	−1.16	1.09	−1.63	1.14	−2.53	1.34
学校规模	0.14	0.06	0.11	0.05	0.09	0.05	0.09	0.05	0.12	0.06
学校规模平方	0.00	0.00	0.00	0.00	0.00	0.00	0.00	0.00	0.00	0.00
学校使用标准测试成绩	18.70	12.00	11.50	8.91	9.59	7.09	10.29	7.76	7.29	8.06
学校自主性	6.48	7.05	8.55	4.35	2.21	4.15	0.27	4.05	1.12	4.76
教师的帮助	7.26	4.43	0.91	3.30	−1.67	3.26	−1.25	2.96	0.88	3.61
教师的行为	4.56	4.50	−1.23	2.67	−2.02	2.82	−0.49	2.80	1.08	3.38
教师的道德	4.01	4.01	3.32	2.77	2.07	2.96	1.62	3.20	13.98	4.25
师生关系	4.33	3.63	4.87	2.53	9.99	3.02	8.69	2.64	7.89	3.31
常数项	299.72	40.46	321.07	30.41	405.07	24.44	484.92	24.93	542.25	31.46
调整的 R^2	0.15		0.13		0.13		0.12		0.12	
样本数										

科 学 成 绩	0.10 分位数		0.25 分位数		0.50 分位数		0.75 分位数		0.90 分位数	
	系数	标准差	系数	标准差	系数	标准差	系数	标准差	系数	标准差
学校组成效应（社会与经济背景变量）均值	18.12	11.42	13.58	7.86	11.35	7.89	11.09	8.05	10.17	9.14
学校组成效应（社会与经济背景变量）方差	7.21	14.23	3.59	9.96	-4.88	11.79	8.73	12.69	3.81	13.77
女性学生	-21.45	7.89	-13.00	4.89	-16.96	5.13	-20.42	5.52	-25.28	5.59
本国学生	43.13	17.09	45.38	13.04	49.60	11.45	55.09	13.18	19.89	16.83
8年级学生（15岁学生的标准年级应为9年级）	-45.96	17.42	-30.36	15.79	-29.73	11.13	-25.51	10.53	-25.90	14.29
与亲生父母一起居住	6.19	8.08	9.44	6.10	10.13	5.90	-0.59	6.58	1.71	6.14
父母的最高受教育水平	6.54	1.78	5.70	1.16	6.81	1.32	6.10	1.21	7.29	1.27
父母最高的职业	0.58	0.27	0.53	0.20	0.52	0.19	0.46	0.20	0.74	0.24
父母的财富（PISA指数）	-1.85	5.72	-0.71	3.80	-5.60	3.86	-7.29	3.69	-4.56	4.61
父母的收入（年收入:000DK）	-0.01	0.02	0.00	0.01	0.01	0.01	0.02	0.01	0.01	0.02
家庭教育资源	8.34	4.93	2.24	2.89	6.58	3.18	11.90	3.44	4.74	3.72
父母的学术兴趣	11.54	4.17	15.46	2.93	15.39	2.88	17.33	3.20	20.25	3.27
文化资产	4.42	4.34	5.83	2.97	4.36	3.13	3.33	3.30	-0.15	3.33
专职科学教师比例	-2.28	14.51	2.05	9.88	9.97	8.99	21.23	9.09	35.66	11.26
学校生/师比	2.27	2.36	0.36	1.18	-0.25	1.25	-0.56	1.31	-1.78	1.58
学校规模	0.13	0.09	0.08	0.05	0.12	0.04	0.07	0.05	0.07	0.06
学校规模平方	0.00	0.00	0.00	0.00	0.00	0.00	0.00	0.00	0.00	0.00
学校使用标准测试成绩	4.61	14.53	5.76	9.32	9.13	7.45	11.41	10.27	6.14	9.52
学校自主性	7.37	7.66	-4.39	4.36	-4.10	4.80	-6.33	4.50	-7.15	5.66
教师生比	7.80	5.04	6.40	3.00	3.62	3.56	1.48	4.40	-0.43	3.59
教师行为	6.10	5.16	-1.26	3.54	-3.01	3.35	1.46	3.29	2.24	3.55
教师道德	2.16	4.76	3.22	3.23	0.75	3.07	1.59	3.29	3.56	3.76
师生关系	-2.38	4.04	2.06	2.65	9.28	3.07	12.03	3.29	9.81	3.41
常数项	177.91	43.17	258.85	32.00	290.87	29.30	359.48	29.51	424.48	37.33
调整的 R^2	0.12		0.13		0.13		0.13		0.13	
样本数										

注：回归中包含了缺省值的虚拟变量。

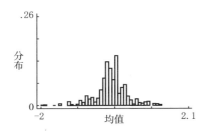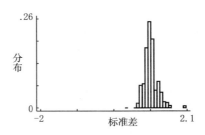

数据来源：OECD(2001)。

图 A1　两个学校组成变量(学校同伴背景的均值和标准差)的经验分布

■表 A4　包含 PCA 自举法分位数回归结果的置信范围

	0.10	0.25	0.50	0.75	0.90
阅读					
学校组成效应均值(社会与经济背景变量)	**17.33**	**21.77**	**13.15**	**15.31**	9.88
下限 95%	0.92	10.00	4.45	4.22	−2.22
上限 95%	35.71	34.89	22.87	27.71	23.17
数学					
学校组成效应均值(社会与经济背景变量)	18.83	**18.74**	**17.04**	**17.35**	**27.97**
下限 95%	−1.85	5.33	4.04	4.41	13.37
上限 95%	41.78	33.74	31.56	31.83	44.26
科学					
学校组成效应均值(社会与经济背景变量)	18.83	**16.60**	**15.12**	11.05	8.9
下限 95%	−4.43	2.29	1.01	−5.75	−6.51
上限 95%	43.42	32.61	31.04	29.19	25.38

参考文献

Ammermüller A, Pischke J-S (2006) Peer effects in European primary schools: evidence from PIRLS. IZA discussion paper 2077

Andersen AM, Egelund N, Jensen TP, Krone M, Lindenskov L, Mejding J (2001) Forventninger og frdigheder - danske unge i en international sammenligning, (in Danish with an English summary). akf, DPU, SFI. Copenhagen, Denmark

Bedard K (2003) School quality and the distribution of male earnings in Canada. Econ Educ Rev 22:395–407

Betts J, Morell D (1999) The determinants of undergraduate grade point average—the relative importance of family background, high school resources, and Peer Group Effects. J Hum Resour 34(2):268–293

Betts J, Zau A (2004) Peer Groups and academic achievement: panel evidence from administrative data. Public Policy Institute of California. February 2004

Blau PM (1960) Structural effects. Am Sociol Rev 25:178–193

Boozer MA, Cacciola SE (2001) Inside the "Black Box" of project STAR: estimation of peer effects using experimental data. Discussion Paper No. 832, Economic Growth Center, Yale University

Buchinsky M (1994) Changes in the U.S. wage structure 1963–1987: application of quantile regression. Econometrica 62(2):405–458

Buchinsky M (1998) Recent advances in quantile regression models: a practical guideline for empirical research. J Hum Resour 33(1):88–126

Dreeben R, Barr R (1988) Classroom composition and the design of instruction. Sociol Educ 61:129–142

Driessen G (2002) School composition and achievement in primary education: a large-scale multi-level approach. Stud Educ Eval 28:347–68

Eide E, Showalter M (1998) The effect of school quality on student performance: a quantile regression approach. Econ Lett 58:345–350

Falk A, Ichino A (2006) Clean evidence on peer effects. J Lab Econ 24(1):39–58

Feinstein L, Symons J (1999) Attainment in secondary school. Oxford Economic Papers 51, 300-321

Fitzenberger B, Koenker R, Machado JAF (eds.) (2001) Empir Econ 26(1)

Glavind N (2004) Polarisering på boligmarkedet. (Polarization in the housing market.) Arbejderbevgelsens Erhvervsråd, Copenhagen

Gould ED, Lavy V, Paserman MD (2004) Does immigration affect the long-term educational outcomes of natives? Quasi-experimental evidence. NBER Working Papers 10844, National Bureau of Economic Research

Goux D, Maurin E (2006) Close neighbours matter: neighbourhood effects on early performance at school. IZA Discussion Paper 2095

Green DA, Riddell C (2003) Literacy and earnings: an investigation of the interaction of cognitive and unobserved skills in earnings generation. Labour Econ 10:165–184

Hanushek EA, Kain, JF, Markman, Jacob M, Rivkin SG (2003) Does peer ability affect student achievement? J Appl Econ 18(5):527–544

Hanushek EA, Kain JF, Rivkin SG (2004) Why public schools lose teachers. J Hum Resour 39(2):326–356

Hoxby C (2000) Peer effects in the classroom: learning from gender and race variation. NBER WP 7867

Hummelgaard H, Husted L, Holm A, Baadsgaard M, Olrik B (1995) Etniske minoriteter, integration og mobilitet (Ethnic minorities, integration and mobility.) In Danish. akf Forlaget

Hummelgaard H, Husted L (2001) Social og etnisk bestemt bostning - årsager og konsekvenser (Socially and ethnically determined housing.) In Danish. akf Forlaget

Jencks C, Mayer SE (1990) The social consequences of growing up in a poor neighborhood. In: Lynn LE, McGeary MGH (eds) Inner-city poverty in the United States. National Academy Press, Washington

Jolliffe IT (1986) Principal component analysis. Springer, Berlin

Levin J (2001) For whom the reductions count: a quantile regression analysis of class size and peer effects on scholastic achievement. Empir Econ 26:221–246

Mahard RE, Crain RL (1983) Research on minority achievement in desegregated schools. In: Rossell CH, Howley WD (eds) The consequences of school segregation. Temple University Press, Philadelphia, pp 103–127

Manski CF (1993) Identification of endogenous social effects: the reflection problem. Rev Econ Stud 60(3):531–542

Manski CF (2000) Economic analysis of social interactions. J Econ Perspect 14(3):115–136

McEwan PJ (2003) Peer effects on student achievement: evidence from Chile. Econ Educ Rev 22:131–141

OECD (2001) Knowledge and skills for life—first results from PISA 2000. OECD, Paris

OECD (2002a) PISA 2000 technical report. OECD, Paris

OECD (2002b) Manual for the PISA 2000 database. OECD, Paris

OECD (2003) Literacy skills for the world of tomorrow. Further Results from PISA 2000. OECD, Paris

Rivkin SG, Hanushek EA, Kain JF (2005) Teachers, schools, and academic achievement. Econometrica 73:417–458

Robertson D, Symons J (2003) Do peer groups matter? Peer groups versus schooling effects on academic achievement. Econ 70:31–53

Sacerdote B (2001) Peer effects with random assignment: results for Dartmouth Roommates. Q J Econ 116(2):681–704

Schneeweis N, Winter-Ebmer R (2007) Peer effects in Austrian Schools. Empir Econ (forthcoming)

Shavit Y, Williams RA (1985) Ability grouping and contextual determinants of educational expectations in Israel. Am Sociol Rev 50:62–73

Söderström M, Uusitalo R (2005) School choice and segregation: evidence from an admission reform. IFAU Working Paper Nr. 7/2005. Uppsala, Sweden

Thrupp M, Lauder H, Robinson T (2002) School composition and peer effects. Int J Educ Res 37:483–504

Webb NM (1991) Task related verbal interaction and mathematics learning in small groups. J Res Math Educ 22:366–389

Willms JD (1986) Social class segregation and its relationship to pupils' examination results in Scotland. Am Sociol Rev 51(2):224–241

Wilson A (1959) Residential segregation of social classes and aspirations of high school boys. Am Sociol Rev 24:836–845

Woessmann J (2004) How equal are educational opportunities? family background and student achievement in Europe and the United States. IZA Working Paper No. 1284. Bonn

Zimmer RW, Toma EF (2000) Peer effects in private and public schools across countries. J Policy Anal Manage 19(1):75–92

Zimmerman DJ (2003) Peer effects in academic outcomes: evidence from a natural experiment. Rev Econ Stat 85:9–23

各国学生表现出现差异的原因？ *

——根据 PISA 数据的重新审视

托马斯·富克斯（Thomas Fuchs）　　路德杰·沃曼（Ludger Wößmann）

摘要： 通过应用 PISA 中的学生成绩数据库估计国际教育生产函数。我们发现学生特征、家庭背景、家庭投入、资源、师资水平和制度都与学生的数学素养、科学素养和阅读素养成绩相关。我们的模型可以解释约 85％的国家之间的表现差异，大约 25％归因于制度方面的差异。学生的表现不仅与外在的考试和预算的规范性呈正相关关系，也与学校在教科书选定、教师雇用以及校内预算分配方面的自主性相关。自主性与有外部退出考试的系统呈现显著正相关关系。学生在私立学校的表现较好，但私立学校的资助并不是决定因素。

关键词： 教育生产函数　PISA　学生表现的国际差异　学校的制度影响

---

* 非常感谢大众基金的财政支持。感谢 John Bishop，George Psacharopoulos，Andreas Schleicher，Petra Todd，Manfred Weiß，Barbara Wolfe，责任编辑和 3 名匿名审稿人，以及在费城举行的美国经济学年会的参加者，在墨尔本召开的澳大利亚计量经济学会议的参加者，里斯本召开的欧洲劳动经济学会议的参加者，米兰召开的公共财政国际协会的参加者，德累斯顿召开的德国经济学协会的参加者，马斯特里赫特大学人力资本研讨会以及慕尼黑 ifo 研讨会的参加者。

1 引言

在 2000 年由经济合作与发展组织(OECD)执行的国际学生评估项目(PISA)的结果,引发了公众对于大多数成员国的教育质量的激烈辩论。PISA 成为各地标志性报纸或类似的很多官方报纸的头条。例如,英国泰晤士报(2001 年 12 月 6 日)题为"我们都算是差生?"法国 *Le Monde*(2001 年 12 月 6 日)题为"法国,OECD 班上的中等生"。在德国,PISA 的结果连续几周都是所有重要报纸的头条(例如,2001 年 12 月 4 日的《法兰克福汇报》(*Frankfurter Allgemeine Zeitung*)头条标题就是"德国学生糟糕的成绩"),自此,教育政策引起了人们前所未有的关注。由于德国教育体系差强人意,因此"PISA"如今已成为几乎所有的德国人都知道的一个潮语。虽然媒体的广泛报道说明了公众的关注,然而关于质量的许多潜在分析,并不够清晰明了。公众评估通常倾向于简单重复人们长期形成的观点,而不是依据 PISA 研究所得的结果。如果根据 PISA 的事实,他们倾向于在两个国家间进行双边比较,例如比较评论者自己的国家和表现最好的国家(芬兰是 PISA 阅读素养成绩测试表现最好的国家)。或者更为常见的,进行双变量比较,表明学生的成绩与单一潜在决定因素(如教育支出)的简单相关关系。

经济理论显示教育体系中的制度因素是教育成果的重要决定因素,这是因为这些制度是教育过程执行者的激励因素。在所有现有理论的制度因素中,影响教育质量的有:公共的或是私人的教育资助和供给(例如, Epple and Romano, 1998; Nechyba, 2000),中央集权的资助体系(例如, Hoxby, 1999, 2001; Nechyba, 2003),外部考核还是以教师为基础的标准和考核(例如, Costrell, 1994; Betts, 1998; Bishop and Wößmann, 2004),在课程、预算和人事决定方面由学校自主决定还是国家或地方政府统一决定(例如, Bishop and Wößmann, 2004)以及绩效奖励机制(例如,Hanushek et al. , 1994)。在许多国家,这些制度对于学生成绩的影响在许多教育政策的讨论中容易被忽视,他们在教育政策的讨论中更加强调学校资源与学习结果的内在正相关关系。

之所以会造成这种忽视,一个原因是在大多数的教育体系中制度因素的差别不大,在使用全国的数据库时很难识别制度的影响因素,就像大多数关于教育生产函数的实证研究一样〔参见 Hanushek(2002)以及该文所提供的参考文献〕。然而,这种制度差异存在于不同国家的国际数据库中,并且根据以前国际学生成绩测试的证据,如 IAEP(Bishop, 1997)、TIMSS (Bishop, 1997; Wößmann, 2003a) 以及第二次 TIMSS(TIMSS-Repeat,Wößmann 2003b),都证明制度在决定学生表现方面扮演关键角色。这些国际数据库允许我们进行多个国家多层次的分析,并能确保我们在保持其他决定因素不变的情况下,估计每个决定因素对于外部观测相似学校的影响。

本文应用 PISA 数据库检验了以前根据国际教育生产函数的研究发现的稳健性。[1] 根据学生的成绩表现，并结合学生和学校问卷收集的一些背景信息，我们一方面估计了学生背景、学校资源和学校制度之间的关系，另一方面分析了学生教育表现的国际差异。与毕晓普（Bishop，1997，2006）不同国家层次之间的分析相区别的是，我们根据每个学生的不同情况进行分析，这可以使我们的分析既利用了国家内部的差异，也可以利用国家间的差异，大大增加了分析的自由度，至少使国家内的残差项在某种程度上具有一定的独立性。

PISA 关于学生层次的丰富的数据，允许我们对国际间学生整体成绩差距的决定因素进行严格的分析，特别是学校制度和学生表现之间的关系。使用 PISA，可以重新检验以前国际研究在学科（阅读、数学和科学水平）不同、关于所需能力和目标人群定义不同等情况下得出的结论是否有效，并通过包含更加详细的家庭背景和制度数据进一步扩展了检验。PISA 数据库与以前国际测试相区别的众多方面之一是提供了每个学生的父母职业的数据，以及单个学校的运行和资助是公立的还是私立的。

结果显示，PISA 的证据加强了制度特征在解释学生在不同国家表现差别性的解释力度。值得注意的是，外部的退出考试和学校自主性的几种测量之间存在重要的相关干涉效应，在存在外部退出考试的学校系统中，学校自主性与学生表现呈现越来越显著的正相关关系。

本文下面的部分结构如下。第 2 部分描述了 PISA 国际学生表现研究的数据库。第 3 部分讨论了计量模型。第 4 部分陈述了经验检验结果。第 5 部分汇报了一系列稳健性检验。第 6 部分分析了模型的解释力度及在不同国家层次的差别。第 7 部分为概括与总结。

2 PISA 国际学生表现研究

2.1 PISA 和以前国际学生成绩测试

本研究所用到的数据库为 OECD 收集的国际学生评估项目（PISA）。除了可以对以前研究所得到的发现进行稳健性检验，以 PISA 为基础的分析还有助于对现有文献在几个新的方面进行检验。第一，PISA 除了可以检验 IAEP 和 TIMSS 所分析的数学素养和科学素养外，还测试一个新的学科，即阅读素养。这个可选择的测量表现的学科扩大了分析教育过程的结果。

其次，主要在阅读素养方面，同时也涉及传统的数学和科学领域，"PISA 的目标不仅仅定义了需要掌握的学校的课程内容，还确定了成年人生活所需要的知识和技能"（OECD，2000，p. 8）。这

---

[1] 也有一些根据 PISA 数据的经济研究，但它们大多数是在某一国家的范围内。Fertig（2003a）利用德国的 PISA 子数据样本分析了德国学生成绩的决定因素。Fertig（2003b）利用美国 PISA 数据子样本分析了班级组成和同伴效应。Wolter 和 Coradg Vellacott（2003）应用 PISA 数据研究了比利时、加拿大、芬兰、法国、德国和瑞典姊妹的竞争性。据我所知，以前唯一应用 PISA 数据检验国际多层次的教育生产函数是 Fertig 和 Schmidt（2002）的研究。他们专注于阅读成绩，没有估计国家间学生表现差异的决定因素，而是估计了有条件的全国表现成绩。最近 Fuchs 和 Wößmann（2004b）详细分析了计算机与 PISA 表现的联系。

意味着，"PISA 试图检验青年人应用自己的知识和技能应对实际生活挑战的能力"（OECD，2001，p. 16），这与以前根据课程内容的测试有所不同。例如，阅读素养定义为"理解能力，使用和表达书面内容，用以实现某人的目标、发展某人的知识和潜能，以及适应社会的能力"（OECD，2000，p. 10）。[1] 此外，在其他两个学科中也有实际生活的关注点。一方面，关注点构成了最重要的教育过程的结果，另一方面也可以警示学校，评估不仅仅要考核学校系统要求的教学内容，也要考核学生在处理日常生活中所需要的能力。

第三，与以前研究的目标群体为某一年级的学生不同，PISA 的目标人群为每个国家年龄为 15 岁的学生，不论他们当前在哪个年级。目标人群不仅对处于义务教育快结束阶段的年轻人进行了评估，也反映了在各国不同的教育体系下同年龄学生的学习情况。与此相对比的是，其他研究关注的是，由于不同的入学年龄和某一年级的重复学习，人为指定的年级可能会产生偏差。

第四，PISA 数据提供了比以前研究关于学校系统的制度特征更加详细的信息。例如 PISA 提供了学校为公立学校还是私立学校，公共财政或私人资助的比例，学校是否有权利雇用教师。这些背景数据为比较国际学校体系提供了重要信息。

第五，PISA 提供了关于学生家庭背景更加详细的信息。例如，关于父母职业以及家里是否拥有计算机。这有助于更加稳健的估计学生成绩潜在的决定因素。最后，阅读素养可能比数学和科学成绩更依赖于家庭背景变量，因此当阅读素养为因变量时，对于多种家庭背景变量的控制有助于更加稳健地估计制度因素对成绩的影响。

总之，PISA 国际数据库通过使用额外的学科，考察学生在实际生活而不是课本内容为基础的能力，基于以年龄为基础的目标人群，以及关于家庭背景和学校制度特征等更加丰富的数据，以此重新检验根据以前国际测试得到的结论。

2.2　PISA 数据库

PISA 是 2000 年在 32 个发达和新兴国家进行的一项研究，其中 28 个国家为 OECD 国家，目的是获得 15 岁学生在阅读素养、数学素养和科学素养在教育成绩方面国际可比较的数据。该研究由 OECD 组织并执行，以确保所有参加者具有尽可能多可比性，并保证研究的设计具有一致性和连贯性。[2] 表 1 列出了参加 PISA2000 研究的国家。[3]

---

[1]　关于 PISA 阅读能力测量的具体细节以及有关问题的例子，参见 OECD(2000)。

[2]　关于 PISA 研究及其数据库详细的信息，参见：OECD(2000，2001，2002)；Adams and Wu(2002)；PISA 主页 http://www. pisa. oecd. org。

[3]　我们的分析中没有包含列支敦士登，因为没有该国家可比较的国际数据，例如生均消费。我们发现在列支敦士登一共仅有 326 名 15 岁左右的学生，其中 314 名参加了 PISA 测试。

表 1 部分变量的国家描述统计

	测试成绩			国际社会与经济指数	外部退出考试a	学校在以下方面的自主性				政府资助
	数 学	科 学	阅 读			决定课程内容	规定教师起薪工资	选择教科书	公共管理的学校	
澳大利亚	530.1	523.7	526.9	45.5	0.8	92.1	64.2	100	NA	69.5
奥地利	513	517.2	508	45.6	0	70	42	100	87.3	90.4
比利时	516.4	495.9	509.8	44.8	0	72.1	97.7	99.6	26	87.5
巴西	362.8	386	403.4	39.9	0	93.7	42.4	99.8	86.8	78
加拿大	528.3	526.3	532.4	45.5	0.5	59	86.6	93.1	NA	90
捷克	495.7	509.8	494.9	42.7	1	88.7	97.5	100	93.9	94.9
丹麦	513.1	483.7	495.9	44.2	1	97	97.6	100	75.3	94.2
芬兰	532.3	533.4	544.1	44.5	1	99.3	61.4	100	97.2	99.8
法国	514.5	499.7	506.1	43.7	1	60.2	21.9	100	78.4	75.5
德国	488	488.5	487.8	44	0.4	62.8	25.8	100	95.6	97.3
希腊	453.6	465.3	474.6	43.4	0	97.3	85.4	96.3	92.8	83.7
匈牙利	486.5	495.2	484.3	42.1	1	99.6	100	100	94.7	87.3
冰岛	513	495.9	505.6	46.5	1	88.4	100	99.3	99.2	99.4
爱尔兰	501.2	512.6	524.3	42.3	1	49.1	88.6	100	39.1	91.1
意大利	460.2	479.6	489.2	43.5	1	93.1	10.3	100	94.2	75.2
日本	553	543.6	521.2	43.8	1	99.3	34.5	99.3	69.8	72.5
韩国	542	546.1	523	41.4	1	99.4	32.3	99.4	47.7	49.1
拉脱维亚	469.4	463.9	460.7	40.8	0.5	75.9	100	70.4	99.3	95.6
卢森堡	452.2	450.6	447.5	42.3	1	0	0	0	87.9	100
墨西哥	400.8	431	422.7	39.8	0	61.4	60.5	83.2	84.6	37.2
荷兰	556	527.4	530.1	46.6	1	97.5	100	100	26.3	94.7
新西兰	532.9	524.3	527.6	45.1	1	99.1	100	100	95.4	80.2
挪威	498.7	500	502.2	48.5	1	NA	NA	NA	98.5	99.5

190

	测试成绩			国际社会与经济指数	外部退出考试[a]	学校在以下方面的自主性			公共管理的学校	政府资助
	数 学	科 学	阅 读			决定课程内容	规定教师起薪工资	选择教科书		
波兰	475.6	484.9	481.1	40.1	1	NA	NA	NA	97.1	92.3
葡萄牙	457.7	463	472.2	41	0	26.5	21.1	100	92.7	87.9
俄罗斯	479.3	463.8	463.3	41.3	1	94.6	99.6	97.4	100	93.5
西班牙	477.1	492.1	493.1	42.4	0	89.4	37.7	99.6	60.7	82.9
瑞典	509.2	510.3	514.5	45.2	0.5	95.1	100	100	96.6	99.9
瑞士	526.4	496.2	495.4	45.3	0	52.9	95.7	75.1	93.6	93.8
英国	526.6	528.3	522.1	46.1	1	96.4	99.7	100	91.4	89.8
美国	494.5	500.4	503.2	46.1	0.1	86.3	98.9	95.3	93.4	91.6
总平均数	496.1	494.4	495.3	43.7	0.6	78	68.5	93.5	82.9	86.7

注：根据每一个变量的原始数据计算的国家均值，并根据抽样概率赋予权重。表中所列的制度变量是每个国家内的比例（百分比）。NA 代表没有该数据。

a 指数学成绩。

如上所述,PISA 的目标人群为每个国家 15 岁的学生。确切地说,PISA 的样本学生包括在开始评估时年龄为 15 岁零 3 个月到 16 岁零 2 个月的学生。这个时期的学生,不论他们处于哪种年级或学校类型,都应该在某种教育机构中学习。OECD 国家参加 PISA 测试的学生的平均年龄是 15 岁零 8 个月,所有测试国家的学生的平均年龄差距不超过 2 个月。

PISA 的抽样过程确保每个国家的目标人群均具有代表性。大多数参加 PISA 测试的国家采取了两阶段的抽样技术。第一阶段采取分层随机抽取 15 岁学生所就读的学校,每个国家至少抽到 150 所学校。第二阶段在每所学校随机抽取 35 名 15 岁的学生,保证每个 15 岁学生有相等的被抽取概率。这种抽样过程,使得每个国家有 4 500—10 000 个学生参与测试。

在学生表现的测试中,学生用纸和笔完成测试,测试时间约为 2 个小时。测试的内容包括多项选择题以及要求学生自己作答的开放式问题。PISA 测试旨在检验青少年在分析、推理和有效沟通想法的一系列相关技能和能力。每一学科的测试都要求学生完成各种不同难度水平的任务,以连贯、全面地体现学生能力的持续性。根据项目反应理论,PISA 按照 OECD 国家通用的均值 500,标准差 100 的标准测试分数描绘了每一学科的成绩。PISA 2000 最主要的关注点是阅读素养,因此 2/3 的测试时间为阅读科目的时间。其他两门学科仅有较小规模的学生参加了测试。各学科间学生成绩的相关性非常显著,阅读素养与数学素养的相关度为 0.700(96 913 名观测者参加了两个测试),阅读素养与科学素养的相关度为 0.718(96 815 名测试者参加了两门测试),数学素养与科学素养的相关度为 0.639(参加人数为 39 079)。

为了描绘数据的国际结构,表 1 汇报了每个国家在这三门学科测试的成绩的均值。其中阅读素养成绩的均值的范围为芬兰的 544.1 到巴西的 403.4 之间。表 2 列出了将学生测试成绩总的国际差异分解为学校内、学校间和国家间差异的结果。对于每一门学科,超过一半的差异是由于个体所在学校所致。不同国家的方差变量范围在 9.6%(对于阅读成绩)和 16.1%(数学成绩)之间。

■表 2　差异分解

	数　学	科　学	阅　读
学生间的差异	100.0	100.0	100.0
学校内部差异	56.2	63.0	59.7
学校间的差异	43.8	37.0	40.3
国家间的差异	16.1	10.7	9.6

注:测试成绩在各自组间的总的差异的比例(百分比)。

除了测试成绩,学生和学校的校长回答了各自的背景情况问卷,这使得我们获得了丰富的关于学生个人特征和家庭背景的信息以及学校资源的资助和制度结构等信息。结合现有数据,我们构建了 31 个国家 174 227 名学生在阅读素养方面的数据库。数学素养成绩的样本为 96 855 名学生，科学素养成绩的样本为 96 758 名学生。在我们的估计中，我们去掉了极端年级的学生样本，也就是 6 年级或以下以及 12 年级或以上，使得我们的样本数在三门学科中减少了 342 到 609 个学生。数据库包含了学生在阅读、数学和科学方面的测试成绩以及学生个人特征、家庭背景数据、学校相关资源使用的变量和制度结构。[1] 为了估计方便，我们将大量的描述性变量转换为虚拟变量。

表 1 包含了所选国家特征的均值。表 3 显示了本文所用到变量的国际统计描述。它也包含了每一个变量原始的和缺失数据的信息。为了能使用所有学生完整的成绩数据以及一些背景信息数据，我们根据附录描述的方法计算了缺失值。考虑到我们将使用很广泛的解释变量，且每个变量仅有几个学生的缺失，因此只要缺失一个变量就去除该观测值会大大减少样本的规模。单个变量的缺失值的百分比在 0.9 到 33.3 之间变动(参见表 3)，学生在阅读素养成绩中至少有一个缺失变量的比重高达 72.6%，这意味着阅读的全样本将仅有 20 个国家的 47 782 个学生(数学成绩的样本为 19 个国家的 26 228 名学生，科学成绩为 19 个国家的 24 049 名学生)。将至少缺失一个变量的观测值删除，除了会使样本量大大减少，还会删除这些学生其他解释变量的一些信息，如果缺失值不是随机的还会引入偏差。因此，为了更好地进行较宽范围的分析，对变量进行处理是唯一的方法。如 3.1 部分所描述的，我们进行的估计可以确保我们估计的每一个变量的影响不是由于估算的缺失值而得到。

除了使用 PISA 在学生和学校层次的丰富数据，我们还应用了国家层面的数据如 2000 年人均 GDP(以购买力平价(PPP)测量，世界银行 2003)，2000 年中等教育的生均教育支出(以购买力平价测量，OECD 2003)[2] 以及是否存在以课程内容为基础的外部退出考试(主要是根据约翰·毕晓普所提供的信息；参见 Bishop，2006)。

3 教育生产函数的计量分析

3.1 估计等式，协方差结构及样本权重

教育生产函数的微观计量等式可以表示为：

$$T_{is} = B_{is}\beta_1 + R_{is}\beta_2 + I_s\beta_3 + D_{is}^B\beta_4 + (D_{is}^B B_{is})\beta_5 + D_{is}^R\beta_6$$
$$+ (D_{is}^R R_{is})\beta_7 + D_s^I\beta_8 + (D_s^I I_s)\beta_9 + \varepsilon_{is} \tag{1}$$

---

[1] 我们没有使用教学方法、教学环境和教学激励因素的数据作为解释变量，因为我们认为这些主要是教育系统所造成的结果。第一，这些测量变量对于教育体系的制度环境是内生性的。制度环境的设置可能激励人们用特定的方法创造特定的氛围，因此又构成了这些因素更深层次的原因。其次，这些测量变量更可能是学生成绩的结果，而不是原因，所以它们可以作为左边的被解释变量而不是右边的自变量。

[2] 对于 OECD(2003)缺失数据的三个国家，我们使用了世界银行(2003)对于这些国家可比较的数据以及通过两种来源均不缺失的国家的数据以最小二乘法预测这三个国家的缺失数据。

其中，T_{is} 代表 s 学校学生 i 的测试成绩；B 是学生背景数据的向量（包括学生的特征、家庭背景以及家庭的投入）；R 是学校资源资助的向量数据；I 代表制度特征向量。因为我们特别关注外部退出考试和其他制度特征的相互关系，我将包含制度变量的交互项。参数向量 β_1 到 β_9 将通过回归等式估计。值得注意的是，除了制度交互项，这个国际教育生产函数模型使得每一种影响在所有国家的所有层次（包括学校内、学校间以及国家之间）均是相同的。分析不同国家间不同层次特定影响的潜在异质性可能比较有意义，但考虑到本文的研究目标，限制异质的影响，只估计每个变量的单一的作用也是合理的。[1]

■表3　国际统计描述

	均　值	标准差	来　源	估算值
测试分数				
数学素养	496.1	102.6	St	0.0
科学素养	494.3	102.1	St	0.0
阅读素养	495.4	101.3	St	0.0
制度				
测试				
外部退出考试	0.578		C	0.0
标准测试	0.602		Sc	12.2
学校自主性				
决定课程内容	0.780		Sc	9.6
制定教师的起薪工资	0.265		Sc	8.0
选择教科书	0.935		Sc	9.1
决定学校内的预算分配	0.946		Sc	8.9
规划学校预算	0.762		Sc	9.3
雇用教师	0.685		Sc	7.9
公立对私立的运营和资助				
公共管理的学校	0.829		Sc	22.1
政府资助（比例）	0.867	0.237	Sc	5.9
资源和教师				
生均教育支出（1 000 美元）	5.664	2.627	C	0.0
班级规模				
数学素养	23.6	8.3	St	8.7
科学素养	22.8	9.1	St	11.2
阅读素养	24.6	8.4	St	5.2
生师比	13.7	6.7	Sc	24.6

[1]　Wößmann（2003a）比较了这个受限制的模型与另一个可选择的两步模型，讨论了各自的优缺点，特别是潜在的缺省国家水平的变量，并认为我们这里使用的受限制模型更好。在可选择的模型的第一步（学生层面）在等式（1）中包含了国家固定效应。然后通过第二步国家层面的平均相关解释变量回归这些国家的固定效应。Wößmann（2003a）发现两个模型的大部分结果基本相同。此为，在第 6 部分呈现的结果显示我们受限制模型估计的结果可以解释超过 85% 的每门学科测试成绩国家间的差异。因此，明显的无法观测的国家特有的异质性的范围比较小，也没有必要估计国家固定效应模型。

	均　值	标准差	来　源	估算值
指导材料				
完全不缺乏	0.502		Sc	3.8
严重缺乏	0.049		Sc	3.8
指导时间(1 000分钟/每年)				
数学素养	7.346	2.921	Sc	5.0
科学素养	7.473	4.319	Sc	5.0
阅读素养	7.558	3.183	Sc	5.0
教师的受教育程度(学校的比例)				
教育学硕士	0.616	0.392	Sc	29.9
教师资格证明	0.844	0.266	Sc	32.7
数学硕士	0.734	0.338	Sc	31.4
科学硕士	0.789	0.319	Sc	32.6
语言学硕士	0.774	0.315	Sc	33.3
学生特征				
年级				
6年级或更低	0.001		St	1.4
7年级	0.012		St	1.4
8年级	0.059		St	1.4
9年级	0.388		St	1.4
10年级	0.470		St	1.4
11年级	0.069		St	1.4
12年级或更高	0.002		St	1.4
各国的入学年龄	6.163	0.572	C	0.0
年龄(月)	188.5	3.4	St	1.0
女性	0.501		St	0.9
家庭背景				
本国出生				
学生	0.927		St	4.5
母亲	0.864		St	4.7
父亲	0.863		St	5.6
与…一起居住				
无父母	0.011		St	1.8
单亲父亲	0.021		St	1.8
单亲母亲	0.132		St	1.8
双亲	0.836		St	1.8
父母的受教育程度				
没有	0.011		St	6.8
小学	0.075		St	6.8
中学初级	0.137		St	6.8
中学高级1	0.149		St	6.8
中学高级2	0.245		St	6.8
大学	0.383		St	6.8
父母的工作状态				
不工作	0.066		St	1.9
至少一方兼职工作	0.065		St	1.9

	均　值	标准差	来　源	估算值
至少一方全职工作	0.492		St	1.9
父母双方均全职工作	0.378		St	1.9
父母的工作				
蓝领	0.098		St	4.2
白领	0.522		St	4.2
家庭藏书量				
0	0.018		St	2.8
1—10 本书	0.090		St	2.8
11—50 本书	0.199		St	2.8
51—100 本书	0.210		St	2.8
101—250 本书	0.212		St	2.8
251—500 本书	0.155		St	2.8
超过 500 本书	0.117		St	2.8
国际社会与经济指数(ISEI)	43.807	16.712	St	6.5
学校的社区位置				
农村或郊区(<3 000)	0.111		Sc	21.8
小镇(3 000—15 000)	0.236		Sc	21.8
城镇(15 000—100 000)	0.314		Sc	21.8
城市(100 000—1 000 000)	0.209		Sc	21.8
城市中心人口>100 万	0.063		Sc	21.8
城市任何地方人口>100 万	0.066		Sc	21.8
人均 GDP(1 000)	22.050	9.504	C	0.0
家庭鼓励和投入				
父母的支持				
高度缺乏	0.189		Sc	3.4
完全不缺乏	0.065		Sc	3.4
家庭作业				
数学:<1 小时/周	0.418		St	2.9
数学:>1 且<3 小时/周	0.401		St	2.9
数学:>3 小时/周	0.182		St	2.9
科学:<1 小时/周	0.500		St	4.6
科学:>1 且<3 小时/周	0.337		St	4.6
科学:>3 小时/周	0.163		St	4.6
阅读:<1 小时/周	0.478		St	2.6
阅读:>1 且<3 小时/周	0.397		St	2.6
阅读:>3 小时/周	0.126		St	2.6
家庭计算机数				
没有	0.221		St	2.7
1	0.250		St	2.7
多于 1	0.529		St	2.7

注:均值:国际均值,根据每个变量的原始数据,根据样本的拍样概率赋予权重。标准差:国际标准差(只根据可度量的变量)。

资源来源:数据来源及观测的层次:St=学生测试成绩或学生背景问卷;Sc=学校背景问卷;C=国家层次的变量(具体来源参见正文)。估算值:缺失学生的比例以及估算的数据(百分比),根据抽样的概率赋予权重。

如在前一个部分所描述的,我们使用的一些数据是估算的,而非原始数据。我们的估算方法是根据条件均值估算法而得(Little and Rubin,1987),该方法利用所有学生特定变量的非缺失值以及一系列自变量预测自变量每一个缺失值的条件均值(参见附录)。谢弗和申克尔(Schafer and Schenker,2000)表明条件均值的估算方法结合适当的更正的标准差可以得到无偏有效的估计值,且该估计值好于多重随机估算法得到的估计值(Rubin,1987)。因为估算值是通过数量估算得到,随机参考值不得不考虑估算中的不确定性。本文估算方法使用的标准差所需要的更正过程考虑了变化的程度,估算过程中的不确定性以及缺失数据的比例[参见附录中 Schafer 和 Schenker,(2000)关于估算过程的讨论]。

如果缺失值不是条件随机缺失的,估计值仍会存在偏差。例如,如果根据可观测特征相似的学生,某变量的缺失值与不可观测的学生特征有关而该特征也影响学生的成绩,估计过程可能会使缺失变量的学生得到与其他观测到该变量的学生相同的值,这会导致估计的系数产生偏差。为了解释非随机缺失变量的可能性并确保结果不会受估计的观测值所影响,3 个虚拟变量向量 D_B,D_R 以及 D_I 作为控制变量包含在估计中。向量 D 包含了三个向量 B,R 和 I 中每一个变量的虚拟变量,并对于缺失的观测值(即估计值)取值为 1,原始值取值 0。向量 D 允许每个变量缺失数据的观测值有它们自己的截距。估计的虚拟变量和数据向量的交互项为 D^BB,D^RR 以及 D^II,允许它们也可以有自己的斜率。这些估计过程控制了每一个变量的缺失值,确保结果相对稳健避免由于估计数据而可能出现的偏差。

由于 PISA 调查设计本身所造成的数据结构的复杂性以及解释变量多层次的本质特征,回归中的残差项 ε 也可能有不可忽视的结构。考虑到同一所学校的学生之间可能的相互依赖性,且 PISA数据使用学校层面的变量作为主要的抽样单位(参见 2.2 部分),个体残差项 $ε_i$ 与学校层面 s 可能有无法观测到的相关性(Moulton,1986)。因此我们汇报的标准差聚集在学校层面,使得经典的独立假设提高到学校层面。

最后,PISA 使用的是每个国家分层的抽样设计,对于不同的学生产生了不同的抽样概率。为了从每个国家层面的分层的数据中获得全国代表性的估计值,我们以抽样的概率作为权重,使用了加权最小二乘估计方法(weighted least squares)。加权最小二乘估计方法确保了样本中每一个社会阶层对于参数的贡献比例与完整的人口普查获得的数据一致(DuMouchel and Duncan,1983;Wooldridge,2001)。此外,在国家间的层面上,我们对于 31 个国家采取相同的权重。

3.2 横截面数据以及潜在的内生性问题

PISA 数据库的计量经济学估计限制在横截面上的估计,不允许我们用面板或增值法估计

（Hanushek，2002；Todd and Wolpin，2003）。因为无法观测到学生能力，当所要分析的变量与无法观测的个体特征相关时，横截面分析可能造成缺省变量偏差。本文通过包含大量的可观测的能力、个体特征和制度变量减少潜在偏差，希望能最小化由于无法观测到学生异质性所产生的偏差。如果感兴趣的解释变量与无法观测到的特征不相关，也就是说它们对于因变量是外在的，因此它们对因变量的影响不随时间而变化，在这种情况下以横截面数据为基础的估计是无偏差的。

很明显，从狭义的角度而言，学生特有的家庭背景 B_{is} 对于学生的教育表现是外生性变量。此外，家庭背景 B_{is} 的许多方面是不随时间而变化的，因此在某一时间点进行的 PISA 调查中观测到的家庭特征和过去观测到的家庭特征也是一致的。因此与学生相关的家庭背景以及其他学生特征如居住地，不仅影响测试年的教育增加值，也会影响学生整个学习生涯的教育表现。这意味着层次估计法一方面非常适合估计家庭背景与学生相关特征的关系，另一方面也适合估计家庭背景对学生成绩的决定作用。然而，家庭背景也许与无法观测到的能力相关，而该能力可能是代际间相关的。所以，狭义地解释家庭背景的因果关系是不可能的。在本研究中，大量的家庭背景指标主要作为控制变量。

假定教育体系的制度特征 I_s 对于个体学生的教育表现是外生性变量也是合理的。包含多个国家数据的特征允许我们在教育体系的制度设置上应用国家的系统差异，这在单个国家的指标设计中经常被忽视。然而，这里需要说明的是，一个国家的制度可能与无法观测到的因素，如文化相关，而该因素可能又会影响到学生的表现。在某种程度上，这可能是一个非常重要的问题，因此根据本研究的结论得出因果推论和政策结论需要格外谨慎。

就时间变化而言，制度的改变通常是渐进的、逐步进化的，而不是急速的，特别是在民主社会。这使得教育体系的制度结构在学生中学阶段的学习期间几乎不随时间而变动，基本上是固定的，或至少类似于固定。我们因此可以假定在某一点观测到的制度结构在学生的中学阶段是不发生变化的，因此它不仅对学生成绩在年级间的变化有影响，也对学生的成绩在整个中学阶段都有影响。但小学与中学的制度结构可能不同，因此忽略了学生生涯早期的投入变量可能使估计的制度影响产生偏差，通常会使所估计的影响偏小。

关于学校资源的资助情况 R_{is}，问题更大。例如有研究显示生均教育支出随时间变化很大（Gundlach et al.，2001）。然而，如果仅考虑不同国家教育支出的差别，对相对固定的支出假设看上去并不是太不合理，因此在 PISA 调查的那一年国家层面的生均支出可以作为学生学习生涯生均支出的合理代理变量。

然而，学生的教育资源的资助对于学生成绩不一定是外生性变量。从狭义角度而言，资源的内生性问题在国家层面不是一个严重的问题，因为没有一个超国家的政府组织会根据学生的表现在国家之间重新分配教育支出，此外学生在国家之间的流动也会受到限制。但在国家内部，在学校间和学校内部内生性的资源配置会使通过最小二乘法估计的教育资源对于学生表现的影响产生偏差。为了避免学校内部的偏差,可以根据学生的成绩和需要对资源进行排序,阿克黑尔姆(Akerhielm,1995)建议使用工具变量估计的方法,例如,可以使用学校层面的变量作为班级规模的工具。据此,在我们的回归中,我们在两阶段最小二乘估计中对每一学科使用了学校层面的生师比作为班级规模的工具。[1]然而,该方法仍受限于学校间由于本身学校资源差别所造成的不同成绩水平学生的排序,例如,由于家长对于不同学校选择的决定(West and Wößmann,2006)。在某种程度上,学校间的排序与我们在回归中控制的家庭背景和制度特征无关,但它仍可能对估计的教育资源的影响产生偏差(Wößmann and West,2006;Wößmann,2005)。此外,个体学生本身的资源可能会随时间的变化而变化,例如,班级规模的变化,也可能使以层面为基础的估计产生偏差,通常会使估计结果产生向下递减的偏差。PISA 数据不允许我们克服这些可能的剩余偏差。

4 估计结果

这部分讨论了公式(1)对三门不同学科的估计结果。估计结果在表 4 中列出。结果的讨论只是简单地提及了所选择的控制变量[Fuchs 和 Wößmann(2004a)有更加详细的讨论],主要强调了制度特征的影响。

■表 4　国际教育生产函数

	数学素养		科学素养		阅读素养	
	系　数	标准差	系　数	标准差	系　数	标准差
制度因素						
测试						
外部退出考试(EEE)	−72.766**	28.517ᵃ	−79.663**	30.126ᵃ	−90.205***	30.350ᵃ
标准化测试	−7.631***	2.500	−8.757***	2.314	−5.222*	2.484
学校自主性						
决定课程内容	−5.488**	2.576	−4.831**	2.266	−8.963***	2.604
规定教师的起薪工资	−21.559***	3.231	−12.861***	2.910	−11.514***	3.327
选择教科书	1.820	5.472	4.488	4.388	3.721	6.192
决定预算	8.245*	4.785	13.039***	4.750	9.67*	5.391
学校内资源分配						
形成学校预算	−5.734**	2.924	−5.812**	2.697	−1.12	3.112
雇用教师	6.843**	2.902	−4.098*	2.377	−0.561	2.770
公立对私立的运营和资助						

---

[1]　值得一提的是,该方法也解释了班级规模变量的测量误差所产生的偏差。

	数学素养		科学素养		阅读素养	
	系　数	标准差	系　数	标准差	系　数	标准差
公共管理的学校	−19.189***	3.857	−12.600***	2.975	−15.15***	3.346
政府资助(比例)	3.929	4.926	−3.848	4.079	−7.443	4.733
与外部退出考试的交互项(EEE)						
标准测试×EEE	11.109***	3.668	14.106***	3.599	9.675***	3.667
学校自主性						
决定课程内容×EEE	16.688***	4.182	13.680***	4.342	18.453***	4.588
规定教师的起薪工资×EEE	27.979***	4.424	13.552***	4.095	9.522**	4.432
选择教科书×EEE	57.898***	10.955	63.433***	10.182	69.084***	12.010
决定预算分配×EEE	−3.202	4.378	−0.055	4.265	−3.863	4.711
制定学校预算×EEE	8.513	7.313	2.419	7.053	0.995	7.294
雇用教师×EEE	−2.153	4.920	2.266	4.351	−3.847	4.687
公立对私立的运营和资助						
公共管理的学校×EEE	6.424	5.481	2.200	4.531	6.964	4.778
政府资助(比例)×EEE	0.614	7.782	2.792	6.863	5.273	7.839
资源和教师						
生均教育支出(1 000 美元)	7.908***	2.555[a]	3.988	2.594[a]	−1.667	3.922[a]
班级规模(m/s/r)(根据生师比构建)	0.879*	0.512	1.446***	0.499	0.36	0.421
指导材料						
完全不缺乏	6.159*	1.354	6.401***	1.297	6.848***	1.402
高度缺乏	−11.882***	3.540	−5.430	3.436	−5.098	3.923
指导时间(每年 1 000 分钟)(数学/科学/阅读)	0.830***	0.225	1.238***	0.211	−0.499***	0.178
教师的受教育程度(在学校的比例)						
教育学硕士	1.822	2.660	8.338***	2.420	4.283*	2.520
教师资格证明	11.178***	3.384	10.484***	3.445	6.471*	3.655
所教学科的硕士(数学/科学/阅读)	11.847***	2.963	10.101***	2.719	17.583***	3.248
学生特征						
年级						
7 年级	−105.234***	5.693	−76.383***	4.218	−107.976***	4.880
8 年级	−77.491***	2.720	−65.305***	2.233	−88.668***	2.914
9 年级	−35.110***	1.678	−30.770***	1.567	−40.447***	1.721
11 年级	28.782***	2.543	19.861***	2.744	23.133***	2.330
国家规定入学年龄	22.667***	5.886[a]	14.140**	6.328[a]	15.925**	7.771[a]
年龄(月)	−0.845***	0.119	−0.165	0.119	−0.716***	0.102
女性	−16.896***	0.866	−3.977***	0.821	23.687***	0.796
家庭背景						
在本国出生						
学生	4.097*	2.175	6.639***	2.064	11.311***	2.030

	数学素养		科学素养		阅读素养	
	系　数	标准差	系　数	标准差	系　数	标准差
母亲	5.311***	1.555	7.163***	1.637	8.182***	1.352
父亲	4.163**	1.557	10.295***	1.553	7.573***	1.359
与……一起居住						
仅与父亲	17.461***	3.710	16.587***	3.546	22.463***	4.183
仅与母亲	5.998	4.227	10.296**	4.288	10.851**	4.305
父母双方	12.532***	3.741	14.993***	3.639	19.317***	4.071
父母的受教育程度						
小学	11.846***	4.176	12.718***	4.298	18.631***	4.012
中学初级阶段	13.756***	4.239	12.407***	4.179	18.962***	3.985
中学高级阶段1	17.100***	4.345	17.864***	4.363	26.556***	4.109
中学高级阶段2	20.063***	4.288	19.915***	4.301	26.615***	3.983
大学	22.596***	4.333	24.374***	4.295	29.679***	4.012
父母的工作状态						
至少一方兼职	1.769	2.052	−1.860	2.064	0.057	1.758
至少一方全职	15.181***	1.669	10.469***	1.639	11.470***	1.457
双方均全职	14.857***	1.697	11.366***	1.686	11.527***	1.493
父母的职业						
蓝领	−10.036***	1.378	−10.033***	1.354	−10.903***	1.179
白领	9.054***	1.045	8.161***	0.998	11.284***	0.844
家庭藏书量						
1—10本书	14.216***	3.378	12.911***	3.166	27.492***	3.833
11—50本书	28.059***	3.318	27.961***	2.970	43.055***	3.390
51—100本书	35.180***	3.373	35.604***	3.006	49.487***	3.230
101—250本书	50.039***	3.444	48.938***	3.059	65.547***	3.363
251—500本书	59.980***	3.474	59.853***	3.121	76.480***	3.473
超过500本书	61.734***	3.547	61.479***	3.180	76.199***	3.489
国际社会与经济指数(ISEI)	0.428***	0.033	0.415***	0.033	0.548***	0.026
学校的社区位置						
小镇(3 000—15 000)	2.152	2.854	3.457	2.735	2.813	2.765
城镇(15 000—100 000)	4.140	3.048	3.850	2.952	6.600**	2.977
城市(100 000—1 000 000)	6.243*	3.410	6.089*	3.237	9.999***	3.289
城市中心人口>100万	7.473*	4.176	4.846	3.893	11.702**	4.010
城市任何地方的人口均大于100万	−0.344	3.797	2.060	3.713	6.489*	3.747
人均GDP(1 000美元)	0.431	0.635[a]	1.390**	0.543[a]	2.178***	0.459[a]
家庭能动性和投入						
父母的支持						
高度缺乏	−19.195***	1.941	−17.995***	1.859	−21.286***	2.037
一点都不缺乏	12.008***	2.664	7.177***	2.315	8.356***	2.416

	数学素养		科学素养		阅读素养	
	系　数	标准差	系　数	标准差	系　数	标准差
家庭作业						
＞1且＜3小时/每周	8.551***	0.868	7.073***	0.941	9.046***	0.693
＞3小时/每周	11.387***	1.122	8.407***	1.247	5.449***	1.067
家庭计算机数						
一个	−4.246***	1.187	−3.325***	1.104	−5.376***	1.056
超过一个	−11.714***	1.172	−12.964***	1.181	−13.445***	1.065
估算的虚拟变量	包含		包含		包含	
学生数(观测单位)	96 507		96 416		173 618	
学校(PSUs)	6 611		6 613		6 626	
国家(层次)	31		31		31	
R^2	0.344		0.285		0.354	
R^2(不包含估算的控制变量)	0.318		0.258		0.322	

注:因变量:PISA 国际测试成绩。每一门学科的两阶段最小二乘回归,其中班级规模由学校的生师比代表。回归权重为学生的抽样概率。系数:表示估计的系数。标准差:代表组群稳健性标准差,根据谢弗和申克尔(Schafer and Schenker,2000)的方法对估算的数据进行了调整。

显著性水平(以组群稳健性标准差为基础):*** 1%、** 5%、* 10%。

a组群稳健性标准差(以及显著性水平)以国家为基础,而不是学校组。

4.1　控制变量:学生、家庭和学校特征

学生特征、家庭背景和家庭资源的投入的许多变量都显示与学生在三门 PISA 成绩的表现在统计上显著相关。这些变量包括年级水平、年龄、性别、移民身份、家庭情况、父母的受教育程度与工作、家庭的社会与经济背景、社区位置和家庭的投入变量(参见表4)。

由于在 PISA 测试中阅读素养是一个新的考试科目,该考试科目在性别差异方面的发现值得注意。对于数学素养和科学素养成绩,男孩的表现在统计上显著好于女孩,在数学成绩上高于女孩16.9 个标准分,在科学方面高于女生 4 个标准分。对于阅读成绩正好相反,女孩的表现好于男孩23.7 个标准分。由于测试成绩在所有的 OECD 国家具有统一的国际标准差 100,估计的规模可以解释为国际标准差的百分比。作为规模比较一个具体的标准尺度,我们样本中 9 年级和 10 年级学生(人数最多的两个年级)无条件表现差异在数学上为 30.3 个标准分,在科学上为 32.4 个标准分,在阅读上为 33.2 个标准分。也就是说男孩在数学成绩方面的优势,相当于半个年级的优势,而女孩在阅读方面的优势大约为 2/3 个年级。另一个可选择的标准尺度是估计不同年龄学生每个月的平均无条件表现差异,并将此扩展为每一年的表现差异。这对于数学成绩上大约为 12.9 个标准分,科学成绩为 19.3 个标准分,阅读能力为 16.4 个标准分。

除了性别效应,学生与家庭特征的关系对结果的影响在阅读素养与对数学素养和科学素养成

绩方面基本相近。但大多数家庭背景对于阅读素养的影响大于对数学素养和科学素养的影响。总体来讲,得到的结果与以前国际学生成绩测试的研究的发现(例如,Wößmann,2003a)非常一致。

关于学生父母工作情况的两类变量在以前的国际成绩测试中没有出现。第一,父母双方至少有一方全职工作的学生成绩在统计上显著好于双方父母均不工作的学生。然而,父母均不工作的学生的成绩与父母至多从事兼职工作的学生成绩在统计上没有显著差异。父母一方或双方均从事兼职工作的学生之间的成绩在统计上也无显著差异。其次,学生表现的差异与父母的职业高度相关。父母的职业通过蓝领和白领的虚拟变量来表示。在整篇文章中,这些影响的计算都假定其他影响因素不变。[1]例如,对这些影响的估算时假定相对于一个固定的父母受教育水平。[2]

学生的表现与学校资源本身和教师特征的总的关系是,学校资源与学生表现呈显著正相关关系,一旦我们广泛控制了家庭背景和制度影响。教育资源中指导材料的质量以及教师实力特别重要。与此相对比的是,减小的班级规模对于学生成绩没有正相关作用,此外支出水平与学生表现之间的关系也比较小且不固定,也就是说无法保证支出的收益水平一定会弥补成本。

4.2 制度因素

经济理论表明外部退出考试汇报了相对于外部标准的表现,对学生成绩有积极的影响(Bishop and Wößmann, 2004; Costrell, 1994; Betts, 1998)。与此理论相一致的是,学校体系中有外部退出考试的学生相对于学校体系中没有外部退出考试的学生在数学成绩上高 19.5 个标准分,且在统计上显著(没有交互项的模型,没有在表中列出)。这一影响复现了早前基于其他国际研究得出的发现(Bishop, 1997; Wößmann, 2003a, b)。沃曼(Wößmann, 2003b)的研究表明不同国家数据的结果在包含很多其他的某国制度和文化特征以及地区的虚拟变量后,仍是稳健的,这意味着,退出考试的影响不是由于巨大的文化差异所导致。此外,毕晓普(Bishop, 1997)和朱尔金斯等(Jürges et al., 2005)也提供了国家内部的证据,在加拿大和德国存在外部退出考试地区的学生学业表现优于没有退出考试地区的学生。

外部退出考试与学生成绩在科学方面的关系在 11% 的统计水平上显著。对于阅读能力,仍旧呈正相关关系,但在统计上不显著。由于外部退出考试在阅读方面没有直接的数据,我们只能用数

---

[1] 白领工人根据国际标准职业分类(ISCO)被归为 1—3 组,主要有立法人员、高级官员和经理、专家和高级技术人员以及副教授。蓝领工人根据国际标准职业分类被归为 8—9 组,由工厂和机器的操作人员或组装人员、最基本的销售和服务人员组成。在两者之间剩余的分类,也就是 ISCO 中的 4—7 组,有办事人员、服务工人、商场和超市的销售人员、熟练的农业和渔业工人、手工劳动者以及相关的交易人员。如果至少有一方的父母属于 ISCO 1—3,该变量被定义为白领,如果没有一方父母为 ISCO 1—7,该变量被定义为蓝领。

[2] 父母的受教育水平是根据父亲或母亲获得的最高教育程度而定义的,并以受教育水平较高的一方为标准。

学和科学成绩的简单均值来衡量。因此,在阅读方面这种较小的影响可能由于测量误差所产生的递减的偏差所致。此外,所有三门学科中都存在较低的统计显著性反映了外部退出考试在国家层面的测量,对于此变量仅有 31 个独立的观测值,我们只有通过集中国家层面该变量的标准差来解释。估算结果的这个特征仍能反映外部退出考试对于数学和科学成绩的重要性超过对阅读成绩的影响(Bishop,2006)。在学校层面,我们有 15 岁学生每年是否至少参加一次标准测试的信息。这个可选择的外部测量措施也在统计上与所有三门学科学生较好的表现在统计上显著相关。

从理论角度而言,人们可能预期制度效应对于有外部测试的系统和没有外部测试的系统的不同。外部的考试可以缓解学校系统的信息不对称,引入了可信度和透明度并防止由于决策权下放所造成的机会行为。根据此合理的推理可以得出如下结论:在外部考试和学校在其他决策层面的自主性之间可能存在一互补性,该互补性的程度取决于当地机会行为的动机以及在既定的决策领域当地知识水平的层次(Wößmann,2003b,c)。所以,表 4 所汇报的模型通过包含外部退出考试和其他制度测量因素的交互项,允许有外部考试的系统和没有外部考试的系统两种不同制度效应的异质性。

标准测试和学生成绩的关系对于存在外部退出考试的系统和没有外部退出考试的系统确实显著不同而且程度差别很大。如果没有外部退出考试,通常标准的测试成绩与 PISA 所有三门学科学生成绩呈显著负相关关系。也就是说,如果教育的目标和学校系统的标准没有明确指明,那么,通常的标准测试可能事与愿违,导致更差的学生成绩。但在存在外部退出考试的系统中,通常标准的测试成绩与 PISA 所有三门学科学生成绩会转为显著正相关关系。[1] 这种关系仅存在于沃曼(Wößmann,2003c)的假设中,而沃曼缺乏相关的数据支持这一假设,现在得到了经验数据的证明:只有在加入中央退出考试时,通常的标准测试对于学生的成绩才有额外的积极作用。

一个类似的模式可在学校确定课程内容的自主性中看到。在没有外部退出考试的系统,在有确定课程内容自主性的学校的学生学业表现显著劣于不能自主选择课程内容学校的学生。这意味着,如果没有外部退出考试控制学校的质量,学校自主性在这方面的影响为负。相反,如果学校有退出考试,学校对自己的行为将更加负责,自主性的影响在统计上变为显著正相关关系。估计结果的这种特征表明,课程内容的决策过程对于当地的机会行为需要大量的激励因素以及丰富的当地知识的引导(Wößmann,2003b)。当地机会行为的动机来自于以下事实:内容的决策会影响到教师

---

[1] 关于通常的标准测试与外部考试系统学生成绩的正相关关系的陈述,可以通过表 4 列出的结果进行点估计计算而得。例如对于科学成绩 5.3 = -8.8+14.1,在统计上显著不等于零,根据一个补充的模型(没有在文中列出)计算而得。该模型从另一方面定义了交互项,因此允许估计通常的标准测试与外部考试系统学生成绩的关系是否在统计上显著。下面类似的陈述同理。

的工作量,对于没有责任的教育体系,自主性会产生负作用。当地知识是由于老师可能更了解对于特定的学生哪些特定的课程更适合,这就解释了如果存在外部退出考试将减少机会行为的范围,使自主性对学业表现的效应为正。

关于建立教师起薪的决策领域显示了相似的结果。在没有外部退出考试的系统,学校自主决定教师起薪与学生表现的关系为负,该关系在存在外部退出考试的系统中为正。但此结论仅对于数学成绩成立,对于另外两门学科的作用趋近于零。

在没有外部退出考试的系统,学校自主选择教科书与学生成绩在任何学科均没有统计上显著的关系,但在有外部退出考试的系统中学校自主选择教科书与学生成绩在所有学科均存在显著的正相关关系。估计的影响规模看上去非常大,虽然,这也可能暗示存在可能的偏差。这个结果的特征也反映了相应的理论,当地机会行为的动机可以被当地知识的引导所抵消(Wößmann,2003b)。外部退出考试压制了负的机会主义行为,支持了正的知识引导效应。因此,学生学业表现与学校可以自主选择教科书正相关关系成立的条件是学校通过外部退出考试对自己的行为负责。

经济理论显示,学校在运行过程和人员管理决定方面的自主性通过使用当地知识增加教学的有效性对于学生的表现有积极的作用。与此相对比的是,学校允许较自由的当地机会行为,如标准和预算设置的自主性,可能由于增加了教学资源多样性的范围而恶化了学生的学业表现(Bishop and Wößmann,2004)。学校在可以选择教科书的运行过程方面的自主性支持了这一观点。类似地,学校在决定学校内部预算分配的自主性与所有三门学科成绩的关系都在统计上显著,只要预算制定的水平维持衡量。该特征对于存在外部退出考试和没有外部退出考试的系统差别不大,虽然在存在外部退出考试系统的影响更大。这些结论说明决策领域的特征对于当地机会行为只存在较小的激励,但对当地知识的引导具有显著的作用(Wößmann,2003b)。

与此相对比的是,学校具有预算的自主性与学生在数学和科学学科上的表现在统计上呈显著负相关关系,在是否存在外部退出考试的系统差别不大。这种复合的效应显示预算的规模由外部决定,但学校内部自己决定预算分配,该结论复现并确认了沃曼(Wößmann,2003a)的发现。此外,PISA关于学校内部预算分配的指标看上去优于以前在TIMSS调查中用到的数据,以前的研究没有该指标,只是通过教师是否有权力购买设备的信息作为代理变量。

可以自主雇用教师的学校的学生在数学上的表现在统计上明显呈现优势,确认了毕晓普和沃曼(Bishop and Wößmann,2004)的理论及以前的经验检验(Wößmann,2003a)。该自主性与阅读成绩的关系不显著,与科学成绩呈显著负相关关系,虽然仅在没有外部退出考试的系统。

PISA也提供了学校层面关于学校是公立还是私立的运行系统及学校资助方面的信息,以前的国际研究中学校层面的数据没有该方面的信息。经济理论关于公立或私立对于教育可能的影响还不清楚,但有研究显示私立学校的运行质量较高,运行成本也低于公立学校(Shleifer,1998;Bishop and Wößmann,2004),然而依赖于私人资金的学校对一些学生而言可能有也可能没有不利的影响(Epple and Romano 1998;Nechyba,2000)。在 PISA 数据库中,公立学校的定义为由公共教育机构、政府机构或政府指定的或公众选举的政府委员会直接或间接管理的学校。而私立学校则是由非政府组织,如教堂、贸易联合会或企业直接或间接管理的学校。结果显示在控制大量的家庭背景特征后,在私立运营学校的学生的表现明显好于在公立管理学校的学生。是否存在外部退出考试对结果的影响不大。

与学校管理相反的是,我们发现只要设管理模式为恒量,学校收到的私人资助的比例与学生的表现没有显著关系。在 PISA 数据中,公共资助被定义为来自不同层面政府的资源占总的学校的资助的比例,不包括学校收取的各项费用、捐助等。因此,公立与私立在管理和资助学校两方面对学生的影响是不同的。

总体而言,我们模型所能解释的学生表现的差异在学生层面还是相对较大的,数学素养大约为 31.8%,科学素养为 25.8%,阅读素养占到 32.2%(没有考虑通过估算的虚拟变量所解释的差异)。这明显高于以前使用 TIMSS 数据计算的模型,该数据在学生层面解释差异的比例对于数学和科学分别为 22% 和 19%(Wößmann,2003a)。

总之,我们的经验分析再一次强调了学校的制度体系对学生成绩的重要性。外部的和标准的测试对于学生的成绩是有贡献的。学校自主性的影响取决于特定的决策领域以及学校系统是否存在外部退出考试。学校在运行过程和人员决定方面的自主性大多数与学生的学业表现呈正相关关系,可能由于存在当地的信息优势。与此相对的是,在设置标准和预算方面的自主性与学习成绩为负相关关系,可能由于当地的寻租活动所致。此外,结果总的特征显示,学校自主性的影响对于是否存在外部退出考试的系统差别较大。外部退出考试和学校自主性对于学校制度而言具有相互补充的制度特性。学校自主性在存在外部退出考试的系统中,对于学生在所有学科的成绩有显著的正相关关系,因为学校会对自己的决定更加负责。该证据肯定了外部考试可以作为学校制度的"现金"的推理(Wößmann,2003c),确保了非集权化的学校系统可以根据学生的教育表现而运行。最后,由私立管理学校的学生通常有较高的学业成绩,但该结论对于私立学校的资助不成立。

5 结论的稳健性

为了检验这里根据基本模型得到的关于制度影响的结论是否只适用于特定的模型形式,我们进行了大量的关于敏感度估计、不同控制变量以及不同样本的稳健性检验。

就估算的敏感度而言,我们检验了使用的方法和三个可选择的缺失数据的处理方法。首先,检验是否每一个变量汇报的系数，取决于包含特定变量缺失的学生，我们重新估计了汇报的模型并试验了与模型的变量一样多的次数，每一次都省略了特定变量缺失数据的学生。在所有的情况下，可选择模型的估计值在规模和统计显著性方面均与全（包含估算的虚拟变量）样本的估计结果相似，确保了所汇报的估计系数不会受估算的虚拟变量影响。

其次，我们没有像从前那样进行了条件均值的估算方法，而是简单地将每一个缺失值赋值为一个常数，并如以前一样增加了如果学生的相应的某个变量有缺失值将该变量的虚拟变量赋值为 1，否则为 0。可选择的估计方法得到的估计值在规模和统计显著性上均与基本模型一致，唯一的一个例外是学校对于内部预算分配决策的自主性。然而此变量对于学业成绩正的显著关系在可选择的估算方法中仍然成立，与外部退出考试交互项转为负显著关系。这个负的交互项在我们更加精确的估算方法中不成立。

第三，我们在不控制估算的虚拟变量的情况下重新估计了基础模型（公式(1)中所有项均包含 D）。大多数的结果对于可选择模型仍非常稳健，而可选择的模型内在地假设观测值的缺失是有条件且随机的。不过数学成绩是个例外。学校有制定自己预算的自主性的系数变得不再显著，然而与外部退出考试的交互项转为统计（负）显著。此外，仍只针对数学成绩，政府资助与外部退出考试的交互项变得在统计上显著。这说明，假定数据的缺失是有条件且随机的，可能导致一些情况的估计产生偏差。

下一个稳健性的检验是关于模型中所包含的控制变量。首先，根据可观测特征解释学校的群体选择，我们在控制学生群体的组成效应的情况下，估计了一个可选择模型。学生群体的组成效应由家庭背景因素来衡量，例如父母教育程度均值或学校的社会经济背景。结果肯定了在基础模型中估计的制度效应，表明结果没有由于学生群体中不同的组成结构而变化。特别是，公立和私立运营学校的学生表现差异相对于可观测的学校组成效应是稳健的，证实了德克尔斯和罗伯特（Dronkers and Robert，2003）的发现。当然，表现的差异可能仍受到无法观测特征的选择性偏差的影响。与基本模型的发现唯一的差别是，政府资助的比例与学生成绩的正相关关系达到了标准的显著统计水平。完全私人资助学校的学生和完全政府资助学校的学生的表现成绩差为 10 个标准分。

其次，我们加入一个以年龄为主要能力的衡量标准进入国家层面不同学校类型轨道（根据 OECD 2001）的变量，作为一个额外的制度控制变量。轨道变量的估计系数趋近于零，在统计上高度不显著，说明轨道与学生成绩的表现对于不同的国家没有显著的相关性。

第三，我们加入了关于教师工资的一个变量，也就是具有 15 年工作经验初等中级教育公立学校教师的法定年工资（根据 PPP 进行了调整，来自 OECD 2003）。它们的估计结果在统计上也不显著，可能与我们样本中三分之一的国际可比对工资数据缺失有关。

第四，最初我们包含了两个额外的关于学校自主性的变量，它们分别是关于解雇教师和决定教师工资增长方面的自主性变量。后来发现，这两个变量与雇用教师和决定教师起薪的自主性变量存在高度共线性的关系。在基础模型中加入这两个变量后，这两个变量在统计上变得不显著，所以我们决定从基础模型中去掉这两个变量。需要指出的是，它们相应的共线部分可以反映它们对于成绩潜在的影响。

第五，目前还不能明确得出，根据父母的职业构建的国际社会经济指数（ISEI），是否应作为一个单独的家庭控制变量的结论。然而，模型中是否包含该变量对结果都没有显著影响，即使父母工作虚拟变量的系数显示了不同的预测力度。然而在去掉国际社会经济指数变量的模型中，父母工作虚拟变量的系数会显著增大。

第六，目前也不能明确地显示，回归中是否应对年级进行控制。由于 PISA 数据的目标人群以年龄为基础，学生所在的年级对于他的学业表现会在某种程度上存在内生性问题，这在留级非常普遍的教育体系中尤为显著。此外，我们仅在国家层面上控制了入学年龄的国际差异。不幸的是，我们没有单个学校的入学年龄的数据，也没有留级的数据。为了检验我们结果的稳健性，我们在没有控制年级的情况下，重复了回归估计。这种回归估计的结果，除了两个值得关注的情况外，与目前的结论没有很大的质的变化。第一种情况是各国入学年龄系数。正如人们所预料的那样，在不包括控制年级的虚拟变量模型中，各国入学年龄系数显著负相关。第二个是学校中政府资助比例的系数，在没有控制年级的情况下，学校在科学和阅读材料方面的政府资助比例系数在统计上显著负相关。这个变化是由年级与政府资助之间的负相关关系所致，这也反映了这一事实，即较高年级的学校对于私人资助的依赖性更强。平均而言，10 年级及以上年级获得的公共资助比 9 年级及以下年级少 8.4 个百分点。如果不控制年级，就会将较差的学生分配到政府资助比例较高的学校，因此政府资助系数可能就会产生偏差。鉴于此，我们决定在基本模型中保留对年级的控制。

最后一套稳健性的检验与学生和国家样本的抽样有关。前两个可选择的样本模型指所包含的特定年级。第一，我们的基本模型去掉了一小组 6 年级及以下和 12 年级及以上的学生，因为这些学生显然是"局外人"，在模型中即便包含他们，对结果也不会产生任何显著影响。

第二，进一步减少样本中的学生数，我们仅保留了在国家规定的年级就读的学生。对样本中的每一个国家，我们仅保留了两个年级（15 岁学生占最大比例的年级）的学生，并在此基础上我们重新估计了模型。与前面一样，由这个可选择的样本得到的结果与我们基本模型的结果在本质上相同，这就意味着，与仅有两个年级的模型不太相关的留级政策，并没有改变基本模型的结果。

第三，将样本国家限制在更加同质的组，也没有在质上改变结果。我们将样本限制在经济上发达的 OECD 国家，并从样本中去掉了其中三个相对最穷的国家（巴西、拉脱维亚和俄罗斯）。其次，我们进一步将样本限制在这样的国家，它们在 2000 年的根据 PPP 测量的人均 GDP 至少为 13 000，这样从基本样本中去掉了 6 个国家(匈牙利、墨西哥和波兰以及先前提到的三个国家)。结果表明，所有的制度影响没有因发展中国家和发达国家的差别而改变。结果对于更加同质的国家是稳健的。

第四，表面上看来，几个生均支出非常低的国家，在很大程度上使得人均教育支出和学生在数学方面的表现呈现正相关关系。但在发达的 OECD 国家里并不存在这种正相关关系。一旦从样本中排除了生均支出水平非常低的四个国家，国家层面的生均教育支出的系数在统计上变得不显著，同时该系数在数学成绩上也不显著。[1]

总之，研究表明，基本模型所得出的结果对于估算的数据、额外的控制变量和不同的样本来说是十分稳健的。

6 国家层面的解释力度

在我们的回归中，有五类变量:学生的特征;家庭背景;家庭的能动性和投入;资源和老师;制度因素及相应的交互项。这五个变量均在统计上显著地解释了学生表现之间的差异。为了估计每一类变量以及整个综合的模型，对于不同国家学生表现差异的解释力度，我们进行了下列操作。第一，我们在没有包括估算的虚拟变量情况下，进行了在表 4 显示的学生层面的回归，类似于等式(1):

$$T_{is} = S_{is}\beta_{11} + F_{is}\beta_{12} + H_{is}\beta_{13} + R_s\beta_2 + I_s\beta_3 + \varepsilon_{is} \tag{2}$$

其中表 4 中的学生背景向量 B 分为三个小部分，分别是学生特征 S，家庭背景 F 以及家庭投入 H。

其次，我们对五类变量中的每一类构建了一个指数。这个指数是每一类中每个变量与相对应的系数之积。例如，学生特征指数 S_I 可以表示为:

$$S_{is}^I = S_{is}\beta_{11} \tag{3}$$

以同样的方法，可以表示其他 4 个分类的变量。值得注意的是，在整篇文章中的所有计算步骤中，所有的系数 β 均来自于学生层面的国际教育生产函数，进而排除了国家间或不同层次的(例如，国家内部相对于国家间)可能存在的异质性。

最后，我们采用了这些指数在每门学科的国家均值以及每门学科的学生表现成绩，并根据每个

---

[1] OECD (2001)测量了 24 个国家总的生均教育支出，这种总的生均教育支出是指，从理论上接受教育的年龄开始一直到 15 岁这一教育过程的花费。通过使用这个可选择的教育支出，我们同样发现，数学成绩在统计上显著，科学成绩在统计上呈现较弱的显著性，而阅读能力在统计上没有显著关系。由于该衡量数据仅涵盖 24 个国家，并且仅代表了部分国家间的教育持续时间，我们仍坚持用另一种方法来测量，即中等教育的生均教育支出的方法。

国家内抽样的概率对学生的观测值赋予适当的权重。这使得我们可以根据 31 个国家的观测值，在国家层面进行回归分析。通过这些回归分析，我们可以得到五类变量中的每一类对国家之间存在的测试分数差异的贡献程度。

需要注意的是，这整个操作不是试图将国家层面之间的解释力度最大化，而是完全复制我们上面估计的简单的国家间模型。也就是说，我们没有介入国家间存在的异质性，也没有在各自精确值的基础上，将这些预估区分开来。我们排除了估算的虚拟变量，因为作为统计上的控制变量，它们显然没有真正代表理论模型的一部分，虽然它们可以明显地增加我们模型的解释力度。这个操作的目的是，估计与前面相同的在学生层面的模型，然后观测在国家层面上的差异解释力度。在许多方面，这种操作与国家层面上的发现相悖。

但是尽管如此，我们的模型可以解释国家间存在的几乎所有差异。如在表 5 中所列出的，回归国家均值的学生成绩相对于五类指数的模型，可以解释 84.6%—87.3% 之间不同国家总的测试成绩的差异。这再一次肯定了我们估计的模型，并说明显著的无法观测的特定国家的异质性对于测试成绩差异的影响很小。因此，大多数无法解释的学生层面测试分数的差异（如表 4 中的回归所示，在 67.8%—74.2% 之间的差异），可能是由于无法观测的国家内学生层面能力的差异，而不是由于国家层面的组成元素。

为了单独估计五个指数中每一个指数的贡献程度，我们进行了两种分析。第一，我们依次引入每一个指数，并查看回归结果的 R^2。如果该指数与其他指数存在正相关关系，R^2 就有助于解释该指数与其他指数之间的差异。其次，我们在一个已包括其他四个指数的模型中，加入另一个特定指数，来观察特定指数 R^2 的变化。如果这个特定指数与其他指数呈现正相关，第二步操作所产生的 ΔR^2 小于第一步操作所产生的 ΔR^2。反之，第二步操作所产生的 ΔR^2 就大于第一步操作所产生的 ΔR^2。

■表 5　在国家层面对解释力度（ΔR^2）的贡献

	分 别 加 入			在其余 4 个变量的基础上额外加入		
	数 学	科 学	阅 读	数 学	科 学	阅 读
学生特征	0.198	0.263	0.245	0.024	0.043	0.040
家庭背景	0.491	0.409	0.384	0.012	0.114	0.273
家庭能动性和投入	0.004	0.013	0.048	0.001	0.002	0.001
资源和教师	0.240	0.283	0.126	0.285	0.106	0.049
制度因素及他们的交互项	0.339	0.242	0.194	0.266	0.292	0.312
完整模型	0.873	0.846	0.853	0.873	0.846	0.853

注：自变量：PISA 国际测试成绩的国家均值。具体细节参见正文中。

依次引入每一个指数时,学生特征对于国家水平测试分数差异的解释比例为 19.8—26.3%,家庭背景为 38.4%—49.1%,家庭能动性和投入为 4.8%,资源和教师特征为 12.6%—28.3%,制度特征为 19.4%—33.9%。当我们在四个指数后再额外增加每一个指数时,前三个指数的贡献显著下降。更有意思的是,在加入资源与教师特征变量后,科学成绩的 ΔR^2 下降到 10.6%,阅读成绩的 ΔR^2 减少至 4.9%(数学成绩的 ΔR^2 仍为 28.5%)。[1]制度因素解释了数学成绩 ΔR^2 的 26.6%,科学成绩的 29.9%,阅读成绩的 31.2%。这说明资源和制度因素对国家间学生变现差异的贡献很大,但制度因素对不同国家成绩差异的解释力度远远大于资源的解释力度。

7 结论

本文估计的国际教育生产函数,可以解释大多数国家的学生在数学素养、科学素养和阅读素养方面表现的差异。学生特征、家庭背景、家庭投入、资源和教师,以及制度因素都有助于解释学生教育成就的显著差异。本文所用到的 PISA 研究与以前的对国际学生成绩研究不同的是,本文强调了在实际生活中用到的阅读能力,而不是以课程内容为基础的问题,强调以年龄而不是以年级为标准来确定抽样目标人群。同时,PISA 研究涵盖了有关家庭背景和制度因素等方面非常详细的信息。本文依据 PISA 数据所研究出的结果,证实并扩展了以前根据国家研究得到的发现。特别指出的是,本次研究在再一次证明,不同国家教育体系的制度结构与学生学到的知识的多少显著相关,上述三门学科都能说明这一点。大约四分之一的国家间学生表现差异归因于制度因素。

主要发现如下所示。以前的研究结果表明,外部退出考试与学生在数学上的表现呈正相关,与学生在科学学科上的表现成边际显著相关。我们的研究结果也证实了这一点。但由于关于阅读部分的外部退出考试数据质量不高,这导致外部退出考试虽与阅读成绩呈正相关关系,但统计上缺乏显著性。作为替代外部退出考试的一种测量方法,日常标准测试结果与所有的三门学科均呈现显著的正相关关系。这与理论上的及以前的验证相一致,都表明较好的学业表现与学校在人员管理和决策过程的自主性相关。这里的决策过程包括决定学校内部的预算分配,教科书的选择以及教师的雇用(该变量仅对数学成绩适用)。与此相反的是,如果出现决策权力下放,如制定整个学校的预算,较好地学业表现会与集权化的决策相联系。存在外部退出考试并强调该考试扮演"货币"角色的教育体系中,学校自主性对于学习成绩的影响更显著。最后,公共管理学校的学生表现劣于私立运行学校的学生表现。但如果控制私立或公立的管理模式,获得较大份额私人资助的学校对学生的表现会产生负面影响。关于制度上的一些发现基本上都适用于以上三门学科。

---

[1] 一部分差异归因于班级规模与直觉相反的正的系数的原因。

与以前的研究结果相同,在控制变量上,学生的家庭背景与他们的教育表现呈现显著的正相关性。我们发现,以父母的受教育水平、父母的职业以及家庭藏书量来衡量的家庭背景,对阅读成绩的影响明显高于对数学和科学成绩的影响。此外,男孩在数学和科学方面的能力强于女孩,相反,女孩在阅读方面占有绝对优势。较小的班级规模没有提高学生的学业表现,但配备更好的指导材料以及较好的教师对学生成绩的提高有很大帮助。

显然,本研究为以后的研究扩展了许多方向。这里我们主要指出三个方向。第一,本文强调了学校系统的平均生产力。需要补充的是,分析不同的投入如何影响教育结果的公平会使本文显得更加充实。其次,本文忽视了与教育公平相关的可能的同伴和组成效应。许多教育生产函数的理论表明,同伴和组成效应非常重要,用经验分析方法分析其对国家间教育表现差异所产生的影响显得十分重要。然而,在此过程中可能会碰到典型的经验识别问题。最后,用经验检验的方法研究其他重要的制度因素以及学校系统的特征可以丰富我们目前的研究。这些因素包括:老师及学校合同间的激励强度,其他表现激励机制与教师的质量等。然而,目前的文献还没有对这些因素进行过经验检验。

附录:数据估算方法

通过使用适用于所有学生的一套基本解释变量 F,我们估算了解释变量的缺失值来获得完整的学生成绩数据。这套基本的解释变量 F 包括:性别,年龄,6 个年级的虚拟变量,父母与学生是否居住在一起的 3 个虚拟变量,家庭藏书量的 6 个虚拟变量,测量国家经济发展水平的人均 GDP 以及每个国家中等教育平均生均教育支出。[1]

学生 i,首先对所有现有 M 的观测值进行回归 F 来计算 M 变量的缺失值:

$$M_s = F_s \theta + \varepsilon_s \tag{4}$$

可以通过 i 学生 F 变量的值以及根据回归等式(4)获得的向量 θ 的系数求得学生 i 估算的 M 值:

$$M_i = F_i \theta \tag{5}$$

内在变量的估算方法有三种:对可度量分散变量采用权重最小二乘估计;对序列变量采用排序 Probit 模型;对二分变量采用 Probit 模型。对于可度量的分散变量,缺失值由估算值直接填充。对于序列变量和二分变量,用每一个分类各自预测的概率代表缺失值。该估算方法预测了缺失数据在确定情况下的预期值,所以用标准方法估计时,标准差可能产生向下的偏差。为了克服向下的标

---

[1] 一少部分变量 F 的缺失数据通过现有最低水平(学校或国家层面)的中值估算而得。

准差,我们应用了谢弗和申克尔(Schafer and Schenker,2000)提出的标准差更正方法,该方法为估计 β 系数提供了下列的更正标准差过程:

$$\sigma_\beta^{corr} = \sqrt{\hat{\sigma}_\beta^2 + 2r^2\hat{\sigma}_\beta^2 \frac{\hat{\sigma}_{\beta mis}^2}{\hat{\sigma}_\beta^2} + \hat{\sigma}_\beta^2 \frac{\hat{\sigma}_{\beta imp}^2}{\hat{\sigma}_\beta^2}} \tag{6}$$

更正的标准差由三部分组成。第一部分是根据通常的方法估计的标准差,该标准差忽略了一些估算的数据。第二部分是更正项,考虑了该变量的缺失值占所有观测值的比例 r,以及估算数据的方差 $\hat{\sigma}_{\beta mis}^2$ 与全样本方差 $\hat{\sigma}_\beta^2$ 的比率。第三部分也是更正项,考虑了估算模型的不确定性,也就是估算模型残差的方差 $\hat{\sigma}_{\beta imp}^2$(具体细节参见:Schafer and Schenker,2000)。为了用内在组群关联性解释复杂的PISA调查设计,等式(6)中所有的方差 $\hat{\sigma}_{\beta mis}^2$,$\hat{\sigma}_\beta^2$ 和 $\hat{\sigma}_{\beta imp}^2$ 均根据抽样权重使用组群方差结构估计方法得到的。(详细细节参见:Schafer and Schenker,1997,5.4 部分关于组群权重估计的讨论)。

参考文献

Adams R, Wu M (eds) (2002) PISA 2000 technical report. Organisation for Economic Co-operation and Development (OECD), Paris

Akerhielm K (1995) Does class size matter? Econ Educ Rev 14:229–241

Betts JR (1998) The impact of educational standards on the level and distribution of earnings. Am Econ Rev 88:266–275

Bishop JH (1997) The effect of national standards and curriculum-based exams on achievement. Am Econ Rev 87:260–264

Bishop JH (2006) Drinking from the fountain of knowledge: student incentive to study and learn. In: Hanushek EA, Welch F (eds) Handbook of the economics of education. (forthcoming) North-Holland, Amsterdam

Bishop JH, Wößmann L (2004) Institutional effects in a simple model of educational production. Educ Econ 12:17–38

Costrell RM (1994) A simple model of educational standards. Am Econ Rev 84:956–971

Dronkers J, Robert P (2003) The effectiveness of public and private schools from a comparative perspective. EUI Working Paper SPS 2003–13. European University Institute, Florence

DuMouchel WH, Duncan GJ (1983) Using sample survey weights in multiple regression analyses of stratified samples. J Am Statist Assoc 78:535–543

Epple D, Romano RE (1998) Competition between private and public schools, vouchers, and peer-group effects. Am Econ Rev 88:33–62

Fertig M (2003a) Who's to blame? The determinants of German students' achievement in the PISA 2000 study. IZA Discussion Paper 739. Institute for the Study of Labor, Bonn

Fertig M (2003b) Educational production, endogenous peer group formation and class composition: evidence from the PISA 2000 study. IZA Discussion Paper 714. Institute for the Study of Labor, Bonn

Fertig M, Schmidt CM (2002) The role of background factors for reading literacy: straight national scores in the PISA 2000 study. IZA Discussion Paper 545. Institute for the Study of Labor, Bonn

Fuchs T, Wößmann L (2004a) What accounts for international differences in student performance? A re-examination using PISA data. CESifo Working Paper 1235. CESifo, Munich

Fuchs T, Wößmann L (2004b) Computers and student learning: Bivariate and multivariate evidence on the availability and use of computers at home and at school. Brussels Econ Rev 47:359–385

Gundlach E, Wößmann L, Gmelin J (2001) The decline of schooling productivity in OECD countries. Econ J 111:C135–C147

Hanushek EA (2002) Publicly provided education. In: Auerbach AJ, Feldstein M (eds) Handbook of public economics, Vol 4. North Holland, Amsterdam, pp 2045–2141

Hanushek EA et al (1994) Making schools work: improving performance and controlling costs. Brookings Institution Press, Washington

Hoxby CM (1999) The productivity of schools and other local public goods producers. J Public Econ 74:1–30

Hoxby CM (2001) All school finance equalizations are not created equal. Q J Econ 116:1189–1231

Jürges H, Schneider K, Büchel F (2005) The effect of central exit examinations on student achievement: quasi-experimental evidence from TIMSS Germany. J Eur Econ Assoc 3:1134–1155

Little RJA, Rubin DB (1987) Statistical analysis with missing data. Wiley, New York

Moulton BR (1986) Random group effects and the precision of regression estimates. J Econ 32:385–397

Nechyba TJ (2000) Mobility, targeting, and private-school vouchers. Am Econ Rev 90:130–146

Nechyba TJ (2003) Centralization, fiscal federalism, and private school attendance. Int Econ Rev 44:179–204

Organisation for Economic Co-operation and Development (OECD) (2000) Measuring student knowledge and skills: the PISA 2000 assessment of reading, mathematical and scientific literacy. OECD, Paris

Organisation for Economic Co-operation and Development (OECD) (2001) Knowledge and skills for life: first results from the OECD Programme for International Student Assessment (PISA) 2000. OECD, Paris

Organisation for Economic Co-operation and Development (OECD) (2002) Manual for the PISA 2000 database. OECD, Paris

Organisation for Economic Co-operation and Development (OECD) (2003) Education at a glance: OECD indicators 2003. OECD, Paris

Rubin DB (1987) Multiple imputation for nonresponse in surveys. Wiley, New York

Schafer JL, Schenker N (1997) Inference with imputed conditional means. Pennsylvania State University, Department of Statistics, Technical Report #97–05 (available at http://www.stat.psu.edu/reports/1997/tr9705.pdf)

Schafer JL, Schenker N (2000) Inference with imputed conditional means. J Am Statist Assoc 95:144–154

Shleifer A (1998) State versus private ownership. J Econ Perspect 12:133–150

Todd PE, Wolpin KI (2003) On the specification and estimation of the production function for cognitive achievement. Econ J 113:F3–F33

West MR, Wößmann L (2006) Which school systems sort weaker students into smaller classes? International evidence. Eur J Politi Econ (forthcoming) (available as CESifo Working Paper 1054, CESifo, Munich)

Wolter SC, Coradi Vellacott M (2003) Sibling rivalry for parental resources: a problem for equity in education? A six-country comparison with PISA data. Swiss J Sociol 29:377–398

Wooldridge JM (2001) Asymptotic properties of weighted m-estimators for standard stratified samples. Econ Theory 17: 451–470

World Bank (2003) World development indicators CD-Rom. World Bank, Washington

Wößmann L (2003a) Schooling resources, educational institutions and student performance: the international evidence. Oxford Bull Econ Statist 65:117–170

Wößmann L (2003b) Central exit exams and student achievement: international evidence. In: Peterson PE, West MR (eds) No child left behind? The politics and practice of school accountability. Brookings Institution Press, Washington, pp 292–323

Wößmann L (2003c) Central exams as the "currency" of school systems: international evidence on the complementarity of school autonomy and central exams. DICE Report – J Inst Comp 1:46–56

Wößmann L (2005) Educational production in Europe. Econ Policy 20:445–504

Wößmann L, West MR (2006) Class-size effects in school systems around the world: Evidence from between-grade variation in TIMSS. Eur Econ Rev 50:695–736

PISA 差异的原因何在？ *

——对芬兰和德国测试成绩差距的解释

安德列亚斯·安默穆勒(Andreas Ammermueller)

摘要： 2000 年进行的 PISA 研究中发现芬兰和德国的学生表现在程度和差异方面存在很多不同之处,本文旨在研究这一现象。本文利用独特的估算的微观数据加上学校类型信息,分析了为什么在估计两国的教育生产函数时,芬兰的学生会在学业上有较好的表现。通过使用欧斯卡—布林德(Oaxaca-Blinder)和朱安—墨菲—皮尔斯(Juhn-Murphy-Pierce)分解方法,我们将阅读素养性的差异归结于不同的效应。分析显示德国学生和学校除了最低的 10%,其他均有比较好的特征,但就测试成绩而言,这些特征的回报率远远低于芬兰学生。学校类型的作用仍不太清楚。整体而言,与芬兰相比,可观测的特征解释了更多德国在测试分数上的差异。

关键词： 教育生产方程　PISA　学生表现　分解

---

　　* 作者感谢 Charlotte Lauer，Denis Beninger，Hans Heijke，Peter Jacobebbinghaus，François Laisney，Sybrand Schim van der Loeff，Britta Pielen，Axel Pluennecke，Manfred Weiss,两名匿名审稿人,编辑以及在里斯本 EALE 会议参加者的建设性意见。本文的财政支持来自欧盟委员会 IHP"欧盟的教育与工资不平等"项目,合同号 HPSE-CT-2002-00108,在此提出特别感谢。

1 引言

国际学生评估项目(PISA)结果的公开引起德国公众的惊呼,并对芬兰投以羡慕的目光。芬兰的学生在阅读素养方面获得了第一名,在数学素养和科学素养方面分别为第三和第四名,而德国学生在所有三门学科的排名中均位于 OECD 平均水平之下。其他的欧洲国家,如意大利、西班牙和瑞士,在某些学科方面的表现也不尽如人意(OECD, 2001)。对德国学生表现的负面评估引起了一场激烈的政治辩论。PISA 成绩表现较好的国家被当作提高学校系统效率的榜样。在欧洲最好的榜样就是芬兰,不仅由于它的平均测试成绩很高,而且成绩分布很集中。特别对于德国,芬兰经常被当作有效、公平教育体系的最好典型。

在改革教育体系之前,PISA 成绩在不同国家成绩的差异需要彻底分析清楚。PISA 成绩的差异不仅涉及平均测试成绩的水平,还包括分数的分布范围。需要弄清楚的问题是,表现较好的国家的学生和学校特征普遍较好,还是这些特征相对于测试分数衡量的回报率较高。例如,德国较差的成绩表现可能由于德国来自较低社会背景的学生的比例高于芬兰。然而,如果假定的较低社会背景的负面影响在德国比较小,那么社会背景对于平均成绩的整体影响仍能与其对芬兰的影响相抗衡。学校的资源和制度设置可能也有助于解释测试成绩的差异。因此,本文检验了芬兰和德国测试成绩分布的差异,然后将它们进行分解以便于了解不同影响的大小。该分析旨在揭示在德国造成中等表现的可能原因,并提出可行的改进学校体系的指导意见。最后,我们通过比较这些国家的成绩,可以对比分层的教育体系(德国)与单一类型的教育体系(芬兰)的。

虽然在德国有大量的文献讨论学生的成绩表现,但是很少有文献涉及教育生产函数或提供深入的国际比较。相关的研究主要考虑投入与成绩的双边关系或使用学生的基本认知能力解释成绩(Baumert et al., 2001; Artelt et al., 2002)。另一类研究使用多重变量的方法及没有调整的数据进行估计,该方法忽略了缺失值问题,并且数据中没有包含任何学校类型的信息(Fertig, 2003)。忽略缺失一些变量信息的学生可能导致样本选择偏差,并在分析中不能使用全套有效的信息。忽略了学校类型,使得对德国多种多样的学校体系的分析变得毫无意义。本文所进行的多重变量分析使用了一个较全面的数据库,该数据库建立在 PISA 对德国广泛调查的基础上,通过计量估算方法预测了缺失值并提供了学校类型的信息。

本文得出的最主要的结论是,德国学生和学校可测量的特征,除了成绩最低 10%的学生人群,无法解释与芬兰学生成绩的差异。与此相对应的是,对资源的使用以及学生和学校特征的转型在芬兰更有效。在德国学生的测试分数对家庭背景的依赖程度高于芬兰,导致了德国测试成绩的分数的差距更大。结果意味着德国分层的学校体系不利于在较低类型学校学习的学生,导致了教育成绩的更大不平等。总体而言,相对于芬兰可观测的特征对德国测试成绩差距的解释力度更高。

本文其余部分的结构如下:第2部分介绍了PISA研究并描述了所关注的两个国家的数据。第3部分讨论了教育表现的决定因素。第4部分用欧斯卡—布林德(Oaxaca-Blinder)和朱安—墨菲—皮尔斯(Juhn-Murphy-Pierce)分解法对差异进行了分解。最后,第5部分概括了所得到的结论并给出了政策建议。

2 PISA 数据

国际学生评估项目(PISA)是OECD在2000年的上半年对接近完成基础教育的15岁学生进行的数学素养、科学素养和阅读素养的评估。该评估的目标不仅考查学生的知识,更重要的是对某一学科的理解能力以及参与社会所需要的知识与技能的掌握程度。该测试由OECD在其所属的28个成员国及巴西、拉脱维亚、列支敦士登和俄罗斯进行。除了测试成绩,还对学生和学校进行了问卷调查。这些问卷的内容包括学生背景信息,现有的资源及对资源的使用,以及学校的制度设置(Adams and Wu,2002)。对于德国,PISA的扩展研究还收集了额外的关于学校类型在学生层面的信息。[1]在提炼信息之前,数据库将两类在学生层面的数据融合在一起。关于德国PISA研究的详细论述参见鲍默特等(Baumert et al.,2001),对于芬兰结果的分析参见瓦里扎维等(Välijärvi et al.,2002)。

学生的测试成绩是根据项目反应理论(item response theory)计算得到的(Hambleton and Swaminathan,1989),是根据正确回答某一个特定分类中的全部问题的加权平均而得。最困难的是对每一个问题分配权重。国际通用的测试成绩均值为500,标准差为100,测试成绩据此进行了标准化处理。这些加权的测试分数反映了个体对各学科的掌握程度。总体参数值可能与其他的研究有些不同(例如OECD,2001),因为该参数值是根据估计的能力分布得出的合理值作为测试分数,对于总体水平提供了更好的估计。附录中的表A1列出了测试成绩加权的均值和标准差,以及学生背景变量。表A2为被选择的变量在德国不同学校类型中的描述性统计。学生和学校的特征在不同的学校类型中差别很大。因此在分析德国学校体系时考虑学校类型是非常必要的。标准差也显示除了公立与私立的差别,同一种学校类型内的差异也非常大。

在芬兰154所学校的4 855个学生参加了PISA2000,完成了阅读素养、数学素养和科学素养的测试。在德国219所学校的4 917名学生参加了PISA测试。加上所提供的背景信息,PISA数据是两国可比较的最新最详细的关于学生成绩的数据。由于研究的抽样设计,数据呈

---

[1] 在德国,由于各州教育部长的要求对PISA进行了扩展的研究。然而,所谓的PISA扩展数据不适用于比较芬兰的数据,因为两国在样本规模和在公众现有数据的缺失信息方面存在巨大差异。

组群分布。在随机抽取学生样本之前,首先选择了参加调查的学校。因此学校,而不是学生,是最主要的抽样单位。

PISA数据最主要的问题是学生和学校背景变量的缺失。对于德国和芬兰,核心变量如父母的教育水平缺失率高达16%。表A3列出了缺失值的比例。通常而言,如果解释变量值缺失,应在回归中去掉该观测值(学生)。这将使估计中能用到的样本数进一步减少,芬兰数据大约减少了43%,德国减少了约60%。除了丢失有效信息外,如果缺失值不是随机的,将问卷中答案不全的学生在分析中去掉将导致样本选择偏差。因为细心的学生更有可能既完成问卷又回答所有的测试问题,而表现较差的学生从样本中排出的概率更高。因此,去掉缺失变量的观测值将导致测试成绩更大的偏差,该假设可以通过表A1反映出来。

本文所选用的方法克服了缺失数据的问题,根据大多数学生均有的背景变量如年龄、性别和学生所在年级的回归,预测了缺失值。连续变量用线性模型来估计,离散变量根据Probit或序列Probit模型进行估计。没有回答这些最基本问题的学生或没有完成测试的学生以及缺失变量大于10的学生将从回归中去除。[1]这样的处理方法仅适用于不到1%的样本,但却使德国测试成绩的均值显著提高,标准差显著下降。对于原始数据(没有包含估算值)的描述统计和回归结果在表A1和表A2中也分别列出,这两个表排除了所有有一个或一个以上缺失值的学生。

以回归结果为基础,对缺失值进行预测显然不是一个完美的解决方法。因为变量的差异在减小,与原始数据相比,包含估算值将使变量的标准差降低。但估算值的变化范围也很大,且被观测者原始数据的信息不会缺失。

2.1 测试成绩分布

在这一部分,我们将用图形的方法展现芬兰和德国测试成绩的分布。对于每一学科,非参数的核密度估计描述了两国测试成绩在每一学科上的分布。[2]

图1描绘了芬兰和德国三门学科测试成绩的分布。图1中显示,芬兰测试成绩的分布更靠右边,且具有更高的加权平均分数,因此芬兰的平均测试分数高于德国。

芬兰测试成绩的分布在德国测试成绩分布的右端,说明芬兰具有更高的核密度估计的众位数。此外,芬兰不仅有更高的好学生比例,较差学生和非常差学生的比例也低于德国,该结论可以从德

---

[1] 此外,成绩低到难以置信的学生,低于200分(26个学生),来自芬兰同一所学校成绩完全相同的学生(5个学生)以及不在8、9或10年级的学生(65个学生)也从回归中去除了。排除局外人是非常必要的,这样确保分析的结果不会受到一小组不具有代表性的学生分样本的影响。

[2] 带宽的选择根据Silverman的大拇指理论(Silverman, 1986)。

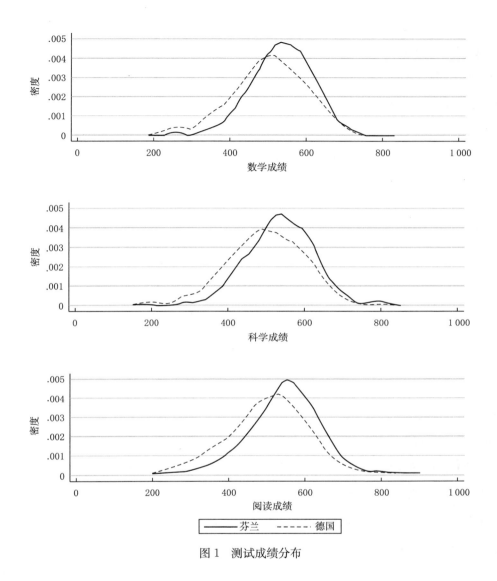

图 1　测试成绩分布

国成绩分布图形左尾较宽的现象中得出。尽管有较高的平均分数,芬兰测试成绩的标准差也较低。这一特征对于学生所测试的三门学科均成立。

芬兰在测试成绩的分布呈现非常理想的特征,即所有三门学科均呈现较高的平均成绩,较高的众位数以及较窄的测试成绩分布。我们想知道是否能找到芬兰和德国学生成绩表现存在的巨大差距的原因。下面的分析主要集中在学生的阅读素养,因为所有学生均有该科目的测试成绩。其他测试成绩的分布也显示三门学科的分布没有巨大差别。

芬兰和德国在阅读素养总成绩的差距在图 2 中呈现。当把学生的分布分成不同的分位数时,考虑了学生的抽样概率。成绩的平均差距为 54 分,但随着分布的分位数显著下降。对于成绩最差的 10 分位数的学生，差距为 75 分，而表现最好的 10% 的学生的成绩差距减少为 30 分。每一个分位数的测试成绩的差距均很显著。特别是，在成绩分布下端，表现相对较差的德国学生导致德国的平均成绩低于芬兰。同时德国成绩最好的学生没有达到同芬兰最好学生相等的水平。因此在德国测试成绩分布的不平等远远高于芬兰。在下一部分，我们将分析影响两个国家测试成绩分布的因素。

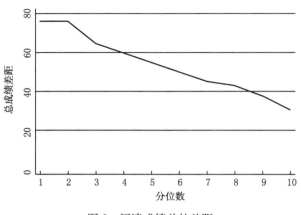

图 2　阅读成绩总的差距

3　阅读素养分数的决定因素

3.1　生产函数的方法

全面比较两国学校系统中学生表现需要事先假定教育生产知识的过程。教育生产函数通过估计各种投入对学生成绩的影响提供了理解生产过程的一种方法。为了使生产函数对各种因素的影响产生无偏的估计，所有目前的和以前的可能影响教育表现的教育系统的投入变量都应包含在生产方程中。PISA 横截面数据提供了有关每个学生背景以及包括教师特征在内的学校现有资源以及学校层面的制度设置的信息。然而，由于 PISA 没有任何关于学生以前成绩的信息或者另一个时间点教育生产函数的投入变量。因此教育生产函数的如下估计会受到对之前投入变量缺失信息的影响（Todd and Wolpin，2003）：

$$T_{is} = \beta_0 + G_{is}\beta_1 + B_{is}\beta_2 + R_s\beta_3 + I_s\beta_4 + S_s\beta_5 + \nu_s + \varepsilon_{is} \tag{1}$$

其中，T_{is} 代表 s 学校 i 学生的测试成绩；G_{is} 由年级虚拟变量和学生年龄的月份组成；B_{is} 代表学生背景变量；R_s 是学校资源变量的向量；I_s 代表制度变量；S_s 为学校类型变量；ν_s 和 ε_{is} 分别代表学校和学生层面的残差项；β_0 到 β_5 是将要估计的一组参数。

8 年级和 10 年级的虚拟变量估计了与 9 年级（对照组）相比，学生在阅读素养方面的成绩。在芬兰学生基本都分布在 8 年级和 9 年级,而在德国还有一些学生分布在 10 年级。年龄的连续变量是以月为单位测量的,可以反映出年级重复的影响。德国的学生的平均年龄及相应的年级略高于芬兰学生。

除了无法衡量的内在能力,家庭背景被认为是解释学生成绩最重要的因素(Hanushek and Luque,2003;Woessmann,2003)。背景变量 B_s 包含了个人特征,如性别、父母出生地以及受教育程度和家庭藏书量等的信息。这些变量不太可能随时间而变化,因此可以作为之前投入变量很好的代理变量。它们对学生认知成绩的影响可以相应的解释为因果关系。然而,如果通过学校类型 S_s 会产生一个间接影响,学生背景对于学生成绩的总影响 β_1 将被低估。当被分配到各所学校的学生不仅与学生内在能力相关,也与父母的背景因素相关时,学校类型就会产生一个间接的影响。因此,学生背景的系数应解释为所产生影响的下限,特别对于德国这种存在多种学校类型的国家而言。

当前的资源 R_s 说明部分的学校系统主要依赖公共财政的支持。学校层面的师生比用来测量对每个学生的教师投入。实际的班级规模在测量这方面投入时可能更具有优势,但对班级规模的估计可能产生偏差。在估计班级规模时,学校内部学生的选择可能增加了学校间的选择问题(West and Woessmann,2006)。实际上,学习较差的学生可能被分配到较小规模的班级,以便于培养他们的学习能力。在学生不轻易转换学校以及师生比不随时间变动的假设下,目前的比率相对于过去几年生均教师投入是一个很好的代理变量。其他的学校层面的资源变量有年均指导时间,教师具有完整的大学教育的比例,以及校长认为他们学校是否缺乏指导材料的虚拟变量。

学校的制度设置是学校参与者对学校法规执行的框架。它可能会影响到参与者的能动性和动机,特别对于学生和老师(Bishop and Woessmann,2004)。这类变量描述了学校是公立的还是私立的,每年多次标准化测试评估的学生成绩,学校是否允许自主选择学生以及学校在规划预算和分配财政资源的自主性等。这些信息是通过学校校长填写的学校问卷而获得的。由于制度改革需要花费很长时间才能完成,当前的制度设置应该能较为准确地反映了过去几年的制度设置,假定学生会一直在同一所学校。在芬兰,学生通常会在整个 9 年义务教育阶段待在同一所综合类学校,而德国学生通常会在完成 4 年小学学习后换学校。[1]由于所测试的学生已经在中学阶段就读了 4—5 年,之前的小学阶段的影响可以忽略不计。在上面所提到的假设下,资源和制度设置的系数可以解释为因果关系,特别是在我们控制了学校类型的变量后。

---

[1] 关于学校体系的详细信息来自 Eurybase(2003)。

最后,学校类型变量说明了某学生所参加的学校的类型。在德国有五种学校类型而在芬兰只有一种。德国学生通常根据他们在小学阶段的表现在 4 年的基础学习后被分配到不同类型的中学。[1] 假定学生的内在能力在第 4 学年和第 9 学年不是完全独立的,则学校类型和学生成绩之间存在内生性问题,因为两者都是由内在能力所决定。此外,如同小学的教育表现、对学校类型的偏好以及学校类型的分配均与学生的家庭背景有关,学校类型的系数可能包含了部分学生的家庭背景对学生成绩的影响。也就是说,学校类型系数是由学校类型的"真正"影响,内在能力导致的排序的影响,以及额外的家庭背景通过学校类型对学生成绩的影响所组成。系数 β_4 只能解释为部分相关。

需要注意的是,生产函数具体形式的选取应遵循属于同一类别变量的系数的符号预期相同原则。学生背景变量的系数预期为负,而资源与制度变量的符号预期为正。这对于下面进行的对分解的各种影响的识别非常重要。仅对于年级变量而言,符号可能有区别,在回归中选取了 9 年级,而不是 10 年级作为参照组,因为在芬兰没有 10 年级的学生。

3.2 测算的影响

我们通过分别回归芬兰和德国个体学生成绩和所有的解释变量,估计个体特征对学业表现的影响(参见等式(1))。[2] 由于 PISA 数据组群的设计,估计中使用了调查回归。这可以更正组群数据设计的标准差,也就是说同一所学校内学生之间残差项可能相关。由于来自不同学校的学生的抽样概率不同,等式(1)中包含了数据的抽样权重。表 A3 中列出了因变量为阅读素养分数的加权调查回归的结果。包含的估算数据不会从本质上影响对结果的解释,却可以使解释对于总的学生人群更具有代表性。

回归等式的 R^2 显示,在德国超过一半的测试成绩的差异可以通过解释变量来解释,但对于芬兰的差异只能解释 17%。这说明相对于内在能力及其他未被观测的因素,德国学生的表现对可以观测到的特征的依赖性更强,而芬兰学生的成绩可能受内在能力及其他未被观测的因素的影响更大。在德国即便学习成绩回归等式中不加入学校类型变量,R^2 仍高达 0.34,这个数字是芬兰的两倍。多上一年学,可以使德国学生的成绩增加 38 分,芬兰学生的成绩增加 48 分,这几乎相当于半个标准差。这个幅度清楚地说明德国与芬兰 54 分的测试成绩的差距到底有多大。年龄的系数为负,且绝对值对于德国学生远远大于芬兰学生,这可能意味着德国学生留级的比例明显高于芬兰学

---

[1]　小学的老师为每一名学生写推荐信,然后父母申请学校。只有从较高级中学(语法学校)毕业才有可能就读大学。职业学校(Berufsschule)的学生只能申请学徒。

[2]　个体特征这里指的是所有可测量的特征,包括年级水平、学生背景、资源、制度设置和学校类型。

生。学生背景的系数十分重要且对学习成绩有显著影响。[1]例如,假定其他因素相同,与父母完成大学教育的学生相比,父母没有完成中等教育的学生,在德国的学习成绩会低 35 分,在芬兰低 26 分。就这个例子而言,来自较差家庭背景的孩子在德国的劣势远远高于在芬兰的劣势。女孩的表现明显好于男孩,特别对于芬兰学生而言。在国外出生的或家长为移民的学生的成绩低于没有移民背景的学生,这一现象在芬兰尤为显著,其移民学生比例仅为 3% 而德国这一比例高达 20%。家庭的藏书量对于学生的学业表现也高度显著且会产生巨大的影响。

相对于芬兰,在德国,移民学生的比例很高,也就是父母至少有一方在国外出生,这促使我们进一步发现德国学生是否能被看作是同质的群体。当我们通过生产函数分别对德国移民和非移民学生进行估计时,我们发现在 5% 的显著性水平上,两组学生只有两个变量的系数存在差异。这两个变量是"父母没有完成中学教育"和"学校类型为语法学校",这两个变量对于移民学生的影响更大。

所有资源变量的系数均不显著。"师生比"以及"不缺乏指导材料"与测试成绩没有显著关系。教师中具有较高比例的大学教育文凭对于德国学生成绩的提高没有显著影响,但对于芬兰学生该变量很重要。在德国关于学校制度设置的变量也不显著,学校有自主选择学生权利的变量除外。由于国内制度设置的差异不是很大,因此更适合于在国家间进行比较,分析它们的影响(Woessmann,2003)。相对于参照组综合类学校,学校类型在德国呈现高度显著的影响。在德国,学生就读于较低(高)层次中学的成绩相对于综合类学校的学生成绩低(高)34(85)分。

在探讨了两国的学生成绩的决定因素之后,下面一个部分,通过将德国与芬兰的测试成绩的差别分解成不同的效应,更加系统地比较了造成两国成绩差异的原因。

4 解释测试成绩差异

芬兰与德国在测试成绩分布上可观测到的差异可能有以下几个原因。首先,芬兰学生有更好的通过可观测变量所衡量的特征。例如,芬兰学生父母的平均受教育程度更高,学校里有更多的资源或者学校制度的设置更有效。

第二,不同特征对于学生表现的影响在不同国家可能有差别。也就是说,同样的特征对于德国学生在提高阅读素养方面可能不如芬兰学生有效。

第三,测试成绩差距的一部分可能是回归估计中的残差所造成的。任何无法观测的影响测试成绩的因素中,其中最重要的是学生的内在能力和他们的动机,构成了残差的影响。由于预期的残

---

[1] 这一结论被边际影响再次证实,也是通过 TIMSS 数据得到的结论(例如,Ammermueller et al.,2005)。

差值为零,只有当我们根据测试成绩的分布,而不是均值考察测试成绩的差距时,才会关注残差效应。

这三种影响,被分别称作特征、回报和残差效应,它们可以通过分解的方法量化。我们将用两种不同的方法进行分析:分别是欧斯卡—布林德(Oaxaca-Blinder)分解法(4.1 部分)和朱安—墨菲—皮尔斯(Juhn-Murphy-Pierce)分解法(4.2 部分)。

4.1 欧斯卡—布林德分解法

布林德(Blinder,1973)和欧斯卡(Oaxaca,1973)创造了经典的分解方法,该方法可以将差距分成两部分。第一部分为特征差距,第二部分为特征回报的差异。然而,分解法仅考虑了平均效应,而忽略了分布的差异,例如离差和斜度。4.2 部分将要检验后者的影响。

这里所用到的分解方法与经典的欧斯卡—布林德分解法略有些区别,而是遵循劳尔(Lauer,2000)的方法。由于本文分析的目的是解释德国学生相对于芬兰学生成绩较差的原因,解释成绩差异的不同影响是从德国学生的角度考虑的。

芬兰与德国测试成绩均值的差距可以定义为:

$$\Delta T = \bar{T}^F - \bar{T}^G \tag{2}$$

其中,横杠代表加权平均,上角标"F"和"G"分别代表芬兰和德国。可以用上一个部分陈述的加权调查回归的估计将总的测试成绩的差距分解为特征效应、回报效应以及特征—回报效应:

$$\Delta T = \sum_{i=1}^{5} \hat{\beta}_i^G (\bar{X}_i^F - \bar{X}_i^G) + \sum_{i=0}^{5} (\hat{\beta}_i^F - \hat{\beta}_i^G) \bar{X}_i^G + \sum_{i=1}^{5} (\hat{\beta}_i^F - \hat{\beta}_i^G)(\bar{X}_i^F - \bar{X}_i^G) \tag{3}$$

其中 X 由 G、B、R、I 和 S 五类解释变量所组成。等式(3)右边第一项代表特征效应,由等式(1)中所包含的五类解释变量($i=1,\cdots,5$)所代表特征产生的影响的加总组成。在给定的以分数衡量的特征回报的情况下,它衡量了如果德国学生与芬兰学生具有相同的特征,他们的测试成绩会有多大的不同。第二项,回报效应,说明了对于既定的个人特征,如果德国学生与芬兰学生拥有相同的教育生产过程,也就是说同样的投入可以转化成相同的教育成果,德国学生的成绩能够提高多少。最后一项特征回报的影响是可能的更优生产过程与不同个人特征在芬兰的交互项。

表1显示通过分解方法得到的两国阅读素养的加权平均分的差距为 54.29 分。分析所用的标准差是根据詹恩(Jann,2005)提出的方法计算而得。均值分数的差异是显著的,因为它超过了PISA成绩国际标准差的一半,且高于德国 9 年级学生相对于 8 年级学生成绩差异影响的 44%。

■表 1　根据欧斯卡—布林德分解阅读成绩差距的结果

	总　　和	年　级	学生背景	资　　源	制　　度	学　校	常数项
总差距	54.29						
	(5.92)						
特征效应	−36.39	−7.54	−1.32	1.94	−9.24	−20.23	
	(8.42)	(1.26)	(1.44)	(3.40)	(4.04)	(5.81)	
回报效应	57.81	1.06	−28.05	10.80	−7.76	−20.23	101.99
	(6.49)	(4.07)	(6.24)	(29.90)	(7.43)	(5.81)	(31.89)
交互项效应	32.87	10.25	4.73	−5.84	3.50	20.23	
	(9.03)	(1.09)	(1.91)	(5.47)	(4.96)	(5.81)	

注:括号内为标准差。

总的特征效应显著为负,说明德国学生的特征实际上优于芬兰学生的特征。总的 58 分的回报效应为正且在统计上高度显著,说明相对于德国学校,芬兰学校可以将既定的投入转化为更高的学生成绩,该原因解释了部分成绩的差异。特征回报效应大约等于 33 分。

将特征影响差异分解为五组解释变量,年级和年龄、学生背景、资源、制度和学校类型,显示了完全不同的画面。德国学生在较高年级的比例大于芬兰,导致年级组变量对于特征影响产生显著的负作用。芬兰学生和德国学生的社会背景几乎没有差异,资源的差异大约可以解释芬兰与德国的成绩差异的 4%,但不显著。芬兰的平均师生比以及接受较高教育程度的教师的比例均高于德国。但是制度效应与学校类型的负影响说明德国学生有更优的特征,特别是德国学校可以自主选择学生的比例高于芬兰。

非常显著的正的回报效应主要是由于截距与资源变量的差异。芬兰的资源转化为学生成绩的过程比德国更加有效。但由于资源变量的回报效应不显著,我们需要谨慎解释该结果。与芬兰学生相比,个人和家庭特征的转型对于德国学生更为有利,可以远远抵消资源的正效应。然而,这是由于我们在回归中加入了学校类型的虚拟变量。仅使用学生背景变量作为解释变量进行分解的结果在 4.2.2 部分呈现。芬兰与德国显著的正的截距差异总体来讲是由于对参照组的选择而致,特别是对参照的学校类型的选择。当芬兰的综合学校与较高水平的德国学校类型进行比较而不是和德国的综合类学校相比时,截距的差别减小了。

交互项效应显示,与德国学生相比,较好的特征变量与较好的生产过程的结合对于所有分类组的变量(除了资源组变量)更有利于芬兰学生。

表 1 考虑了分解的所有系数,即使两国的系数差异在统计上不显著。表 A4 描述了当那些系

数在 10% 的显著水平上没有差异时被设置为相等的分解效应的结果。[1] 相应地，我们只考虑了国家间会产生显著不同影响的变量。这些变量包括学生年龄、性别、父母出生地、父母的受教育程度为高中以及所有的学校类型。对于这个调整的分析，表 A4 所列出的结果只在资源和制度变量上有显著区别，其他两个国家的系数没有显著区别。影响的加总也几乎没变。

当我们仅考虑分布的平均值时，特征的差别不能解释芬兰学生为什么有更好的表现。根据这个分解，现有资源的较差的转型和截距中无法观测的差别是德国学生成绩相对较低的主要原因。

4.2　朱安—墨菲—皮尔斯分解

到目前为止，我们仅考虑了分布中的均值。然而，如第 2 部分所阐述的，两国分数的分布差别很大，因此，我们应对整个测试成绩的分布进行分解。

下面的分解技术首先由朱安等(Juhn et al. ，1993)所使用，用以在不同的时间的分解变化。它也适用于横截面数据，如 PISA 数据的分解(Blau and Kahn，1992)。该方法具有在分解中不仅考虑均值，也考虑整个分布的显著优势。此外，它特别处理了生产方程估计中的残差，该残差在均值时为零，但在某一分位数时不等于零。根据略微有些不同的方法，我们可以将成绩的差别分解为特征差异、回报差异、特征回报交互的差异以及残差效应。

国家 y 的残差 ε_i 可以认为由两部分组成：个体 i 在残差分布 θ_i 的百分比，以及残差的分布方程 F_i。反积分残差分布方程可以表示为：

$$\varepsilon_i^y = F^{y-1}(\theta_i^y \mid X_i^y) \tag{4}$$

其中，X 由国家 y 的五类解释变量(G、B、R、I 和 S)组成。根据等式(1)中加权调查回归的估计结果，德国学生实际的和两个假设的测试成绩的分步可以表示为：

$$\mathrm{GER}_i = \hat{\beta}^G X_i^G + F^{G^{-1}}(\theta_i^G \mid X_i^G) \tag{5}$$

$$\mathrm{GER}(1)_i = \hat{\beta}^F X_i^G + F^{F^{-1}}(\theta_i^G \mid X_i^G) \tag{6}$$

$$\mathrm{GER}(2)_i = \hat{\beta}^G X_i^G + F^{F^{-1}}(\theta_i^G \mid X_i^G) \tag{7}$$

第一个假设的分布 GER(1) 表示德国学生如果拥有与芬兰同样的教育生产过程以及残差分布中相应的残差，他们可能获得的分数。等式(7)描绘了第二个假设分布 GER(2)，该假设说明德国学生的特征根据德国的教育生产方程的回报转化为测试成绩，但残差分布与芬兰学生一样。我们也

---

　　[1]　应用交互项同时估计了对两个国家的影响，以便检验对两个国家的系数是否显著不同。我们删除了不显著的交互项，并将显著性水平降为 5% 导致系数进一步的减少。

构建了两个类似的芬兰学生的假设的分布。根据等式(3)所描绘的分解,特征影响为 FIN(1)和 GER 测试成绩分布的差别。回报效应等于两个假设的测试分数分布 GER(1)和 GER(2)的差别。第 3 个效应来自两个国家残差分布的差别,可以通过计算 GER(2)减去 GER 而得。交互项的影响可以表示为(FIN−FIN(1))−(GER(1)−GER)。将四个不同的影响加总,可以得到我们这里将要解释的总的差异(FIN−GER)。我们将在下一部分讨论推导的成绩分布。

4.2.1 假设的测试成绩的分布

为了将不同的影响用图形表示出来,我们在附录的图 A1 中描绘了真正的和假设的测试成绩分布。核密度方程估计的阅读素养成绩分布的差别仅由下列影响中的一种所致。第一种影响是特征效应。图 A1 左上方的图形显示了假设的芬兰成绩分布 FIN(1)与实际的德国学生成绩分布 GER。前者显示了当芬兰学生根据自己的背景特征但拥有德国教育生产函数时,对这些特征的回报以及以它们在芬兰残差分布中的位置为基础的德国残差的分布的图形。对于既定的德国教育生产函数,这两个分布仍然存在的差别,仅为两国学生特征的差异。假设的芬兰成绩分布的图形在德国学生分布的左边,其分布呈现较高的离差并略微向左倾斜。这意味着,在两个学生样本中,德国学生实际上拥有更优秀的(根据估计结果)但差异更大的特征。因此特征效应表明,德国学生的平均测试成绩高于芬兰学生。然而在分布的低端,该效应的规模减小,暗含着在低端分布的芬兰学生的成绩高于德国学生。这与整个分布中总测试成绩差距的斜率是一致的,但与芬兰同德国成绩差距的正号矛盾。

在右上方的图形中描绘了回报效应。假定的分布 GER(1)显示了经历芬兰的教育生产函数和残差的德国学生的预计分数。假定的 GER(2)分布描绘了德国学校的学生假如拥有芬兰学生的残差的表现情况。在给定的德国学生特征的情况下,这两个分布的差别仅为两国教育生产函数所造成的差别。很明显,芬兰学校的教育生产方程使学生表现更佳,特别对于成绩分布处于低端的学生。因此回报效应可以解释为什么德国学生成绩表现不如芬兰学生。

残差效应位于图 A1 左下方,比较了 GER(2)和 GER 的分布。相对于德国学生分布较密集的残差,GER(2)中芬兰学生的残差分布显得更广泛。这与前面关于测试成绩决定因素的结论一致,该结论说明相对于芬兰学生测试成绩的差异,可观测的因素对于德国测试成绩差异的解释力度更强。结果,无法观测的因素,如学生的内在能力对于芬兰的影响更大,也意味着更大的残差效应。

图 A1 中最后一个影响是交互项的影响,表明了可能的更好的生产过程与芬兰学生和学校特征的结合所产生的影响。该影响为正。假设的分布给出了德国和芬兰学生如果接受另一套教育体系后可能的测试成绩。在下一个部分,我们将主要关注这些不同的影响以及不同的变量对造成这些影响的贡献度。

4.2.2 影响及其组成部分

各国分数的差异由四种效应构成,而这四种效应可以进一步分解,将它们与决定学生成绩的五组变量直接联系起来。首先,将总的影响过程在整个测试分布的十分位点呈现。图3展现了总的测试成绩的差距以及总的影响。

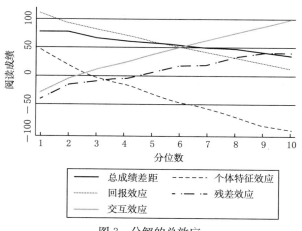

图3　分解的总效应

特征效应只能解释部分测试成绩的差距,且仅对测试成绩分布最低的3个十分位数的影响为正。此外特征效应呈现逐步递减趋势,暗含着德国学生的特征在成绩分布的下端,恶化更为严重。这表明德国学生的特征相对于芬兰学生呈现出更高的不平等。回报效应也随着成绩分布的下降呈递减趋势,但其影响总为正效应。在德国,对于较差学生最严重的问题是如何将现有资源转化为较好的成绩表现。残差和交互效应几乎平行运作,互相排斥。它们在整个分布区间呈递增趋势,并分别在最高分布的5个十分位数和3个十分位数为正。递增的残差效应是由于芬兰学生残差的急剧上升,首先非常小,然后高于德国学生的残差。这意味着芬兰测试成绩的差异更多地取决于无法观测的因素,从图A1的第三部分也可以发现该结论,因为分布在低端的学生与相应的德国学生相比残差较低,而分布在高端的学生残差较大。交互效应增加是因为在测试成绩分布的低端,德国学生特征恶化更为严重。由于大多数生产方程的估计系数为负,德国学生测试成绩更显著的不平等是由于德国学生特征沿成绩分布下降更快。

现在我们开始分析效应的组成。图4展现了特征效应的五个组成部分。资源的正效应以及制度的负效应在整个分布的变化不大,年级层次和学生背景的影响随着学生成绩的提高呈递减,并在最低的3个十分位点由正效应转为负效应。[1]在德国成绩较差学生的家庭背景与芬兰学生相比通

---

[1]　在整个成绩分布区间变化最大的学生背景变量是父母的受教育程度、家庭藏书量,个人特征(如学生的性别)的变化程度较小。

常更不理想,而成绩较好学生的家庭背景正好相反。对于描述学校类型变量的特征效应相对于成绩分布低端的学生也为正,但随着成绩的提高递减的非常迅速,相对于最高的十分位点递减了将近70。因此,一系列的学校体系与芬兰学生相比对于德国学生的不平等程度影响很大,因为它造成了额外的成绩差异。表 A2 也反映了该结论。学校类型变量的特征效应的程度取决于参照组的学校类型。

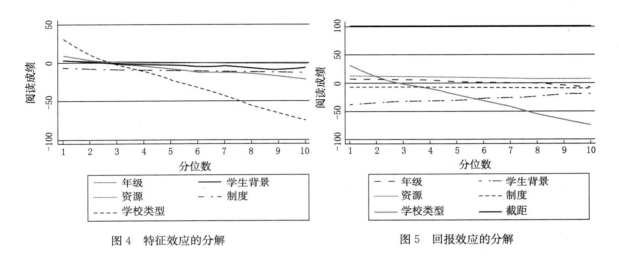

图 4　特征效应的分解　　　　　　　　　　图 5　回报效应的分解

　　图 5 分别显示了每组变量的回报效应。与芬兰学生相比,学生背景变量的负效应暗含着这些特征对于德国学生可以转化为更高的测试成绩。这主要是由于芬兰学生在性别和父母出生地变量等较大的负系数所致。然而,在德国,学校类型变量在多大程度上包含了学生背景的影响还不清楚(参见3.1 部分)。在整个测试成绩的分布区间都显示芬兰资源的使用效率比德国更高,因此可以解释部分的成绩差异。制度变量对于回报效应略微有些负作用。学校类型变量的回报效应在整个分布区间呈递减趋势,并在大部分区域为负。由于芬兰学生都在综合类学校就读,该影响仅反映了在最低 3 个分位点的学生在德国更有可能参加较低水平的中学(Hauptschule),并相对于参照组综合类学校有负作用,而表现较好的学生更有可能就读于中等(Realschule)或更高(Gymnasium)水平的中学。截距的差别为正,表明由于无法观测的因素和参照组学校类型的选择,芬兰学生的测试成绩水平高于德国学生。

　　在比较学校体系时,即德国分层的学校体系和芬兰的单一学校体系,为了检验结果的稳健性,我们仅对年级水平和学生背景变量进行了分解。分解结果与前面的发现相一致。唯一差别是对于学生背景组变量的特征效应为负,回报效应为正。当我们仔细察看个体学生背景变量和年级水平时,发现德国学生在学生年龄和父母出生地的特征回报与芬兰学生相比呈现劣势,但在年级水平、父母的受教育程度以及家庭藏书量方面具有明显优势。回报效应说明德国学生在学生性别和父母出生地方面具有较高的回报，但在学生年龄、父母的教育水平及家庭藏书量方面的回报低于芬兰。再一次表明来自较低社会阶层的德国学生与芬兰学生相比，受到他们学校体系的负面影响很大。

一种可能的进一步分解分析是在条件分布区间上考虑估计的系数，而不仅仅考虑分布的均值（参见 Garcia et al.，2001）。然而大部分根据分位数回归估计的系数与 OLS 估计的系数没有显著区别。对于德国学生条件成绩分布区间内，只有学生年龄的估计系数有所增加，而学生性别的估计系数略微递减，但很显著。简而言之，根据分位数回归的分解显然没有增加额外的发现。

5 结论

根据分解法分析的结果显示，德国学生的成绩与芬兰学生相比相对较低的原因，除了学生成绩分布于底端的一些学生，并不是由于德国学生的家庭背景和学校特征处于劣势。德国学生平均而言有更好的背景特征，但这些特征以成绩为衡量标准的回报相对于芬兰学生却不高，特别是学生的社会背景，而非学生本身的特征如性别和年级水平使该结论更加明显。德国学生的背景沿着成绩分布区间的变化快于芬兰学生（即德国学生背景的差异大于芬兰学生），这就解释了为什么德国成绩呈现严重的不平等。德国学校的制度设置似乎优于芬兰，但芬兰学校具有更充足的资源。国家之间一大部分的成绩差距是由于无法观测的因素。这些结论可能暗含着德国分层的学校类型不利于来自较低学校类型的学生，导致学生成绩的不平等程度更大。但差距究竟是由于学校类型本身的影响，还是学生背景和内在能力使学生分配到不同类型的学校所致还不清楚。整体而言，相对于芬兰学生，可观测变量对德国学生成绩差异的解释力度更强。

为了提高德国学生的学业表现，尤其需要提高成绩分布低端学生的教育成绩。这些学生来自较差社会背景的家庭，而不利的家庭背景对学业表现的负面影响又由于德国教育体系在学生学习生涯的早期（10 岁时）就根据学生成绩分流而进一步恶化。在他们被分配到不同学校类型的学校之前，他们几乎没有任何可能弥补他们的家庭背景，也没有证据显示在德国提高师生比或提高教师的文化程度可以提高学生的学业表现。

今后的研究需要关注学校类型对教育生产函数的影响，应试图分离学校类型对于教育成绩的"真实"影响。只有到那时，我们才能精确估计分层的学校体系对教育成绩的影响程度。

附录

■ 表 A1 阅读的加权平均值和(标准差)

	包含估算数据		不包含估算数据		最小值	最大值	描 述
	德 国	芬 兰	德 国	芬 兰			
阅读成绩	490.85 (102.77)	545.15 (87.27)	507.8 (95.7)	546.05 (87.14)	206.93	887.31	估计的阅读测试成绩
年级水平							
8 年级	0.15 (0.36)	0.11 (0.31)	0.13 (0.33)	0.11 (0.31)	其他年级为 0	8 年级为 1	学生所在年级
9 年级 (参照组)	0.61 (0.49)	0.89 (0.31)	0.63 (0.48)	0.89 (0.31)	其他年级为 0	9 年级为 1	学生所在年级
10 年级	0.24 (0.42)	0(0)	0.24 (0.43)	0(0)	其他年级为 0	10 年级为 1	学生所在年级
学生年龄 (3.37)	188.44 (3.42)	187.56 (3.4)	188.43 (3.42)	187.55	182	194	用月份表示的学生年龄(在回归中减去 18)
学生背景							
学生性别	0.50 (0.50)	0.49 (0.50)	0.50 (0.50)	0.48 (0.50)	0 代表女性	1 代表男性	学生性别
父母出生地	0.20 (0.40)	0.03 (0.18)	0.14 (0.35)	0.03 (0.16)	0	1 代表如果父母外国出生	父母出生地
父母没有受中学教育	0.01 (0.12)	0.09 (0.29)	0.02 (0.13)	0.11 (0.31)	0	1 代表父母的受教育程度低于中等教育水平	一方父母所获得的最高教育水平
父母的受教育水平为初级中等教育	0.09 (0.29)	0.10 (0.30)	0.07 (0.25)	0.11 (0.32)	0	1 代表父母完成初级中等教育	
父母的受教育水平为高级中等教育	0.52 (0.50)	0.41 (0.49)	0.47 (0.50)	0.41 (0.49)	0	1 代表父母完成高级中等教育	
父母的受教育水平为大学教育 (参照组)	0.38 (0.48)	0.40 (0.49)	0.45 (0.50)	0.37 (0.48)	0	1 代表父母完成大学教育	

231

	包含估算数据		不包含估算数据		最小值	最大值	描述
	德国	芬兰	德国	芬兰			
藏书分类1	0.01 (0.11)	0.01 (0.08)	0.01 (0.10)	0.01 (0.08)	0	1代表学生家庭没有任何书籍	
藏书分类2	0.06 (0.25)	0.07 (0.25)	0.05 (0.21)	0.07 (0.25)	0	1代表家庭藏书量为1—10	
藏书分类3	0.20 (0.40)	0.23 (0.42)	0.18 (0.39)	0.24 (0.43)	0	1代表家庭藏书量为11—50	
藏书分类4	0.23 (0.42)	0.24 (0.43)	0.23 (0.42)	0.24 (0.43)	0	1代表家庭藏书量为51—100	
藏书分类5	0.21 (0.41)	0.25 (0.43)	0.22 (0.41)	0.24 (0.43)	0	1代表家庭藏书量为101—250	
藏书分类6	0.15 (0.36)	0.14 (0.35)	0.17 (0.38)	0.14 (0.35)	0	1代表家庭藏书量为251—500	
藏书分类7（参照组）	0.12 (0.33)	0.06 (0.25)	0.15 (0.35)	0.06 (0.24)	0	1代表家庭藏书量超过500本	
资源							
师/生比	0.06 (0.02)	0.09 (0.02)	0.06 (0.02)	0.09 (0.01)	0.02	0.19	学校层面每个生所拥有的教师
指导时间	54.55 (4.18)	51.30 (0)	54.63 (4.40)	51.30 (0)	42.12	87.75	每年分钟数/1 000
获得高等学历教师的比重	0.78 (0.29)	0.88 (0.19)	0.81 (0.29)	0.88 (0.20)	0	1	教师拥有最高学历的比例
不缺乏指导材料	0.92 (0.28)	0.92 (0.27)	0.93 (0.26)	0.90 (0.29)	0	1	学校不缺乏材料
制度特征							

	包含估算数据		不包含估算数据		最小值	最大值	描述
	德国	芬兰	德国	芬兰			
私立学校	0.04 (0.20)	0.03 (0.17)	0.04 (0.19)	0.03 (0.18)	0(如果为公立学校)	1	学校类型
标准测试	0.03 (0.18)	0.26 (0.44)	0.03 (0.17)	0.26 (0.44)	0	1	每年的标准测试超过1次
自助选择学生	0.66 (0.47)	0.20 (0.40)	0.59 (0.49)	0.19 (0.40)	0(如果学校是非自助选择学生)	1	学校有权力选择学生
预算(分类变量)	1.07 (0.39)	1.55 (0.52)	1.08 (0.40)	1.56 (0.53)	0	2	学校在预算分配和制定的权力
学校类型							
职业学校	0.05 (0.22)	0	0.03 (0.18)	0	0	1	职业学校(Berufsch)
较低层次中学类型	0.19 (0.39)	0	0.19 (0.39)	0	0	1	较低层次的中学类型(Hauptschule)
中等层次中学类型	0.26 (0.44)	0	0.29 (0.45)	0	0	1	中等层次的中学类型(Realschule)
最高层次的中学类型	0.29 (0.45)	0	0.35 (0.48)	0	0	1	最高层次的中学类型(Gymnasium)
综合类学校(参照组)	0.17 (0.38)	1	0.14 (0.35)	1	0	1	综合类学校(Gesamtsch)
学校类型缺失	0.03 (0.17)	0	0	0	0	1	学校类型没有任何信息

学校类型	学生(%)	阅读成绩分数	父母具有大学教育水平的比例	教师获得高等教育水平的比例	私立学校	师/生比
所有	4 917	490.85	0.38	0.78	0.04	0.06
	(100)	(102.77)	(0.48)	(0.29)	(0.20)	(0.02)
职业学校	116	476.15	0.28	0.77	0	0.05
	(2.4)	(72.71)	(0.45)	(0.28)	(0)	(0.01)
较低层次的中学类型	931	405.96	0.18	0.54	0	0.06
	(18.9)	(79.86)	(0.39)	(0.31)	(0)	(0.01)
中等层次的中学类型	1 235	498.19	0.34	0.81	0.05	0.06
	(25.1)	(73.10)	(0.47)	(0.27)	(0.22)	(0.03)
最高层次的中学类型	1 713	577.51	0.61	0.97	0.09	0.06
	(34.8)	(68.84)	(0.49)	(0.10)	(0.29)	(0.01)
综合类学校	885	467.02	0.32	0.79	0	0.06
	(18.0)	(84.81)	(0.47)	(0.27)	(0)	(0.01)
学校类型缺失	37	287.77	0.21	0.28	0	0.10
	(0.8)	(70.65)	(0.41)	(0.17)	(0)	(0.03)

注:括号内为标准差。只有第1列括号内为学生的比例。

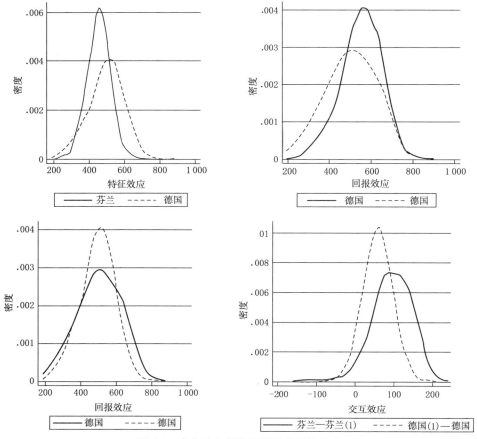

图 A1　真实的和假设的测试成绩的分布

234

■表 A3　加权调查回归系数（标准差）

	包含估算值		没有包含估算值		数据缺失的比例	
	德国	芬兰	德国	芬兰	德国	芬兰
年级水平						
8年级	−37.75***(3.83)	−47.68***(4.93)	−43.26***(4.44)	−42.80***(5.79)	0	0
10年级	48.70***(3.42)	—	48.76***(4.20)	—	0	—
学生年龄	−2.65***(0.41)	−0.76**(0.33)	−2.58**(0.50)	−0.46(0.41)	0	0
学生背景						
学生性别	−10.34***(2.54)	−44.94***(2.50)	−14.68***(3.06)	−45.88***(2.89)	0	0
父母出生地	−13.90***(3.62)	−32.07***(7.30)	−13.27***(4.51)	−40.80***(9.99)	2.01	1.4
父母没有接受中学教育	−34.78***(9.45)	−26.36***(4.13)	−33.75***(11.61)	−30.22***(4.70)	16.11	10.24
父母的受教育水平为初级中学教育	−21.39***(4.92)	−30.45***(4.36)	−23.90***(6.21)	−34.05***(4.74)		
父母的受教育水平为高级中等教育	−1.85(2.80)	−10.90***(3.07)	−2.45(2.87)	−12.53***(3.37)		
资源						
藏书分类 1	−64.71***(10.98)	−68.11***(17.70)	−63.96***(15.33)	−59.26***(14.99)	1.87	1.36
藏书分类 2	−57.70***(8.10)	−49.67***(7.60)	−50.55***(6.96)	−50.64***(10.12)		
藏书分类 3	−28.80***(4.49)	−35.60***(5.86)	−27.74***(5.31)	−32.33***(7.40)		
藏书分类 4	−18.94***(4.24)	−29.39***(5.62)	−18.87***(5.23)	−27.33***(7.41)		
藏书分类 5	−11.05***(4.00)	−9.32(5.75)	−13.60***(4.82)	−5.17(7.21)		
藏书分类 6	−8.39**(4.10)	−0.30(5.80)	−8.69*(4.79)	0.70(7.71)		
师/生比	−15.67(86.54)	−96.69(122.58)	47.14(107.03)	−51.97(131.81)	14.46	10.61
指导时间	−0.52(0.47)	−0.10(0.50)	−14.79	0		
获得高等学历教师的比例	7.77(8.70)	−8.61(9.24)	10.50(10.98)	2.80(9.83)	8.24	14.56
不缺乏指导材料	6.62(6.18)	6.51(8.77)	−0.95(7.59)	−2.14(6.73)	8.56	1.11

制度特征	包含估算值		没有包含估算值		数据缺失的比例	
	德 国	芬 兰	德 国	芬 兰	德 国	芬 兰
私立学校	4.91(9.00)	2.48(10.73)	−3.39(12.89)	−4.89(12.76)	8.77	0
标准测试	−15.92(12.44)	2.12(3.83)	−15.68(12.10)	4.38(3.72)	10.86	0
对学生选择的自主性	11.10***(4.21)	−7.05(4.35)	18.08***(5.00)	2.39(4.95)	8.79	3.36
预算(分类变量)	−1.04(4.33)	−6.25(3.88)	−1.57(5.58)	−10.83***(3.88)	8.24	0.66
学校类型						
职业学校	−24.13***(8.08)	—	−45.83***(14.91)	—	—	—
较低层次中学类型	−33.51**(6.85)	—	−33.24***(8.77)	—	—	—
中等层次中学类型	27.99***(5.91)	—	18.60***(7.52)	—	—	—
最高层次的中学类型	85.31***(5.83)	—	74.39***(7.23)	—	—	—
学校类型缺失	−146.91***(10.39)	—	—		—	—
截距	525.79***(27.53)	627.78***(16.11)	502.18***(31.47)	628.83***(15.53)		
样本量	4 917	4 855	3 080	3 407		
R^2	0.556 6	0.174 7	0.507 4	0.18		
F-检验	224.85	42.01	67.97	32.26		

注:P-值:**** 1%，*** 5%，* 10%。括号内为组群稳健性标准差。

■表 A4 显著差异的系数的分解结果

	总　和	年　级	学生背景	资　源	制　度	学　校	常数项
总的差异	54.29						
特征效应	−40.60	−6.38	−1.14	0.56	−7.67	−25.98	
回报效应	56.07	6.85	−25.80	0	0	−25.98	101.00
交互项效应	38.83	8.31	4.54	0	0	25.98	

注:使用德国和芬兰差异至少在 10%显著水平以上的系数估计阅读成绩差异的欧斯卡—布林德分解结果。

参考文献

Adams R, Wu M (2002) PISA 2000 technical report. OECD, Paris

Ammermueller A, Heijke H, Woessmann L (2005) Schooling quality in Eastern Europe: Educational production during transition. Econ Educat Rev 24:579–599

Artelt C, Schiefele U, Schneider W, Stanat P (2002) Leseleistungen deutscher Schülerinnen und Schüler im internationalen Vergleich (PISA). Z Erziehungswissenschaften 5:6–27

Baumert J, Deutsches PISA-Konsortium (2001) PISA 2000: Basiskompetenzen von Schülerinnen und Schülern im internationalen Vergleich. Leske und Budrich, Opladen

Bishop J, Woessmann L (2004) Institutional effects in a simple model of educational production. Educat Econ 12:17–38

Blau F, Kahn L (1992) The gender earnings gap: learning from international comparisons. In: American Economic Review, Papers and Proceedings of the Hundred and Fourth Annual Meeting of the American Economic Association 82:533–538

Blinder A (1973) Wage discrimination: Reduced form and structural estimates. J Human Resour 8:436–455

Eurybase (2003) The information network on education in Europe. http://www.eurydice.org, visited October 24th 2003

Fertig M (2003) Who's to blame? The determinants of German student's achievement in the PISA 2000 study. IZA Discussion Paper No. 739, Bonn

Garcia J, Hernández P, López-Nicolás A (2001) How wide is the gap? An investigation of gender wage differences using quantile regression. Empirical Econ 26:149–167

Hambleton R, Swaminathan H (1989) Item response theory. Principles and applications. Kluwer, Boston

Hanushek E, Luque J (2003) Efficiency and equity in schools around the world. Econ Educat Rev 22:481–502

Jann, B (2005) Standard errors for the Blinder–Oaxaca decomposition. http://repec.org/dsug2005/oaxaca_se_handout.pdf

Juhn C, Murphy K, Pierce B (1993) Wage inequality and the rise in returns to skill. J Polit Econ 101:410–442

Lauer C (2000) Gender wage gap in West Germany: How far do gender differences in human capital matter? ZEW Discussion Paper No. 00–07, Mannheim

Oaxaca R (1973) Male-female wage differentials in urban labor markets. Int Econ Rev 14:693–709

OECD (2001) Knowledge and skills for life: First results from PISA 2000. OECD, Paris

Silverman B (1986) Density estimation for statistics and data analysis. Chapman& Hall, London

Todd P, Wolpin K (2003) On the specification and estimation of the production function for cognitive achievement. Econ J 113:F3–F33

Välijärvi J, Linnakylä P, Kupari P, Reinikainen P, Arffman I (2002) The Finnish success in PISA – and some reasons behind it. http://www.jyu.fi/ktl/pisa/publicationl.pdf

West M, Woessmann L (2006) Which school systems sort weaker students into smaller classes? International Evidence. European J Polit Econ (in press)

Woessmann L (2003) Schooling resources, educational institutions, and student performance: The international evidence. Oxford Bull Econ Statist 65:117–170

加拿大工会对于培训的机会和培训经费来源的影响*

大卫·A.格林(David A. Green)　　托马斯·勒米厄(Thomas Lemieux)

摘要: 本文应用成年教育与培训调查(AETS)检验了工会对于加拿大培训机会和培训经费支付来源的影响。通过简单的列表可以发现,工会工人相对于非工会的工人更可能参加培训活动。工会工人的培训概率更高是由于他们比非工会工人更有可能参加由雇主提供的培训课程,这意味着工会工人更有可能参加增强他们公司特有人力资本的培训活动。但当我们控制一系列广泛的因素后,如年龄、教育特别是公司规模和资历,工会的这个影响就消失了。在其他条件不变的情况下,加拿大工会对于提供培训机会方面没有任何影响。最后,我们在工会有助于增加公司提供培训经费方面发现了有限的证据。

关键词: 工会　培训　人力资本

1　引言

目前有大量的文献讨论在分权化的劳动力市场,如加拿大、美国或英国,工会倾向于提高工资。

---

* 我们感谢 André Lèonard,Zhengxi Lin,Stephen Machin 以及三位匿名审稿人对本文早期版本的有益建议。当然,文责自负。

但还有许多关于工会对其他重要的经济结果的影响,仍需研究。特别是工会在鼓励人力资本和培训投资方面的作用,我们预期工会的工人生产力会更高,这可能又解释了部分工会工人与非工会工人工资的差距。在此假设下,工会联盟作为一种制度设置将对工人整体的技能水平的提高作出积极的贡献。不幸的是,我们还没有找到关于此发现在加拿大的直接证据。在本文中,我们应用了加拿大成年教育与培训调查(AETS)回答了关于工会组织对培训水平以及培训费用来源的关系的基本问题。

任何对培训影响的研究必须先区分通用人力资本和公司专有人力资本。我们有理由相信工会对于两种人力资本的水平及资助均有不同的影响。例如,有研究表明工会通常与更加稳定的工作(更长的任职时间)相联系。这将导致工人投资更多的公司专有人力资本,因为公司与工人均相信这种关系会持续很长时间,因此公司也愿意对工会的工人提供更多的人力资本培训。另一方面,工人投资更多的通用人力资本为的是当现有工作无法继续时,增加去其他地方工作的选择机会,如果工会可以确保更强的工作稳定性,对这类培训的投资将减少。最近有许多关于哪些构成了通用人力资本和专有人力资本以及谁应该为每一种人力资本的投资付款的详细讨论。但还是这个案例——工会的影响在理论上仍旧很模糊,这意味着对此进行经验检验是很有必要的。AETS 数据对于这方面研究的一个突出优势是它包含了培训类型与经费来源的详细信息,这可以使我们分别考察工会对于通用和专有人力资本的影响。

在本文中,我们首先探讨了人力资本投资的不同理论,然后研究了工会与它们的关系。然后我们转向通过 AETS 检验各种理论的含义。为了达到此目的,我们首先用简单的列表,然后用计量经济学手段控制其他的工人特征的影响,否则这些影响可能被划分为工会的影响。我们发现女性和男性可能有微弱的差别。无论对于女性还是男性;工会似乎对于公司专有人力资本和通用人力资本的投资仅有微小的影响。有一些证据显示,工会确实对于改变男性的人力资本投资有一定的作用,但没有发现任何对女性人力资本投资的影响。

2 以前的文献及理论的考虑

2.1 理论的思考

任何检验工会对培训的影响必须首先区别通用人力资本和专有人力资本。众所周知(Becker,1964),在完全竞争的劳动力市场,工人应支付(在工资较低的情况下)所有通用人力资本投资的成本,因为这类人力资本在所有的公司均具有相同的价值。与此相对应,公司专有人力资本只对特定的公司有价值。这意味着公司可以支付这类人力资本的培训费用,而不需要担心经过培训的工人会被其他公司挖走。

然而,有文献已经指出,敏锐地预测谁应该支付培训费用的人力资本方法在实践中不成立。例如,洛温斯特恩和斯普莱特(Loewenstein and Spletzer,1998)发现雇主总体来讲经常支付培训费用。这使得人们开始研究公司合理投资通用和专有人力资本的几种模型。洛温斯特恩和斯普莱特(Loewenstein and Spletzer,1998)开发了一个关于工资合同的模型,该合同明确今后一段时期的最低工资保障。在他们的模型中,如果工人在其他公司的可选择性工资低于保障工资,则由于投资通用人力资本而带来的小幅度生产力的提高不必一定伴随着为了保留该员工而做出的工资的提升。这意味着公司从专有和通用人力资本投资中都得到了完全的回报。阿斯默格鲁和皮斯克(Acemoglu and Pischke,1999)也提出了相类似的观点。他们认为如果存在工资挤压,也就是说如果维持工人继续留在公司而不得不提高的工资增长幅度低于由于培训带来的生产力的提升幅度,则公司就有动力投资通用人力资本。他们讨论了造成这种工资压缩的可能原因,包括工会影响。史蒂文斯(Stevens,1994)从更广泛的层面指出公司间的不完全竞争或者其他不完善的地方,导致了周转率的不确定及所支付工资低于边际生产力,将诱使公司为雇员的通用人力资本投资买单。

以这些分析为基础,我们转向分析工会对培训的影响。更加具体而言,我们主要考察了两个广泛讨论的工会影响对于培训的含义:(1)工会制定了更高的工资保障水平,或者更极端地说,工会使得保障性工资更可信,因此更可行。(2)工会增加了工人对公司的归属感。工会的第一种作用,被大量的关于工会影响的各种实证研究所记载,这些研究显示存在工会体系与不存在工会体系的公司的支付方式差别很大。最好的有记录的证据是平均工资水平,在拥有工会的工厂工作的工人的平均工资大约比没有工会组织的工人高10%—15%。也有详细的记录显示,工会组织会减少由于受教育水平、工作时间以及性别等所造成的工资差异。因此,工资与工作年限的曲线在具有工会组织的公司比没有工会的公司更高但更扁平。第二个关于工会的影响也在许多文献中提及,其中系统地指出了一般而言工会的工人比非工会的工人的任职时间更长。弗里曼和梅多夫(Freeman and Medoff,1984)认为工会增加了任职时间是因为工会为工人提供了一个改进工作中存在困难的"发言"的权力。没有工会,个体工人也许会发现它们没有任何能力对工作进行改变,因此当他们遇到困难时,选择"离开"公司。

我们首先讨论了更高的工会保障性工资对培训的影响。通过该结论又可以发现,保障性工资是否会增加培训机会以及工资保障如何影响整个工资—任职时间的曲线相关。显而易见,设置较高的起薪工资(也就是通过提高起始工资,使工资—任职时间的曲线更平坦),工会可以防止信用受限制的工人(通过获取较低的工资)支付通用或专有人力资本投资。明瑟(Mincer,1983)与其他研究一起,认为这是一个合理的工会的影响。然而,工会也设置了在第二个阶段足够高的工资保障,因此在引入工会后不会使人力投资减少。相反,工会的工资结构意味着通用人力资本投资和专有人力资本投资将完全由雇主支付,正如洛温斯特恩和斯普莱特(Loewenstein and Spletzer,1998)所描绘的模型一样。工会对工资保障最主要的实证含义是,更多的工会工人的通用和专有人力资本投资的费用将由雇主资助。相反,工会的工资保障对通用和专有人力资本投资的影响还不清楚。

工会的第二种影响,也就是它们加强了工人对公司的归属感,意味着具有工会的公司更愿意投资其工人的人力资本。该假设不仅对于专有人力资本成立,如果公司投资通用人力资本,对通用人力资本也成立。十分明显,公司愿意投资雇员的人力资本的前提是,被培训的员工愿意继续留在该公司,被培训者留在公司的时间越长以至于完全可以挣回成本及其回报,雇主越有可能进行这样的投资。因此,如果工会可以促使工人更加稳定,公司则越愿意在这方面进行投资。注意工会的这两个效应是联系在一起的,因为未来更高的工资保障减少了周转率。布思和查特吉(Booth and Chatterji,1998)指出为了防止垄断公司削减今后的工资,工会会减少周转率并提供更多的培训。

揭示关于工会对于培训在更加宽泛的人力资本积累以及在工会行为的模型中的影响的各种预测是否稳健,也是非常有意义的。库恩和斯威特曼(Kuhn and Sweetman,1999)提出了一个更加广泛的人力资本积累模型,其中他们将通用人力资本模型又分为对于本公司及其他公司均有用的通用人力资本和仅对其他公司有益的通用人力资本。[1]个体在知道他们今后会在什么类型的公司工作以前,最初可能投资各种各样类型的技能。一旦他们加入了一个特定的公司,可能更愿意投资一些特定的技能,而对于与当前工作不直接相关的技能的投资热情逐渐减退。库恩和斯威特曼认为在员工周转率高的公司,工人为了使自己有更多的选择,更倾向于投资与当前公司不直接相关的通用人力资本。由于工会通常与更加稳定的就业相联系,工会工人更有可能在与当前公司不直接相关的通用人力资本的投资较低。[2]

另一个研究的延伸是,释放工会不考虑培训结果的无意识的负面影响,只谈判工资结构和工作条件的短视行为的假设。阿斯默格鲁和皮斯克(Acemoglu and Pischke,1999)在一个模型中考察了工会对于培训的影响,但建立在工会对于工资和就业的垄断模型上。在工会垄断模型中,工会制定工资标准而公司根据合同工资决定就业水平,但工会在制定工资标准时会考虑到公司的反应而选择最佳标准。在他们的模型中,阿斯默格鲁和皮斯克认为工会在选择最佳工资结构时,会把工资结构对于公司投资影响作为一部分考虑因素。阿斯默格鲁和皮斯克的基本假设是工会工资在所有时期均高于外部的选择。在此情况下,工会有动力设置一个扁平的工资结构,因为,如上面所描述的,

---

[1] 一种可选择的其他形式的人力资本例子是行业特有的人力资本,该人力资本仅对某一行业有用,而对其他公司没用。Neal(1995)和Parent(2000)表明这是实践中人力资本的一种重要形式。

[2] Kuhn和Sweetman发现,对于工会的工人,转换工作之后的工资会随着工作转换之前工作时间的长度而下降。他们解释这个发现为他们的假设提供了有力的证据,该假设认为工会工人会停止投资与外部公司相关的通用人力资本,而非工会工人继续进行类似的投资。

这样的结构可以促使公司在员工的通用人力资本培训上投资更多。因此，他们的模型给拥有工会组织的公司的扁平的工资结构提供了合理的解释。由于工会在现有非工会联盟公司的工资基础上提高了平均工资，他们的模型也表明拥有工会组织的公司比没有工会组织的公司将在通用人力资本的建设上投资更多。

韦斯(Weiss，1985)也检验了工会对于培训的影响。该模型假设资深工会成员掌握着公司的决策权。在他的模型中，资深工会成员可以通过年轻成员的转让获取一部分利益。当转让不能超过某个最大规模时，韦斯认为通过建立一个合同机制要求年轻会员参加培训，这样可以有效地限制劳动的供给。巴伦等(Barron et al.，1987)则表明该结论成立的前提是年轻会员对资深会员的转让有一个上限。当使用另一个假设，即对于新雇用的员工设置一个净工资的最低限(也就是他们的工资把培训所损失的时间，以及对资深工会成员的转让这些因素考虑在内)，巴伦等发现对于资深会员而言，减少年轻会员培训是最优选择。在这个设置中，工会组织会过度培训还是培训不足主要依赖于资深会员可以从年轻会员可获得的最大转让。

最后，肯尼迪等(Kennedy et al.，1994)反驳上述的观点，认为工会如果选择另外一种方式将对培训产生负面影响。具体而言，当工会准则对于工作内容和任务均有严格规定时，除了在狭小范围内特定的任务，公司没有动机对工人进行任何培训。这是否意味着较低的培训水平还不清楚，但这确实暗含着培训有效性的递减。

虽然根据上面提到的模型很难得出一致的实证含义，但从现有文献中我们可以得到三条主要的信息。首先，工会要毫不含糊地增加公司特有的人力资本投资，因为工会有助于工人的稳定性。早期的实证结果也显示是公司支付了大部分的人力资本投资。第二，工会对于通用人力资本投资影响的预测还不清楚，还要看各个具体的模型。实证研究关于工会对于培训的影响没有得到一致的结论是在意料之中的(参见下面)。第三，工会的出现，更有可能使公司反对个人支付通用人力资本的培训。

2.2 实证检验结果

在工会对于培训影响这方面的实证文献，只给了十分含糊的结论。邓肯和斯塔福德(Duncan and Stafford，1980)以及明瑟(Mincer，1983)是第一批使用美国数据研究工会对培训的影响。例如，明瑟发现岁数较大(48—64岁)的工会工人如果常年不改变工会身份(待在工会组织)比不改变身份(不在工会组织)的岁数较大的非工会工人所接受的培训明显减少。岁数较大的工人从非工会的工作转换到有工会的工作(加入工会组织的公司)也比仍呆在非工会工作的岁数较大的工人所接受的培训少。但这些结论对于较年轻的工人不显著。注意，该结论是明瑟通过1969年到1971年全国纵向调研数据所得到的结论,我们在解释该结论时,需加谨慎,因为该数据的问卷中将两类人力资本投资混合起来。[1]

巴伦等(Barron et al., 1987)也发现工会对于培训有负作用。在他们的分析中,数据来源于对雇主的调查,雇主被问及他们对新员工怎样提供以及提供了多少培训。问题似乎主要针对有专门人力资本投资,问题包括培训是否由经过特殊培训过的人员、同事或者监管其他雇员的员工来讲授。巴伦等(Barron et al., 1987)发现公司通过集体谈判所涵盖的非管理类工人的比例与管理层所提供的培训、工人所提供的培训以及总的培训均在统计上曾负相关关系。

另一方面,林奇(Lynch, 1992)根据1980年和1983年的全国纵向青年人调查数据(NLSY)显示工会对于培训有积极的作用。美国纵向青年人调查数据的培训问题与我们下面用到的加拿大成年教育与培训调查的问题非常接近。受访者被问到:"除了学校、军队和政府资助的培训项目外,你接受过其他类型超过1个月的培训吗?"他们也会被问及在哪里接受的培训。林奇发现工会的会员资格对于在公司外接受的培训没有显著的影响,但对于在工作地点所接受的培训和学徒训练有正面的且显著的影响。类似地,当使用澳大利亚一个公司的调查数据,肯尼迪等(Kennedy et al., 1994)发现工会活动活跃的公司明显有更多的培训机会。作者认为仅含有工会和工会活动积极的区别在澳大利亚很重要,虽然工会密度变量在统计上没有显著影响,但测量工会活动是否积极的变量很显著。

在英国的发现,通常支持工会对培训有经济的效应。格林(Green, 1993)调查了培训、公司规模和工会之间的关系。格林最主要的发现是工会对于小公司的培训有显著的积极影响,但对于大公司几乎没有影响。这一结论非常重要,因为很难区分工会的效应与大公司内在的比较正式的投诉与工资制定过程。最近格林等(Green et al., 1999),布思等(Booth et al., 2003)以及布思和博黑姆(Booth and Böheim, 2004)使用广泛的数据和估计方法后,均发现在英国工会对于培训的积极作用。达斯特曼和舍恩博格(Dustmann and Schönberg, 2004)也发现,在德国工会对于培训有正面的显著影响。他们认为与其他因素相比,工会工资压缩效应是工会和培训之间形成正面关系的主要缘由。

3 数据

我们最主要的研究是基于1997年的成年教育与培训调查数据库基础上。成年教育与培训调查数据库是附属于劳动力调查的一个特殊调查,它既包含劳动力调查问卷中关于基本个人特征的问题,如年龄、性别、受教育程度和工作时间,同时包含上一个年度关于培训的一系列问题。成年教

---

[1] 问卷中的问题为:"除了学校培训外,在你目前的工作中,你接受或使用额外的培训了吗?"

育与培训调查不是加拿大人口的一个完全的随机样本,我们在所有的计算中均使用调查所提供的权重。我们进行了几次样本的消减,最终获得了适合我们研究的样本。我们主要的兴趣集中在:培训以及个体在完成正规教育后进行的与工作相关的教育投资。因为这个原因,我们在样本中去掉了全日制学生、65 岁以上的个体以及在抽样年没有工作的个体。[1]因为我们想调查工会的状态是如何影响对雇员的投资以及由雇员自己进行的投资,我们也在样本中去掉了在调研时自我雇用的个体。原始的成年教育与培训调查包含 41 645 个观测者。通过我们对样本消减后,只保留了18 033 个观测者。

在成年教育与培训调查的三个分类(项目、课程和习惯)中,每一个都包含了五类教育与培训分类的信息。如果试图理解这三个分类的内容,问卷中培训问题的顺序需要铭记于心。个体首先被问到:"在 1997 年的任何时间,你是否接受过任何培训或教育,包括课程、个人辅导、函授课程(信函或电子)、研讨会、学徒培训、艺术、手工、娱乐课程或者任何其他的培训或教育?"如果第一个问题的回答为"是",受访者需继续回答培训是否为了取得高中文凭,正规的学徒证明,商业或职业文凭或证明,大专文凭或证明或大学本科学位、学历或证明。如果对其中任何一个问题的回答为"是",则需要回答相关的一系列所谓"项目"的问题。项目由培训或教育的形式构成旨在获得正规的证明。无论受访者回答有还是没有参加项目培训,他们将被问及是否参加了其他类型的课程。最后,受访者被问到是否参加了任何兴趣类相关的课程。

这篇文章其中的一个关注点是工作相关的培训。鉴于此,兴趣类的课程不在我们所考虑的培训范围内。对于项目和课程,受访者被问到参加这类培训的主要原因,其中可能的回答为:(1)当前或今后工作需要;(2)个人兴趣;(3)其他。我们只挑选了受访者回答参加培训最主要的原因是当前或今后工作需要的项目和课程。因此,对于仅进行了兴趣培训或项目与课程的培训是为了个人兴趣的个体,我们保留了观测值,但认为这部分个体没有接受任何培训。即便做了这样的处理,样本中仍有大量的观测值参加了与工作相关的项目及培训类课程,并且(或者)参加了多种项目及课程培训。我们认为项目与课程间可能存在着许多差异。项目类培训更类似于回到了正规的学习阶段,且与获得某类正规的证书相关联;而课程类培训可能包含各种各样的与工作相关的课程。确实,我们认为项目类培训等同于通用人力资本,但至少一些课程类培训与公司专有人力资本的形成有关。鉴于此,我们决定将每个观测者项目与课程类培训的信息分开。为了简化分析,每个人我们只关注一种课程类和(或)项目类的培训。对于参加了多种课程培训的个体,我们仅选择了持续

---

[1] 我们排除了所有全职上学的个体,因为我们主要关注工作相关的和资助的培训。因为我们研究工会的影响,只关注就业人员的培训是非常必要的,否则我们将那些没有工作的(或全职上学)的个体都归入了非工会联盟的分类中。注意,虽然我们只考察在上一个年度的某段时间工作的个体,但只要个体在工作,我们没有限制我们培训的分析以及培训的时间段。

时间最长的课程培训,同理对于参见了多种项目培训的个体,也选择了持续时间最长的项目培训。对于参加了多种项目和课程类培训的个体,我们分别记取了当中持续时间最长的培训。[1]

在上一个部分的讨论中,我们指出预测工会对于专有和通用人力资本有不同的影响有很多理论方面的原因。更重要的是,一旦我们引入当前公司与公司外部的工资差别,通用人力资本和公司专有人力资本的区别就会变得模糊。因此,一个更加有用的区别两种不同的人力资本投资的方法是,一种投资很容易被其他雇主识别,而另一种人力资本投资只有工人自己及他(或她)当前的雇主可以直接观测到。前者可以促使其他雇主窃取这种人力资本投资,而后者不能。这与传统的区别两者的方法有些不同,传统的观点认为专有人力资本为仅对当前公司的生产力有帮助的技能,而通用人力资本为对于其他公司的生产也有用处的技能。由于区别需建立在可观测的基础上,我们通过区别两种不同类型的培训,通用人力资本培训以及专有人力资本培训,检验两种不同的机制。如前所述,我们认为项目类培训可以被视为通用人力资本投资。在这类培训中,个体学习是为了获得正规的文凭,而这本身对于经济体中未来的雇主就是一个很明显的信号,他或她通过培训掌握了一系列的技能。确实,这类教育本身旨在提高个人总的生产力而不是某个特定公司的生产力。因此,我们之前检验的所有机制,都是将项目类培训归为通用人力资本投资。这意味着通用人力资本与专有人力资本的定义缩小为是否以及如何划分课程类培训。

第一种最简单的区分机制是,认为所有的课程类培训均与公司专有人力资本相关。这显然有些夸大,但我们认为简单地将项目类培训关联与通用人力资本,将课程类培训归为专有人力资本是描绘工会组织与不同种类人力资本关系大致方向(而不是具体规模)的最稳健的方法。我们也根据提供培训的机构,提供了另一种可选择的分类方法。[2]调查的问卷中包含了谁提供培训的问题,其可能答案有教育机构、私人教育或培训机构以及工作地。在这种可选择的分类方法中,我们假定在工作地的培训是对当前公司专有人力资本的提高,且不易被其他公司所观测到。确实,如果培训的目的旨在提高通用技能水平,则这类由雇主提供的课程不可能有效率,因为公立或私立的教育机构对于提供这类培训更有优势。因此,我们可以将所有由雇主提供的课程培训划分为专有人力资本的培训,所有其他的课程类培训和项目类培训归为通用人力资本培训。这个定义也适用于其他文献的标准分类,在这些文献中,培训种类通常被分为在职培训和不在岗外培训。需要说明的是,成

---

[1] 对于项目类培训的选择几乎对结果没有什么产生任何变化,因为只有3%的个体参加了多于1个的项目类培训。选择最长时间的项目代表了99%的所有项目参加者的持续时间。然而,同一个人在同一年度参加多于一个课程类培训的非常普遍。35%的参加课程类培训的个体在同一年度接受了超过1种的课程类培训。虽然如此,最长的课程类选择仍代表了85%的总的课程培训小时数。因此,就课程类培训而言,通过只关注最长的课程培训,我们几乎没有丢失任何信息。

[2] 我们也根据个体参加课程类培训的原因,揭示了其他可选择的定义(例如,获得正规的学历证书或提高当前工作的技能)。不过,我们在具体实践过程中没有使用这种分类方法,因为问题和答案在某种程度上存在缺陷。

年教育与培训调查没有测量在职培训。正因为这个原因,我们可能大大低估了专有培训的真实重要性。

4 描述性统计

作为描绘数据的第一步,我们想知道工会是否与所有类型培训的水平相关。在下面的分析中,我们将使用工会虚拟变量,如果个体是工会成员或在前一年最主要的工作签署了一项集体协议,则工会虚拟变量的赋值为1。表1提供了前一年个体是否接受了各种培训的基本信息(我们没有将样本限制为工作的时候同时接受培训的个体)。第1行表示个体在上一年工作时,是否接受了各种工作相关的培训,并根据工会的状态和性别进行了分类。前两列显示,整体而言,工会工人相对于非工会工人接受培训的概率仅高4%。然而,这个小的工会效应掩盖了子样本中显著的区别。虽然工会和非工会的男性接受培训的概率相同,但工会的女性接受培训的概率却比非工会的女性高8%。

■表1　培训发生率的简单列表

结　　果	全部非工会成员	全部工会成员	男性非工会成员	男性工会成员	女性非工会成员	女性工会成员
培训	0.28	0.32	0.28	0.29	0.28	0.36
项目类培训	0.097	0.076	0.097	0.066	0.098	0.089
课程类培训	0.20	0.26	0.20	0.23	0.20	0.30
项目类和课程类培训	0.016	0.018	0.018	0.012	0.014	0.026
通用人力资本培训	0.22	0.21	0.22	0.19	0.23	0.25
公司专有人力资本培训	0.062	0.11	0.062	0.11	0.061	0.12

表1的第2和第3行给出了我们第一种最简单的关于通用和公司专有人力资本定义的数据:通用人力资本等于项目类培训,专有人力资本等于课程类培训。工会和非工会工人的差别在这些子分类中更加显著。将所有的工人合在一起,工会工人参加项目类培训的概率比非工会工人低2%,但其参加课程类培训的概率比非工会工人高6%。这些差别的方向对于不同的性别组同样适用,但工会与非工会女性在专有培训方面的差别较大。就女性而言,工会工人参加课程类培训的概率比非工会工人高10%。

表1的最后两行展示了根据我们第二种关于通用和专有人力资本投资定义的结果,其中专有人力资本投资定义为由雇主直接提供的课程类培训。根据这个定义,相对于非工会工人,工会工人接受的专有人力资本的培训更多。非工会的男性成员相对于工会的男性成员获得了更多的通用人力资本的培训机会,但工会女性成员比其相应的非工会女性成员更有可能接受通用人力资本培训。

因此,对于男性而言,该形式适用于具有工会的公司更倾向投资于专有人力资本的模型,因为工会工人增加了工作的稳定性,但这可能会被减少的通用人力资本所抵消一部分。对于女性而言,使用第二种专有人力资本的定义,没有这样类似的抵消效应:工会与非工会工人接受的通用人力资本培训水平非常相似,但工会工人会得到更多的公司专有人力资本培训。对于男性的通用与专有人力资本投资的权衡取舍,如果我们使用第一种专有和通用人力资本的定义,对于女性也同样适用。

如前一部分所讨论的,谁实际支付了培训费用的问题也受到了很大关注。表2列出了根据培训的类型分解的培训经费的来源,将男性与女性混合在一起按不同的工会状态分别列出(结果与将男性和女性分别分析非常相似)。表中的数字代表某种特定类型的受训人员报告数部分或全部的培训费用由给定的机构所支付的比例。值得注意的是,受访者能够列出多种资助渠道,因此有理由认为所汇报的比例的加总不等于1。经费在实践中其实很难确定,我们在调查中向受访者提出,关于资助的问题的用语为直接对培训费用的支付,而不是间接的通过工人在培训期间仍获得较低的工资或者公司支付高于边际生产力的工资。这种陈述实际低估了受训者所获得的培训资助。

■表2　培训类型与培训费用来源

付款人	项目类培训		课程类培训		通用人力资本培训		公司专有人力资本培训	
	非工会成员	工会成员	非工会成员	工会成员	非工会成员	工会成员	非工会成员	工会成员
雇主	0.42	0.48	0.88	0.90	0.67	0.73	0.99	0.97
自己	0.67	0.65	0.16	0.16	0.40	0.36	0.047	0.076
政府	0.12	0.13	0.043	0.076	0.081	0.097	0.021	0.076
工会	0.006	0.031	0.026	0.045	0.019	0.053	0.018	0.021
共同支付	0.18	0.22	0.075	0.090	0.13	0.15	0.041	0.069

注:所有比例均是将男性与女性混合在一起计算。"共同支付"代表培训费用由雇主和工人共同支付。"通用人力资本培训"是指项目类培训或不是由雇主直接提供的课程类培训。"公司专有人力资本培训"指由雇主直接提供的课程类培训。

对于项目类培训,即我们认为可以定义为通用人力资本的投资,它的特征广泛适用于前面所讨论的部分。特别是,这种培训的费用的直接支付大部分来自个体和政府的某种结合。这与传统的通用人力资本投资非常吻合,认为这类人力资本投资应由工人或社会来支付。然而,如早期的研究一样,我们发现大量由雇主支付这类投资的证据。对于课程类培训,接近90%的资助部分或全部由雇主支付。由工人支付的比例远远小于项目类培训。项目类培训中接近一半是由工人自己承担,另一半是与公司共同承担。政府对于课程类培训的支付力度也远远小于项目类培训。支付比例符合早期研究的发现,说明雇主自己支付了大部分专有人力资本的培训。例如,对于非工会的工人,88％的课程类培训由一些公司参与投资,80％的情况完全由公司投资,而个人不支付任何费用。

最后两列重新分组的培训是根据另一种建立在公司直接提供培训的专有人力资本定义的基础上。意料之中的是,雇主对于这类定义的专有人力资本的投资接近100％。个体对于这类定义的公司专有人力资本的投资仅占很小的一部分,这仅有的参与部分大多数也是与公司的投资一起进行。对于这类方法定义的通用人力资本,雇主实际上的资助比例大于个体,政府仍扮演一个较小的但很重要的角色。

就工会效应而言,回想一下我们早期的预测,相对于非工会联盟,存在工会的公司对于通用人力资本的投资应该更多,而工人支付的应该较少。考察根据人力资本定义的项目类培训,支持这一结论的证据非常有限。存在工会组织的部分雇主虽然更有可能资助通用人力资本投资,但两部分工人支付通用人力资本投资的比例基本相当。实际上,我们可以跟随库恩和斯威特曼,假定通用人力资本可以分为对公司有用的资本和对其他公司有用的资本(另一种资本)。然后,我们可以定义工人投资通用人力资本对公司有利的部分,仅反映在由公司承担的部分通用人力资本的投资。根据这种测量方法,工会工人实际上在这类通用人力资本的投资大于非工会工人。仍根据这类定义,相对于工会联盟,非工会联盟部分有更多的培训完全由工人支付,而公司没有参与任何投资("自己支付"和"共同支付"的区别为0.49对0.43)。如果我们假定这种资助也反映了对可选择的人力资本的投资(或者说公司无法掌控回报的通用人力资本投资),这可能与工会工人在可选择的人力资本投资更少的结论相一致,因为工会工人具有更强的稳定性。我们注意到,使用第5和第6列更广泛的关于通用培训的定义也会得到非常相似的结果。

关于公司专有投资模型特征的含义还不清楚。人们可能预期公司在这类投资中扮演一个更重要的角色,且早期的经验检验也显示它们完全资助这类培训。根据公司特有的人力资本投资的传统模型,为了使工人对公司有归属感,公司可能要求工人共同承担投资成本,这样工人就不会轻易辞职。

人们可能假设在工作稳定性更强的情况下,例如在工会的影响下,公司可能仅要求工人承担较少的投资。然而哈什默托(Hashimoto,1981)的研究显示,只要已知离开率,公司就没有必要与工人共同承担投资。任何的分享比例都可能是最优的。因此对于公司专有的培训,在工会与非工会部分,对于资助来源的区别没有直接的含义。对于课程类培训还是另一种关于公司专有人力资本的定义的结论都与这些含糊的预测相一致。这些结论显示,有工会和没有工会的公司和工人对投资的参与程度没有显著区别。

刚才所有关于这一点的讨论都建立在工会对于培训的影响是间接的模型基础上。工会也可能通过直接支付费用或将费用作为集体协议谈判的一部分而直接影响培训的投资。如果工会成员认为培训的内容是他们所欠缺的,这可能是一个合理的方法。表 2 的结论显示工会对于直接资助的作用很小,对于各种类型的培训最多参与了 5% 的投资。通过集体协议的影响也非常类似,对于投资影响很小。成年教育与培训调查问卷中包含了培训是否作为集体协议一部分的问题。只有 0.56% 的受训者指出他们的培训是集体协议的一部分。这与早期的研究发现相一致:工会很少直接和公司协商培训问题。

5 培训机会的 Probit 分析

表 1 和表 2 的结论显示,工会对于培训的各个分类的概率以及整体的培训水平均有影响。特别是,工会似乎略微减少了通用人力资本的培训,同时增加了专有人力资本培训的机会。然而,该结论是建立在简单的描述统计上的。工会与非工会成员的可观测特征差别很大,而这些特征可能与培训的倾向性直接相关。在这一部分,我们首先通过列表描述了工会与非工会成员在个体和公司特征上的差别,然后在控制了这些差异后,重新检验了工会对于培训概率的影响。

表 3 显示了各种个体和公司特征变量的均值,并根据整体(男性和女性的混合)样本分为工会与非工会成员。该表显示工会与非工会成员之间在许多方面都存在显著的差别。例如就受教育水平而言,工会工人的学历不太可能为高中或以下水平,而更有可能接受了高等教育。加拿大公共部门工会成员比例较高是因为大约 41% 的工会工人在公共部门就业,而公共部门的非工会工人仅为 7%。工会的工人不太可能在少于 20 名雇员的公司就职,相对于非工会成员,他们更倾向于在多于 500 名雇员的公司工作,这可能也部分反映了公共和私有部门的差别。工会工人也更有可能为男性,岁数普遍偏大,30% 的工会工人的年龄在 45—54 岁之间,而在此年龄段的非工会工人仅为 19%。这反映了新进入劳动力市场的群体参加工会的比例在下降(Beaudry et al.,2001)。最后,工会工人在某项工作的平均年限(包括中断的年份)长于非工会工人,暗含了工会部门更高的工作稳定性,这是一些理论模型宣称工会如何影响培训的核心思想。

由于可观测特征的这些显著差别,我们需要在控制了其他协方差后检验工会的影响,确保在表 1 中所观测到的特征是工会的真实影响。为了实现这一目的,我们应用了 Probit 估计值控制各种各样的可观测的个人和公司特征的影响。因为在此之前的很多结果都显示,性别之间存在巨大差异,我们分别汇报了男性和女性的所有结果。我们没有陈列估计的 Probit 系数,而是描述了边际效应(微分或离散变量—虚拟变量的变化,相对于特定的协方差,参加培训的概率)及相应的标准差,因为系数不能直接解释影响程度。

表 4 列出了因变量为整体培训水平(也就是与当前和未来就业相关的项目类培训和课程类培训)的虚拟变量的男性回归结果。第 1 列的模型仅包含了工会的状态(个人是否签署了集体协议)

变　　量	非工会成员	工会成员
受教育程度		
没有取得高中毕业	0.17	0.15
高中毕业	0.24	0.18
大专肄业	0.09	0.08
大专毕业	0.33	0.37
本科	0.17	0.22
公有部门		
公司规模		
少于 20 名员工	0.34	0.058
20—99 名员工	0.21	0.12
100—199 名员工	0.068	0.077
200—499 名员工	0.077	0.11
500 名或以上员工	0.31	0.64
女性	0.49	0.45
年龄		
17—19 岁	0.025	0.008
20—24 岁	0.12	0.046
25—34 岁	0.31	0.24
35—44 岁	0.29	0.32
45—54 岁	0.19	0.30
55—64 岁	0.079	0.099
任职年数	5.6	10.1

和一个常数项作为它仅有的协方差。这说明了工会对于培训的影响程度与表 1 中所观测的一样：就男性而言,工会成员相对于非工会成员增加了 1 个百分点的培训机会,非工会男性的平均培训概率为 28％。第 2 列的模型增加了教育和年龄的变量。教育的协方差试图说明正规的教育改变了今后教育与培训的成本与收益。估计值显示教育水平越高的个体接受的培训越多,受教育层次较低的个体接受的培训显著少于最高学历水平为高中毕业的群体(基准组)。这既适用于对于生产作为补充的正规学习和提高类培训,也适用于减少深层次培训成本的正规学习,这可能因为学历高的个体已经学会了如何学习。年龄变量揭示了较年轻的个体相对于年长的个体有更多的培训机会,该结论可以在合理培训投资的模型中预测到。从我们的角度而言,最重要的是,增加了这些变量后,加强了工会对培训的影响,使该变量在统计上显著。第 3 列我们增加了个体是否负有管理责任

的变量，试图探讨管理者是否更有可能接受培训。该变量估计的系数显示具有管理或监督责任的工人，获得培训的机会比普通工人高很多，加入这个变量后，又增加了工会对培训影响的1个百分点。

■表4 男性培训情况简单 Probit 估计结果(边际影响)

变 量	(1)	(2)	(3)	(4)	(5)
工会	0.007(0.010)	0.021(0.011)*	0.036(0.011)*	−0.041(0.012)*	−0.030(0.013)*
受教育程度					
没有取得高中毕业	—	−0.087(0.016)*	−0.082(0.016)*	−0.059(0.017)*	−0.044(0.017)*
高中毕业	—	0.17(0.024)*	0.16(0.024)*	0.17(0.024)*	0.18(0.024)*
大专毕业	—	0.14(0.015)*	0.13(0.015)*	0.13(0.015)*	0.14(0.016)*
本科	—	0.25(0.018)*	0.22(0.018)*	0.19(0.019)*	0.21(0.020)*
年龄					
17—19 岁	—	0.26(0.042)*	0.28(0.041)*	0.30(0.042)*	0.32(0.042)*
20—24 岁	—	0.080(0.020)*	0.088(0.021)*	0.11(0.021)*	0.12(0.022)*
35—44 岁	—	−0.005(0.013)	−0.013(0.013)	−0.032(0.013)*	−0.037(0.013)*
45—54 岁	—	−0.024(0.014)	−0.039(0.014)*	0.068(0.015)*	−0.075(0.015)*
55—64 岁	—	−0.110(0.017)*	−0.12(0.016)*	−0.13(0.016)*	−0.14(0.016)*
经理	—	−0.11(0.012)*	0.090(0.012)*	0.079(0.012)*	
公有部门	—	—	—	0.090(0.016)*	−0.030(0.020)
公司规模					
1—20 名员工	—	—	—	−0.13(0.013)*	−0.13(0.013)*
20—99 名员工	—	—	—	−0.086(0.013)*	−0.069(0.014)*
100—199 名员工	—	—	—	−0.051(0.018)*	−0.041(0.019)*
200—499 名员工	—	—	—	−0.041(0.017)*	−0.031(0.018)*
任期年数/10	—	—	−0.045(0.030)	0.044(0.030)	
任期年数的平方/100	—	—	—	−0.013(0.015)	−0.010(0.015)
工业和省份虚拟变量	否	否	否	否	是
调整 R^2	0.000 1	0.056	0.066	0.087	0.109

注：估计中共有 8 074 名观测者。括号内为标准差。
*、+分别代表均值影响的显著水平为 5% 和 10%。

在表4的剩余列，我们调查了部门、公司规模、资深程度以及省的影响。在第4列，我们增加了是否在公共部门就业的虚拟变量以及公司规模、任职长度和任职年份平方的变量。[1]我们增加了公司规模的变量，因为在早期的研究中显示，公司规模与培训的概率有相关性，此外，表3中也说明公司规模与培训概率有显著的正相关性。包含公共部门的变量试图控制培训在公共和私有部门的

---

[1] 我们在模型中使用了职工在公司任职年数的二次项，类似于对工资的研究，任职年数对于工资具有正的但递减的影响(二次项的系数为负)。

不同,更纯粹地评估公司规模的影响。工作时间试图解释两个潜在的影响:第一种影响是根据标准的人力资本理论,培训通常在任职期间的早期进行(最大化由于培训所带来的生产力的提高)。这种影响也与工资的研究相一致,工作时间对于工资的影响呈凹形,在工作的早期对工资影响较大,暗含着培训在早期效率更高。另一个对于专有资本的潜在影响是,公司更倾向于培养更加资深的员工,这类员工转换工作的概率小于新入职的员工。由于这两种影响的方向相反,我们还是无法判断任职时间对于培训的影响。

结果显示,公有部门的工人相对于私有部门特征相同的个体,更容易获得培训的机会。经验分析的结果显示培训机会将随着公司规模的增加而增加,这与早期研究的结论相一致。公司规模会使工会的影响从显著的正效应转为显著的负效应,这意味着所观测到的工会组织对于培训的显著正效应是由于暗含着的公司规模效应所致。工作资历的效应也不再显著,说明上面讨论的两种影响可能存在互相抵消的作用。在最后一列,我们在模型中增加了9个工业虚拟变量和9个省份虚拟变量。这略微改变了其他估计系数的大小,但不会改变从这些系数中所得到的结论。工会对培训概率的影响仍为负且非常显著,虽然数值(绝对值)比第4列略低。

如我们在表1中所观测到的,总的培训概率的特征掩盖了不同专有培训类别的巨大差异。在表5中,我们根据表4中最完整的模型重新估计了4种不同的培训情况的发生概率。第1列为根据项目类培训作为因变量的回归结果。估计结果再一次显示受教育程度与项目类培训呈现正相关关系,虽然这种关系不是线性的。特别是大专和本科毕业生相对于大专肄业生参加这类培训的概率较小。由于项目类培训类似于重新回到学校,这个结果也不奇怪:获得本科学历的学生不需要接受更多的校园教育,因为他们的学历已经足够高。年龄变量再一次显示与培训概率呈现强烈的负相关关系,在公有部门就职对培训有积极的影响。有意思的是,公司规模与培训没有清晰的关系。这可能符合项目类培训是真正的通用人力资本培训的假设,这类培训不在公司所在地进行,因此也没有理由认为规模较大的公司对提供这类培训更有优势。但结果也有些出乎意料,因为规模较大的公司通常会支付一定的通用人力资本投资,此外工作稳定性越高,越可能产生较高的投资水平而规模较大的公司通常稳定性也更强。有意思的是,任职时间对于培训有显著的负相关性(虽然呈现下降趋势),这很难用标准的人力资本理论来解释。包含这些协方差变量后,使工会对项目类培训的影响显著递减。表1显示工会的男性成员接受项目类培训的概率比非工会成员的男性低3%。然而,表5第1列的结果说明在控制了其他特征变量后,工会与非工会男性接受项目类培训的概率相等。因此,工会将减少通用人力资本投资的证据也不明显。

■表5　男性各种培训类型 Probit 估计结果(边际影响)

变　　量	项目类培训	课程类培训	通用人力资本培训	公司专有人力资本培训
工会	−0.003(0.006 4)	−0.027(0.011)*	−0.022(0.011)*	−0.005 4(0.006 7)
受教育程度				
没有取得高中毕业	−0.007(0.009)	−0.040(0.015)*	−0.024(0.016)	−0.017(0.007)*
高中毕业	0.094(0.018)*	0.100(0.022)*	0.172(0.024)*	0.005(0.011)
大专毕业	0.065(0.010)*	0.085(0.014)*	0.129(0.015)*	0.015(0.007)*
本科	0.075(0.014)*	0.145(0.018)*	0.189(0.019)*	0.018(0.009)*
年龄				
17—19 岁	0.25(0.039)*	0.015(0.040)	0.287(0.043)*	0.026(0.027)
20—24 岁	0.073(0.013)*	0.025(0.019)	0.122(0.020)*	−0.013(0.010)
35—44 岁	−0.032(0.006)*	0.003 3(0.012)	−0.035(0.011)*	−0.000 3(0.006)
45—54 岁	−0.063(0.005)*	−0.002 7(0.014)	−0.072(0.012)*	−0.002(0.007)
55—64 岁	−0.063(0.004)*	−0.059(0.016)*	−0.126(0.012)*	−0.005(0.009)
公有部分	0.006 6(0.010 8)	−0.021(0.017)	−0.016(0.018)	−0.010(0.008)
公司规模				
1—20 名员工	0.010(0.008)	−0.135(0.010)*	−0.043(0.013)*	−0.062(0.005)*
20—99 名员工	0.012(0.008)	−0.073(0.011)*	0.003(0.013)	−0.045(0.005)*
100—199 名员工	0.007(0.011)	−0.034(0.015)*	0.015(0.018)	−0.029(0.006)*
200—499 名员工	0.025(0.012)*	−0.048(0.014)*	0.017(0.017)	−0.028(0.005)*
任期年数/10	−0.058(0.016)*	0.107(0.026)*	0.004(0.026)	0.024(0.014)+
任期年数平方/100	0.029(0.008)*	−0.042(0.013)*	0.003(0.013)	−0.009(0.007)
调整 R^2	0.058	0.12	0.21	0.13

注:估计中共有 8 074 名观测者。括号内为标准差。

估计中控制了管理责任、工业和省份但没有在表中列出。

*、+分别代表均值影响的显著水平为 5% 和 10%。

表 5 的第 2 列,显示了用相同的模型但课程类培训为被解释变量的结果。我们在前面曾经解释说课程类培训可以被视为一种相对较为宽泛的公司专有人力资本的培训。对于这类培训,教育仍然扮演一个积极且重要的角色。值得注意的是,年龄的影响不在显著,55 岁以下的年龄组接受这类培训的概率几乎相等。这似乎说明,只要个体的工作时间至少还有 10 年,公司和个人都觉得值得继续这类培训的投资。虽然这类培训是合理的,但培训的发生概率在 55 岁以下没有任何下降的趋势仍很出人意料。与项目类培训不同的是,公司规模与课程类培训显著正相关,变成一个重要影响因素。任职时间与标准的人力资本理论相一致对于课程类培训有正的但递减的影响。增加这些控制变量对于工会变量的影响十分显著。工会对于课程类培训的影响从表 1 的正 3% 变为此表的负 3%。

第 3 列的结果是我们根据第 2 种通用人力资本的定义而得,该定义包含了项目类培训以及不是由雇主提供的课程类培训。用这个定义得到的结果与第一列的结果十分相近,除了任职时间的影响更加符合预期转为正的影响外,但仍不显著。根据第二种定义的通用人力资本推导出的工会效应仍为负,但在规模上大于用第一种定义估计的结果,虽然仍不是很重要。

年龄的作用不再清晰。公司规模仍有相对较重要的角色,但任职时间的影响在减弱。工会在经济上的影响很小,在统计上的影响不显著。如果我们使用第 1 列作为我们最精确的通用人力资本培训的定义,第 4 列作为公司专有人力资本培训最准确的阐述,那么表 5 的结果告诉我们一旦我们控制了其他影响变量,工会组织对于通用或专有人力资本投资均没有什么影响。进一步的调查显示,相对于表 1 来说,表 5 中工会对于项目类培训的作用大幅度减小,主要是我们对年龄控制的引入,因为年龄对于项目类培训有显著的负作用而与工会的状态积极相关。与此相反的是,工会效应在公司专有人力资本培训方面的减弱主要是引入了公司规模变量控制。

表 6 和表 7 列出了对于女性同样操作的结果。表 6 重新复制了表 4 的过程,也就是在引入一系列共同的变量后,调查工会作用在控制了这些变量后的影响。对于男性,这个操作对于估计的工会效应几乎没有影响。但对于女性,引入控制变量使工会对于整体培训的影响从 0.08 减少为 −0.036。而后者的估计值与我们对于男性的结论非常相似,这说明表 1 第一行里男性与女性的巨大差异是由男性与女性在可观测变量分布上的巨大差异所致。培训相对于其他可观测特征的影响与男性的结论非常接近:教育与公司规模对于培训有显著的积极作用,但年龄的影响呈现负相关性。在表 7,我们陈述了根据不同的通用和专有人力资本培训定义估计的 Probit 结果,以此作为女性的因变量。对于男性,工会对于项目类培训和课程类培训的影响均很小且呈负相关。另一种人力资本投资的测量方法对于女性也显示了比男性更相似的结论。具体而言,工会对于通用培训的影响为负且在统计上显著,但工会对于公司专有人力资本的培训不显著。

总之,一旦我们控制了其他变量的影响,工会对于培训的作用对于男性和女性都显著减弱。唯一例外的是,根据较宽泛的方法测量的通用人力资本发现工会对于男性和女性的影响均为负且非常显著。

6 用 Probit 模型来估计培训经费的来源

如培训发生概率的研究一样,工会的状态与其他变量的相关性使我们对表 2 中所列的工会对于经费来源的影响是否反映了工会的真正影响提出质疑。我们仍希望通过控制其他影响变量后,重新估计工会的影响。为了达到这一目的,我们采用了如表 5 和表 7 一样的模型和两个新的因变量:(1)雇主是否帮助支付了培训费用的虚拟变量;(2)如果个体支付了培训费用而雇主没有支付,则该虚拟变量的值等于 1。第一个因变量试图解释雇主对培训费用的资助,而第二个因变量主要

■表 6　女性培训情况简单 Probit 估计结果(边际影响)

变　　量	1	2	3	4	5
工会	0.080(0.011)*	0.060(0.011)*	0.069(0.011)*	−0.020(0.013)	−0.036(0.013)*
受教育程度					
没有取得高中毕业	—	−0.120(0.017)*	−0.109(0.017)*	−0.088(0.018)*	−0.073(0.019)*
高中毕业	—	0.123(0.022)*	0.122(0.022)*	0.111(0.022)*	0.093(0.022)*
大专毕业	—	0.155(0.014)*	0.153(0.014)*	0.154(0.015)*	0.140(0.015)*
本科	—	0.260(0.018)*	0.247(0.018)*	0.219(0.018)*	0.193(0.019)*
年龄					
17—19 岁	—	−0.174(0.045)*	0.185(0.046)*	0.202(0.046)*	0.235(0.047)*
20—24 岁	—	−0.076(0.021)*	0.086(0.021)*	0.103(0.022)*	0.128(0.023)*
35—44 岁	—	−0.004(0.013)	−0.005(0.013)	−0.019(0.013)	−0.027(0.013)*
45—54 岁	—	0.001(0.014)	−0.003(0.014)	−0.018(0.015)	−0.027(0.015)+
55—64 岁	—	−0.109(0.018)*	−0.115(0.018)*	−0.112(0.019)*	−0.124(0.018)*
经理	—	−0.131(0.012)*	0.119(0.013)*	0.109(0.013)*	
公有部门	—		−0.093(0.015)*	0.051(0.018)*	
公司规模					
1—20 名员工	—	—	—	−0.162(0.012)*	−0.152(0.013)*
20—99 名员工	—	—	—	−0.059(0.014)*	−0.058(0.014)*
100—199 名员工	—	—	—	−0.030(0.020)	−0.029(0.020)
200—499 名员工	—	—	—	−0.009(0.018)	−0.002(0.018)
任期年数/10	0.020(0.029)	0.002(0.029)			
任期年数平方/100	−0.007(0.014)	0.001(0.014)			
工业和省份虚拟变量	否	否	否	否	是
调整 R^2	0.005 4	0.059	0.071	0.094	0.116

注:估计中共有 8 608 名观测者。括号内为标准差。
　＊、＋分别代表均值影响的显著水平为 5％和 10％。

考察个人对培训费用的贡献力度。我们将根据通用人力资本的两种定义和专有人力资本的一种定义来检验培训经费的来源。

　　表 8 汇报了根据第 1 个因变量得到的 Probit 估计结果而计算的边际影响。我们仅汇报了与工会和任职时间有联系的边际效应,因为其他回归变量,如年龄或受教育程度,基本上没有什么额外的发现。第 1 列第一部分回答了参加项目类培训的男性的结果。回想一下表 2 的结果显示存在工会组织的雇主比非工会雇主更有可能支付类似的培训费用。该结果在我们控制了其他相关变量后似乎仍然成立,尽管工会与非工会的差别比表 2 小,且在统计上不再显著。任期对于培训费用有较大(但递减)且正的影响,这与雇主倾向于投资更稳定的工人的预期相一致。第 3 列给出的使用更宽泛的通用人力资本定义得到的结果,与第 1 列非常相近。根据以课程类培训为基础定义的公司专有人力资本的结果显示,存在工会的公司相对于非工会公司对资助这类培训投资的力度更大。任期的影响仍旧显示为正但比项目类培训的影响略小。

变　　量	项目类培训	课程类培训	通用人力资本培训	公司专有人力资本培训
工会	−0.006(0.007)	−0.025(0.011)	−0.044(0.012)*	0.006(0.006)
受教育程度				
没有取得高中毕业	−0.003(0.012)	−0.068(0.016)*	−0.053(0.017)*	−0.020(0.008)*
高中毕业	0.075(0.017)*	0.039(0.019)*	0.081(0.021)*	0.013(0.010)
大专毕业	0.076(0.010)*	0.076(0.013)*	0.128(0.014)*	0.009(0.006)
本科	0.093(0.015)*	0.123(0.017)*	0.175(0.018)*	0.012(0.008)
年龄				
17—19 岁	0.185(0.040)*	0.033(0.045)	0.223(0.046)*	−0.024(0.019)
20—24 岁	0.117(0.016)*	−0.052(0.017)*	0.101(0.020)*	0.008(0.011)
35—44 岁	−0.024(0.006)*	0.007(0.012)	−0.034(0.011)*	0.009(0.006)
45—54 岁	−0.035(0.007)*	0.012(0.014)	−0.044(0.013)*	0.013(0.007)+
55—64 岁	−0.062(0.006)*	−0.052(0.017)*	−0.113(0.015)*	−0.000 2(0.010)
公有部门	0.000 5(0.009 0)	0.042(0.015)*	0.017(0.015)	0.021(0.008)*
公司规模				
1—20 名员工	−0.026(0.007)*	−0.129(0.010)*	−0.071(0.012)*	−0.064(0.005)*
20—99 名员工	−0.010(0.007)	−0.052(0.012)*	−0.008(0.013)	−0.028(0.005)*
100—199 名员工	−0.015(0.010)	−0.007(0.017)	−0.009(0.018)	−0.004(0.005)
200—499 名员工	−0.011(0.009)	0.013(0.016)	0.006(0.017)	−0.001(0.007)
任期年数/10	−0.007 8(0.016)*	0.087(0.025)*	−0.081(0.026)*	0.048(0.012)*
任期年数平方/100	0.024(0.008)*	−0.032(0.012)*	0.042(0.013)*	−0.024(0.006)*
调整 R^2	0.126	0.137	0.088	0.137

注:估计中共有 8 608 名观测者。括号内为标准差。

估计中控制了管理责任、工业和省份但没有在表中列出。

*、+分别代表均值影响的显著水平为 5% 和 10%。

表8第二部分的结果汇报了在控制各种各样的影响变量后,个体自己支付(没有公司的帮助)人力资本投资的边际影响的概率。在这种情况下,对于项目类培训,我们没有发现成为工会成员与自己支付培训费用之间存在显著的关系。对于第 3 列通过另一种方法定义的通用人力资本的结论也同样适用。不过,任期的影响现在转为负作用。该特征同样适用于在第 2 列显示的课程类培训的投资。尽管这里工会的影响为负相关且在统计上显著。

表8的最后两部分,汇报了对于女性的相应的结果。估计的雇主对于培训的贡献表明,工会的影响在规模上小于工会对于男性的影响。而对于工人自己支付培训费用的结果显示,工会对于通用培训的投资呈下降趋势,但对于专有人力资本培训呈显著上升趋势。总体而言,这些回归的结果说明,工会对于公司及个人在通用和专有人力资本投资方面的影响很小,但会导致个人在专有人力资本投资的比例呈下降的趋势。

变　　　量	项目类培训	课程类培训	通用人力资本培训
男性:雇主支付培训费用			
工会	0.042(0.062)	0.023(0.015)	0.022(0.028)
任期年数/10	0.882(0.160)*	0.173(0.035)*	0.582(0.071)*
任期年数平方/100	−0.319(0.087)*	−0.058(0.018)*	−0.203(0.037)*
男性:工人自己支付培训费用			
工会	−0.056(0.054)	−0.025(0.011)	−0.034(0.022)
任期年数/10	−0.673(0.148)*	−0.154(0.029)*	−0.474(0.060)*
任期年数平方/100	0.270(0.081)*	0.058(0.014)*	0.185(0.032)*
女性:雇主支付培训费用			
工会	−0.008(0.050)	−0.015(0.016)	−0.022(0.030)
任期年数/10	0.579(0.110)*	0.233(0.034)	0.661(0.067)*
任期年数平方/100	−0.202(0.064)*	−0.091(0.017)*	−0.233(0.035)*
女性:工人自己支付培训费用			
工会	−0.071(0.055)	0.027(0.014)*	−0.003(0.027)
任期年数/10	−0.379(0.125)*	−0.111(0.027)*	−0.418(0.060)*
任期年数平方/100	0.130(0.071)+	0.046(0.013)*	0.148(0.031)*

注:括号内为标准差。表中的数据代表推导出的概率。估计的模型包含了在表 5 和表 7 中相同的回归变量,但只汇报了对工会和任期年限的估计结果。

* 、+ 分别代表均值影响的显著水平为 5% 和 10%。

　　一旦我们控制了其他变量,对于男性和女性的结果就会略有不同。对于男性和女性整体而言,工会将导致通用人力资本和公司专有人力资本投资的略微减少。也有较微弱的证据显示工会有助于推动雇主增加对男性通用人力资本和专有人力资本的投资。这样,工会似乎对于男性培训经费支付方式的转换的作用大于对具体投资数额的作用。这与工会只负责支付结构的模型相一致,该模型认为工会组织会使得存在工会的公司在投资通用人力资本方面作用更大,但不一定改变投资的具体数额。为了解释通用人力资本投资的小幅度下降,我们可以借用库恩和斯威特曼提出的不同种类的人力资本是有区别的模型,该类模型指出可选择的人力资本(只适用于公司以外的企业)和通用人力资本(对当前企业与其他企业均适用)是有显著区别的。因此,相对稳定的工会组织可能使工人减少投资人力资本,而企业会相应的扩大投资通用人力资本。任期对于雇主是否支付培训费用具有积极影响的发现与此观点十分吻合。在那种情况下,人们也预期工人对于非专有人力资本培训投资的比例也将下降,因为当工人减少投资其他人力资本时企业会扩大他们的投资比例。任期对于工人支付培训费用的概率具有显著的负相关性也与此发现相一致。

对于女性,结果仍显示工会对于通用和专有人力资本的投资具有较小的负作用。这两个影响或多或少均与估计的对男性的影响相似。就培训费用而言,工会对于公司在资助培训方面投资的作用几乎没有,但对于工人自己在投资通用人力资本的比例上有负作用,虽然不显著。就男性而言,最稳健的结果是,雇主随员工任职时间的增加,对培训费用的支持力度会增强,但工人对培训投资的参与度与任期相反。

7 稳健性检验

为了进一步检验结果的稳健性,我们用早期的版本(1993 年)的成人教育与培训调查重新估计了我们最核心的模型。根据 1993 年调查获得的结果与本文 1997 年的成人教育与培训调查的结果非常相近。例如,在两年中工会与非工会工人原始培训概率的差别为 4%,且均为工会工人的培训概率高。在两组数据中工会的优势在使用 Probit 模型控制了其他特征后,均转为负作用。我们也应用最近(2002 年)的成人教育与培训调查重新估计了这些最主要的模型,该调查对于培训的问题略有不同,但得到的结论非常相似。

经过所有的实证分析,我们均假定工人的工会状态是外生性的。由于在任何关于工会影响的研究中,如果工人是由内生性的选择进入具有工会性质的工作,则该假设可能不成立。为了解决这一问题,我们试图用省际间工会组织比率的差异作为工会状态变化的潜在来源,放入我们将现有数据的年份(1993,1997,2002)混合在一起的模型中。这样做的目的是劳动力市场规定的变化(在加拿大通常在省一级的水平上),可以足够地代表工会组织比例的差异并增加工会影响估计的可信度。不幸的是,加拿大省际工会成员比率的差异很小(弱工具问题),使我们的估计方法在实践中无法操作。

8 结论

在本文中,我们使用成人教育与培训调查对加拿大工会对培训的影响进行了实证分析。简单的列表分析显示,工会对于整体的培训水平有正的但较小的直接影响。然而这些正面的整体作用掩盖了不同组不同类型人力资本投资的巨大差异。特别是,男性和女性之间存在显著差异。最基本的列表也显示工会与非工会成员的培训资助的来源存在巨大差异。

我们最主要的结论是根据我们在控制了其他影响变量后得到更清晰的工会的影响的模型中得出的。一旦我们控制了其他影响变量,对于男性和女性的结论非常相近。在控制了其他影响变量后,这些影响通常较小且转为负作用,在 -4% 到 0 之间变动。与此相对比的是,如果不控制其他变量,工会的影响在 10％(对女性的课程类培训)到 -3％(对男性的项目类培训)之间变动。因此,大多数不同组原始工会影响的差别是由于没有控制其他影响变量而产生的虚假结果。工会组织确实有助于增加雇主对男性通用人力资本和专有人力资本投资的增加,虽然这些影响通常不显著。因此,工会对于男性在转换培训经费的来源的作用大于具体的投资额度。这与工会组织仅负责付款结构的模型相一致,工会组织使得存在工会的企业在投资通用人力资本方面的角色更重要,但不一定会改变总的投资额度。为了解释男性通用人力资本投资有微小的下降趋势,我们可以借用库恩和斯威特曼提出的区别不同种类的人力资本的模型,该类模型指出可选择的人力资本(只适用于公司以外的企业)和通用人力资本(对当前企业与其他企业均适用)是有显著区别的。在这种情况下,更加稳定的工会组织可能降低工人在人力资本方面的投资,而企业会扩大在通用人力资本方面的投资。任期影响的特征也与该观点相一致。

对于女性,结果显示工会对于通用和公司专有人力资本的投资与男性的特征相似。就培训经费而言,工会似乎仅对工人自己投资通用人力资本的比例有显著的负作用。就男性而言,最稳健的结果是雇主随员工任职时间的增加对培训费用的支持力度会增强,但工人对培训投资的参与度与任期相反。一个可能的通常较弱的工会效应的解释是,大多数工会的影响是通过增加成员任职时间和工作稳定性而间接起作用的,而这反过来又会增加雇主对工人的培训力度。

参考文献

Acemoglu D, Pischke JS (1999) The structure of wages and investment in general training. J Polit Econ 107:539–572

Beaudry P, Green DA, Townsend J (2001) An investigation of changes in wage outcomes across cohorts in Canada. University of British Columbia

Barron JM, Fuess SM, Loewenstein MA (1987) Further analysis of the effect of unions on training. J Polit Econ 95:632–640

Becker G (1964) Human Capital. Columbia University Press, New York

Booth AL, Chatterji M (1998) Unions and efficient training. Econ J 108:328–345

Booth AL, Francesconi M, Zoega G (2003) Unions, work-related training, and wages: evidence for British Men. Indust Labor Relat Rev 57:68–91

Booth AL, Böheim R (2004) Trade union presence and employer-provided training in Great Britain. Ind Relat 43:520–545

Duncan G, Stafford F (1980) Do union members receive compensating wage differentials? Am Econ Rev 70:355–371

Dustmann C, Schönberg U (2004) Training and union wages. IZA working paper no. 1435

Freeman RB, Medoff JL (1984) What do unions do? Basic Books, New York

Green F (1993) The impact of trade union membership on training in Britain. Appl Econ 25:1033–1043

Green F, Machin S, Wilkinson D (1999) Trade unions and training practices in British Workplaces.

Ind Labor Relat Rev 52:179–195

Hashimoto M (1981) Firm specific human capital as a shared investment. Am Econ Rev 71:1070–1087

Kennedy S, Drago R, Sloan J, Wooden M (1994) The effect of trade unions on the provision of training: Australian Evidence. Br J Ind Relat 32:565–578

Kuhn P, Sweetman A (1999) Vulnerable seniors: unions, tenure, and wages following permanent job loss. J Labor Econ 17:671–693

Loewenstein MA, Spletzer JR (1998) Dividing the costs and returns to general training. J Labor Econ 16:142–171

Lynch L (1992) Private sector training and the earnings of young workers. Am Econ Rev 82:299–312

Mincer J (1983) Union effects: wages, turnover and job training. In: Reid JD (ed) Research in labor economics: new approaches to labor unions, Suppl 2. JAI Press, Greenwich, pp 217–252

Neal D (1995) Industry-specific human capital: evidence from displaced workers. J Labor Econ 13:653–677

Parent D (2000) Industry specific capital and the wage profile: evidence from the National Longitudinal Survey of Youth and the Panel Study of Income Dynamics. J Labor Econ 18:306–323

Stevens M (1994) A theoretical model of on-the-job training with imperfect competition. Oxford Econ Papers 46:537–562

Weiss Y (1985) The effect of labor unions on investment in training: a dynamic model. J Polit Econ 93:994–1007

多重处理效应项目的评估*

——"美国在职培训合作法"的理论和经验

米亚娜·普莱斯卡(Miana Plesca)　　杰弗里·史密斯(Jeffrey Smith)

摘要： 本文研究了可以为参加者提供多重处理效应的项目的评估。我们的理论讨论部分概括了整体项目评估与各种个体处理效应的评估的权衡取舍。我们通过运用美国在职培训合作法研究的数据，用实证分析的方法探讨了分解多重处理项目的价值。该研究既包括可以作为基准的实验数据，也包括非实验数据。国家在职培训合作法将整个评估项目根据不同的服务分成三个分支流。与以前的将项目作为一个整体进行评估不同，我们对每个支流分别进行了评估。尽管我们的样本规模相对较小，但我们的结论对于项目运行提供了潜在的有价值的观点：当加总各种处理效应时，会丢失处理效应的部分影响效应。此外，许多通过分析在职培训合作法得到的发现均建立在对个体处理支流的单一处理效应的基础上。

关键词： 项目评估　匹配　多重处理效应　在职培训合作法

---

　　* 我们非常感谢加拿大社会科学和人类研究委员会提供的资金支持以及西安大略大学人力资本和生产力 CIBC 主席。我们感谢 Chris Mitchell 非常优秀的研究助理工作，Michael Lechner 有益的评论，两名匿名审稿人和我们编辑 Bernd Fitzenberger 的建设性意见以及 Dan Black 关于交叉有效性的 Stata 编码。

1 引言

与诸如药物临床实验之类的项目所不同的是,许多社会项目,特别是积极的劳动力市场项目,处理效应存在异质性。参加该类项目的个体可能得到不同的处理方法,至少在部分设计上。在本文中,我们考虑了这些处理效应的异质性对项目评估的含义。

在概念的讨论中,我们检验了评估中总的处理水平与所感兴趣的参数、评估的设计、合适的样本规模(因此对估计结果精确度的影响)以及从评估中所获得的认识的总价值之间的关系。我们提出了在总的处理效应中,错误地删除某些变量对均值所产生的正的和负的(或大的和小的)影响的可能性。

我们也根据美国一个重要的多重处理项目——在职培训合作法(Job Training Partnership Act, JTPA)的评估中得出了一些实证检验的结果。我们的数据来自全国 JTPA 研究(也称为 NJS)中的实验评估,也包含了在一些地方对非实验的对比组所收集的一些"理想"数据。使用 NJS 数据,我们考虑了分解处理类型的结果,并寻找一些对整体评估项目相互抵消所产生的影响的证据。由于在 JTPA 中,参加者对于处理类型的选择起到一个非常关键的作用,我们也寻找一些不同处理类型的差异对于参加者选择的影响,这可能来自参加实验的经济动机的差异。最后,我们通过以实验数据作为基准,检验了非实验匹配估计方法对于 JTPA 项目中三个主要的处理类型的表现。将这些分析综合在一起,可以使我们了解将 JTPA 作为单一的总的处理效应,相对于分解的处理效应的加总的一些差别。我们的实证分析还增加了应用半参数匹配方法的文献,但不幸的是,也说明了根据处理类型分开估计总的处理效应将损失一部分精确度。我们发现,当我们研究分解后处理方法时,许多将 JTPA 看作是单一处理方法而得到的结论仍然是有效的。与此同时,分解后加总的处理方法也会产生一些差异,证明了该方法的价值。

本文剩余部分的结构如下:第 2 部分提供了关于分解处理类型评估的概念讨论。第 3 部分描述了评估设计及 NJS 数据。第 4 部分阐述了我们应用的计量分析方法。第 5 部分列出了实证检验结果。第 6 部分得出了结论。

2 总处理效应和项目评估

大多数积极的劳动力市场政策包括各种广泛的处理措施。这里所讨论的 JTPA 项目是指为许多不同的职业技能提供课程培训,资助各种私有企业的在职培训,从各种途径提供几种类型的工作搜寻帮助,为成年人提供最基本的教育,在各种公立或非营利的企业提供工作经验的资助,等等。其他国家也对失业人员提供多种类型的服务。例如,除了由 JTPA 提供的相对标准的服务,加拿大还对创办小型企业的方法进行培训,英国的"青年新计划"(NDYP)对参加者在特定的环境下完成一系列任务进行培训，格芬和莱什纳（Gerfin and Lechner，2002）所研究的瑞士体系，为移民者提供语言培训，德国政府将一些失业人员安置在临时帮助机构。美国提供许多种类的项目，但在许多国家，个体通过与服务人员进行沟通通常被分配到多重处理方法中的一种。虽然如布莱克等（Black et al.，2003）所考察的美国的工人特征与再就业服务体系（WPRS），也使用了统计处理规则。

从同质的单一处理效应项目到多重处理项目的转移，大大扩大了可能的令人感兴趣的问题。此外，除了该项目对劳动力市场整体影响的最基本的问题外，研究者和政策制定者还想知道每一种处理方法对于接受这种方法的个体相对于没有接受该方法或相对于接受其他可能处理方法个体的影响。他们也想知道每一种处理方法对于没有接受该处理方法个体的影响，他们也可能想知道或评估将参加者分配到该处理方法的系统的有效性，如莱什纳和史密斯（Lechner and Smith，2007）的研究。

现有的文献已应用非实验的方法回答了所有的这些问题，同时也用实验的方法回答了部分问题。大多数的实验评估主要估计了处理方法对接受实验个体的影响，虽然也有其他类型，如佩奇曼和廷潘（Pechman and Timpane，1975）所研究的负收入所得税实验，米哈洛普洛斯等（Michalopolous et al.，2002）描述的加拿大自给自足项目实验，包含了对可选择处理方法的随机分配。后者旨在回答如果没有实际获得的处理方法的影响以及其他统计处理规则的影响，参见曼斯基（Manski，1996）关于此的更多讨论。

在考虑评估处理方法对于实际接收这些方法个体的影响时，核心问题变成如何更好地拆分这些处理方法。评估时将处理方法拆分为更小的处理方法，避免了那些特别有效的处理方法的影响被那些相对无效的处理方法驱逐而造成的抵消问题。然而，更小的处理方法意味着由于每一个处理方法的样本规模缩小所造成的精确度的缺失或者更加昂贵的评估成本（假定依赖于更多的调查数据，而不是行政记录的数据）。

实践中，不同的评估方法对于这些问题采取不同的应对措施。以课堂培训为例，我们这里所考虑的 JTPA 评估以及多赛特（Dorset，2006）所研究的 NDYP 的评估，都将所有的课堂培训整合成单一的总处理效应。与此不同的是，格芬和莱什纳（Gerfin and Lechner，2002）所研究的瑞士积极的劳动力市场政策的评估区别了 8 种不同的服务（其中的 5 种为不同类型的课堂培训），以及没有参加培训的个体。莱什纳等（Lechner et al.，2008）对原民主德国地区积极的劳动力市场政策的评估中将短期培训、长期培训以及再培训（还包括没有参加的个体）加以区别。也许，并不奇怪，德国和瑞士的评估体系均依赖于行政数据，这使得在合理成本范围内允许更大的样本规模。

在实验评估中，对于分割程度的选择与随机性时间的选择（以及实验的成本）相关。在 NJS 中，评估的设计者面临是否对项目参加者进行随机分配的选择。项目的参加者可能在每一个地点都很集中,或者在每个地方都分布在不同的服务提供商。项目参加者的随机分配意味着更低的成本以及不太容易受到干扰,但这也意味着分配是以推荐的服务为基础而不是实际参与的项目。如我们下面所记录的,虽然推荐的服务与实际参与的项目紧密相关,但他们显著不同。以后的随机性允许为每一个服务提供商(以及有效结合的各种服务提供的结合者)构建独立的实验影响。最后,需要考虑的是成本问题,我们在3.2部分详细描述成本的影响。

3 制度、数据和评估设计

3.1 制度

从1982年"替代综合就业和培训草案"的实施到被1998年"劳动力投资草案"取代的这段时间,美国在职培训合作法(JTPA)指导下的项目是联邦政府对人力资本劣势人群增加人力资本所做的最大努力。在JTPA项目下提供的免费的最主要的服务是职业技能的课堂培训(又称为CT-OS),资助私有企业的在职培训(OJT)以及工作搜寻的帮助(JSA)。一些参加者(主要是年轻人)也会接受与高中教育水平相当的基本的成人教育,或者在公立或非营利机构得到"工作经验"的帮助。符合JTPA项目的参加者会自动收到根据均值测算的转移支付,例如食品粮票以及有需要抚养孩子的家庭的补贴(AFDC,联邦政府对于单亲家庭的主要资助项目),或者后来的特需家庭的临时补贴(TANF)。

家庭收入在连续6个月均在特定的临界点以下的个体(以及一些小的群体,例如在英语听说方面有困难的个体)也符合接受JTPA服务的条件。此外,收入临界点的高度还应该满足,全职工作但工资水平较低并希望提高他们技能的个体。迪瓦恩和赫克曼(Devine and Heckman,1996)对于符合条件的规则以及符合规则人群的特征进行了详细的描述。作为里根任职早期"新联邦条例"的一部分,JTPA结合了联邦政府、州政府以及当地(主要是县)政府的元素。联邦政府为州政府提供资金资助(以联邦政府的失业率以及符合政策人数为基础的公式计算而得)并规定了该项目的主要内容,包括符合政策的标准、项目服务和运行的基本情况以及表现管理体系的结构。该体系为提供服务的地区(SDA)在符合或达到特定目标后提供预算动机。州政府填充了表现管理体系的细节,并将资金在提供服务的地区合理分配(与联邦政府使用相同的公式)。提供服务的地区提供日常的运营服务,包括决定符合条件的参加者,与当地服务商(包括社区组织、公立社区大学以及一些追求利润的提供商)签订合同,通过服务人员与每一个参加者进行咨询决定如何将参加者分配到各项特定的服务中。表现管理体系可以激励提供服务的地区将最有可能就业的"高级"人员吸收到他们的项目中。参见赫克曼等(Heckman et al.,2002)以及考蒂和马希克(Courty and Marschke,2004)关于 JTPA 表现体系的详细讨论。

　　关于 JTPA 的参加问题,需要考虑美国与典型欧洲社会安全网的差异。在最近一段时间内全职工作的美国工人如果失业,可以获得最多 6 个月的失业保险。JTPA 的参加者也不会延长获得失业保险的时间。单亲父母(在某些情况下,有孩子但父母双方均失业)可以获得现金的转移支付。其他符合条件的成年人通常只能收到食物粮票,在某些州人们也可以以总的资助的形式收到一部分现金的转移支付。

　　其他可以提供类似 JTPA 服务的项目资金对于参加者与非参加者的解释将在下面进行更加详细的阐述。联邦、州和当地层次的其他政府机构以及许多非营利组织提供工作搜寻的帮助或课堂培训。个体也可以以相对较低的学费在公立两年制大专参加课程培训(也可能通过得到的政府资助或贷款帮助他们这样做)。这种制度环境使得许多控制组的成员获得的培训服务与处理组从 JTPA 得到的服务非常相似。比较组一些有能力的没有参加服务的成员可能也获得了一些服务,其中一部分个体也可能在下一个时期参加 JTPA。

3.2　NJS 的评估设计

　　如杜利特尔和特雷格(Doolittle and Traeger,1990)所描述的,评估是从 600 多个参加 JTPA 的当地提供服务的地区中非随机地选出 16 个进行的。每一个地方符合条件的申请者在 1987 年 11 月到 1989 年 9 月期间被随机分配到实验处理组和控制组。处理组仍符合参加 JTPA 的条件,但禁止控制组人群在 18 个月内参加 JTPA。布卢姆等(Bloom et al.,1997)概括了 JTPA 的研究设计和发现。

　　潜在的参加者在随机分配前得到了推荐的服务项目。这些推荐的形式形成了我们在实证检验中将要分析的三个实验"处理支流"。推荐个体接受 CT-OS 服务,并可能与其他的服务,如 JSA,但不包括 OJT 相结合,构成了 CT-OS 处理支流。类似地,推荐个体接受 OJT,可能与其他额外的服务(除了 CT-OS)相结合,构成了 OJT 处理支流。剩下的"其他"处理支流包括个体既没有接受 CT-OS 也没有接受 OJT(以及一部分两个服务均接受的个体)。在随机分配之前进行推荐,可以使我们估计实验对于可能获得该特定服务的群体的影响。我们的分析主要集中在处理支流上,因为上面描述的设计显示我们实验的基准值是针对处理支流而不是单个个体的处理效应。

　　如拉洛德(LaLonde,1986)及赫克曼和霍茨(Heckman and Hotz,1989)所分析的,NJS 也包含了非实验的元素,这些元素可以允许检验非实验的评估值。为了支持这方面的研究,JTPA 从 16 个实验地点中的 4 个收集了符合条件的但没有参加服务的个体(ENPs),这些地方分别是得克萨斯州的科珀斯克里斯蒂(Corpus Christi)、印第安纳州的韦恩堡(Fort Wayne)、新泽西州的新泽西城(Jersey City)以及罗德艾兰州的普罗维登斯(Providence)。在我们的经验性分析中,我们仅仅关注这四个 SDA。

3.3 NJS 的数据

我们使用的数据来自对 ENPs 的调查,以及对四个调查地点的控制组人群。这些调查包括一个较长的基础调查,是将控制人群随机分配到 4 个调查地点之后,在测量了 ENPs 的资格后的很短一段时间内进行的,并进行了一系列随后的调查(对于控制组人群有 1—2 个调查,对于 ENPs 有 1 个调查)。赫克曼和史密斯(Heckman and Smith,1999,2004)详细描述了数据库以及这些变量的构成。

对于收入和就业结果的数据来自后续的调查。特别是,对于偏差的估计我们使用了与赫克曼等(Heckman et al.,1997)和赫克曼等(Heckman et al.,1998a)相同的自我汇报的收入变量的季度数据。测量收入(或就业,在本文中收入大于零即为就业)的变量为季度数据,而控制组人群随机分配的数据以及测量 ENPs 资格的数据为月份数据。在我们的分析中,我们将随机分配或测量 ENPs 资格变为一个单一的因变量后,将 6 个季度的数据进行了汇总。赫克曼等(Heckman et al.,1998a)的附录 B 详细描述了这些变量的构成以及对样本的分析结果。为了使我们的结果可以与早期的研究相比较,我们主要关注这些变量。我们实验影响的估计值使用了与布卢姆等(Bloom et al.,1993)以及奥尔等(Orr et al.,1994)所研究的正式的影响中的收入变量相同。研究中所用到的变量在许多方面都显著不同,详细细节参见这些报告以及赫克曼和史密斯(Heckman and Smith,2000)。JTPA 项目与 NJS 根据年龄和性别将总人群分为 4 组:22 岁及以上的成年男性和成年女性,16—21 岁的青年男性和青年女性。我们在研究中只关注两组成年人群,因为他们占据绝大多数样本。

表 1 列出了我们分析所用到的样本规模,并将其分为 ENPs,所有控制组人群,三个处理支流中每一组的控制人群。从表 1 中主要可以得到以下两点:第一,我们的样本规模与广泛使用的全国资助工作证明的数据规模相当,但相对于我们使用的半参数估计方法还是比较小。其次,处理支流的分配不是随机的。在我们的数据中,支流中所提供的服务意味着立即得到工作岗位,如 OJT 和"其他"支流,具有相对较多的男性,而 CT-OS 则包含较多的女性。对于 NJS 整体数据各处理支流分配的详细描述性分析,可参见肯普等(Kemple et al.,1993)。

表 2 显示实验处理组的一部分在四个地点获得一种 JTPA 的服务,也就是说个体可能得到多重服务。对于全部的 NJS 处理组,也具有相似的特征。这些数据也显示了每种服务对应于相应的

■表1 估计中用到的样本规模

	ENP[a]	所有控制组成员	CT-OS	OJT	其他
成年男性					
倾向分样本[b]	818	734	75	374	285
没有缺失收入变量的观测值[c]	391	499	57	277	165
加入最小—最大的通常支持之后		391	49	207	102
没有缺失就业变量的观测值[c]	412	502	57	279	166
加入最小—最大的通常支持之后		394	49	209	103
成年女性					
倾向分样本[b]	1 569	869	265	341	263
没有缺失收入变量的观测值[c]	870	660	207	271	182
加入最小—最大的通常支持之后		640	200	255	178
没有缺失就业变量的观测值[c]	896	665	208	274	183
加入最小—最大的通常支持之后		645	201	258	179

注：a 由于加入了通常的支持限制,没有 ENP 观测值缺失。

b 倾向分样本由所有年龄在 22—54 岁之间,完成长期基准调查且填写了有效的年龄和性别变量的个体组成。这也是 Heckman and Smith(1999)所使用的样本。倾向分样本的子样本,即在随机分配或资格审查月份之前和之后的 6 个季度内没有缺失就业和收入值的样本,用于估计偏差。

c 对于劳动力状态转型单元匹配的样本规模比这里显示的略小,因为对于劳动力状态转型,我们无法使用具有(部分)估算值的观测值。对于其他估计值的样本规模比这里显示的略小,因为交叉有效性有时选择一个特定的核,这意味着加入了一个更强的通常支持限制。

■表2 处理支流和获得的服务——处理组成员收到每项服务类型的比例:4 个 ENP 地点

获得的实际服务	实验处理支流			
	全体	CT-OS	OJT	其他
成年男性				
没有	44. 33	33. 94	48. 44	41. 95
CT-OS	8. 27	57. 80	0. 94	2. 97
OJT	14. 90	0. 92	24. 17	6. 64
JSA	27. 52	21. 10	33. 85	20. 90
ABE	2. 86	6. 88	0. 10	5. 37
其他	12. 25	3. 67	0. 42	30. 93
成年女性				
没有	46. 02	30. 16	52. 94	52. 91
CT-OS	22. 02	58. 52	2. 27	10. 55
OJT	9. 05	0. 16	19. 79	5. 05
JSA	26. 94	26. 89	32. 09	21. 10
ABE	4. 92	10. 49	0. 53	4. 74
其他	5. 91	3. 11	0. 53	14. 68

注：1. 实验处理支流根据在随机分配之前推荐的服务定义如下:CT-OS 支流包括被推荐接受 CT-OS 服务的个体,在随机分配前,也可能获得除 OJT 外的其他服务。OJT 处理支流包括被推荐接受 OJT 服务的个体,在随机分配前,也可能获得除 CT-OS 外的其他服务。其他服务支流包括剩余个体。

2. 实际接受服务个体的比例的加总不一定等于1,因为个体可能收到多重服务。这些服务包括:没有:表示个体没有获得任何处理方法(退出)。OJT:在职培训。JSA:工作搜寻帮助。ABE:成人基本教育。其他:其他服务的混合。

处理支流的特征,并有助于解释随后列出的实验影响的估计结果。该表主要强调了两个特征。第一,处理支流的分配预测了可能获得的相应的服务。例如在 CT-OS 处理支流的成年女性,58.5%获得了 CT-OS 服务,相比而言在 OJT 支流中获得该服务的仅为 2.3%,以及"其他"支流中仅有 10.6%接受了该服务。其次,如赫克曼等(Heckman et al., 1998c)所详细分析的,许多处理组成员,特别是在 OJT 和"其他"处理支流的个体,从来都没有参加 JTPA,更没有接受 JTPA 提供的服务。一些处理组成员接受了有限的服务,但并没有参加 JTPA(原因与 JTPA 表现管理体系的设置有关)。表 2 仅包含了 JTPA 的参加者。

只有一小部分控制组成员更改了实验的协议,在随机分配后的 18 个月内接受了 JTPA 服务。同时,许多控制组成员,特别是在 CT-OS 处理组支流的个体,也从其他渠道接受了一些可替代的服务。平均而言,这些服务的开始时间晚于处理组成员获得的服务,并且仅有几个小时。奥尔等(Orr et al., 1994)的表 5.1 和表 5.2 记录了整个 NJS 控制组替代人群的特征;控制不同组人群的特征和处理支流后,处理组这一部分人群接受的服务超过控制组 15—30 个百分点。这些表格结合了接受过服务的处理组人群的行政数据与控制组自我汇报的数据。史密斯和惠利(Smith and Whalley, 2006)比较了两个数据来源。也可以参见赫克曼等(Heckman et al., 2000),为了估计培训相对于没有培训的影响,他们分析了 CT-OS 处理支流数据。

表 3 列出了倾向分估计(propensity score estimation)中用到的变量的统计描述。表 A1 提供了变量的定义。一个重要的变量,也就是劳动力状态的转移,需要一些解释。劳动力状态包括就业、失业(没有就业但正在寻找工作)以及退出劳动力市场(OLF,既没有就业也没有寻找工作)。每一次转移由两种状态组成。第二种状态总是在随机分配或在资格审查月份的状态。第一种状态,也是在随机分配或在资格审查最近 6 个月前的一种状态。因此,例如从就业到失业的转移,意味着某人在随机分配或资格审查之前的 6 个月就结束了就业的状态,开始了失业的状态并一直持续到随机分配或资格审查的月份。如果转型两边的状态相同,例如从失业到失业,意味着个体在失业的状态上持续了 7 个月,包括随机分配或资格审查的月份。

描述统计揭示了大量有趣的特征。退学者(在教育分类中的前两类)被有差别地进行了分类,其中男性被分配到 OJT 中,女性被分配到 CT-OS 和其他处理支流中。总体而言,控制组的平均教育程度高于 ENPs。在成年女性中,长期接受福利的个体(那些属于最后一类的福利转移分类)被有差别地分配到 CT-OS 中,而那些最近没有接受福利(且属于第一类的转移分类)的个体被有差别地分配到 OJT 和其他支流中。在这两组中,在随机分配或资格审查月份失业的个体,特别是最近就业或持续失业的个体,被有差别地分配到控制组,而在此控制组中,最近失业的男性被有差别地分配到 OJT 支流中。

■表3 统计描述

	成年男性				成年女性			
	ENP	CT-OS	OJT	其他	ENP	CT-OS	OJT	其他
年龄均值	34.26	29.63	31.99	32.06	33.65	30.26	31.88	32.84
受教育水平								
＜10 学年	31.76	13.7	25.14	15.44	33.76	23.85	19.7	23.95
10—11 学年	17.59	21.92	21.55	27.21	18.91	18.85	19.7	21.67
12 学年	29.66	38.36	33.7	36.03	33.56	40.38	47.27	34.6
13—15 学年	13.39	21.92	15.47	17.65	10.87	15.38	11.52	15.97
＞15 学年	7.61	4.11	4.14	3.68	2.9	1.54	1.82	3.8
种族								
白人裔	38.38	17.33	64.71	39.3	37.99	20.75	58.36	36.5
黑人裔	11.74	36	19.79	41.75	19.28	35.09	23.17	39.16
西班牙人裔	44.19	38.67	14.17	14.04	38.12	41.89	15.25	22.81
其他	5.69	8	1.34	4.91	4.61	2.26	3.23	1.52
婚姻状态								
单身	26.17	65.28	43.02	56.55	33.5	56.25	30.89	43.95
与配偶一起生活	68.6	20.83	36.47	28.84	51.98	19.58	28.03	22.87
离婚/丧偶/分居	5.23	13.89	20.51	14.61	14.52	24.17	41.08	33.18
去年家庭收入								
0—$3 000	16.59	31.71	28.81	42.01	46.48	60.1	38.06	50.52
$3 000—$9 000	17.26	34.15	28.81	23.08	20.02	20.69	34.41	26.8
$9 000—$15 000	21.68	14.63	20.16	19.53	14.45	10.84	14.17	9.28
＞15 000	44.47	19.51	22.22	15.38	19.04	8.37	13.36	13.4
福利转型特征								
没有福利→没有福利.	60.17	72	75.67	76.14	44.5	33.21	47.8	40.3
没有福利→有福利	1.45	12	8.56	7.02	1.64	7.92	13.2	11.41
有福利→没有福利	1.09	4	1.07	2.46	1.71	1.89	3.52	1.9
有福利→有福利	13.8	9.33	13.64	11.23	36.98	56.6	34.6	44.87
缺失福利特征信息变量	23.49	2.67	1.07	3.16	15.17	0.38	0.88	1.52
劳动力状态转型特征								
就业→就业	70.22	14.29	20.99	18.83	36.58	15.73	19.46	13.62
失业→就业	6.99	11.11	13.27	8.79	4.09	2.02	8.72	9.36
退出劳动力市场→就业	2.5	4.76	4.94	5.02	4.5	1.61	5.37	4.68
就业→失业	5.16	28.57	28.4	27.2	3.76	12.5	24.16	18.72
失业→失业	4.99	23.81	17.9	13.81	4.09	16.94	12.42	14.04
退出劳动力市场→失业	1.33	7.94	3.09	7.95	3.85	8.47	9.4	10.64
就业→退出劳动力市场	1.5	3.17	6.79	5.02	5.65	7.66	7.72	4.26
失业→退出劳动力市场	0.33	1.59	2.16	1.67	2.37	5.24	2.68	4.26
退出劳动力市场→退出劳动力市场	6.99	4.76	2.47	11.72	35.11	29.84	10.07	20.43

	成年男性				成年女性			
	ENP	CT-OS	OJT	其他	ENP	CT-OS	OJT	其他
收入总和								
随机分配或资格审查 6 个季度之前	16 838.7	9 607.7	10 401.6	9 857	6 096.8	4 276.1	6 795.8	5 308.4
随机分配或资格审查 6 个季度之后	18 902.1	9 975.9	13 196.9	12 037.4	7 112.7	5 750.3	9 131.7	7 213.2
就业								
随机分配或资格审查 6 个季度之前	0.759	0.564	0.68	0.68	0.454	0.416	0.534	0.488
随机分配或资格审查 6 个季度之后	0.736	0.667	0.703	0.675	0.498	0.486	0.672	0.552

注:统计描述的样本是用来估计倾向分的样本。

4 计量经济学方法

4.1 注释和感兴趣的参数

这一部分我们对注解给出了明确的定义,并描述了我们研究的实证部分所感兴趣的参数。我们在内曼(Neyman,1923)、费希尔(Fisher,1935)、罗伊(Roy,1951)、匡特(Quandt,1972)、鲁宾(Rubin,1974)、英本斯(Imbens,2000)和莱什纳(Lechner,2001)等研究框架的基础上,将此模型扩展为多重处理项目。在此框架下,我们可以思考在与现实世界相反的状态下实现的结果,即在实际生活中他们没有接受该处理方法但假设他们经历了该处理方法。

我们将个体"i"接受"j"处理方法的潜在结果表示为 Y_{ij}。在许多多重处理项目的分析中(包括我们的),有必要单选出来一种处理方法,并将此作为没有处理效应的基准,因此我们制定 $j = 0$ 作为基准值。让 $D_{ij} \in \{0, 1\}$ 作为每一种处理方法 $j = 0, \cdots, J$ 的处理指示变量,其中如果个体"i"接受了处理方法"j",则表示为 $D_{ij} = 1$,否则表示为 $D_{ij} = 0$。对于所有的个体"i",有必要假定 $\sum_{j=0}^{J} D_{ij} = 1$,则观测的结果变为 $Y_i = \sum_{j=0}^{J} D_{ij} Y_{ij}$。

在我们的数据中,$j = 1$ 代表 CT-OS 处理支流,$j = 2$ 表示 OJT 处理支流,$j = 3$ 代表其他处理支流。为了省略注释的繁琐性,在不需要的时候我们将省略下角标 j。在每一类处理支流"j"中,被随机分配到实验处理组的个体,经历 Y_{ij},被随机分配到控制组的个体(与 ENPs 一起)则经历 Y_{i0}。这些状态包含了在第一种情况下没有参加 JTPA 的服务,以及在第二种情况下(即控制组和 ENPs)从其他项目处接受了可能的服务。

在这类文献中，所感兴趣的最常用的参数为处理方法"j"对处理组的平均影响，可以表示为：

$$\text{ATET}_j = E(Y_j \mid D_j = 1) - E(Y_0 \mid D_j = 1)$$

这个参数代表了接受处理方法"j"的个体相对于那些没有接受该处理方法的个体的均值效应。对于多重处理项目整体而言，对于处理组的平均处理效应由 ATET_j 的加权（根据每一个处理方法的比例）平均值组成。

我们拥有调整匹配法所需要的充足的条件变量，但我们的样本只包含实验控制组和 ENPs 的个体。因此，我们根据赫克曼等（Heckman et al.，1997，1998a）估计偏差的方法，结合以这些数据的协方差 X 为基础的匹配法估计 ATET_j，$j \in \{1, 2, 3\}$，而不是真正的估计平均处理效应。对于处理支流"j"，这个偏差等于：

$$\text{BIAS}_j = \int \left[E(Y_{0i} \mid X_i, D_{ij} = 1) - E(Y_{0i} \mid X_i, D_{i0} = 1) \right] \mathrm{d}f(X \mid D_{ij} = 1)$$

其中，方括弧内的第一项代表处理支流"j"的实验控制组，第二项为 ENPs。根据控制组可观测值分布进行积分，可以反映出在估计 ATET 时所可能产生的偏差。如果 $\text{BIAS}_j = 0$，则应用条件变量 X 的匹配法解决了处理支流"j"的选择偏差问题。简而言之，我们将每一个处理支流视为一个单独的项目并应用匹配法估计相应的偏差，并将 ENPs 作为比较组估计处理支流的 ATET。

文献中通常也会定义很多其他令人感兴趣的参数。无条件平均处理效应定义为 $\text{ATE}_j = E(Y_j) - E(Y_0)$，当考虑将所有样本分配到一个特定的处理方法时，该定义会提供一些有用的信息。在多重处理项目中，英本斯（Imbens，2000）和莱什纳（Lechner，2001）也定义了许多其他参数，例如接受处理方法"j"，相对于接受处理方法"k"对个体平均影响以及接受处理方法"j"相对于接受处理方法"j"或处理方法"k"的平均影响。由于我们数据本身的特征，我们既没有考察额外的这些参数，也没有应用由英本斯（Imbens，2000）和莱什纳（Lechner，2001）创造的更加复杂的多重处理匹配法。

此外，所有在这个部分定义的参数代表了部分平等参数，也就是说当改变处理方法的分配时，我们将潜在的结果视为固定值。统计学文献通常称此为固定单位处理值假设（SUTVA）。赫克曼等（Heckman et al.，1998b），莉斯等（Lise et al.，2005）和普莱斯卡（Plesca，2006）在总的平等的框架下讨论了项目评估。

4.2 识别策略

我们的实证分析与应用实验数据作为一个基准值将 JTPA 视为单一处理方法的文献相一致，不需要判断半参数匹配估计值的表现。我们应用匹配法有四个原因。第一，在评估总的 JTPA 处理方法时,它在现有文献的表现比较好。其次,我们有丰富的数据描述参加该项目及结果的因素,包括在决定参加前一段时期的劳动力市场状态的月份数据。在现有文献中,特别是卡特和沙利文(Card and Sullivan,1988),赫克曼和史密斯(Heckman and Smith,1999)以及多尔顿等(Dolton et al.,2006),既强调了考虑过去劳动力市场结果的重要性,也希望估计时可以用较灵活的方法。第三,相对于最小二乘法,匹配法在构建估计值(可能与预期的相反)时只比较了可以比较的,允许更加灵活的以可观测值为条件且允许更加简单的检验为支撑条件。第四,我们缺乏应用工具变量法或赫克曼(Heckman,1979)的双边正态选择模型所必需的排他性限制条件,尽管这并没有使匹配法的估计更加合理。此外,赫克曼和史密斯(Heckman and Smith,1999)发现因为下面所讨论的原因,纵向估计值在此类文章中相对较薄弱。

各种匹配法的估计值都依赖于对可观测变量选择性的假设,也就是说,其有条件的假定处理的状态与没有处理的结果相对于一些可观测的特征是相互独立的。在关于匹配法的文献中,这个被正式称为条件独立假设(CIA),$Y_0 \perp D \mid X$,其中$\perp$代表相互独立。统计类的文献中称此假设为非混合假设(unconfoundedness)。如在赫克曼等(Heckman,1997,1998a)研究中所阐述的,我们的问题实际只需要均值的相互独立,而不是完全独立。我们对三个处理支流的每一个都引入了条件独立假设。

罗森鲍姆和鲁宾(Rosenbaum and Rubin,1983)显示如果人们能根据一些条件变量X进行匹配,那么也可以根据变量X计算的参加概率进行匹配,即$P(X) = \Pr(D = 1 \mid X)$。这些发现可以使人们根据$P(X)$重新表述条件独立假设。凭借较灵活的倾向分模型得到的估计的倾向分进行的(加权)匹配可以使由于条件变量所带来的非参数的维度问题减少至1维,这样显著增加了匹配率。使用较灵活的参数倾向分模型在实践中似乎也表现很好,因为它可以通过可选择的均值,如马哈拉诺比斯公制法(Mahalanobis metric)减少X的维度,或者通过半参数的方法估计了倾向分。参见赵(Zhao,2004)关于可选择维度减少机制的详细讨论,以及科达斯和莱勒(Kordas and Lehrer,2004)对于用半参数方法估计倾向分的研究。

为了使条件独立假设有实验的内容,数据必须包含非处理组相对于处理组的观测值X的对应值。为了估计对于处理组的处理效应的均值影响,根据较规范的形式,需要总体人群或总体人群与样本均满足下列支撑条件:对于所有X,$P(X) < 1$。但文献中经常忽略两者的区别。我们假定总体人群满足该条件,则可推出所抽样的样本也满足该条件。如在史密斯和托德(Smith and Todd,2005a)中所讨论的,有很多方法可以使该条件成立。我们采用了德赫贾和沃布(Dehejia and Wahba,1999,2002)所使用的简单最小—最大规则;在此规则下,在处理组和非处理组样本中估计的两个最小倾向分的最大值以下的观测样本,以及两个最大倾向分中最小值以上的观测值,在通常的实验支

持范围内,将从分析中省略掉。为了简化方便,我们采取此规则而没有采用赫克曼等(Heckman et al.,1997,1998a)所使用的较完善的裁减规则,因为我们的敏感度分析显示这种选择(或事实上可以忽视该问题)对于结果没有显著的影响。由于我们主要强调处理组与非处理组之间平行的比较,我们将支撑条件分别应用到每一次平行比较中。

4.3 估计

我们根据标准的 logit 模型估计了我们的倾向分。唯一有些担心的是,我们的数据是根据以选择为基础的抽样进行调整所产生的。相对于符合 JTPA 条件的人口的比例,我们数据的参与者比例有些过高。我们遵照赫克曼和史密斯(Heckman and Smith,1999)处理该问题的方法,根据控制组占所有合格人群 3 个百分点的假设,重新对 logit 模型进行赋权,使之回到原来总体人口比例。我们又进一步假设每一个处理支流代表占符合条件人数的百分之一。

史密斯和托德(Smith and Todd,2005b)表示,这方面的文献提供了广泛的可选择的平衡检验。这些检验旨在帮助研究者对于给定的一套条件变量 X,通过检验一个特定的模型所得出的倾向分是否满足 $E(D \mid X, P(X)) = E(D \mid P(X))$,选择一个合适的灵活的参数倾向分数模型。换句话说,以 $P(X)$ 为条件,处理组 X 与比较组应具有同样的分布。这意味着,匹配通过平衡处理组与匹配的(或重新加权的)比较组的协方差分布,模拟了一个随机实验。平衡检验本身对于条件独立假设的有效性没有提供任何信息。为了与大多数现有文献进行比较,以及简化方便方面的考虑,我们只关注罗森鲍姆和鲁宾(Rosenbaum and Rubin,1985)所描述的"标准化差别"。对于 X 中的每一个变量,差别为处理组的均值减去匹配后的(或重新加权的)比较组的均值除以处理组与没有匹配的比较组方差和的平方根。罗森鲍姆和鲁宾(Rosenbaum and Rubin,1985)认为该值应该大于 20。

作为现有文献的一个结论,我们这里重新回归了关于分解方面文献令人担心的一个问题:对于所选择的特定匹配估计值缺乏敏感度。我们汇报了根据大量不同的匹配估计值,以及 OLS 和两个单元的匹配估计值得到的估计结果。所有的估计值均满足下列通用形式:

$$\Delta^M = \frac{1}{n_1} \sum_{i \in \{D_i=1\}} \Big[Y_{1i} - \sum_{j \in \{D_j=0\}} w(i, j) Y_{0j} \Big]$$

其中,n_1 代表 $D = 1$ 观测者的数量。它们仅在构建权重方程 $w(i, j)$ 的细节上有差别。如在安格里斯特和克鲁格(Angrist and Krueger,1999)的书中所描述的,OLS 本身也包含一套根据参加者与非参加者 X 分布的权重,但该权重与大多数匹配估计值所暗含的权重差别很大。

我们也可以考虑使用比较组的样本作为已经估计的结果,根据 Y_0 对 $P(X)$ 的非参数回归的预测值进行匹配,预计对于处理组的个体将得到相反的结果。这种匹配处理的方法在两个方面都很明确,首先匹配法与标准方法不像看上去差别那么大,其次匹配法适用于据我们所知的所有的各种各样的非参数回归方法,例如帕甘和厄赖亚(Pagan and Ullah, 1999)所描述的。我们讨论的每一种匹配方法,除了使用纵向数据的,否则 Y_0 对 $P(X)$ 的非参数回归均对应一个不同的估计值。

我们考虑两个简单的单元匹配估计值。第一种仅匹配了劳动力市场状态转型变量的值。第二种根据估计的倾向分的分位数进行分层,其中分位数是指混合样本的分位数。应用类的统计文献经常使用这种方法,但这类文献通常与罗森鲍姆和鲁宾(Rosenbaum and Rubin, 1984)的一样,只使用五种倾向分的分层。由于我们是谨慎的经济学家,而不是大胆的统计学家,在我们的分析中,我们还是用了 10 类分层。

根据最近邻里匹配 $w(i, j) = 1$,比较组的观测值需满足与最近的处理组的观测值 i 的倾向分数最接近,否则比较组的观测值等于零。我们执行了可替代的邻里匹配,因此一个既定的比较组观测值可以与多于 1 个的处理组的观测值匹配,因为我们比较缺乏类似于处理组数据的比较组数据。

核匹配对每一个与处理组观测值倾向分数接近的比较组的观测值分配了正的权重,但权重随倾向分数的差距而递减。具体而言,

$$w(i, j) = \frac{G\left(\dfrac{P_i(X) - P_j(X)}{a_n}\right)}{\sum_{k \in \{D_j = 0\}} G\left(\dfrac{P_i(X) - P_k(X)}{a_n}\right)}$$

其中,G 代表核密度方程,a_n 代表合适的带宽。我们这里讨论三个常用的核方程:高斯(Gaussian,标准核密度方程),核密度函数(Epanechnikov),三联立方核(tricube)。当地线性匹配使用了根据当地线性回归(根据上述定义的核权重加权的回归)所得到的预期值作为估计预期的相对应值。范和吉贝尔斯(Fan and Gijbels, 1996)阐述了核回归与当地线性回归各自的相对优点;就本文而言,当地线性回归在边界值附近有更好的属性,因此对本文更适用,因为我们数据中很多观测值的倾向分接近零。

虽然没有要求一致性,在匹配后的回归调整,即本质上应用根据匹配得到的权重进行回归,可以减少由于有限的样本所产生的偏差,也可以减小估计结果的方差。正式的文献通常称此为偏差更正的匹配。参见霍等(Ho et al., 2007)关于此的研究、参考文献及应用。注意,此过程不同于赫克曼等(Heckman et al., 1997, 1998a)所讨论的"回归调整"匹配,因为该方法匹配在先。

最后,除考虑横截面匹配的估计值之外,我们还考虑了与赫克曼等(Heckman et al., 1997, 1998a)所提出的双重差分匹配法的两个差别。这种方法不同于标准的双重差分匹配法,因为它使用的是匹配法而不是以 X 分布为基础的线性回归。我们只是简单地将之后的随机分配或资格审

查的测量结果替换为事前的差异作为估计值进行了估计。

每一等级的匹配估计值（而不是每一个单元的估计值）暗含着一个带宽的选择。选择一个较宽的带宽（或者在最近的邻里匹配选择许多邻居）就会有更多的观测值，因此更多的信息可以估计每一个观测者预测的相应值，从而减少了估计值的方差。同时，较宽的带宽意味着更大的偏差，因为观测值与准备构建相应值的处理组的观测不太相近。在我们的分析中，我们在运用数据解决问题时，允许如拉辛和李（Racine and Li，2005）所描述的可以丢掉一些有效值，并根据布莱克和史密斯（Black and Smith，2004）最小化估计值的平均平方差的方法选择带宽。菲策博格和斯佩克泽（Fitzenberger and Speckesser，2005）和加尔多等（Galdo et al.，2006）选用了其他带宽选择机制。

在核密度匹配中，我们也根据核密度的有效性在高斯，核密度函数（Epanechnikov）和三联立方核密度方程中选择。由于第二种和第三种核密度方程在实际应用中不适用于正的权重，它们可能本身暗含着加强我们提出的支撑条件。当我们分析每一个处理支流时，使用了相同的 ENP 比较组，因此对于每组中的每一个估计值我们只需要一个带宽。表 A2 记录了如何进行带宽的选择。

赫克曼和托德（Heckman and Todd，1995）考虑在以选择为基础的样本（例如本文中）运用匹配法。根据 logit 模型稳健的系数估计（而不是截距）进行以选择为基础的抽样，表明当应用从不附加权重的 logit 参加模型中估计的几率或 log 几率时，在以选择为基础的抽样中可以进行匹配。由于我们有许多估计的分数接近零，为了更好地区别这些分数值我们使用了几率。在任何情况下，敏感度分析显示这个选择对于我们的估计结果没有什么影响。

5 NJS 的经验分析

5.1 经验估计结果

我们通过寻找结合 NJS 数据的三个处理支流后，相互抵消影响的可能性，开始我们的经验分析。由于不同的服务（相对应于不同的处理支流）包含不同的时间和其他资源的投入量——参见奥尔等（Orr et al.，1994）表 6.4 和表 6.5 的成本估计以及海因里希等（Heinrich et al.，1999）——此外 JTPA 内不同服务所使用的提供商不同，我们有理由预期不同处理支流的均值影响是有差异的。

表 4 列出了随机分配后的 18 到 30 个月后成年男性和成年女性各自的实验估计的影响。表 4 显示的在第 18 个月的影响仅建立在第一次跟踪调查中自我汇报的收入的基础上，艾伯特的相关人员用笔记录了不符合条件的观测值，布卢姆等（Bloom et al.，1993）也使用了相同的结果变量。表 4 中第 30 个月的影响，以奥尔等（Orr et al.，1994）的收入变量为基础，该数据结合了根据随后的跟踪调查得到的数据以及来自犹他州对于没有回答者（一种相对不太有吸引力的方式）记录的行政数据（详细细节参见他们的附录 A）。如果个体在随机分配后的第 6 个或第 10 个季度有非零的收入，则

认为其处于就业状态。所有的估计由简单的均值差别所构成。赫克曼和史密斯（Heckman and Smith，2000)分析了 NJS 数据实验估计影响的敏感度。

表 4 表明了四个重要特征。第一,影响估计的标准差均不小,即便以可观测值为条件,也没有太大的改变。与预期相符的是,我们发现所有 16 个地点的标准差小于 4 个 ENP 地点的标准差。其次,不同的处理支流的点估计差异很大。虽然在 18 个月的数据还没有达到统计上的显著性,但在 30 个月成年女性的就业估计值对于不同的处理支流在统计上显著不同。此外,对于 4 个或 16 个地点的估计均显示,四组比较中的三组的 P 值小于 0.20。这意味着存在显著的有意义的相互抵消的潜在可能性,例如当结合在 CT-OS 处理支流中成年女性在第 10 个季度的显著就业影响与 OJT 处理支流中几乎为零的就业影响时。

■表 4　成年男性和成年女性——处理支流的实验影响

	全体	CT-OS	OJT	其他	不同处理支流的平等测试[b]
在 18 个月的实验影响					
包括 ENPs 在 4 个地点的影响[a]					
结果:随机分配后 18 个月的收入总和					
成年男性	427.66	36.82	1 264.86	−1 228.18	Chi2(2) = 2.71
	(651.61)	(1 513.09)	(841.77)	(1 285.94)	p 值 = 0.26
成年女性	473.99	335.21	847.85	65.73	Chi2(2) = 0.56
	(424.48)	(642.33)	(652.45)	(937.71)	p 值 = 0.75
结果:随机分配后在第 6 个季度的就业					
成年男性	0.011	−0.032	0.040	−0.033	Chi2(2) = 2.06
	(0.025)	(0.072)	(0.032)	(0.047)	p 值 = 0.36
成年女性	0.025	0.038	0.016	0.027	Chi2(2) = 0.20
	(0.022)	(0.041)	(0.031)	(0.044)	p 值 = 0.91
在所有 16 个实验地点的影响					
结果:随机分配后 18 个月的收入总和					
成年男性	572.89	397.79	831.08	297.95	Chi2(2) = 0.41
	(381.04)	(745.08)	(525.26)	(809.16)	p 值 = 0.82
成年女性	765.48	700.93	735.40	1 047.86	Chi2(2) = 0.30
	(230.54)	(318.94)	(392.40)	(561.26)	p 值 = 0.86
结果:随机分配后在第 6 个季度的就业					
成年男性	0.016	0.005	0.021	0.015	Chi2(2) = 0.18
	(0.015)	(0.030)	(0.020)	(0.030)	p 值 = 0.92
成年女性	0.030	0.034	0.010	0.059	Chi2(2) = 2.06
	(0.013)	(0.020)	(0.020)	(0.028)	p 值 = 0.36
在 30 个月的实验影响					

	全体	CT-OS	OJT	其他	不同处理支流的平等测试[b]
包括 ENPs 在 4 个地点的影响[a]					
结果:随机分配后 30 个月的收入总和					
成年男性	942.01	−1 272.44	1 964.79	−495.47	Chi2(2) = 2.20
	(897.57)	(3 008.57)	(1 256.27)	(1 376.23)	p 值 = 0.33
成年女性	1 565.85	756.99	883.45	3 288.96	Chi2(2) = 3.51
	(627.93)	(1 082.29)	(988.27)	(1 094.15)	p 值 = 0.17
结果:随机分配后在第 10 个季度的就业					
成年男性	−0.030	−0.090	0.006	−0.086	Chi2(2) = 4.25
	(0.023)	(0.080)	(0.030)	(0.037)	p 值 = 0.12
成年女性	0.054	0.087	0.000	0.108	Chi2(2) = 5.20
	(0.022)	(0.045)	(0.033)	(0.039)	p 值 = 0.07
在所有 16 个实验地点的影响					
结果:随机分配后 30 个月的收入总和					
成年男性	1 213.22	1 266.72	1 675.36	388.44	Chi2(2) = 0.91
	(580.94)	(1 245.81)	(829.46)	(1 065.74)	p 值 = 0.63
成年女性	1 248.79	912.66	749.88	2 638.24	Chi2(2) = 4.32
	(369.52)	(548.18)	(633.38)	(761.96)	p 值 = 0.12
结果:随机分配后在第 10 个季度的就业					
成年男性	0.007	−0.005	0.033	−0.036	Chi2(2) = 4.05
	(0.015)	(0.033)	(0.021)	(0.027)	p 值 = 0.13
成年女性	0.037	0.037	0.013	0.078	Chi2(2) = 3.23
	(0.014)	(0.022)	(0.022)	(0.028)	p 值 = 0.20

注：a　括号内为稳健的标准差。
　　b　零假设为三个处理支流的影响相同。

5.2　不同处理支流参加者的决定因素

JTPA 所提供的所有服务旨在提高劳动力市场参加者的职业前途。同时,其运行的渠道以及决定是否参加某项服务的经济收益,差别很大。例如 CT-OS 代表很严肃的人力资本投资,旨在帮助参加者准备一份具备中等技能水平的职业并提高相应的工资。因此,与其他服务相比,它具有相对更高的机会成本,因为参与者在接受培训时不能工作,同时它也不同于许多欧洲的类似项目,参加者在培训期间没有工资补偿(虽然他们仍可以获得其他转移支付)。OJT 将参加者马上安置到工作的岗位上。OJT 的参加者有可能因为没有任何补偿(该补偿为雇主冒一定风险雇用员工提供了一些动机,但需要记住的是在美国遣散费非常低)或所需的人力资本而遭到雇主的拒绝。该项服务的机会成本很低,但是服务人员必须同意提供资助且公司同意雇用有补贴的工人。最后,"其他"服务支流主要提供工作搜寻的帮助(JSA)旨在减少找工作的所需的时间,而不是通过提高人力资本来增加工资。

因为 JTPA 所提供的这些服务存在这些经济收益上的差异,我们预期人们对处理支流的选择过程本身也存在差异。这些差异可能影响"阿申费尔特(Ashenfelter,1978)下沉"的时间和规模。如赫克曼和史密斯(Heckman and Smith,1999)所研究的,以及赫克曼等(Heckman et al.,1999)所记录的一系列项目,下沉(dip)是指参加者在参加 JTPA 服务之前正好被观测到均值收入或就业有所下降。在根据符合的资格预测参加概率时,这些差异也会影响参加各类培训项目的变量,以及影响的程度。例如,根据过去的劳动力市场经验和教育程度,我们预测可以马上工作的个体,可能接受 OJT 项目的;而具有较少人力资本并且收入均来源于社会救济的参与者,如接受 AFDC 资助的单身母亲,将被归类为 CT-OS。

我们开始研究阿申费尔特的下沉。图 1 和图 2 展示了均值工资的时间序列。图 1 显示(有些出乎意料)虽然成年男性对于"其他"处理支流的下沉有些减弱,但其与所有三个处理支流中完全限制水平和下沉程度两方面的人群呈现大致相同的特征。图 2 中成年女性对于所有的处理支流也显示了相似的下沉特征,这次有些扩大"其他"处理支流的下沉,但各组人群在起始程度上有些差别。与早期的讨论相一致,进入 CT-OS 处理支流人群的平均收入最低,而分配到 OJT 处理支流的平均水平最高,意味着可以更快地进入工作状态。我们意外的是,不同处理支流在 JTPA 项目前的下沉没有太大的差别。对于成年女性,我们也观测到所有三个处理支流相对于 ENPs 随机分配后的收入增长。赫克曼和史密斯(Heckman and Smith,1999)说明,下沉以及观测到的对于成年女性控制

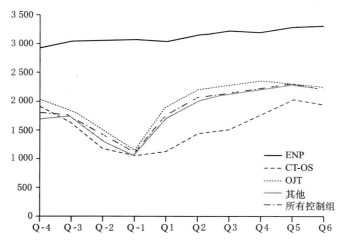

图 1 成年男性——用季度数据表示的随机分配/资格审查之前
以及随机分配/资格审查之后的平均月份收入

278

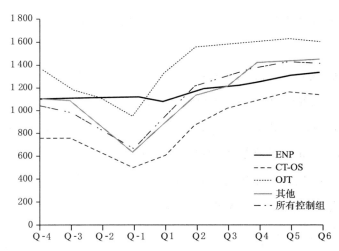

图 2　成年女性——用季度数据表示的随机分配/资格审查之前
以及随机分配/资格审查之后的平均月份收入

组在随机分配之后的收入增长表明在纵向估计值中对于之前和之后时期选择的敏感度和偏差。因为这个原因,我们主要以 5.3 部分的滞后的劳动力市场结果为条件,关注横截面观测值。

表 5 陈列了均值的微分(或者在一系列指示变量中包含的双边或分类变量的一些差别)以及相应的估计 logit 模型的标准差,样本人群分别为所有预计参加 JTPA 项目中的完全控制组和 ENPs 以及从该支流中使用控制组分离的每一个处理支流。该表也列出了根据包含在一系列指示变量中分类变量的联合显著性检验的 p 值。表 6 显示了 χ^2 统计以及对于特定变量或变量的分类不同处理支流系数相等的零检验的 p 值。

■表 5　成年男性和女性——是否参加 logit 模型的微分均值

	全体	CT-OS	OJT	其他
		男　性		
地点:韦恩堡(FortWayne)	0.163	−0.020	0.089	0.135
	(0.032)	(0.008)	(0.022)	(0.033)
地点:新泽西城	0.020	0.017	−0.030	0.044
	(0.034)	(0.014)	(0.019)	(0.028)
地点:普罗维登斯(Providence)	0.107	0.009	−0.017	0.165
	(0.040)	(0.016)	(0.026)	(0.037)
地点检验 = 0(p 值)	0.03	0.71	0.16	0.27
种族:黑人裔	0.068	0.012	0.018	0.081
	(0.029)	(0.016)	(0.019)	(0.021)
种族:其他[a]	0.000	0.009	−0.023	0.031
	(0.027)	(0.014)	(0.019)	(0.021)

	全体	CT-OS	OJT	其他
		男 性		
种族检验 = 0(p 值)	0.33	0.91	0.81	0.28
年龄	−0.019	0.009	−0.016	−0.007
	(0.010)	(0.008)	(0.007)	(0.006)
年龄平方	0.000 2	−0.000 2	0.000 2	0.000 1
	(0.000 1)	(0.000 1)	(0.000 1)	(0.000 1)
年龄检验 = 0(p 值)	0.41	0.65	0.64	0.86
受教育水平 < 10 学年	−0.057	−0.035	−0.010	−0.047
	(0.026)	(0.014)	(0.017)	(0.016)
受教育水平 10—11 学年	0.015	−0.009	0.017	0.014
	(0.025)	(0.012)	(0.016)	(0.014)
受教育水平检验 = 0(p 值)	0.31	0.59	0.87	0.50
在随机分配或资格审查时结婚[b]	−0.062	−0.031	−0.034	−0.020
	(0.022)	(0.013)	(0.016)	(0.014)
家庭收入				
$3 000— $15 000		0.004		
		(0.019)		
$3 000— $9 000	0.013	0.040	−0.015	
	(0.036)		(0.024)	(0.020)
$9 000— $15 000	0.052		0.059	0.018
	(0.038)		(0.027)	(0.021)
> $15 000	−0.052	0.011	0.007	−0.075
	(0.043)	(0.017)	(0.029)	(0.031)
家庭收入检验 = 0(p 值)	0.45	0.98	0.71	0.67
劳动力转型为失业	0.196	0.050	0.123	0.104
	(0.031)	(0.016)	(0.025)	(0.021)
劳动力转型为退出劳动力市场	0.070	0.016	0.050	0.045
	(0.037)	(0.019)	(0.029)	(0.024)
劳动力转型检验 = 0(p 值)	0.00	0.24	0.03	0.10
(收入 Q-1)/1 000	−0.023	0.003	−0.022	−0.004
	(0.012)	(0.008)	(0.010)	(0.008)
(收入 Q-2)/1 000	−0.009	−0.008	0.002	−0.010
	(0.011)	(0.007)	(0.008)	(0.007)
(收入 Q-3 to Q-6)/1 000	0.006	0.000	0.003	0.005
	(0.002)	(0.000)	(0.001)	(0.001)
过去收入检验 = 0(p 值)	0.11	0.61	0.56	0.53
调整 R^2	0.28	0.30	0.28	0.31

	全体	CT-OS	OJT	其他
	女	性		
地点:韦恩堡(FortWayne)	0.050	−0.009	0.018	0.057
	(0.025)	(0.007)	(0.014)	(0.042)
地点:新泽西城	0.020	0.005	−0.004	0.024
	(0.022)	(0.009)	(0.015)	(0.029)
地点:普罗维登斯(Providence)	0.011	0.001	−0.016	0.041
	(0.024)	(0.010)	(0.011)	(0.041)
地点检验＝0(p 值)	0.08	0.55	0.13	0.09
种族:黑人裔	0.000	0.002	−0.010	0.011
	(0.016)	(0.010)	(0.010)	(0.012)
种族:其他[a]	0.013	0.004	−0.006	0.017
	(0.019)	(0.010)	(0.013)	(0.019)
种族检验＝0(p 值)	0.75	0.92	0.69	0.44
福利转型　没有福利→有福利	0.091	0.025	0.042	0.031
	(0.045)	(0.033)	(0.034)	(0.033)
福利转型　有福利→没有福利	0.010	0.006	0.013	−0.006
	(0.043)	(0.033)	(0.036)	(0.017)
福利转型　有福利→有福利	−0.005	0.000	−0.003	−0.003
	(0.014)	(0.008)	(0.011)	(0.009)
缺失福利信息变量	−0.051	−0.014	−0.021	−0.013
	(0.010)	(0.004)	(0.008)	(0.008)
福利转型检验＝0(p 值)	0.01	0.66	0.26	0.44
年龄	−0.003	−0.001	−0.002	0.001
	(0.006)	(0.003)	(0.004)	(0.004)
年龄平方	0.000 0	0.000 0	0.000 0	0.000 0
	(0.000 1)	(0.000 1)	(0.000 1)	(0.000 1)
高中辍学	−0.015	−0.005	−0.010	0.001
	(0.013)	(0.007)	(0.010)	(0.008)
受教育水平＞13学年	0.001	0.000	−0.005	0.006
	(0.017)	(0.009)	(0.014)	(0.010)
受教育水平检验＝0(p 值)	0.47	0.73	0.60	0.80
在随机分配或资格审查时已结婚[b]	−0.058	−0.015	−0.024	−0.021
	(0.018)	(0.011)	(0.013)	(0.013)
家庭收入				
$3 000—$9 000	0.024	0.005	0.015	0.005
	(0.017)	(0.010)	(0.013)	(0.011)
$9 000—$15 000	0.008	0.007	0.005	−0.002
	(0.025)	(0.014)	(0.018)	(0.017)
＞$15 000	0.009	0.005	0.002	0.007
	(0.027)	(0.016)	(0.021)	(0.017)

	全体	CT-OS	OJT	其他
		女	性	
家庭收入检验 = 0(p 值)	0.57	0.94	0.66	0.93
劳动力转型:失业→就业	0.062	−0.003	0.030	0.032
	(0.029)	(0.025)	(0.020)	(0.019)
劳动力转型:退出劳动力市场→就业	0.039	0.001	0.022	0.016
	(0.035)	(0.028)	(0.024)	(0.021)
劳动力转型:就业→退出劳动力市场	0.045	0.011	0.025	0.010
	(0.029)	(0.015)	(0.021)	(0.022)
劳动力转型:失业→退出劳动力市场	0.071	0.018	0.029	0.028
	(0.035)	(0.018)	(0.030)	(0.023)
劳动力转型:退出劳动力市场→退出劳动力市场	0.026	0.009	−0.001	0.068
	(0.024)	(0.088)	(0.020)	(0.016)
劳动力转型为失业	0.103	0.025	0.044	0.037
	(0.023)	(0.013)	(0.016)	(0.016)
劳动力转型检验 = 0(p 值)	0.00	0.26	0.02	0.05
调整 R^2	0.17	0.15	0.21	0.18

注:表中的值为微分均值(mean derivatives),括号内为标准差。

a　由于样本规模较小,我们将西班牙裔与其他裔的分类合并。

b　随机分配或资格审查是指随机分配实验控制组的月份和测量 ENPs 符合资格的月份。

■表6　成年男性和女性——logit 系数平等的检验[a]

成年男性		成年女性	
地点	chi2(6) = 26.4 p 值 = 0.00	地点	chi2(6) = 71.61 p 值 = 0.00
种族	chi2(4) = 7.03 p 值 = 0.13	种族	chi2(4) = 16.54 p 值 = 0.00
年龄和年龄平方	chi2(4) = 1.2 p 值 = 0.88	年龄和年龄平方	chi2(4) = 9.73 p 值 = 0.05
受教育水平	chi2(4) = 4.44 p 值 = 0.35	教育水平	chi2(4) = 5.91 p 值 = 0.21
在随机分配或资格审查时已结婚[b]	chi2(2) = 0.71 p 值 = 0.70	在随机分配或资格审查时已结婚	chi2(2) = 0.55 p 值 = 0.76
家庭收入	chi2(6) = 5.26 p 值 = 0.51	家庭收入	chi2(6) = 4.12 p 值 = 0.66
劳动力转型	chi2(4) = 0.12 p 值 = 1.00	劳动力转型	chi2(12) = 18.00 p 值 = 0.12
过去的收入(过去两个季度)	chi2(4) = 1.66 p 值 = 0.80	福利转型	chi2(8) = 3.64 p 值 = 0.89

注:a　零假设为三个处理支流的系数相等。

b　随机分配或资格审查是指随机分配实验控制组的月份和测量 ENPs 符合资格的月份。

对于下面所使用的匹配估计值,我们希望包含所有既影响参加情况又影响结果的变量。这里所描述的模型与赫克曼等(Heckman et al.,1997,1998a)及赫克曼和史密斯(Heckman and Smith,1999)的所讨论模型略有不同,但我们的模型也建立在他们分析的基础上。这些文章将经济理论、制度因素、预测力度和统计显著性作为变量的选择标准。我们的选择既强调了早期文章的这些知识,又希望尽量缩小变量,因为一旦我们将样本分成不同的处理支流,样本规模就相对较小。我们还考察了几个适用范围相对较大的模型,发现它们也得到了相同的整体结论。赫克曼和纳瓦伦(Heckman and Navarro,2004)详细讨论了变量的选择问题。

对于成年男性,我们最终的模型包括地点和种族的指示变量,年龄、年龄的平方、教育分类、婚姻状态、在随机分配或资格审查之前家庭收入的分类、劳动力状态的转型(被分解成较粗的分类)以及随机分配或资格审查的一个季度之前自己的季度收入。成年女性的模型有些差异,增加了福利状态转型,但省略了季度收入变量(因为对这组的关系较小)。此外因为成年女性的样本较大,我们没有重新分解劳动力市场状态的转型分类。我们不需担心弗罗利克(Frölich,2006)所提出的劳动力的就业历史所产生的潜在内生性问题。为了得到与处理效应一致的估计,我们只需要以 X 和 D 为条件,平衡无法观测的因素,而不需要根据 X 和 D 使偏差为零。非参数的回归可以完成这一任务,因为它在边界范围内仅比较了具有相同 X 的观测值(或者相同的倾向分)。

在表 A3 中显示了对所有的横截面匹配估计值平衡后的测试结果。图 3 和 4 显示了倾向分的分布。与较大规模的样本量相一致,当在表 1 中加入通常的支撑条件后,我们发现对于较大分数的值会有较严重的支撑问题。

对于完全控制组,我们的发现与赫克曼和史密斯(Heckman and Smith,1999,表 6)以及赫克曼等(Heckman et al.,1998a,表Ⅲ)的结论非常接近。具体而言,该发现重新强调了两组劳动力转型变量以及成年女性福利转型变量,成年男性在随机分配或资格审查之前收入变量的重要性。除了样本规模减小导致精确度有所降低外,我们发现每个处理支流的整体结果和差别均有相似性。特别是,我们发现地点变量、种族变量和女性的劳动力状态转型变量在三个支流中均有差别。由于不同的地点对于不同的处理类型的相对重视程度不同,因此第一个发现的结果并不奇怪。对于两组而言,黑人以及其他非白人裔(如亚裔)比白人被分配到"其他"支流的概率更高,而被分配到 OJT 支流的概率较低。这个发现意味着,在控制了其他协方差变量后,服务人员、雇主以及参加项目者本人都认为非白人裔更适合求助于 JSA——在"其他"支流最常见的服务项目,而不适合 OJT。这可能反映了部分服务人员及提供 OJT 岗位的公司真正的或观测到的歧视,也可能意味着在其他支流的非白人裔经常接受非 JSA 服务。

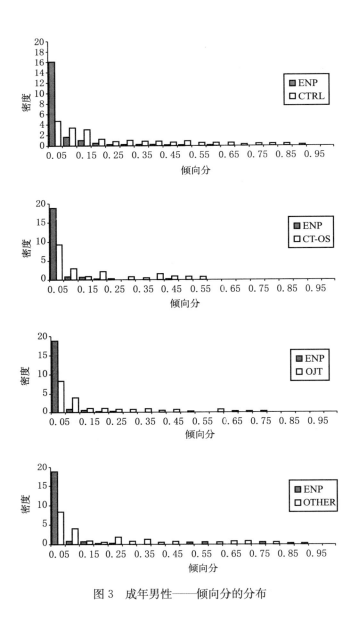

图 3　成年男性——倾向分的分布

对于成年女性,劳动力转型在 CT-OS 处理支流比其他两个支流的均值微分更小(该特征同样适用于成年男性,但没有达到通常的统计显著性水平)。此外,离开劳动力市场有 7 个月的女性,包括随机分配或资格审核的月份,相对于在过去几个月就业的女性,参加"其他"处理支流,而不是 CT-OS 和 OJT 处理支流的平均概率更高。劳动力状态转型的发现说明这些变量包含了个人的准备情况、获取工作的愿望以及就业情况的信息,因此他们对于 OJT 和"其他"处理支流很重要,因为这些支流的成员为了尽快就业,通常希望获得 OJT 或 JSA 服务。换句话说,这个群体与在随机分配或资格审查月份收入为零(即 9 个转型分类中的 6 类)的个体有区别,对成年

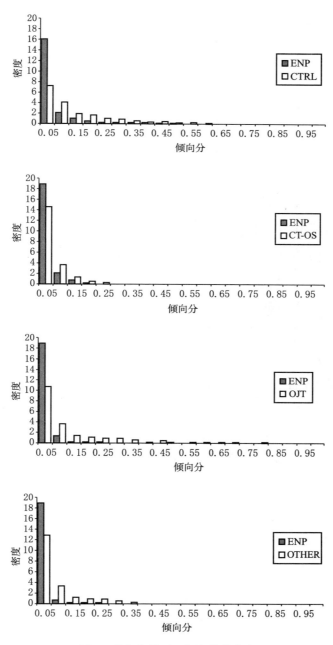

图 4　成年女性——倾向分的分布

女性来说,这在两个支流中都很重要,并且加强了在相对详细的一个程度水平上收集劳动力市场状态信息的价值。

　　总之,地点、种族以及劳动力市场状态转型对于三个处理支流不同的影响说明一个重要而有趣的发现。这些结论丰富了我们关于 JTPA 如何运行的观点,暗含着在今后其他的多重处理项目评估中应该检验的假设，并证明了从多重处理项目中分开的检验个体的处理效应得到的潜在信息。

5.3 选择偏差以及匹配估计的表现

表 7 显示了 4.3 部分所描述的匹配估计值对偏差的估计以及自举法的标准差。我们也汇报了与每一个估计值相对应的估计的平均残差平方的平方根（RMSE），可以表示为：

$$\text{RMSE} = \sqrt{\text{var}(\widehat{BIAS}) + \widehat{BIAS^2}}$$

由于我们检验和计算的大量估计值均与自举法相关，我们将重复抽样限制在 50 次，这个数字可能远远小于安德鲁斯和布基斯基（Andrews and Buchinsky, 2000）分析中所建议的数字，但读者需注意的是方差本身代表的是噪音估计。为了简化起见，我们列出了所有估计值的自举法的标准差，而不是只陈列了 OLS 和单元匹配估计值的标准差，尽管阿巴迪和英本斯（Abadie and Imbens, 2006）已经阐明了对最近邻里估计值这么做可能产生的问题。庆幸的是，他们的蒙特·卡罗（Monte Carlo）分析显示，使用自举法不会导致严重的错误推论。

结果变量由在随机分配后 18 个月的收入总和以及在第 6 个季度的就业情况组成。回想一下我们的估计偏差，而不是平均处理效应。零偏差意味着估计值成功消除了实验控制组和非实验比较组之间所有的差别。我们已经在符合逻辑的表格里汇报了估计值。表格首先列出的是 OLS 的估计值，接着是两单元匹配估计值，之后为基本的横截面估计值，然后为更正偏差的匹配估计值，最后为纵向的双重差分匹配估计值。

我们可以将表 7 结果的特征概括为 5 个主要方面，其中 4 个与赫克曼等（Heckman et al., 1997, 1998c）将 JTPA 视为单一处理效应所得到的结论相一致。第一，我们发现在控制了一些变量后，对每一个处理支流应用匹配法，相对于我们估计所得到的标准差不会产生大的偏差，我们不想过度强调这一结论。因为我们的估计结果也无法区别非常广泛的正的或负的样本偏差。此外，在某些估计中，点估计产生了相对较大的偏差，虽然表现较好的估计值很少出现这种情况。另一方面，如果数据要对匹配失败发出一个强烈的信号，是可以做到的，但它们却没有这么做。其次，我们的估计结果显示当我们将不同的 JTPA 服务视为同一处理方法时，一些规模较大且非常有价值的不同处理支流偏差可能相互抵消。再次，三个简单的估计值——OLS、劳动力状态转型的匹配、倾向分分层——可能比其他匹配估计值的方差更低。在这三个简单的估计值中，倾向分分层的估计值显然最具有优势。确实，它在三个方面稳定的表现符合它在应用统计学文献中较高的使用频率，暗含着它作为更复杂的匹配机制的基准的价值。其他两个估计值在偏差方面的表现不太稳定，通常会导致中等的 RMSE。

■表7 成年男性和女性—根据倾向分匹配的估计偏差

估计值		整体	CT-OS	OJT	其他
男性					
结果：在随机分配或资格审查后 18 个月的收入总和					
1. OLS	偏差	1 323. 0	258. 7	1 083. 9	1 943. 0
	标准差[a]	1 097. 6	1 826. 6	1 264. 0	1 639. 3
	RMSE	1 719. 1	1 844. 9	1 665. 1	2 542. 2
2. 劳动力转型单元匹配	偏差	−1 667. 7	−3 566. 9	−2 204. 0	−1 455. 6
	标准差	1 196. 4	1 640. 0	1 350. 1	1 575. 3
	RMSE	2 052. 4	3 925. 9	2 584. 6	2 144. 8
3. 倾向分分位数单元匹配	偏差	49. 6	−1 834. 9	−5 28. 7	−2 147. 3
	标准差	1 492. 1	1 683. 8	1 431. 3	1 612. 7
	RMSE	1 493. 0	2 490. 4	1 525. 8	2 685. 5
4. 1 个最近的邻里匹配	偏差	−1 281. 6	512. 2	−1 332. 5	−2 969. 9
	标准差	1 979. 2	−539. 3	1 500. 5	2 351. 0
	RMSE	2 357. 9	743. 8	2 006. 7	3 787. 8
5. 最近的 12 个邻里匹配 （在 25 个邻居之内的最优）[b]	偏差	176. 4	−1 044. 3	−265. 1	−716. 5
	标准差	1 849. 4	−883. 4	1 381. 6	2 121. 5
	RMSE	1 857. 8	1 367. 9	1 406. 8	2 239. 3
6. 最优核密度[c]	偏差	−555. 5	−551. 5	−1 238. 2	−2 589. 4
	标准差	1 149. 5	2 771. 0	1 803. 6	1 803. 5
	RMSE	1 276. 6	2 825. 4	2 187. 8	3 155. 5
7. 最优本地线性方程[a]	偏差	−369. 2	−2 077. 7	−1 535. 6	−865. 0
	标准差	1 325. 8	2 382. 0	1 495. 7	2 054. 6
	RMSE	1 376. 3	3 160. 8	2 143. 6	2 229. 3
8. 更正偏差的 1 个最近的邻里匹配	偏差	−968. 3	−58. 5	−1 100. 7	−2 562. 8
	标准差	1 538. 3	3 633. 2	1 679. 5	2 313. 8
	RMSE	1 817. 7	3 633. 6	2 008. 1	3 452. 8
9. 更正偏差的核密度匹配	偏差	−36. 4	−967. 0	−149. 9	−1 237. 0
	标准差	1 008. 1	2 135. 5	1 534. 1	1 489. 5
	RMSE	1 008. 8	2 344. 3	1 541. 4	1 936. 2
10. 更正偏差的本地线性匹配	偏差	−968. 3	−677. 7	−1 100. 7	−2 562. 8
	标准差	1 538. 3	2 337. 9	1 679. 5	2 313. 8
	RMSE	1 817. 7	2 434. 1	2 008. 1	3 452. 8
11. 1 个最近邻里的双重差分匹配	偏差	−1 278. 1	603. 4	−2 439. 0	−1 675. 0
	标准差	1 864. 1	4 695. 0	3 135. 0	3 143. 0
	RMSE	2 260. 2	4 733. 6	3 972. 0	3 561. 4
12. 核密度双重差分匹配[c]	偏差	−344. 5	−2 157. 6	717. 4	2 110. 7
	标准差	1 104. 8	3 185. 8	1 398. 8	1 744. 9
	RMSE	1 157. 3	3 847. 7	1 572. 0	2 738. 5

估计值		整体	CT-OS	OJT	其他
结果:在随机分配/资格审查后第 6 个季度的就业情况					
1. OLS	偏差	0.135	0.165	0.093	0.165
	标准差[a]	0.048	0.085	0.053	0.061
	RMSE	0.143	0.186	0.107	0.176
2. 劳动力转型单元匹配	偏差	0.080	0.067	0.052	0.083
	标准差	0.050	0.078	0.054	0.059
	RMSE	0.094	0.102	0.075	0.101
3. 倾向分分位数单元匹配	偏差	0.065	0.107	−0.006	0.038
	标准差	0.060	0.083	0.051	0.057
	RMSE	0.088	0.135	0.051	0.069
4. 1 个最近的邻里匹配	偏差	0.041	0.163	0.005	−0.019
	标准差	0.168	0.095	0.151	0.190
	RMSE	0.173	0.189	0.151	0.191
5. 最近的 12 个邻里匹配 (在 25 个邻居之内的最优)[b]	偏差	0.134	0.105	0.071	0.123
	标准差	0.155	0.088	0.137	0.175
	RMSE	0.205	0.137	0.154	0.214
6. 最优核密度[d]	偏差	0.006	0.072	−0.049	−0.019
	标准差	0.063	0.138	0.068	0.052
	RMSE	0.063	0.155	0.084	0.055
7. 最优本地线性方程[d]	偏差	0.043	0.083	0.016	0.045
	标准差	0.281	0.334	0.427	0.262
	RMSE	0.284	0.344	0.427	0.266
8. 更正偏差的 1 个最近的邻里匹配	偏差	0.043	0.125	0.005	−0.001
	标准差	0.070	0.157	0.082	0.112
	RMSE	0.082	0.201	0.082	0.112
9. 更正偏差的核密度匹配	偏差	0.029	0.076	−0.006	0.090
	标准差	0.061	0.129	0.077	0.078
	RMSE	0.068	0.149	0.078	0.119
10. 更正偏差的本地线性匹配	偏差	0.051	0.056	0.035	0.089
	标准差	0.067	0.134	0.081	0.081
	RMSE	0.084	0.145	0.089	0.120
11. 1 个最近邻里的双重差分匹配	偏差	−0.086	−0.021	−0.081	−0.087
	标准差	0.191	0.379	0.245	0.204
	RMSE	0.209	0.379	0.258	0.222
12. 核密度双重差分匹配[d]	偏差	0.074	0.008	0.013	0.057
	标准差	0.057	0.141	0.074	0.085
	RMSE	0.093	0.142	0.075	0.102
女性					
结果:在随机分配或资格审查后 18 个月的收入总和					
1. OLS	偏差	1 321.4	1 031.4	2 052.4	695.8
	标准差[a]	483.7	609.2	693.7	730.7
	RMSE	1 407.2	1 197.9	2 166.5	1 009.0

估计值		整体	CT-OS	OJT	其他
2. 劳动力转型单元匹配	偏差	1 569.6	849.7	2 291.7	1 451.3
	标准差	445.6	539.7	640.6	672.7
	RMSE	1 631.6	1 006.5	2 379.6	1 599.6
3. 倾向分分位数单元匹配	偏差	1 181.6	794.6	1 556.6	127.6
	标准差	537.6	614.3	732.2	786.7
	RMSE	1 298.1	1 004.4	1 720.2	797.0
4. 1 个最近的邻里匹配	偏差	949.1	1 181.0	1 797.4	−511.0
	标准差	936.2	995.6	1 233.3	1 885.3
	RMSE	1 333.2	1 544.7	2 179.8	1 953.3
5. 最近的 18 个邻里匹配 （在 20 个邻居之内的最优）[b]	偏差	1 062.0	796.2	1 106.5	266.3
	标准差	639.0	663.6	848.8	800.9
	RMSE	1 239.4	1 036.5	1 394.5	844.0
6. 最优核密度[c]	偏差	1 176.1	393.2	1 175.6	−564.3
	标准差	577.4	663.3	986.5	1 145.0
	RMSE	1 310.2	771.1	1 534.7	1 276.6
7. 最优本地线性方程[c]	偏差	857.2	868.7	1 380.6	−200.6
	标准差	574.3	646.4	910.2	1 303.2
	RMSE	1 031.8	1 082.8	1 653.7	1 318.5
8. 更正偏差的 1 个最近的邻里匹配	偏差	1 229.9	1 168.4	1 576.8	−92.5
	标准差	723.6	908.0	1 087.4	1 435.3
	RMSE	1 427.0	1 479.8	1 915.4	1 438.2
9. 更正偏差的核密度匹配	偏差	1 203.1	816.9	1 052.8	−551.9
	标准差	517.0	641.6	918.5	1 164.7
	RMSE	1 309.5	1 038.7	1 397.1	1 288.8
10. 更正偏差的本地线性匹配	偏差	1 229.9	1 168.4	1 576.8	−92.5
	标准差	648.2	942.3	1 032.8	1 533.9
	RMSE	1 390.2	1 501.0	1 884.9	1 536.7
11. 1 个最近邻里的双重差分匹配	偏差	1 352.6	1 862.4	1 822.0	5.7
	标准差	820.8	1 075.2	1 561.2	1 638.6
	RMSE	1 582.1	2 150.5	2 399.4	1 638.6
12. 核密度双重差分匹配[c]	偏差	1 292.0	754.1	2 036.5	832.2
	标准差	415.7	605.3	674.4	776.9
	RMSE	1 357.2	967.0	2 145.3	1 138.5
结果：在随机分配/资格审查后第 6 个季度的就业情况					
1. OLS	偏差	0.089	0.083	0.111	0.070
	标准差[a]	0.031	0.042	0.040	0.046
	RMSE	0.094	0.093	0.118	0.083
2. 劳动力转型单元匹配	偏差	0.093	0.056	0.137	0.085
	标准差	0.032	0.041	0.041	0.046
	RMSE	0.098	0.069	0.143	0.097

估计值		整体	CT-OS	OJT	其他
3. 倾向分分位数单元匹配	偏差	0.088	0.068	0.114	0.012
	标准差	0.037	0.047	0.052	0.047
	RMSE	0.095	0.082	0.125	0.048
4. 1个最近的邻里匹配	偏差	0.087	0.097	0.091	0.003
	标准差	0.050	0.069	0.084	0.090
	RMSE	0.100	0.119	0.124	0.090
5. 最近的18个邻里匹配 (在20个邻居之内的最优)[b]	偏差	0.075	0.071	0.103	0.065
	标准差	0.034	0.042	0.054	0.071
	RMSE	0.082	0.082	0.117	0.096
6. 最优核密度[f]	偏差	0.077	0.000	0.121	0.025
	标准差	0.030	0.058	0.043	0.054
	RMSE	0.082	0.058	0.129	0.060
7. 最优本地线性方程[f]	偏差	0.074	0.024	0.097	0.034
	标准差	0.044	0.048	0.064	0.067
	RMSE	0.086	0.054	0.116	0.075
8. 更正偏差的1个最近的邻里匹配	偏差	0.098	0.083	0.089	0.031
	标准差	0.047	0.066	0.075	0.070
	RMSE	0.109	0.106	0.116	0.077
9. 更正偏差的核密度匹配	偏差	0.077	0.052	0.110	0.055
	标准差	0.029	0.057	0.039	0.053
	RMSE	0.083	0.077	0.116	0.076
10. 更正偏差的本地线性匹配[f]	偏差	0.098	0.083	0.089	0.031
	标准差	0.039	0.067	0.072	0.085
	RMSE	0.106	0.107	0.115	0.090
11. 1个最近邻里的双重差分匹配	偏差	0.057	0.075	0.128	0.066
	标准差	0.060	0.101	0.097	0.093
	RMSE	0.083	0.126	0.161	0.114
12. 核密度双重差分匹配[f]	偏差	0.072	0.028	0.137	0.068
	标准差	0.055	0.069	0.052	0.061
	RMSE	0.090	0.075	0.147	0.091

注：a　估计值1(OLS)稳健的标准差和估计值4—13自举法标准差(50次重复)。

b　在男性(女性)最初的25个邻里中应用最近的12(18)个邻里匹配最小化RMSE。

c　根据横截面有效性选择最优核密度和带宽最小化RMSE。
估计值6(最优核密度)Epanechnikov 0.014 0(Epanechnikov 0.0062在CT-OS)。
估计值7(最优本地线性方程)Tricube 0.296 2(Epanechnikov 0.0985在CT-OS)。
估计值12(核密度双重差分匹配)Gaussian 0.027 3(Epanechnikov 0.005 8在CT-OS)。

d　根据横截面有效性选择最优核密度和带宽最小化RMSE。
估计值6(最优核密度)Gaussian 0.051 8(Epanechnikov 0.006 6在CT-OS)。
估计值7(最优本地线性方程)Gaussian 0.134 4(Epanechnikov 0.010 7在CT-OS)。
估计值12(核密度双重差分匹配)Epanechnikov 0.057 0(Epanechnikov 0.005 7在CT-OS)。

e　根据横截面有效性选择最优核密度和带宽最小化RMSE。
估计值6(最优核密度)Gaussian 0.004 5。
估计值7(最优本地线性方程)Tricube 0.059。
估计值12(核密度双重差分匹配)Gaussian 0.147。

f　根据横截面有效性选择最优核密度和带宽最小化RMSE。
估计值6(最优核密度)Tricube 0.013 7。
估计值7(最优本地线性方程)Tricube 0.123。
估计值12(核密度双重差分匹配)Tricube 0.034。

第四,如赫克曼等(Heckman et al.,1997,1998a)所强调的,通常来讲匹配方法的细节关系不大。我们的结果再一次肯定了该结论。需要记住的是,通常偏差估计与方差估计(以及 RMSE 估计值)均不是很精确。特别是,我们发现单独的最近邻里匹配的表现非常差,这与弗罗利克(Frölich,2004)在非常有效的蒙特·卡罗分析中的表现相一致。这意味着在应用经济学文献中更偏好于核匹配是非常英明的。通常,更正偏差的单一最近邻里匹配在偏差和方差方面表现更好,这支持了在应用统计文献中在匹配后使用事后回归的方法。我们在数据中,从其他的横截面匹配估计值的事后回归中,没有观测到 RMSE 有一致的提高。这正如人们所预计的,根据交叉有效性最近邻里选择机制,可能有大量的邻居被选上(有时被选上的数据出奇大),会产生比单一最近邻里匹配更低的方差,但适度较高的偏差,因此就从 RMSE 角度而言,该匹配方法相对于单一最近邻里匹配方法更优。

第五,也是最后一点,如赫克曼和史密斯(Heckman and Smith,1999)所强调的,就偏差、方差或 RMSE 而言没有很强的特征出现,意味着就本文而言在横截面和双重差分匹配之间可以有一个清晰的选择。该结论与史密斯和托德(Smith and Todd,2005a)使用支持工作数据得到结论有很大的差异。这个差异来自 NJS 数据本身,与支持工作数据不同的是,NJS 没有包含由于地理的不匹配或由于处理组或非处理组用不同的结果变量测量而导致的不随时间变化的偏差。

6 结论

目前有许多文献都涉及多重处理项目,特别是积极的劳动力市场政策。在本文中,我们权衡取舍,评估了分开的处理效应而不是把项目作为一个整体进行评估,并用美国全国的 JTPA 研究提供的数据证明了一些我们的观点。虽然,一旦分开不同的处理效应,我们的证据会受限于相对较小的样本规模,我们还是在实验估计中发现了一些有趣的差别以及参加三个不同处理支流的决定因素。这些发现增加了我们对项目的理解,证明了将不同处理效应加总后隐藏了相关的差别,不同处理效应之间存在潜在的相互抵消问题。我们也对研究可选择匹配估计的表现的文献做出了一些贡献,我们比赫克曼等(Heckman et al.,1997,1998a)总的分析得到的结论更丰富。具体而言,我们的结论指出了广泛使用的单一最近邻里匹配估计值相对较差的表现。

附录

表 A1　变量的定义

结果

在随机分配或资格审查之后的前 6 个季度的季度收入总和（随机分配或资格审查是指对于控制变量的随机分配的日期以及对 ENP 进行资格筛选的日期）。根据赫克曼等（Heckman etal.，1997，1998c）以平均月收入计算的季度的变量构建的。

在随机分配或资格审查之后第 6 个季度正收入的指示变量。

根据长期基础调研数据库得到的背景变量

年龄

年龄为 30—39,40—49 及 50—54 的指示变量。

受教育程度

在长期基础调研面试时受访者所完成的正规教育的最高学历。对于特定的所完成的最高学历的范围被记录在下列的指示变量中：在面试时所完成的最高年级 <10,在 10—11,12,13—15,大于 15。

婚姻状态

受访者在随机分配或资格审查之前 12 个月的婚姻状态：在随机分配或资格审查时刚结婚,在随机分配或资格审查之前已经结婚 1—12 个月,在随机分配或资格审查之前已经结婚多于 12 个月,在随机分配或资格审查时单身或从未结婚。只有第一个分类,在随机分配或资格审查时刚结婚,被用作模型的默认值。

在长期基础调研面试之前一年的家庭收入

所有相关的家庭成员总收入之和,包括在基准面试之前一年的受访者。它包含了在面试时在家里的个体。如果就业状态对于任何相关的家庭成员缺失或年收入对于任何已就业的相关家庭成员缺失,则总收入设为缺失变量。对于每个分类的指示变量,包括估算值：家庭收入在 ＄0 到 ＄3 000 之间,在 ＄3 001 到 ＄9 000 之间,在 ＄9 001 到 ＄15 000 之间,大于 ＄15 000。

在随机分配或资格审查之前季度福利特征

在随机分配或资格审查前的两个季度,包括随机分配或资格审查的月份所收到的季度福利的特征。如果受访者收入了 AFDC、食物补贴或在季度的任何一个月内获得了其他帮助,则福利收入变量设为 1,如果他们在季度中的任何一个月份没有获得任何形式的帮助,则设为 0。该特征编码由两个季度变量组成,相应的指示变量为：没有福利→没有福利,没有福利→有福利,有福利→没有福利,有福利→有福利。

在随机分配或资格审查之前两个最近的劳动力状态值

在随机分配或资格审查之前的 7 个月,包括随机分配或资格审查的月份两个最近月劳动力状态值。该变量的值以及相应的指示变量为：就业→就业,失业→就业,退出劳动力市场→就业,就业→失业,失业→失业,退出劳动力市场→失业,就业→退出劳动力市场,失业→退出劳动力市场以及退出劳动力市场→退出劳动力市场。

在随机分配或资格审查之前 6 个最近季度的季度收入

每个季度的平均收入是根据个体自己汇报的月份收入计算而得。

估算值

对于上面所列出的变量,如果受访者没有回答,则对缺失值进行了估算。对于持续变量的缺失,例如家庭成员,根据一个线性回归的预测值进行了估算。对于二分变量的缺失值,例如家里是否有自己的孩子,由 logit 等式估计的预测概率来取代。对于超过两类的特定分类变量的指示变量的缺失值,例如由 5 类分类变量组成的所完成的最高学历变量,由各分类变量作为因变量的多重正态 logit 模型所得到的预测概率来表示。在任何情况下,用于产生估算值的估计等式包括：种族的指示变量,年龄分类变量,获得高中学历文凭或 GED 的变量,地点指示变量。所有变量均与控制组变量相互交叉。所选择的要包含的变量在样本中均没有缺失值。估算模型对于成年男性和成年女性分开计算。

■表 A2　最优核密度和带宽

核类型	Gaussian	Epanechnikov	Tricube
核密度匹配交叉有效性的分析			
收入结果			
成年男性			
最优带宽	0.011 6	0.014	0.014
最小 RMSE	4 738.556	4 724.055	4 742.801
最小带宽 0.004			
最大带宽 0.635			
格子大小 55			
样本规模(ENP) 357			
成年女性			
最优带宽	0.004 5	0.009 7	0.010 6
最小 RMSE	3 043.959	3 044.86	3 044.548
最小带宽 0.001			
最大带宽 0.271			
格子大小 64			
样本规模(ENP) 870			
就业结果			
成年男性			
最优带宽	0.051 8	0.122 2	0.147 8
最小 RMSE	0.428 7	0.429 2	0.429 3
最小带宽 0.004			
最大带宽 0.618			
格子大小 55			
样本规模(ENP) 367			
成年女性			
最优带宽	0.289 8	0.012 5	0.013 7
最小 RMSE	0.500 6	0.499 2	0.499 2
最小带宽 0.001			
最大带宽 0.290			
格子大小 65			
样本规模(ENP) 896			
本地线性匹配的交叉有效性分析			
收入结果			
成年男性			
最优带宽	0.064 5	0.058 6	0.296 2
最小 RMSE	4 682.666	4 669.477	4 594.707
最小带宽 0.004			
最大带宽 0.635			
格子大小 55			
样本规模(ENP) 357			

核类型	Gaussian	Epanechnikov	Tricube
成年女性			
最优带宽	0.271 4	0.271 4	0.059 1
最小 RMSE	3 054.827	3 056.116	3 012.571
最小带宽 0.001			
最大带宽 0.271			
格子大小 64			
样本规模(ENP) 860			
就业结果			
成年男性			
最优带宽	0.134 4	0.464	0.510 4
最小 RMSE	0.423 8	0.423 8	0.425
最小带宽 0.000 4			
最大带宽 0.618			
格子大小 55			
样本规模(ENP) 367			
成年女性			
最优带宽	0.289 8	0.022 1	0.122 9
最小 RMSE	0.501 4	0.498 6	0.495 7
最小带宽 0.001			
最大带宽 0.290			
格子大小 e 65			
样本规模(ENP) 896			
双重差分核密度匹配的交叉有效性分析			
收入结果			
成年男性			
最优带宽	0.027 3	0.064 5	0.070 9
最小 RMSE	3 834.123	3 840.938	3 841.252
最小带宽 0.004			
最大带宽 0.635			
格子大小 55			
样本规模(ENP) 357			
成年女性			
最优带宽	0.147 2	0.286 8	0.286 8
最小 RMSE	2 271.158	2 271.065	2 272.057
最小带宽 0.001			
最大带宽 0.287			
格子大小 64			
样本规模(ENP) 823			
就业结果			
成年男性			

核类型	Gaussian	Epanechnikov	Tricube
最优带宽	0.038 9	0.057	0.057
最小 RMSE	0.487	0.484 9	0.485 5
最小带宽 0.004			
最大带宽 0.618			
格子大小 55			
样本规模(ENP) 367			
成年女性			
最优带宽	0.170 8	0.021	0.033 8
最小 RMSE	0.521 8	0.521	0.520 9
最小带宽 0.001			
最大带宽 0.275			
格子大小 64			
样本规模(ENP) 858			

注：1. 带宽搜寻格子的两端为(Xmax-Xmin)/N 和(Xmax-Xmin)/2。每一步增加了以前带宽的 1.1 倍。

2. 在每一类人口组中,我们对三个处理支流都使用了 ENPs 的相同比较组;结果最优带宽也相同。唯一的一个例外是在 CT-OS 处理支流中的成年男性,因为较小的样本规模我们采取了略微不同的倾向分模型。

■表 A3　成年男性和女性的平衡测试

	整体	CT-OS	OJT	其他
成年男性				
最近邻里的标准化差分				
地点:韦恩堡	−11.65	0	1	3.94
地点:新泽西城	−5.91	0	−10.74	−11.24
地点:普罗维登斯	16.87	0	6.64	4.73
种族:黑人裔	5.4	6.16	−13.56	0
种族:其他	−5.58	−19.97	−6.37	−8.45
年龄	6.57	17.11	−0.83	−7.63
年龄平方	6.92	14.48	−2.38	−5.63
受教育年限<10 年	−3.30	2.42	−12.50	15.81
受教育年限 10—11 年	1.39	−9.67	5.72	−7.31
在随机分配或资格审查时已经结婚	−2.65	−9.05	−5.15	−8.12
家庭收入 3K—9K	6.48	.	−17.87	15.08
家庭收入 9K—15K	8.97	5.73	−1.90	16.88
家庭收入>15K	−8.08	−17.97	−6.22	−1.36
劳动力转为失业	−2.86	26.61	−6.57	7.87
劳动力转为退出劳动力市场	0.64	−14.26	3.26	6.34
收入 Q-1	−4.63	4.63	−6.67	−6.63

	整体	CT-OS	OJT	其他
收入 Q-2	4.04	1.77	−8.80	0.88
收入 Q-3 到 Q-6	0.05	−17.55	−3.79	−14.66
横截面估计值标准化差分概括				
（表7估计值4到7）				
最近的邻里				
绝对标准化差分的最大值	16.87	26.61	17.87	16.88
绝对标准化差分＞20 的情况	0	1	0	0
绝对标准化差分的平均值	5.67	9.85	6.66	7.92
最优最近邻里（12）				
绝对标准化差分的最大值	17.62	38.79	14.59	29.84
绝对标准化差分＞20 的情况	0	6	0	1
绝对标准化差分的平均值	5.14	13.58	6.14	12.28
最优核密度（Epanechnikov 0.014）				
绝对标准化差分的最大值	21.17	37.46	23.02	31.39
绝对标准化差分＞20 的情况	1	11	1	1
绝对标准化差分的平均值	7.52	20.19	8.34	10.91
最优本地线性方程（Gaussian 0.004 5）				
绝对标准化差分的最大值	10.16	21.83	14.25	23.61
绝对标准化差分＞20 的情况	0	2	0	1
绝对标准化差分的平均值	3.99	9.6	6.15	8.95
成年女性				
最近邻里的标准化差分				
地点:韦恩堡	−0.65	5.04	−14.50	−3.58
地点:新泽西城	−4.71	−7.86	5.44	8.89
地点:普罗维登斯	−7.02	1.21	−1.19	−5.74
种族:黑人裔	−11.70	−3.38	1.88	−16.95
种族:其他	7.18	−0.98	0.85	−1.23
年龄	0.57	1.86	−2.97	−0.94
年龄平方	0.52	2.26	−2.87	0.73
高中辍学	8.9	4.83	3.09	−7.36
受教育年限＞13 年	−10.62	9.33	4.9	14.79
在随机分配或资格审查时已经结婚	7.23	−4.70	−5.08	−1.07
没有福利→有福利	10.78	−18.25	0	−14.04
有福利→没有福利	−11.41	9.97	−9.40	−21.35
有福利→有福利	−1.59	12	12.62	3.51
没有福利信息	1.16	−1.88	−1.42	6.25
家庭收入 3K—9K	5.49	0.58	17.95	−8.79
家庭收入 9K—15K	−6.85	−12.90	2.97	−10.66
家庭收入＞15K	7.19	−4.05	−0.32	1.79

	整体	CT-OS	OJT	其他
劳动力转型:就业→就业	2.66	5.39	10.46	1.62
劳动力转型:就业→退出劳动力市场	1.51	−0.90	−8.58	8.86
劳动力转型为失业	1.56	17.67	7.12	11.07
劳动力转型:退出劳动力市场→就业	−0.53	−8.76	−12.37	−4.87
劳动力转型:退出劳动力市场→失业	1.15	−0.42	−9.02	6.58
劳动力转型:退出劳动力市场→退出劳动力市场	1.91	−10.13	−2.62	−6.59

横截面估计值标准化差分概括
（表 7 估计值 4 到 7）

最近的邻里

	整体	CT-OS	OJT	其他
绝对标准化差分的最大值	11.7	18.25	17.95	21.35
绝对标准化差分>20 的情况	0	0	0	1
绝对标准化差分的平均值	4.91	6.28	5.98	7.27

最优最近邻里(18)

绝对标准化差分的最大值	11.16	6.9	21.98	15.9
绝对标准化差分>20 的情况	0	0	2	0
绝对标准化差分的平均值	4.31	2.95	5.98	5.27

最优核密度(Tricube 0.296 2)

绝对标准化差分的最大值	11.3	15.21	10.52	19.39
绝对标准化差分>20 的情况	0	0	0	0
绝对标准化差分的平均值	3.79	6.71	4.8	7.11

最优本地线性方程(Tricube 0.059 1)

绝对标准化差分的最大值	13.88	8.08	17.22	16.13
绝对标准化差分>20 的情况	0	0	0	0
绝对标准化差分的平均值	3.78	2.66	4.71	5.24

参考文献

Abadie A, Imbens G (2006) On the failure of the bootstrap for matching estimators. Unpublished manuscript, University of California at Berkeley

Andrews D, Buchinsky M (2000) A three-step method for choosing the number of bootstrap repetitions. Econometrica 68:23–51

Angrist J, Krueger K (1999) Empirical strategies in labor economics. In: Ashenfelter O, Card D (eds) Handbook of Labor Economics Vol 3A. North-Holland, Amsterdam, pp 1277–1366

Ashenfelter O (1978) Estimating the effect of training programs on earnings. Rev Econ Stat 6:47–57

Black D, Smith J (2004) How robust is the evidence on the effects of college quality? Evidence from matching. J Econ 121:99–124

Black D, Smith J, Berger M, Noel B (2003) Is the threat of reemployment services more effective than the services themselves? Evidence from the UI system using random assignment. Am Econ Rev 93:1313–1327

Bloom H, Orr L, Cave G, Bell S, Doolittle F (1993) The National JTPA Study: title II-A impacts on earnings and employment at 18 Months. Abt Associates, Bethesda

Bloom H, Orr L, Bell S, Cave G, Doolittle F, Lin W, Bos J (1997) The benefits and costs of JTPA title II-A programs: key findings from the National Job Training Partnership Act study. J Hum Resources 32:549–576

Card D, Sullivan D (1988) Measuring the effect of subsidized training programs on movements in and out of employment. Econometrica 56:497–530

Courty P, Marschke G (2004) An empirical investigation of gaming responses to explicit performance incentives. J Labor Econ 22:23–56

Dehejia R, Wahba S (1999) Causal effects in non-experimental studies: re-evaluating the evaluation of training programs. J Am Stat Assoc 94:1053–1062

Dehejia R, Wahba S (2002) Propensity score matching methods for non-experimental causal studies. Rev Econ Stat 84:139–150

Devine T, Heckman J (1996) The consequences of eligibility rules for a social program: a study of the Job Training Partnership Act. Res Labor Econ 15:111–170

Dolton P, Smith J, Azevedo JP (2006) The econometric evaluation of the new deal for lone parents. Unpublished manuscript, University of Michigan

Doolittle F, Traeger L (1990) Implementing the National JTPA Study. Manpower Demonstration Research Corporation, New York

Dorset R (2006) The New Deal for Young People: effect on the labor market status of young men. Labour Econ 13:405–422

Fan J, Gijbels I (1996) Local polynomial modeling and its applications. Chapman and Hall, New York

Fisher R (1935) The design of experiments. Oliver and Boyd, London

Fitzenberger B, Speckesser S (2005) Employment effects of the provision of specific professional skills and techniques in Germany. IZA Working paper no. 1868

Frölich M (2004) Finite sample properties of propensity score matching and weighting estimators. Rev Econ Stat 86:77–90

Frölich, M (2006) A note on parametric and nonparametric regression in the presence of endogenous control variables. IZA working paper no. 2126

Galdo J, Smith J, Black D (2006) Bandwidth selection and the estimation of treatment effects with nonexperimental data. Unpublished manuscript, University of Michigan

Gerfin M, Lechner M (2002) Microeconometric evaluation of active labour market policy in Switzerland. Econ J 112:854–803

Heckman J (1979) Sample selection bias as a specification error. Econometrica 47:153–161

Heckman J, Hotz VJ (1989) Choosing among alternative nonexperimental methods for estimating the impact of training programs. J Am Stat Assoc 84:862–874

Heckman J, Navarro S (2004) Using matching, instrumental variables, and control functions to estimate economic choice models. Rev Econ Stat 86:30–57

Heckman J, Smith J (1999) The pre-programme earnings dip and the determinants of participation in a social programme: implications for simple program evaluation strategies. Econ J 109:313–348

Heckman J, Smith J (2000) The sensitivity of experimental impact estimates: evidence from the National JTPA Study. In: Blanchflower D, Freeman R (eds) Youth employment and joblessness in advanced countries. University of Chicago Press, Chicago

Heckman J, Smith J (2004) The determinants of participation in a social program: evidence from a prototypical job training program. J Labor Econ 22:243–298

Heckman J, Todd P (1995) Adapting propensity score matching and selection models to choice-based samples. Unpublished manuscript, University of Chicago

Heckman J, Ichimura H, Todd P (1997) Matching as an econometric evaluation estimator: evidence from evaluating a job training program. Rev Econ Stud 64:605–654

Heckman J, Ichimura H, Smith J, Todd P (1998a) Characterizing selection bias using experimental data. Econometrica 66:1017–1098

Heckman J, Lochner L, Taber C (1998b) Explaining rising wage inequality: explorations with a dynamic general equilibrium model of labor earnings with heterogeneous agents. Rev Econ

Dynam 1:1–58

Heckman J, Smith J, Taber C (1998c) Accounting for dropouts in evaluations of social programs. Rev Econ Stat 80:1–14

Heckman J, LaLonde R, Smith J (1999) The economics and econometrics of active labor market programs. In: Ashenfelter O, Card D (eds) Handbook of Labor Economics, Vol 3A. North-Holland, Amsterdam, pp 1865–2097

Heckman J, Hohmann N, Smith J, Khoo M (2000) Substitution and dropout bias in social experiments: a study of an influential social experiment. Q J Econ 115:651–694

Heckman J, Heinrich C, Smith J (2002) The performance of performance standards. J Hum Resources 36:778–811

Heinrich C, Marschke G, Zhang A (1999) Using administrative data to estimate the cost-effectiveness of social program services. Unpublsihed manuscript, Univerity of Chicago

Ho D, Kosuke I, King G, Stuart E (2007) Matching as nonparametric preprocessing for reducing model dependence in parametric causal inference. Forthcoming in: Political Analysis

Imbens G (2000) The role of the propensity score in estimating dose-response functions. Biometrika 87:706–710

Kordas G, Lehrer S (2004) Matching using semiparametric propensity scores. Unpublished manuscript, Queen's University

Kemple J, Doolittle F, Wallace J (1993) The National JTPA Study: site characteristics and participation patterns. Manpower Demonstration Research Corporation, New York

LaLonde R (1986) Evaluating the econometric evaluations of training programs using experimental data. Am Econ Rev 76:604–620

Lechner M (2001) Identification and estimation of causal effects of multiple treatments under the conditional independence assumption. In: Lechner M, Pfeiffer P (eds) Econometric evaluation of labour market policies. Physica, Heidelberg

Lechner M, Smith J (2007) What is the value added by caseworkers? Labour Econ 14:135–151

Lechner M, Miquel R, Wunsch C (2008) The curse and blessing of training the unemployed in a changing economy: the case of East Germany after unification. Forthcoming in: German Economic Review

Lise J, Seitz S, Smith J (2005) Equilibrium policy experiments and the evaluation of social programs. NBER working paper no. 10283

Manski C (1996) Learning about treatment effects from experiments with random assignment to treatment. J Hum Resources 31:707–733

Michalopolous C, Tattrie D, Miller C, Robins P, Morris P, Gyarmati D, Redcross C, Foley K, Ford R (2002) Making work pay: final report on the Self-Sufficiency Project for long-term welfare recipients. Social Research and Demonstration Corporation, Ottawa

Neyman J (1923) Statistical problems in agricultural experiments. J R Stat Soc 2:107–180

Orr L, Bloom H, Bell S, Lin W, Cave G, Doolittle F (1994) The National JTPA Study: impacts, benefits and costs of title II-A. Abt Associates, Bethesda

Pagan A, Ullah A (1999) Nonparametric econometrics. Cambridge University Press, Cambridge

Pechman J, Timpane M (1975) Work incentives and income guarantees: the New Jersey negative income tax experiment. Brookings Institution, Washington DC

Plesca M (2006) A general equilibrium evaluation of the employment service. Unpublished manuscript, University of Guelph

Quandt R (1972) Methods of estimating switching regressions. J Am Stat Assoc 67:306–310

Racine J, Li Q (2005) Nonparametric estimation of regression functions with both categorical and continuous data. J Econ 119:99–130

Rosenbaum P, Rubin D (1983) The central role of the propensity score in observational studies for causal effects. Biometrika 70:41–55

Rosenbaum P, Rubin D (1984) Reducing bias in observational studies using subclassification on the propensity score. J Am Stat Assoc 79:516–524

Rosenbaum P, Rubin D (1985) Constructing a control group using multivariate matched sampling methods that incorporate the propensity score. Am Stat 39:33–38

Roy AD (1951) Some thoughts on the distribution of earnings. Oxford Econ Pap 3:135–146

Rubin D (1974) Estimating causal effects of treatments in randomized and non-randomized studies. J Educ Psychol 66:688–701

Smith J, Todd P (2005a) Does matching overcome LaLonde's critique of nonexperimental methods? J Econ 125:305–53

Smith J, Todd P (2005b) Rejoinder J Econ 125:365–375

Smith J, Whalley A (2006) How well do we measure public job training? Unpublished manuscript, University of Michigan

Zhao Z (2004) Using matching to estimate treatment effects: data requirements, matching metrics, and Monte Carlo evidence. Rev Econ Stat 86:91–107

德国在提供特殊职业技能和技术方面的就业效果[*]

伯恩德·斐岑伯格(Bernd Fitzenberger)　斯蒂芬·斯佩克泽(Stefan Speckesser)

摘要： 基于最近出版的独特的行政数据,本文估计了德国公立部门最重要的资助类型——特殊职业技能和技术的提供(SPST)对就业影响。使用 1993 年进入失业群体的人数,根据估计的倾向分数的本地线性匹配法,运用实证分析的方法,通过逝去的失业持续时间估计了 SPST 项目处理组的平均处理效应。实证结果显示,在项目开始后的一段时间内对就业有一个负的锁住效应,并会在项目开始后的一年左右的时间对就业率产生显著的正的约 10 个百分点的处理效应。估计的处理效应的总特征与所考虑的过去的三个失业的时间间隔非常相似。正效应会一直持续到我们评估期结束。正效应在前联邦德国地区的效果比原民主德国地区强。

---

* 我们非常感谢三名匿名审稿人的有益评论。我们受益于在 ZEW、曼海姆、IAB 纽伦堡、歌德(Goethe)大学、法兰克福大学、斯坦福大学、霍恩海姆大学、RWI 埃森以及 Rauischolzhausen 研讨会的建设性意见。我们感谢 Annette Bergemann、Stefan Bender、Reinhard Hujer、Michael Lechner、Konrad Menzel、Ruth Miquel、Don Rubin、Jeff Smith、Robert Völter 和 Conny Wunsch 的建议。文责自负。本文献给我们的朋友和同事 Reinhard Hujer 在 2005 年 9 月他从歌德大学退休的时机。我们与 Reinhard Hujer 关于如何评估积极的劳动力市场政策有许多非常启发性的讨论,他促使我们在 1999 年写下了关于此主题的第一次调查。本文是"再培训项目有效性"课题的一部分。该评估是根据由就业研究机构,IAB 提供的登记数据为基础的(Über die Wirksamkeit von Fortbildungs-und Umschulungsmaßnahmen. Ein Evaluationsversuch mit prozessproduzierten Daten aus dem IAB)。IAB 项目批准号 6-531A。数据是瑞士圣加仑大学(University of St. Gallen)国际经济与应用经济研究机构与 Institut für Arbeitsmarkt-und Berufsforschung(IAB)的合作项目而收集的。我们非常感谢 IAB 的财政支持。

关键词: 培训项目 就业影响 行政数据 匹配

1 引言

在过去的十年,在德国进行了大量有关作为积极劳动力市场政策一部分的再培训的有效性研究。[1]实践中大量的研究均使用了调查数据。[2]虽然这些数据就信息协方差而言都很丰富,但大多数早期的评估研究,都存在处理信息质量以及处理效应前后就业历史的精确度等严重的缺陷。经常差别非常大的处理方法被概括在一个双边处理变量中。此外,德国以前的研究没有根据以前的失业经历区分处理方法,这个问题被最近关于事件时间的文献所强调(参见 Abbring and van den Berg, 2003, 2004; Fredriksson and Johansson, 2003, 2004; Sianesi, 2004)。最后,大多数的研究只评估了再培训在原民主德国地区的影响。[3]

本评估研究利用了独特的行政数据的优势,该数据包括就业登记数据、失业数据以及由联邦就业办公室(Bundesagentur für Arbeit)制定的积极劳动力市场项目的参加情况数据。我们的数据为收益数据和从当地联邦就业办公室获得的 1980—1997 年间关于再培训项目参加情况的调查数据的合并登记数据。联邦就业办公室提供的调查数据对差异非常大的各种课程提供了丰富的信息:再培训(离职培训)根据本文的分类方法由以下几个部分组成,即(1)特定职业技能的提供,(2)就职于另外一个需要新正式学历的职业的完整再培训,(3)增加个体求职有效性的短期课程培训,(4)为移民提供的德语课程培训。

以前关于就业影响的文献是针对差异十分大的培训项目的就业影响进行评估,而本文关注的是一个由经济目的定义的特定的培训类型。根据我们培训类型的分类,我们评估了一个最重要类型,即特定职业技能和技术的提供(SPST)对就业的影响。以前,这种类型的再培训是德国失业人员培训的主要类型(BLK 2000),并且与德国激烈的经济劳动力政策公开辩论相对比的是,在 SPST 类型下的培训自 1990 年以来变化幅度很小。因此,本研究所得到的结论为今天仍旧由联邦就业机构提供的政策的长期有效性提供了证据,并能充分满足德国最近改革后关于这类政策有效性的

---

[1] 参见 Speckesser(2004,第 1 章)和 Wunsch(2006,6.5 部分)最新的研究及其他参考文献。

[2] Bender and Klose(2000)是个例外,利用了我们一部分数据的早期版本,以及最近的 Lechner 等(2005a, b)研究,使用了与我们研究相同的数据。事实上,这套数据是为评估准备的,联合努力合并行政数据的结果,参见 Bender 等(2005)。Lechner 等(2005a, b)的研究与本文在确切地处理方法的定义,有效观测值的选择以及所使用的计量经济学方法上差别很大。因此很难将我们得到结论与 Lechner 等(2005a, b)发现的结果相比较,他们发现对于不同类型的培训,存在显著的积极效应。然而,假定 Lechner 等(2005a, b)定义的短期培训项目至少部分与我们这里分析的培训类型相似,两个研究都表明对于长期而言,进一步的培训都会产生积极的影响。

[3] 参见 Hujer and Wellner(1999),Lechner(1999),Fitzenberger and Prey (2000),以及我们自己的调查 Fitzenberger and Speckesser(2002)。

辩论。

由于分析是建立在行政数据上，本研究不得不使用非实验的评估方法。我们构建了处理组与非处理组就业结果的条件独立假设，防止非处理组在以一套涵盖社会与经济特征、以前个体的就业历史、失业的开始时间以及失业的持续时间的协方差为条件后，得到与处理组平均相同的结果。

在动态设置中，人们不得不考虑事件的时间，参见阿布林和范登伯格（Abbring and van den Berg，2003，2004）、弗雷德里克森和约翰森（Fredriksson and Johansson 2003，2004）以及沙恩斯（Sianesi，2004）的研究。静态处理评估运行时可能遇到以将来的结果为条件而导致可能有偏差的处理效应的风险。这是因为数据中没有接受处理的个体由于处理是在观测期结束后开始的而可能被观测为非处理组成员，或是因为在处理开始前他们结束了失业状态（Fredriksson and Johansson，2003，2004）。我们与沙恩斯（Sianesi，2004）相类似，估计的处理效应开始于个体有一些失业的经历之后，相对于其他的在这个时间点没有开始接受处理以及更长时间的等待。我们的分析采用了常用的经过调整的动态的倾向分匹配方法。我们的匹配估计值使用了本地线性匹配（Heckman etal.，1998b）的方法，并根据伯格曼等（Bergemann et al.，2004）所建议的交叉有效性过程而得到。

本文剩余部分的结构如下：第 2 部分对于制度规定以及积极的劳动力市场政策参加数字给出了简短的描述。第 3 部分主要针对再培训的不同选择、其目标群体以及课程内容。第 4 部分描述了估计处理效应的方法。实证结果在第 5 部分予以讨论。第 6 部分给出了结论。最后的附录提供了数据及详细实证结果的进一步信息。

2　再培训的基本规定

2.1　项目

在我们数据收集期间，德国再培训的规定以"劳动促进草案"（Arbeitsförderungsgesetz，AFG）为基础，并通过德国联邦就业服务机构（以前称为 Bundesanstalt für Arbeit，BA）执行。它旨在提高工作的灵活性，促进职业提升并防止技能短缺。然而，在 20 世纪 70 年代持续的失业后，再培训项目的特征从预防性的积极的劳动力市场政策改变为对失业人员或存在极大可能失业人员的干涉性政策。

越来越多的失业人员进入该项目后改变了该项目的宗旨，从针对就业人员技能提升的项目转变为向个体讲授新技术以及为职业重新融合或对现有技能的部分加强的短期项目。虽然对于受益水平和执行的资格改变了许多，传统的关于再培训、重新培训以及融合资助在 1997 年以前一直都没有改变。[1]

● 再培训，包括评估、维持和技术发展和职业提升（Weiterbildung）的技能延伸。课程的持续时间视个体的需求、其他联合资助机构以及培训提供者提供的课程等情况而定。

● 重新培训，如果完整的职业培训没有引向充足就业（Umschulung），重新培训可以使职业重新定位。重新培训的资助时间为两年，旨在提供一项新的核心职业技能。

● 再培训的第三个项目称为融合资助（Einarbeitungszuschuss），是为失业工人或直接受到失业威胁的工人提供工作机会的雇主提供的财政资助。资助时间为一段调整期直到被资助的个体达到了工作所需的完全熟练程度（资助额高达各自行业标准工资的 50％）。

● 1979 年，劳动促进草案的 41 章 a 引入了短期培训项目，旨在增加融合的前景。该项目会提供评估、职业定位以及对失业的指导。在该项目下的课程通常为短期，持续时间为两周到两个月之间，旨在增加失业人员的置换率。

除了融合资助会为参加者提供一个标准的工资（根据工会的工资合同），如果符合资格参加者还会得到收入补贴（Unterhaltsgeld）。为了符合条件，人们需要以前至少工作过一个最低时间段，即至少工作了一年并获得了失业补偿或后续的失业资助。

有需要照顾小孩的参加者的收入补贴相当于工资的 67％，否则它等于失业补贴的 60％。然而补贴在 20 世纪 80 年代或 90 年代的早期非常高，约等于以前净收入的 80％。如果个体不符合以前就业的要求，但直到测量的开始一直获得失业救济，也可能会收到收入补贴。参加再培训，会使参加者重新获得失业补贴的权利，为个体参加这类培训项目提供了额外的激励机制。德国联邦就业服务机构承担由培训机制所产生的再培训的所有费用，特别是课程费用。

2.2 参加

在三个失业培训项目中，总的再培训机制（Berufliche Weiterbildung）对于原民主德国地区和前联邦德国地区都是最重要的类型。在 1980 年全年 232 500 名新项目参加者中，有 70％的个体参加

---

[1] 再培训由许多种不同类型的培训组成，该培训主要由三种不同的项目所提供例如：
- 准备、社会技能和短期培训。
- 特定职业技能和技术的提供。
- 通过教育系统或重新培训的资格认定。
- 特定工作机会的培训。
- 第一劳动力市场的直接融合。
- 职业提升资助。
- 语言培训。

关于特定职业技能和技术的提供，本文评估的培训类型的详细细节在第 3 部分讨论。所有不同类型的整体概况可以在附录中找到。

了再培训,而只有 14%(32 600 名)的个体参加了融合资助项目(Eingliederungszuschüsse)。新加入重新培训项目的人多达 37 900 人(Berufliche Umschulung,占总数的 16%)。平均而言,参加者在 1980 年的存量为 89 300。在 1985 年,参加项目的个体总数增加了 60%。其中,再培训项目的参加者占到了总参加者人数的 80%。在 1980 年到 1990 年之间,参加者增加至 514 600 人,其中 74% 的这些参加者加入了再培训项目。重新培训的参加者从 1980 年的 37 900 人增加到 1990 年的 63 300 人。

当劳动力市场政策延伸至原民主德国地区时,项目的参加者在 1992 年达到顶峰为 887 600 人,前联邦德国地区为 574 700 人,这之后在 1996 年前联邦德国地区的参加者下降至 378 400 人,原民主德国地区为 269 200 人。再培训项目的比例持续增加在原民主德国地区为 77%,在原民主德国地区为 76%。重新培训项目的参加者比例在前联邦德国地区约为 20%,在原民主德国地区约为 18%(参见表 1)。

■表 1　1997 年之前再培训的参加人数(单位:千人)

年　份	每年新进入者				年均存量
	总　数	再培训	重新培训	融合资助	
1980	232.5	162.4	37.9	32.6	89.3
1985	371	298.2	45.1	27.7	114.9
1990	514.6	383.4	63.3	67.9	167.6
1991					
前联邦德国地区	540.6	421.2	70.5	48.9	189
原民主德国地区	705.3	442.8	129.9	132.6	76.7
1992					
前联邦德国地区	574.7	464.5	81.5	28.7	180.6
原民主德国地区	887.6	591	183.1	113.5	292.6
1993					
前联邦德国地区	348.1	266	72.2	9.9	176.8
原民主德国地区	294.2	181.6	81.5	31.1	309.1
1994					
前联邦德国地区	306.8	224.9	73.1	8.8	177.9
原民主德国地区	286.9	199.1	68.6	19.2	217.4
1995					
前联邦德国地区	401.6	309.7	81.8	10	193.3
原民主德国地区	257.5	184.3	52.8	26.4	216.1
1996					
前联邦德国地区	378.4	291.6	77.3	9.5	203.6
原民主德国地区	269.2	204.1	48.1	17	205

数据来源:Amtliche Nachrichten der Bundesanstalt für Arbeit,其中几卷。

3 根据行政数据的评估

3.1 整合的行政数据

该评估研究是建立在多种行政来源整合在一起的数据基础上的,这些来源包括:就业人员的社会保险数据,失业期间的转移支付数据以及对培训参加者的调查数据。

该评估的核心数据来自就业人员的子样本(Beschäftigtenstichprobe,BST)。BST 来自涵盖所有在 1975—1997 年间进入社会保障体系就业人员的义务就业登记数据 1% 的随机抽样样本。所有独立的收入在免缴纳社会保险的最低工资之上的从业人员须缴纳社会保险。然而,从事边际的以兼职为基础的特定群体的非独立就业者以及公务员不在该范围之内。虽然这些组的人群不在抽样范围内,数据仍包含了超过 80% 的德国劳动力。

除就业信息外,第二个重要的来源是联邦就业服务机构提供的补贴支付登记数据(Leistungsempfängerdatei,LED)。这些数据包括了收到特定补贴的个体的一些信息。除了失业补贴和资助,这些数据也记录了与参加再培训机制相关的收入补贴付款的详细信息。

因为基本的抽样结果来自就业登记数据,只有 1975—1997 年至少经历了一段非独立就业的个体才能成为抽样样本。该抽样过程意味着我们将对项目参加者的分析限制在以前就业过的失业人员,因为控制组不允许为以前没有经历登记失业的处理组的个体构建一个没有接受处理的结果。合并的就业与补贴数据样本大约占到整体非独立就业与补贴收入的 1%,因此样本在 1975—1997 年间所有符合条件的 8 293 879 人中的 591 627 名个体。这些数据与德国许多实证研究所用到的 IAB 就业子样本(IABS)相对应。[1]

第三个来源为再培训所有参加者收集的参加数据(FuU-data)。这些数据提供了有关课程类型,预期融合的目标的信息以及关于所提供技能的课程内容的大致信息。这些数据提供了项目的类型、课程的目标、培训类型(培训是在教室举行还是在岗培训)、项目的提供者、项目的开始和结束时间,以及参加者的个人特征(包括性别、年龄、国籍、项目参加地区、受教育水平、接受处理前的就业状态以及其他重要特征)的概述。这些数据也指明了在参加项目期间收入补贴支付的类型。再培训数据涵盖了 54 767 名个体,对应于 1980—1997 年间 72 983 个接受处理的个人(原民主德国地区为 1991—1997 年)。原则上,收集在 IABS 数据样本中的接受培训相关补贴的个体应作为再培训数据中的一部分。[2]

---

[1] 然而,IABS 的科学使用文件没有汇报补贴的收入或培训补贴的支付,如果就业被同时观测到(Bender et al.,2000)。因此,我们第二次重新合并了科学的使用文件与原始补贴数据,以免少报了培训的参加者。

[2] 然而,也有不适用于此规则的例外:因为我们发现存在没有收到任何收入补贴支付的参加者,因此使用合并数据是唯一识别所有处理组群体的选择。

三个文件的合并组成了一个整体的评估数据库,包含了处理组和控制组可比较的纵向信息以及培训类型的信息。为了提高数据的质量,我们进行了大量的更正:两个文件在受教育程度、职业状态、出生日期以及家庭情况上出现的不一致被去除了。更正的变量对于受教育水平及职业教育方面所提供的信息对于本研究非常重要,因为我们假定个体的技能水平对于分配到某一个处理方法具有决定性作用。由于个体职业培训方面的信息由雇主提供,我们假定这反映了为了完成当前工作所必需的受教育水平。个体的正规技能水平可能远远超过雇主所汇报的受教育程度。关于更正的详细描述可以参见本德等(Bender et al.,2005,第3章)。

3.2 不同类型培训的识别

由于再培训的基本规定只提供了一个基本的框架,因此在同一规定下可能出现差别非常大的处理方法(例如,职业提升培训或为长时期失业人员提供的短期课程,均汇报为"职业再培训")。早期的关于处理类型的描述性研究[1]没有区分提供基本社会技能的处理与提供职业技能资质的处理,虽然这些不同的选择对于工作搜寻的影响差别很大。

本研究的合并数据允许再培训特定类型的识别,然而早期的文章通常评估一系列差别很大的处理类型。我们的数据允许对公司外特定劳动力市场提供的培训与公司内提供的培训进行区分,而不论这些课程是通用培训课程还是职业专有培训课程,是全职还是兼职。

为了识别相似培训类型的参加者,我们利用了所有的可用的信息,包括培训时的职业状态,补贴类型以及在再培训数据中记录培训类型的变量。[2]

这些不同来源的结合允许我们应用分类学以及再培训数据中的培训类型识别处理类型的内容和一致性(参见 Bender et al.,2005,2.3章,关于再培训数据的描述)以及 IABS 数据中关于就业状态所暗含的与劳动力市场需求的紧密性。特别重要的是就业状态和项目信息:因为项目信息"职业再培训"可能由就业的和失业的参加者所组成,就业状态为我们识别目标群体(特定群体或失业群体的"重新融合",或就业人员的"职业提升")提供了额外的信息或者表明该项目与内在劳动力市场的紧密程度。

---

[1] 这些研究中的其中一个基于 Blasche and Nagel(1995)所汇报的再培训数据的研究对培训是作为一种调整还是重新培训,是全日制培训还是非全日制培训作了区别。

[2] 培训数据实际上足够识别再培训的一些方面,因为所有在 AFG 下的培训项目一开始,参加者的信息就被收集起来。然而,有两个原因不允许我们依赖再就业数据中的培训类型变量。首先,培训数据不完整,因为数据的收集与补贴支付不相关。在这种情况下,行政数据通常不完整且需要补贴的信息识别项目中参加情况的全面信息。其次,也同等重要,就业数据与补贴数据的同时使用,增加了关于培训类型信息的精确度。它允许我们发现个体作为项目参加者时或者获得特定补贴时是否处于就业状态,这都为关于参加者的处理类型提供了额外有价值的信息。

简而言之,根据整合的评估,我们可以识别从提供社会技能和基础通用的培训到专有技能培训等一致性的培训类型,整合公司专有劳动力市场,进行重新培训,促进有资格的职业进入职业提升培训,该培训过去常常为没有失业风险的从业人员提供。附录中有再培训规定的整个培训范围。在本文中,我们主要分析最重要的培训类型——对 SPST 的提供。

3.3 专有职业技能和技术(SPST)

这类再培训通过课程提供额外的技能和专有职业知识,旨在提高找到工作的新起点。通常持续时间为 4 个星期到 1 年。它包括培训全新的专有技能,如计算机技能,或培训新的操作方法。SPST 的目标人群是失业人员或存在很大风险将要失业的人员,目的是使他们达到完全就业。它主要包括课堂培训以及通过大多数项目中提供的工作经验获得职业知识。

参加者通常会获得关于课程内容的一个证明,代表他们的知识已经更新,或新获得哪些技能、哪些理论及工作经验。该证明为潜在雇主提供了一个额外的信号,预期可能增加匹配的概率,因为提供最新的技能和技术的培训被认为是求职过程中一个强烈的信号。

这里用到的培训的类型是对失业群体最主要的培训类型(参见 3.4 部分根据 1993 年我们样本中的失业人群的统计描述)——如 2000 年培训的调查数据所揭示的——仍旧是最重要的类型,且占所有培训项目的 36%,总培训量(小时×项目数,表2)的 35%。与其相似的培训类型"其他课程"通常也提供了有限的职业技能,在前联邦德国地区 67% 的所有项目以及 68% 的总培训量提供了专有

■表2　德国职业再培训的类型(2000 年)

	比例(%)			
	参　加　者		总小时数	
	前联邦德国地区	原民主德国地区	前联邦德国地区	原民主德国地区
再培训的课程或内容的类型				
重新培训	3	9	20	29
提升	10	6	22	7
融合	18	17	15	15
专有技能	36	35	21	29
其他课程	31	33	21	20
没有信息	1	0	0	0
总数	99	100	99	100

注:该分类与我们分析中应用的再培训的分类略有不同,由于该信息是建立在培训提供者的调查的基础上,而不是社会保险数据。

资料来源:BLK(2000):p. 272。

职业技能和技术。这些数据也显示专有技能和技术的培训在原民主德国地区上升的幅度较低,在原民主德国地区长期的重新培训项目仍是最重要的培训形式。占所有培训总量的29%,所有培训课程的20%。但"其他课程"(占总培训量的20%)和专有职业技能(占总培训量的29%)也非常重要。

根据课程内容的最新数据,我们认为我们对 SPST 项目的评估对于政策制定者特别有意义,因为此项目仍是今天最重要的培训类型。我们使用了20世纪90年代的数据的评估,因此仍可被认为对政策的贡献高度相关,该评估为与正在执行的当代政策最相似的项目的处理效应提供了长期的证据。此外,我们也预期 SPST 是今后职业再培训计划中最重要的培训类型,参见联邦教育计划与研究委员会的最近报告,该报告强调了额外的学历或具有补充性专有技能的重要性(BLK 2000,3)。

3.4 流入失业群体的样本以及所参加的培训类型

我们主要关注培训项目对于失业个体就业机会的影响。因此,我们一系列的实证分析以流入失业群体的样本为基础。我们使用了德国1993年流入失业的群体,估计了 SPST 对于今后就业率的影响。为了达到精确,我们将经历了从就业到失业的转型且个体在1993年,这些失业的个体可能在找到新工作之前开始从 BA 获得补贴转移支付的个体为样本。下面,我们以补贴时段的开始代表失业时段的开始。我们以补贴的获得者为条件,略去了大量在失去工作后离开劳动力的个体。我们选择1993年是因为这是德国有观测值的第二年,我们可以在失业开始前控制一年的工作经验。我们的数据允许我们对个体一直跟踪到1997年12月。

参加专有职业技能和技术以及其他类型的培训可以通过 LED 数据或再培训数据识别。在最好的情况下,两个数据来源关于处理类型提供了一致的信息,人们从两个数据来源都可以很容易识别处理类型。

然而,由于所使用的数据质量不高,许多参加者可能没有记载在再培训数据中。在这种情况下,根据补贴变量,LED 数据可以帮助识别处理方法,因为补贴变量本身提供了关于处理方法的非常独特的信息。在其他情况下,我们观测 IABS 信息里显示的就业信息个人记录以及再培训数据中关于培训的信息。这一方法适用于下列情况,例如,公司已开展培训,同时个人也获得正常的工资(例如,融合补贴)或个体正准备接受一个特定的工作。我们有两个独立的数据来源,所以我们可以利用所有适用的信息,并结合所使用数据的补贴信息,以此识别不同类型的培训。[1]

---

[1] 另外一个附录详细描述了我们具体用到了哪些变量。它也提供了精确的编码程序。表3的第3部分显示,如果我们将补贴数据和所使用的数据结合起来,许多处理效应可能无法被察觉或会以不同的方法记载。

表 3 展示了失业样本流的规模以及培训信息的分布。我们只考虑了三种培训项目。这三种培训项目最适合失业人员并且不包括在职培训。它们分别是:(1)提供专有职业技能培训(SPST);(2)准备,社会技能培训和短期培训(PST);(3)通过教育系统和再培训获得的资格认定(RT)。前联邦德国地区总的样本流为 18 775 个,原民主德国地区为 9 920 个。前联邦德国地区培训项目总数为 1 500 个,原民主德国地区为 1 656 个。在所有这些培训中,SPST 所占比例最大,其中前联邦德国地区有 895 种 SPST 项目,原民主德国地区有 1 086 种 SPST 项目。包含 RT 的培训项目占四分之一,PST 在原民主德国地区和前联邦德国地区均为所占比例最小的培训项目。本文的重点是 SPST 项目,因为在前联邦德国地区和原民主德国地区该项目在失业人员培训项目中所占比例最大。1993 年,前联邦德国地区大约有 5% 的失业人员和原民主德国地区超过 10% 的失业人员参加了该项目。

■表3　1993 年开始失业的样本参加第一次培训项目的人数——项目在找到新工作前开始

培训项目[a]	频率	失业流样本比例	在处理组的比例
前联邦德国地区			
专有职业技能的提供	895	4.8	59.7
工作准备,社会技能和短期培训	250	1.3	16.7
通过教育体系或重新培训与劳动力市场融合	355	1.9	23.7
没有接受以上任何培训项目	17 275	92.0	—
总失业流样本	18 775	100	100
原民主德国地区			
专有职业技能的提供	1 086	10.9	65.6
工作准备,社会技能和短期培训	172	1.7	10.4
通过教育体系或重新培训与劳动力市场融合	398	4.0	24.0
没有接受以上任何培训项目	8 264	83.4	—
总失业流样本	9 920	100	100

注:a 我们排除了包含在职培训的培训项目(如特定工作的培训和劳动力市场的直接融合/工资资助)以及参加人数非常少的项目,因为它们的目标人群不是失业人员(如职业提升和语言培训)。

4　评估方法

我们分析了 SPST 对就业的影响。具体而言,我们估计了处理组的平均处理效应(TT),即处理对参加 SPST 课程的个体的不同影响。我们采用了 1993 年失业样本流。通过将静态的双边处理框架延伸至动态的设置,并根据 SPST 课程的开始月份相对于逝去的失业持续时间,我们区分了三种类型的处理效应。通过对比广泛的没有参加(包括参加其他积极的劳动力市场政策的项目)SPST 的人群,我们估计了参加 SPST 的 TT。为了评估参加其他培训项目结果的敏感度,我们将参加 SPST 的 TT 与没有参加本文所提到的任一培训项目的人群进行了对比。我们使用了动态评估方法，这与沙恩斯（Sianesi，2004）提到的方法相似。在该评估方法中，根据逝去的失业持续时间，我们重复应用了标准静态双边处理法。

下文中，我们首先讨论了如何将标准的双边处理方法延伸至动态的设置。然后，我们描述了如何执行所讨论问题的匹配估计值。

4.1 将静态双边处理方法延伸至动态设置

我们的实证分析方法的基础是潜在—结果的方法对起因的影响（Roy，1951；Rubin，1974），参见赫克曼等（Heckman et al.，1999）的综述。在双边处理方法的情况下，我们估计了 TT。[1] 个体的处理效应是处理结果 Y^1 与没有的结果 Y^0 之间的差分，其中后者对于处理组的个体是无法观测到的。在静态的模型中，TT 可以表示为：

$$\Delta = E(Y^1 \mid D = 1) - E(Y^0 \mid D = 1) \tag{1}$$

其中，D 代表处理组的虚拟变量。

我们在动态的框架下应用了静态双边处理模型。我们最基本样本中的个体是指，在 1993 年开始失业并获得转移支付，且在之前一直为就业状态的个体。这些个体在失业期间的不同的时间段参加了 SPST 项目。处理的类型以及所选择的处理组的个体都与项目的确切开始时间紧密相关。阿布林和范登伯格（Abbring and van den Berg，2003）以及弗雷德里克森和约翰森（Fredriksson and Johansson，2003，2004）认为项目的开始应该作为"事件时间"的一个额外的随机变量。在以下两种情况下，我们将无法肯定失业的个体参加了项目：一是他们在观测结束期之后才参加了项目；二是他们可能找到了新的工作或离开了劳动力市场，不再属于失业状态。

阿布林和范登伯格（Abbring and van den Berg，2003）设计出一个联合持续模型，以计算失业的持续时间和处理开始的时间。当个体在处理开始前退出失业状态时，处理开始的时间在右边被截尾。对于混合的比例风险模型（proportional hazard model），阿布林和范登伯格表示，人们可以通过非参数的方法，并根据单一项目数据来识别处理对可能的失业率所产生的影响。这种识别的基础是处理开始前时间的随机性。该估计方法意味着事件的时间选择包含了估计处理效应的有用信息，并要求对失业的持续时间和接受处理前的时间建立一个联合持续时间模型。我们不使用该方

---

[1]　该模型延伸后，可允许多重的，排他性的处理方法。为了实现此目的，Lechner（2001）和 Imbens（2000）阐述了如何扩展标准的倾向分匹配估计值的方法。这些结果也证实了，我们对比 SPST 的 TT 和没有参加任何培训项目的人群所采用的双边估计法。

法的原因有三条：第一，我们数据不具备连续性，因此我们很难确定一个持续时间模型。其次，模型的识别高度不允许在持续时间系列中有预期条件的存在，也就是说，即便是在处理开始前的很短的一段时间内，个体也不允许有会发生"处理"的预期。第三，我们认为，我们所使用的数据不能在混合比例风险框架中对一个失业持续时间建立一个精确的模型。

弗雷德里克森和约翰森（Fredriksson and Johansson，2003，2004）反驳道，根据数据中所观测的处理信息将失业个体分别分配到处理组和非处理组，并以此为基础对其进行静态的评估分析是不正确的。考虑这样的情况，即分析处理效应时不考虑失业时期的实际开始日期。如果某些人被分配到控制组，并且这些人在观测的后期找到工作，当定义处理变量时，他们就可能会依据将来的结果，如弗雷德里克森和约翰森（Fredriksson and Johansson，2003，2004）所强调的那样，这将导致估计的个体处理效应产生向下的偏差。对于那些未来的参加者，即在观测期结束之后参加项目的个体，当他们被分配到控制组时，估计的个体处理效应也可能会产生向上的偏差。在使用不连续时间的数据进行持续分析时，弗雷德里克森和约翰森（Fredriksson and Johansson，2004）建议使用处理效应的匹配估计值。这些估计值应建立在随时间变化的处理变量上。同时，处理效应只能发生在不连续的时间点。以此类推，沙恩斯（Sianesi，2004）认为瑞典所有的失业人员均是积极劳动力市场项目的潜在参加者。对于像瑞典和德国这样的具有广泛的积极劳动力市场体系的国家，这样的观点是非常合理的。

上面的讨论意味着单纯的静态评估 SPST 项目是没有意义的。[1]借鉴沙恩斯（Sianesi，2004）的做法，我们通过以下方式扩展了上面提到的静态分析框架。我们分析了在所考虑的失业期间内参加的第一个 SPST 项目对就业的影响。[2]我们没有像弗雷德里克森和约翰森（Fredriksson and Johansson，2004）那样估计就业以及在失业中生存的风险率，因为我们只对总的就业影响感兴趣而不考虑就业与非就业的多重转型。

我们将处理开始时间分为三个时间段：开始于失业后的第 1 个月到第 6 个月的处理；开始于失业后的第 7 个月到第 12 个月的处理；开始于失业后的第 13 个月到第 24 个月的处理。使用这三个时间框，就大大减弱了对今后结果的依赖性。然而，在每个时间框内，对未来结果仍有一定程度上的依赖。因为我们数据的截止日期为 1997 年，我们没有分析开始于失业后 24 个月的处理。我们估计处理概率时，假定个体失业持续的时间足够长，以使其完全符合接受"处理"的条件。对于处理

---

  [1] 在特定的假设下，随机抽取项目的开始时间可代替本文中提到的项目开始时间。参见例如 Lechner(1999)和 Lechner et al.，(2005a, b)关于此方法的应用。然而，这也不能克服本文所提到的所有问题。我们更倾向使用事件的时间选择。对没有参加项目的人员，我们没有引入随机项目开始时间。原因有三条。第一，随机开始时间增加了数据的嘈杂性。第二，对非处理群体而言，在实际操作中，不可能随机抽取开始时间。第三，随机抽取开始时间忽视了事件时间选择的重要性。

  [2] 我们没有分析多重系列处理效应，参见 Bergemann et al.，(2004)，Lechner and Miquel(2001)以及 Lechner(2004)。

开始于失业后第 1 到 6 个月的个体,我们用整个失业样本来估计倾向分。非处理组包括从未参加 SPST 项目的失业人员或在失业后 6 个月后开始的处理。对于开始于失业后第 7 到 12 个月或第 13 到 24 个月的处理,其基本样本是由那些在所考查的时期内的第 1 个月(即分别为第 7 个月和第 13 个月)仍处于失业状态的失业人员组成。在估计所考查时间段处理组的倾向分时,我们使用的个体是在所考虑的时期的第 1 个月仍处于失业状态的失业人员。

沙恩斯(Sianesi,2004)对不同的失业开始日期和不同的项目开始日期,采用了不同的 Probit 模型。在本文中,我们的观测样本数目太小,因此无法采用不同的 Probit 模型。然而,即便我们有非常充足的数据,我们仍不建议估计月度 Probit 模型。原因在于,合适的项目仅在特定的日子开始,处理开始的时期有些随意性(相对于逝去的失业的持续时间)。因此,我们将三个处理阶段的流入失业状态的群体混合在一起估计处理的 Probit 模型,并假定在所考查的每一个时间区间内,确切的开始日期都是随机的。然而,当我们将处理组与非处理组中的个体进行匹配时,我们假设,失业的开始月份和项目开始时已经逝去的失业持续时间可以完美地融合。

接下来,我们采用了分层的匹配方法。首先,我们将那些失业的开始日期在同一个月份的参加者与非参加者进行匹配。第二个要求是非参加者在处理开始前的一个月仍处于失业状态。这样我们只对可能与参加者在同一个月份开始接受处理的非参加者进行了匹配。在与参加者进行匹配过的小范围的非参加者之中,对估计倾向分进行本地线性回归,就能获得关于参加者的非处理结果的表达方式。这样,我们使得月份日期完全一致,因而就不需采用随机抽取项目的开始日期。

我们估计的 TT 参数,必须在一个动态的框架下解释。我们在失业至少持续到处理开始时的条件下,对处理进行了分析。同时,这也是在所考虑的失业期间第一个 SPST 的处理。因此,估计的处理参数可以表示为(与 Sianesi,2004 相似):

$$\Delta(t,\tau) = E(Y_\tau^{1(t)} \mid D_t = 1, U \geqslant t-1, D_1 = \cdots = D_{t-1} = 0)$$
$$- E(Y_\tau^{0(t)} \mid D_t = 1, U \geqslant t-1, D_1 = \cdots = D_{t-1} = 0) \tag{2}$$

其中,D_t 为开始于失业后第 t 个月份处理组的处理虚拟变量;$Y_\tau^{1(t)}$,$Y_\tau^{0(t)}$ 分别是在 $t+\tau-1$ 时期接受处理和没有接受处理的结果;$\tau = 1, 2, \cdots$ 指的是在 t 时期开始接受处理的月份(加 1);U 代表失业的持续时间。[1] 注意 $Y_\tau^{1(t)} \neq Y_\tau^{0(t)}$,因为 $j = 0, 1$ 且 $s \neq 1$,同时潜在的处理结果对于处理的开始日期是独特的。

---

[1] 与此不同的是,Sianesi(2004)的限制条件是,个体在时期 t,即 $U \geqslant t$,仍处于失业状态。在我们的数据中,第 t 个月的处理可以在该月的任意一天开始,且月度的就业状态取决于当月大多数天数的状态。我们的数据不允许我们确定处理开始的确切日期,参见第 3 部分。假定处理组的分配于处理开始前的 1 个月进行,我们定义符合接受处理的个体的条件是,$U \geqslant t-1$。在 $t-1$ 时期失业的个体可能预期在时期 t 内获得一份工作。鉴于此,我们估计的处理效应可能产生比较保守的向下的偏差。

鉴于过去的处理决定和结果，以及失业状态退出概率的决定因素的变化或失业早期阶段的处理倾向的变化，较晚处理期的处理参数并不是一成不变的。处理开始时间与逝去的失业持续时间之间存在异质性。估计这种异质性时会导致较晚处理期的处理参数富于变化。处理组和在处理开始时的非参加组均受到以前发生的动态排序的影响，参见阿布林和范登伯格（Abbring and van den Berg，2004）在估计持续模型中对于此问题的详细讨论。这样，当非常认真地考虑事件的时间选择时，估计的处理参数在动态上依赖于处理决定和过去的结果（Abbring and van den Berg，2003；Fredriksson and Johansson，2003；Sianesi，2004）。为了避免此问题，人们通常假定在项目开始时，处理效应在逝去的失业持续时间内是不变的，或者假定处理效应具有统一性或同质性。然而，这样的假设对于我们的研究没有太大意义。

在允许个体处理效应存在异质性且个体处理效应与动态发生的排序相互影响的前提下，我们用分层的方法对倾向分进行匹配，进而估计了如等式（2）所示的处理参数。为了使之成为一个有效的实践，我们假定下列条件均值假设（DCIA）的动态版本对于我们的失业群体样本成立。

$$E(Y_\tau^{0(t)} \mid D_t = 1, U \geqslant t-1, D_1 = \cdots = D_{t-1} = 0, X)$$
$$= E(Y_\tau^{0(t)} \mid D_t = 0, U \geqslant t-1, D_1 = \cdots = D_{t-1} = 0, X) \tag{3}$$

其中，X 为不随时间变化（在整个失业期间内）的特征变量；$Y_\tau^{0(t)}$ 代表在处理开始后，$\tau \geqslant 1$ 的时期没有接受处理的结果（参见 Sianesi，2004，p137，关于此的相似讨论）。我们假定样本满足 X，并在 $t-1$ 时期正处于失业状态以及在 t 时期前没有接受任何处理的条件，同时假定接受处理与没有接受处理的个体（均指在 t 时期的处理），在时期 t 及以后没有接受处理的结果是可比较的。

在每一个时段，当人们决定是否在下一个月开始接受处理或是否将可能的处理向后推迟时（现在接受处理相对于等待，参见 Sianesi，2004），等式（2）中处理参数是非常有意思的。此外，在一个特定时期，他们可能从失业状态退出，但之前他们并不知晓。当实际的工作到来或实际的处理在一段时间之前已经知道，预期效应可能使此类分析无效。前者可能使估计的处理效应产生向下的偏差，而后者可能引起向上的偏差。两者对任何以事件时间的方法为基础的分析，都是一个问题。

然而，只要接受处理的和没有接受处理的个体，在同样的 X 和在时间 t 内逝去的失业时间，可以用同样的方式预测到参加项目的机会或其中一个这些事件的决定因素，这也不是一个问题。通过构建，我们发现，处理的个体和相对应作为控制组的没有接受处理的个体，在处理开始前呈现相同的失业持续时间。我们还调查了就业历史在失业开始前的 12 个月是否已经通过倾向分匹配达到了平衡。

完成这部分后，人们可能想知道我们在等式（2）中估计的处理参数与等式（1）中静态的 TT 有什么关系。文献中,经常会提到两者之间的关系。为了将静态的 TT 与我们动态的设置相关联,我们定义了处理虚拟变量 $D = \sum_{t=1}^{T} D_t \cdot I(U \geq t-1)$,表明处理的开始时间是否在 $[1, T]$ 时间间隔之间。等式(1)中的结果变量 (Y^0, Y^1) 是指在处理开始后的事后处理结果 $(\tilde{Y}_\tau^0, Y_\tau^1)$。那么,我们可以得到:

$$E(Y_\tau^1 \mid D = 1) - E(\tilde{Y}_\tau^0 \mid D-1)$$

$$= \sum_{t=1}^{T} \left[E(Y_\tau^{1(t)} \mid D_t = 1) - E(\tilde{Y}_\tau^0 \mid D_t = 1) \right] \cdot P(D_t = 1/D = 1) \tag{4}$$

其中 $Y_\tau^1 = \sum_{t=1}^{T} Y_\tau^{1(t)} \cdot I(D_t = 1) \cdot I(U \geq t-1)$,$\tilde{Y}_\tau^0$ 代表处于就业状态或失业状态没有接受处理的结果,假定未来(在 $[1, T]$ 时期内)没有进一步的处理。因此,$E(Y_\tau^1 \mid D_t = 1) - E(\tilde{Y}_\tau^0 \mid D_t = 1)$ 不能简单地与 $\Delta(t, \tau)$ 相关,因为 $\Delta(t, \tau)$ 可以允许将来的处理。[1] 估计不同的参数,需要考虑不同的选择所产生的影响。然而,在我们的应用中,处理组的个体相对于非处理组个体非常小。因此静态的 TT 可能与等式(4)中权重为 $P(D_t = 1/D = 1)$ 的加权平均动态 TT 的 $\Delta(t, \tau)$ 非常接近。同时也不可能说明符号的差别,因为我们对 $\Delta(t, \tau)$ 的估计会随着 τ 而改变符号(参见下一个部分)。

4.2　匹配方法的细节

估计 TT 需要对处理组个体对非处理的预期结果进行估计。这种反事实估计的基础是非处理组个体的可观测的结果。[2] 对此,我们以估计的动态倾向分为基础,使用了匹配的方法(Rosenbaum and Rubin 1983;Heckman et al. , 1998a;Heckman et al. , 1999;Lechner,1999),如上一个部分所描述的那样。我们应用本地线性匹配方法,估计了处理组个体的没有接受处理的平均结果。

非常有效的是,我们运行了一个非参数本地线性核回归(Heckman et al. , 1998b;Pagan and Ullah,1999;Bergemann et al. , 2004),该方程可以通过一个加权的方程 $w_{N_0}(i, j)$ 表示,其中非参加者 j 与参加者 i 在估计的倾向分越相似,对非参加者 j 所赋予的权重越高。估计的 TT 可以表示为:

$$\frac{1}{N_1} \sum_{i \in \{D=1\}} \left\{ Y_{i, \tau}^{1(t)} - \sum_{j \in \{D=0, \, ue_j = ue_i\}} w_{N_0}(i, j) Y_{j, \tau}^{0(t)} \right\} \tag{5}$$

其中,N_0 代表非参加者 j 在时间 t 处理开始前仍处于失业状态的人数;N_1 为接受处理(这种处理来源于过去的失业)的参加者 i 的数目;ue_i 和 ue_j 分别代表 i 和 j 失业时段的开始月份;$Y_{j, \tau}^{1(t)}$ 和 $Y_{j, \tau}^{0(t)}$ 代

---

[1]　参见 Fredriksson and Johansson(2004)关于此的类似分析。

[2]　注意,非参加者是指所有没有参加 SPST 的人群,包括参加其他处理类型的个体。这代表了项目参加的选择过程,即 SPST 与其他持续失业或其他处理项目的选择。如在第 3 部分所讨论的,不同类型的再培训的整合目标不同。

表同一个月份的处理结果。

匹配估计值在比较组成员所赋的权重方面有差别。文献中最常用的方法是最近邻里匹配,即使用最近的非参加者($j(i)$)的结果作为参加者 i 的比较水平(Heckman et al.，1999；Lechner，1999)。在这种情况下,对于最近的邻居 $nn(i)$,只要它是唯一的,$w_{N_0}(i, nn(i)) = 1$, ,对于其他非参加者 $j \neq nn(i)$,$w_{N_0}(i, j) = 0$。我们应用了本地线性匹配,其中权重是根据非处理结果估计的倾向分的非参数本地线性核回归所得。[1]与最近邻里匹配相比,这有多种优势。以核为基础的方法用于直接分析,自举法提供了关于等式(5)中估计值的抽样有效性的一致的估计值,即使匹配是建立在对所产生的变量的相近的基础之上(这是我们下面将要讨论的常用倾向分匹配方法的情形),参见赫克曼等(Heckman et al.，1998a, b)或艾科姆拉和林顿(Ichimura and Linton，2001)关于以核为基础的处理估计值的渐进分析。[2]与此相反的是,阿巴迪和英本斯(Abadie and Imbens，2004)认为,由于自举法过度的非平滑性,因此通常对最近邻里匹配无效。

对于非参加者样本的本地线性核回归,我们使用了高斯核密度方程,参见帕甘和厄赖亚(Pagan and Ullah，1999)。这里不建议使用对于点估计的标准的带宽选择(即大拇指规则),因为处理效应的估计是以参加群体的平均预期非参加结果为基础,并可能基于获得处理效应异质性的一些信息。为了选择带宽,我们使用了伯格曼等(Bergemann，2004)所建议的"剔除一个"(leave-one-out)交叉有效性的过程,模拟每一个阶段平均预期没有接受培训结果的估计。首先,对每一个参加者 i,我们指定了没有参加样本的最近邻居 $nn(i)$,即非参加者中与 i 倾向分最接近的个体。其次,我们选择了可以最小化某段时期平方预测值误差之和的带宽。

$$\sum_{t=T_0}^{T_0+35} \left[\frac{1}{N_{1, t}} \sum_{i=1}^{N_{1, i}} \left(Y_{nn(i), t}^0 - \sum_{j \in \{D=0, \, ue_j = ue_{m_{(i)}}\} \backslash nn(i)} W_{i, j} \, Y_{j, t} \right) \right]^2 \tag{6}$$

其中,对于 $nn(i)$ 就业状态的估计值不是建立在最近的邻居 $nn(i)$ 的基础之上;$T_0 = 1, 7, 13$ 代表处理开始时失业持续时期间隔(1—6，7—12，13—24)的第一个月;$\tilde{Y}_{nn(i), t}^0$ 和 $Y_{j, t}^0$ 为失业期间第 t 个月的结果。对于本地线性回归,我们仅使用了与 $nn(i)$ 在同一月开始失业的个体。最优的带宽通过由一个维度搜寻决定的本地线性回归影响权重 $w_{i, j}$。[3]最后的带宽有时大于、有时小于相对于点

---

[1] 本地线性回归(参见 Heckman et al.，1998b,对处理效应的估计在研讨会上的应用)包括对截距结果变量的加权线性回归的估计,以及对所感兴趣的接受处理的个体与没有接受处理的个体倾向分差异的结果变量的加权线性回归的估计。这是一个非参数回归。权重为倾向分差异的核权重。估计的截距是对于所考虑的处理组个体的估计的反事实结果。不同处理组个体权重的值和回归变量是有区别的。

[2] Heckman et al. (1998a, b)以本地线性匹配为基础,在考虑了估计的倾向分的抽样有效性后讨论了估计的处理效应的渐进分布。渐进的结果适应了自举法的应用。

[3] 当最小化等式(6)通过高斯核估计获得带宽值,对于前联邦德国地区为 0.573 9(1—6)，0.180 9(7—12)，0.181 2(13—24)对于原民主德国地区为 0.050 3(1—6)，1.601(7—12)，0.376 8(13—24)。

估计的大拇指规则,参见艾科姆拉和林顿(Ichimura and Linton,2001)以模拟数据为基础较小样本的相似证据。

在通过自举估计的处理效应的标准差分析倾向分时,我们考虑了样本有效性。为了解释随着时间的自相关问题,我们使用了每个个体整个的时间路径作为一组重新抽样单位。本文所汇报的所有自举法结果均以 500 次的重复抽样为基础。由于等式(6)中带宽的选择的计算非常繁琐,因此样本的带宽将应用到所有的重新抽样样本中。

5 实证检验结果

5.1 对 SPST 培训单元的描述性发现

我们对德国进行了分开的实证分析。为了得出正规教育或职业培训的时期以及早期的退休情况,我们将数据限制在 25 岁到 55 岁的个体,分析从就业流入失业的群体中的人员,且失业群体在 1993 年开始接受联邦劳动办公室提供的转移支付。在前联邦德国地区,这样的样本数为 12 320 个,原民主德国地区为 7 297 个。分析是建立在单元的基础上,也就是说样本中对于在 1993 年可以在多个失业单元中观测到且获得多重转移支付或在短期就业单元观测到的同一个体的出现次数大于 1。如果个体在处理开始前还没有开始就业,一个 SPST 处理方法就对应一个失业单元。因此,对于多重失业单元,第二次失业开始之后的处理被记录为第二次失业的处理,而不是第一次。对于第一次失业期间,我们没有记录任何处理方法,且结果在第二个失业单元为非就业状态,并获得处理。注意,由于在等式(2)中估计 TT 时需要失业在月份时间上的完全一致,因此同一个个体的第一个失业单元不能作为第二个失业单元处理的比较组观测值。

表 4 显示了根据逝去的失业持续时间以及接受 SPST 处理的失业单元的数目。前联邦德国地区有 751 个处理单元,原民主德国地区为 971 个。在这些接受处理的单元中,在失业开始的前六个月开始接受处理的,前联邦德国地区有 171 个,原民主德国地区有 217 个;在第 7 到第 12 个月开始接受处理的,前联邦德国地区和原民主德国地区的个数分别为 147 和 227,在失业的第二年开始接受处理的个数分别为 260 和 373,失业的第二年之后为 173 和 154。与原民主德国地区相比,在前联邦德国地区 SPST 项目通常倾向于在失业过去较长的一段时间才开始。表 5 显示了开始日期的描述性信息。前联邦德国地区的平均开始时间为 16.6 个月,原民主德国地区为 15.1 个月。根据三个季度数据的发现,不难看出平均的差别主要来自于分布的上半部分,也就是说前联邦德国地区的开始日期较晚且迟于原民主德国地区。由于我们分析的数据的截止日期为 1997 年 12 月,我们分析了处理开始后 36 个月的就业结果,我们只考虑了处理开始于失业期间的前 24 个月。表 5 提供了培训持续时间的描述性信息,原民主德国地区的培训时间与前联邦德国地区相比更长。平均持

续时间约长 2.4 个月,且分布的上半部分(差异为 4 个月)的差异相对于分布的下半部分(差异为 2 个月)略高。

■表4　SPST 培训的项目数

	前联邦德国地区	原民主德国地区
培训开始于失业后的		
1—6 月	171	217
7—12 月	147	227
13—24 月	260	373
>24 月	173	154
总数	751	971

■表5　SPST 培训项目的描述性统计

	前联邦德国地区	原民主德国地区
培训开始时失业已经持续的时间(单位:月)		
平均	16.6	15.1
25%分位数	7	7
中位数	14	13
75%分位数	23	21
培训的持续时间(单位:月)		
平均	6.4	8.8
25%分位数	3	5
中位数	6	9
75%分位数	8	12

5.2　倾向分的估计

即便是非常丰富的行政数据也不如为评估特别收集的调查数据的信息量丰富。然而,我们数据包含了影响项目参加的最重要的变量。如沙恩斯(Sianesi,2004)所述,我们认为参加培训的概率依赖于失业开始后重新就业期望的变量。因此,在同一年离开就业岗位的所有个体以及在项目参加或没有参加项目前经历了同样的失业持续时间的个体都在我们的考虑范围内。根据沙恩斯(Sianesi,2004)的研究,我们认为,失业持续时间应包括个体在遭遇失业的不幸时改变就业概率的一些重要的无法观测的因素。[1]当失业开始时,我们还包含月份变量,以控制季节影响。

---

[1]　如前面所提到的,在处理开始前控制失业的月份在出现预期效应时可能产生问题。如果该效应存在,这可能使我们估计的处理效应产生向下的偏差。然而对于就业率的中长期影响可以被忽略。

此外,额外的可观测特征也包含在倾向分的估计中:年龄、种族以及完成职业培训的水平都是参加培训的重要决定因素。我们也包括了以前就业时的工业和职业特征,这是作为部门的发展因素,也是决定重新就业的概率的非常重要因素。特别是衰退的部门以及从手工职业的流出组被认为与个体重新就业的机会以及参加培训的决定非常相关。由于地区在执行和讲授培训项目时差别很大,我们也包含了不同区域的虚拟变量作为不同地区类型的加总。

最后,我们包括了以前的收入水平和关于以前失业经历的一些信息作为决定失业补贴的水平和持续时间的重要协方差变量,使用了三个包含收入信息的变量。由于汇报所产生的一些错误以及截取所带来的问题,我们不知道所有观测者的收入。我们列出以下三种情况:"汇报的正收入"是根据社会保障税确定的最低收入水平之上的收入的虚拟变量。[1]"收入节点(cens.)"收入被记录在社会保障税门槛(Beitragsbemessungsgrenze)顶端位置的虚拟变量。"收入对数"是指日常收入在 15 欧元和顶端门槛之间的对数否则为 0。

我们认为等式(3)中的动态条件独立的假设对于我们倾向分模型中所使用的协方差可能成立,因为这些变量可能反映了项目的选择,且在失业期间的开始阶段就预先确定了。

为了估计倾向分,我们获得了 SPST 培训失业持续时间在三个时间段的 Probit 估计值。三个时间段为 1—6 个月(TR16),7—12 个月(TR712)以及 13—24 个月(TR1324)。表 6 和表 7 汇报了我们在广泛的模型测试的基础上获得的、适用于德国的模型。

我们的模型搜寻开始使用了上面所提到的所有协方差变量,没有交互项。如果不能通过 Probit 估计值获得特定协方差变量值的完全预测值时,这些协方差变量将被删除。[2]完全预测值只包括少数的几类情况,其估计的处理概率正好为零。然而,这可能产生小样本问题,因为它将影响由较小个体组的虚拟变量。对于处理组的估计概率总是严格小于 1,这样对于处理组的平均处理效应的估计值(TT),不会出现一个非处理组的个体具有相似的倾向分的问题,参见我们 5.4 部分进行的一系列的敏感度分析。

对于州变量、公司规模、聚集地区以及工业信息等变量,我们检验了这些虚拟变量是否联合显著。如果不显著,协方差变量将被删除。最后,我们检验了性别和年龄与一系列协方差交互效应的显著性。模型中只保留了存在显著效应的变量。对于我们所进行的一系列检验,没有发现检验结果的不一致性。最后,我们调查了根据所观测的协方差具有较少观测值单元的拟合程

---

[1] 对于边际兼职的员工(geringfügig Beschäftigte),在 1992 年,月收入在前联邦德国地区低于 500 马克,在原民主德国地区低于 300 马克不需要缴纳社会保障税,因此数据没有包括这部分群体。此外,人们很可能获得在这一年中收入最高两个月工资的两倍。可能由于记录的错误,数据显示大量的就业人员的工资为零或非常低的收入。由于这个信息非常不可靠,我们仅仅使用了所汇报的日收入在 15 欧元以上的个体信息作为一个保守的截断点。

[2] 这种情况可能与倾向分匹配所需要的假设相矛盾,处理概率应该严格在 0 到 1 之间。

度。对于我们最后偏好的模型的预测概率与实验相对应的部分非常接近，且简单的拟合度检验没有显示拒绝。

表 6 和表 7 中 Probit 估计值的结果表明，三个时间段以及两个地区之间的最后模型是不同的。年龄效应在前联邦德国地区对于 TR1324 在大多数情况下是不显著的。公司规模和工业类型对于原民主德国地区的所有处理类型都很重要，但在前联邦德国地区仅对早期的 SPST 项目（TR16 和 TR712）有效。对于一些协方差变量，不同处理类型效应的符号不同，例如原民主德国地区的 WZW5（建筑业）似乎与较晚开始的处理相关。不同州的处理分配存在显著的地区差异，尤其在原民主德国地区。来自大公司的失业人员更可能接受处理。受教育程度越高的个体在德国接受早期处理的可能越大（特别是对于岁数较大的对于 TR1324），唯一的一个例外是前联邦德国地区的 TR16。外国人不太可能接受处理（在原民主德国地区该结论对于 TR16 和 TR1234 均成立，只是其外国人的数目比较少）。在原民主德国地区，以前较高的收入增加了接受处理 TR16 和 TR1234 的可能性，然而在前联邦德国地区工资没有明显的影响。此外，在原民主德国地区进入失业状态的月份（季度影响）对于接受处理有显著影响，但在前联邦德国地区没有发现该作用。白领工人在许多方面都更可能获得处理。在前联邦德国地区，女性不太可能参加 TR1234，如果受教育程度较高，参加 TR712 的概率较小。对于 TR16 没有显著的性别差异。当女性以前为白领工人时，她们更可能参加 TR712。在原民主德国地区，女性在很多情况下更可能接受较晚的培训 TR712 和 TR1324。且在原民主德国地区年轻女性更可能接受 TR712，来自特定行业（农业、基础材料、以生产为主的服务、贸易、银行）的女性更可能接受 TR1324。估计结果显示对于过去不同的失业持续时间，SPST 项目参加的决定因素差别很大。

■表 6　前联邦德国地区 SPST Probit 估计值

回归截距	培训开始于失业后					
	1—6 月		7—12 月		13—24 月	
	系数	标准差	系数	标准差	系数	标准差
	−3.968 2	1.991 2	12.398 4	2.355 6	−5.606 3	1.932 5
年龄：30 岁以下为缺省分类						
年龄 30—34	0.039 6	0.089 5	0.110 3	0.097 0	0.100 8	0.089 2
年龄 35—39	−0.093 2	0.240 4	0.070 5	0.111 5	0.079 9	0.215 4
年龄 40—44	−0.080 5	0.248 2	0.009 6	0.117 7	−0.512 9	0.262 9
年龄 45—49	0.016 4	0.247 0	−0.080 2	0.133 2	−0.548 1	0.285 4
年龄 50—55	−0.193 3	0.247 7	−C.581 3	0.160 6	−0.970 3	0.289 4
行业：农业/基础材料为缺省分类						
金属/电子行业	0.213 4	0.131 7	0.136 6	0.142 6		

回归截距	培训开始于失业后					
	1—6 月		7—12 月		13—24 月	
	系数	标准差	系数	标准差	系数	标准差
	−3.968 2	1.991 2	12.398 4	2.355 6	−5.606 3	1.932 5
轻工业	−0,063 8	0.167 9	0.264 5	0.156 2		
建筑业	0.104 8	0.164 3	−0.099 5	0.188 6		
生产为主的服务			0.160 7	0.128 3	0.091 0	0.137 9
消费服务/州			−0.038 5	0.137 3	−0.140 7	0.154 5
职业状态:兼职为缺省分类						
学徒 1	−0.069 1	0.296 2				
蓝领	−0.190 4	0.174 7	0.065 0	0.298 9	−0.028 7	0.145 8
白领	0.096 6	0.174 4	0.081 0	0.307 7	−0.001 8	0.157 0
受教育水平:无职业学历为缺省分类						
职业培训			0.309 2	0.150 2	−0.114 5	0.092 0
大专/本科学历			0.484 2	0.224 1	0.137 2	0.157 7
位置:Northrhine-Westphalia 为缺省分类						
Schleswig-H. /Hamburg	0.122 8	0.111 4				
Lower Sax. /Bremen	−0.292 0	0.117 3				
Hesse	−0.415 9	0.153 0				
Rhineland-Palatinate	0.230 7	0.104 2				
Baden-Württemberg	−0.219 6	0.108 7				
Bavaria	−0.177 2	0.095 3				
早期工作的公司规模:11 人以下为缺省分类						
11—200 人	0.123 8	0.080 2				
201—500 人	0.132 6	0.123 1				
多于 500 人	0.283 0	0.104 6				
种族:德国人为缺省分类						
外国人	−0.167 4	0.112 2	−0.200 5	0.115 7	−0.239 4	0.088 5
性别:男性为缺省分类						
女性	−0.060 1	0.079 4	0.367 4	0.355 3	−0.175 0	0.070 6
收入信息:无收入为缺省分类						
汇报的收入为正	0.641 3	0.427 7	0.120 9	0.468 5	0.530 9	0.366 1
收入对数(如果汇报了)	−0.034 1	0.100 1	0.088 6	0.113 5	−0.075 1	0.091 1
收入在税收门槛被截取:无截取的收入为缺省分类						
截取的收入	−0.165 1	0.458 2	0.505 0	0.517 3	−0.731 1	0.437 6
6 个月后就业	0.113 4	0.107 9	−0.120 9	0.100 3	0.110 2	0.091 3
12 个月后就业	0.212 5	0.097 6	0.167 0	0.102 8	0.114 4	0.085 8
进入失业状态的月份	0.004 6	0.008 9	0.042 5	0.010 4	0.016 4	0.008 6
交互项						
蓝领×年龄 35—44	−0.114 1	0.263 6			0.159 1	0.226 5

回归截距	培训开始于失业后					
	1—6 月		7—12 月		13—24 月	
	系数	标准差	系数	标准差	系数	标准差
	−3. 968 2	1. 991 2	12. 398 4	2. 355 6	−5. 606 3	1. 932 5
白领×年龄 35—44	0. 282 8	0. 255 2			0. 391 9	0. 236 3
蓝领×年龄 45—55	−0. 317 3	0. 275 6			0. 249 2	0. 263 3
白领×年龄 45—55	0. 276 3	0. 259 4			0. 335 3	0. 278 8
职业培训×年龄 40—55					0. 510 6	0. 171 3
大专/本科×年龄 40—55					0. 508 2	0. 264 4
女性×蓝领 2			−0. 353 1	0. 348 6		
女性×白领			0. 289 4	0. 335 9		
女性×职业培训			−0. 492 1	0. 212 3		
女性×大专/本科			−0. 543 2	0. 324 7		
观测样本数	12 320	8 121	5 992			

注:本表列出了根据所考虑的不同时间框架处理组 Probit 模型估计的系数。

■表7　原民主德国地区 SPST Probit 估计值

回归截距	培训开始于失业后					
	1—6 月		7—12 月		13—24 月	
	系数	标准差	系数	标准差	系数	标准差
	3. 867 2	1. 896 3	−14. 661 9	0. 146 5	−4. 818 2	1. 917 8
年龄:30 岁以下为缺省分类						
年龄 30—34	0. 130 3	0. 106 3	0. 274 3	0. 199 5	0. 184 2	0. 103 2
年龄 35—39	−0. 120 9	0. 119 1	−0. 070 3	0. 225 0	−0. 114 0	0. 113 6
年龄 40—44	0. 162 6	0. 108 4	0. 288 9	0. 202 0	0. 022 1	0. 176 3
年龄 45—49	−0. 054 1	0. 126 9	0. 295 4	0. 213 9	−0. 098 4	0. 182 3
年龄 50—55	0. 031 3	0. 105 0	−0. 093 6	0. 207 8	−0. 208 8	0. 169 9
行业:农业/基础材料为缺省分类						
金属/电子行业	0. 114 4	0. 115 3	0. 261 9	0. 141 2	0. 178 6	0. 241 3
轻工业	−0. 074 0	0. 153 4	−0. 039 1	0. 174 4	0. 554 8	0. 273 8
建筑业	−0. 364 3	0. 144 4	−0. 156 2	0. 176 6	0. 359 2	0. 239 4
生产为主的服务	−0. 055 7	0. 104 9	0. 091 2	0. 125 5	0. 325 7	0. 215 2
消费服务/州	−0. 225 5	0. 102 0	0. 004 5	0. 118 2	0. 516 3	0. 203 5
职业状态:兼职为缺省分类						
蓝领	−0. 201 6	0. 128 2	−0. 115 4	0. 118 4		
白领	0. 114 2	0. 124 5	0. 289 0	0. 114 0		

回归截距	培训开始于失业后					
	1—6 月		7—12 月		13—24 月	
	系数	标准差	系数	标准差	系数	标准差
	3.867 2	1.896 3	−14.661 9	0.146 5	−4.818 2	1.917 8
位置：Mecklenb. /West Pomerania 为缺省分类						
Berlin/Brandenb.	−0.323 9	0.102 6	−0.168 5	0.119 2	−0.139 2	0.106 2
Saxony-A.	−0.325 0	0.113 0	−0.207 5	0.122 3	−0.260 7	0.114 6
Saxony	−0.112 0	0.096 7	−0.033 9	0.140 5	0.071 5	0.103 5
Thuringia	−0.245 4	0.115 1	−0.372 3	0.138 8	−0.207 0	0.119 2
早期工作的公司规模：11 人以下为缺省分类						
11—200 人	0.084 1	0.064 1	0.087 7	0.240 5	0.083 7	
201—500 人	0.136 6	0.110 5	0.070 0	0.116 8	0.434 4	0.103 8
多于 500 人	0.251 5	0.099 9	0.233 9	0.104 3	0.204 9	0.101 0
受教育水平：没有职业学历为缺省分类						
职业培训	0.344 3	0.132 0	0.231 7	0.112 9	0.002 9	0.125 1
大专/本科学历	0.413 3	0.168 4	0.276 2	0.163 1	−0.047 0	0.220 7
种族：德国人为缺省分类						
外国人	−0.518 7	0.383 1			−1.025 6	0.384 1
人口密度：农村地区为缺省分类						
人口密度中值			−0.032 2	0.103 2		
人口密集区			−0.057 4	0.229 2		
大都市			−0.255 7	0.117 6		
性别：男性为缺省分类						
女性	−0.075 9	0.074 4	0.339 7	0.190 4	0.772 3	0.213 7
收入信息：无收入为缺省分类						
汇报的收入为正	−1.224 5	0.448 0			−0.778 1	0.386 6
收入对数（如果汇报了）	0.385 8	0.117 9			0.291 0	0.104 4
收入在税收门槛被截取：无截取的收入为缺省分类						
截取的收入	1.134 5	0.513 9			1.153 1	0.445 6
6 个月后就业	−0.209 0	0.095 9	−0.089 4	0.096 5		
12 个月后就业	0.182 3	0.093 5	−0.097 1	0.088 0		
进入失业状态的月份	−0.026 8	0.008 5	0.056 8	0.009 6	0.011 2	0.008 5
交互项						
职业培训×年龄 40—55					0.159 4	0.168 1
大专/本科×年龄 40—55					0.503 1	0.274 8
女性×年龄 30—34			−0.076 6	0.239 3		
女性×年龄 35—39			0.243 8	0.262 7		
女性×年龄 40—44			−0.286 4	0.248 1		
女性×年龄 45—49			−0.613 3	0.275 3		
女性×年龄 50—55			−0.075 1	0.247 0		
女性×金属/电子行业					−0.349 6	0.299 0

回归截距	培训开始于失业后					
	1—6 月		7—12 月		13—24 月	
	系数	标准差	系数	标准差	系数	标准差
	3.867 2	1.896 3	−14.661 9	0.146 5	−4.818 2	1.917 8
女性×轻工业					−0.389 8	0.316 0
女性×建筑业					−0.302 7	0.326 0
女性×生产为主的服务					−0.100 8	0.248 8
女性×消费服务/州					−0.514 5	0.236 5
观测样本数	7 297		5 062		3 517	

注:本表列出了根据所考虑的不同时间框架处理组 Probit 模型估计的系数。

5.3　基础处理效应

在前一个子部分,由于我们的基础模型是建立在估计的倾向分的基础之上,我们将在同一个月开始失业的 SPST 项目的参加者和非参加者之间进行匹配,且仅使用在处理开始前的一个月仍处于失业状态的非参加者。估计的 TT 是在 SPST 项目开始时根据等式(5)对月份 $\tau = 1, \cdots, 36$ 分别进行的估计,其中预期的没有接受处理的就业结果是通过对所考虑的没有接受处理的个体估计的倾向分[1]的本地线性回归而获得。比较 SPST 项目参加者与非参加者估计的倾向分,可发现根据进入失业状态的月份和 SPST 处理的开始时间定义的层级存在紧密的重叠。通过在失业流样本中可观测的单元对整个观测向量进行重复抽样(bootstrap),我们获得了对于估计的处理效应方差的估计值。这个方法,可以考虑结果变量可能的自相关。推论是建立在 500 次的重新抽样的基础之上。[2]

在估计匹配样本的平均差别之前,我们揭示了该匹配方法模型的一些特征:

(1)匹配后,我们发现,参加者之间可观测特征的均值以及根据本地线性回归为基础的没有接受处理之结果的预测特征值之间没有显著的区别。使用相对于可观测的协方差变量的合适控制组后的匹配过程是成功的。

(2)倾向分匹配平衡属性的检验揭示了参加者和匹配的非参加者在失业开始前的 1—12 个月结果变量的差异。基本上无显著的就业差别,就业历史也非常平衡。

图 1 至图 6 形象地描绘了评估结果。每一组图由三个图形组成。最上面的图描绘了在接受处理开始之后处理组在月份 $\tau = 1$ 到 $\tau = 36$ 之间的估计的平均处理效应,以及在失业开始之前的 1 到

---

[1]　我们根据 Probit 估计值应用了适合的 $X_i\beta$ 指数。

[2]　由于需要较长的计算时间,这个重新抽样的次数相对较小。然而,结果仍看上去非常可靠。比较根据 500 次重新抽样的结果与根据仅有 200 次重新抽样的结果,我们没有发现有大的差别。

12 个月（$\tau=-1,\ldots,\tau=-12$）的差别,其中纵轴代表时间 τ。中间的图表明了处理组的平均就业结果,最下面的图是根据匹配的非参加者估计的没有接受处理的平均结果。我们在估计值附近还描绘了点估计 95％置信区间的范围。

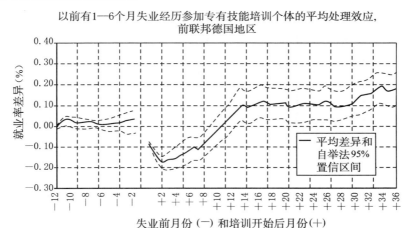

以前有1—6个月失业经历参加专有技能培训个体的平均处理效应,
前联邦德国地区

失业前月份（一）和培训开始后月份（+）

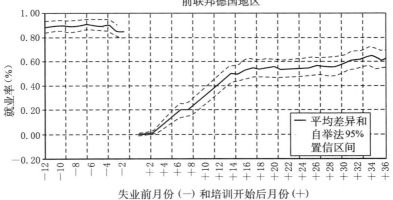

以前有1—6个月失业经历参加专有技能培训个体的就业率,
前联邦德国地区

失业前月份（一）和培训开始后月份（+）

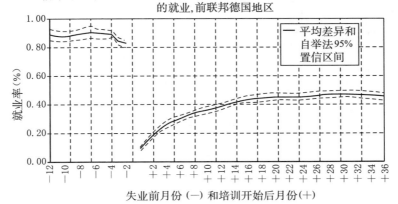

估计的以前有1—6个月失业经历参加专有技能培训个体如果没参加培训
的就业,前联邦德国地区

失业前月份（一）和培训开始后月份(+)

图 1　前联邦德国地区的 SPST 处理开始于失业后 1—6 个月

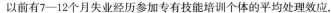

以前有7—12个月失业经历参加专有技能培训个体的平均处理效应，
前联邦德国地区

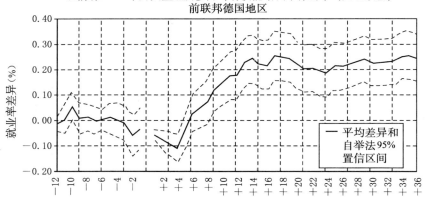

以前有7—12个月失业经历参加专有技能培训个体的就业率，
前联邦德国地区

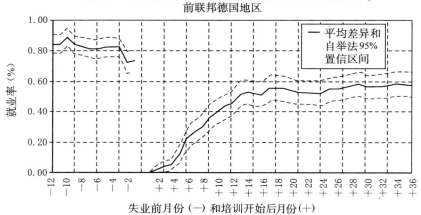

估计的以前有7—12个月失业经历参加专有技能培训个体如果没参加培训的就业，
前联邦德国地区

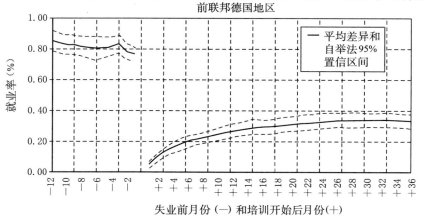

图2　前联邦德国地区的 SPST 处理开始于失业后 7—12 个月

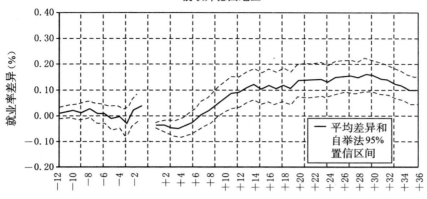

以前有13—24个月失业经历参加专有技能培训个体的平均处理效应，
前联邦德国地区

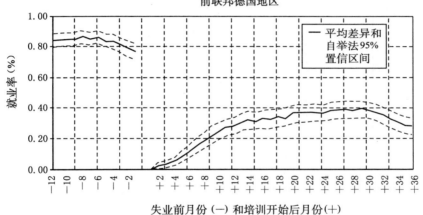

以前有13—24个月失业经历参加专有技能培训个体的就业率，
前联邦德国地区

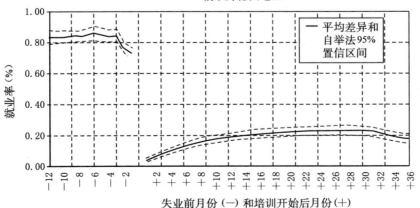

估计的以前有13—24个月失业经历参加专有技能培训个体如果没参加培训的就业，
前联邦德国地区

图 3　前联邦德国地区的 SPST 处理开始于失业后 13—24 个月

327

以前有1—6个月失业经历参加专有技能培训个体的平均处理效应，
原民主德国地区

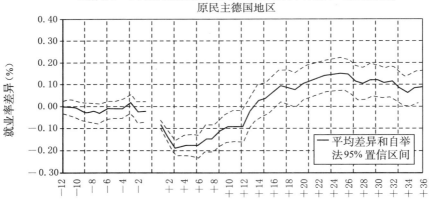

失业前月份（一）和培训开始后月份（＋）

以前有1—6个月失业经历参加专有技能培训个体的就业率，
原民主德国地区

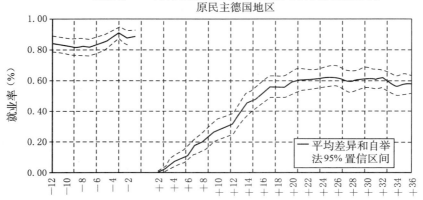

失业前月份（一）和培训开始后月份（＋）

估计的以前有1—6个月失业经历参加专有技能培训个体如果没参加培训的就业，
原民主德国地区

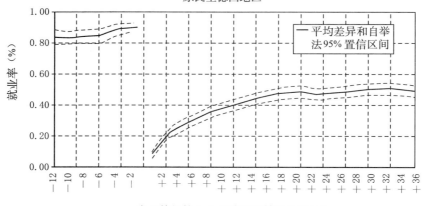

失业前月份（一）和培训开始后月份（＋）

图 4　原民主德国地区的 SPST 处理开始于失业后 1—6 个月

328

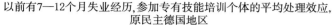

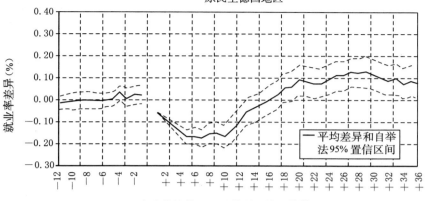

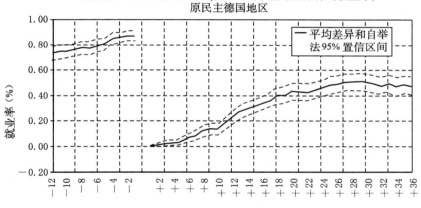

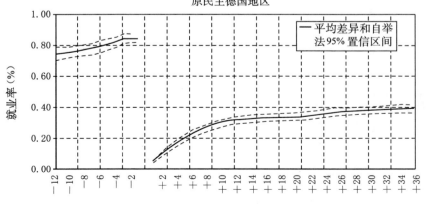

图 5　原民主德国地区的 SPST 处理开始于失业后 7—12 个月

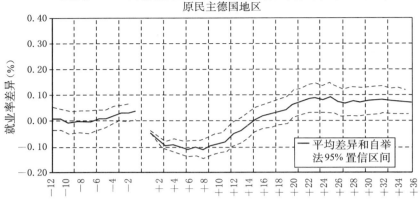

以前有13—24个月失业经历参加专有技能培训个体的平均处理效应,
原民主德国地区

失业前月份（一）和培训开始后月份（+）

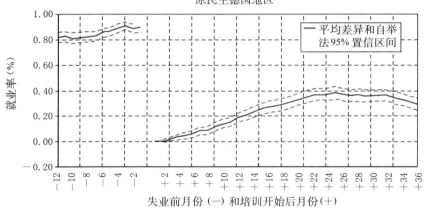

以前有13—24个月失业经历参加专有技能培训个体的就业率,
原民主德国地区

失业前月份（一）和培训开始后月份（+）

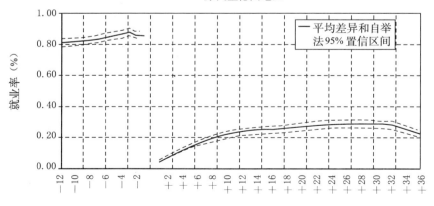

估计的以前有13—24个月失业经历参加专有技能培训个体如果没参加培训的就业,
原民主德国地区

失业前月份（一）和培训开始后月份（+）

图 6　原民主德国地区的 SPST 处理开始于失业后 13—24 个月

对于开始时间不同的项目,虽然与较晚开始的项目相比,平均就业率在中间和下面的图有所下降,但开始后的第 1—36 个月的估计的处理效应惊人的相似。处理组的个体在第一年显示出就业率增加的趋势,在第二年和第三年保持在一个相对固定的水平。只有前联邦德国地区较晚开始的处理 TR1234,我们观测出在 2.5 年后就业率大约下降了 10 个百分点。在前联邦德国地区,较早开始的处理(TR16)组个体在 1 年后可以到达 45%的就业率。对于 TR712 组的个体,就业率为 51%到 53%之间,对于 TR1324,这个数字为 28%到 30%。预期的没有接受处理的平均结果 TR16 组相对应的个体为 36%,TR712 组相对应的个体的就业率为 27%,TR1324 为 29%。与预期的一样,失业的持续时间越长,个体今后的就业机会就越低。有意思的是,除了 TR1324 的尾部有些下降外,处理的影响看上去十分相似。我们发现在项目开始后的一段时期内,估计的处理效应有一个负的锁住效应,并且在一年或一年后对就业率呈现大约 10 个百分点的显著正的处理效应。在前联邦德国地区,对于 TR712 组的个体,估计的处理效应大约为 20 个百分点,在三种情况下是最高的。

虽然与前联邦德国地区在本质上相似,原民主德国地区的结果有些不同。在原民主德国地区通常需要两年的时间使就业率达到最高水平。对于 TR16,处理组的就业率可以达到 62%,对于 TR712,就业率大约在 45%到 50%之间,对于 TR1324,该数字大约为 35%。对于 TR1324,我们也发现在尾部有一个小幅的下降。估计的非处理组的就业率对于 TR16 稳定在大约 50%的水平上,TR712 为 35%到 40%之间,TR1324 为 25%到 30%左右。对于 TR1324,我们仍发现在尾部有小幅下降的趋势。在项目开始后的一段时期内我们仍发现,估计的处理效应有一个负的锁住效应,并且在 1.5 年后对就业率呈现大约 10 个百分点的显著正的处理效应。长期的处理效应对于较晚开始的处理 TR1324 略微有些低,但仍显著为正。

对于 SPST 项目进行综合的成本收益分析是不可能的,主要有以下两个原因。第一,我们缺乏项目在处理和失业期间的货币成本和转移支付方面的信息。第二,我们无法分析 36 个月后的就业影响。作为第一步,对比项目最初的负的锁定效应与之后的正的处理效应,我们计算了项目开始后 12 个月、24 个月和 36 个月的总的效应(参见 Lechner et al.,2005a,b 相似的操作)。通过图 1 至图 6 描绘的积累效应即总效应,它从第 1 个月开始,分别加总至 12、24 和 36 个月。表 8 显示了计算结果。估计的标准差基于每个月特定的处理效应的自举法标准差。对于前联邦德国地区,12 个月后的总效应对于 TR16 仍显著为负,对于之后开始的处理为正但不显著。总的效应随着时间的延长而增加并在 36 个月后单边检验结果中以 5%的显著水平呈现显著为正(对于 TR712,24 个月后就已经显著为正)。对于原民主德国地区,处理持续的时间越长,12 个月后会产生更强烈的显著负锁住效应。24 个月后总的效应仍为负,但只对 TR712 显著。36 个月后,积累效应转为正,但它们仍不显著。对于原民主德国地区而言,显著且正的积累效应可能在更长的时间序列才能产生。然而,该结论还不确定,因为大约在 2.5 年后时期特定的效应有略微下降的趋势且标准差在更长的时间序列有可能增加。

作为进一步的平衡检验,需要讨论图 1—图 6 在失业开始前 12 个月估计的就业影响。确切地说,是在失去工作后接受联邦劳动办公室的转移支付之前的 12 个月。虽然在最近的过去有工作是获得转移支付的前提,但个体可能在按规定的第一个月的失业期之前就失业了。事实上,处理组的就业率在转移支付之前的 12 个月为 75%—90% 之间。在第 1 个月,对于所有情况而言,就业率均超过 80%,也就是说在绝大多数情况下,转移支付的开始与失业的开始基本吻合。对于第 1 到 12 个月,处理组就业率之间估计的差别与相似的非处理组就业率之间的差别在所有情况下与零相比均不显著,除了原民主德国地区 TR1324 在第 1 个月的就业率。在以后的情况中,拒绝处理组与非处理组就业率不存在差别的零假设也不是很强烈。由于所有的个体在第 0 个月(失业的开始之后与处理开始之前的一段时间)最终变为失业,我们的检验主要针对 12 个月前的早期阶段的差异。对于这个早期阶段,没有证据显示匹配后的处理组的个体与非处理组的个体在就业率上存在系的差别。

■表8 总的平均处理效应

之　　后	培训开始于失业后					
	1—6 月		1—6 月		1—6 月	
	系数	系数	系数	系数	系数	系数
前联邦德国地区						
12 个月	−1.179 66	0.220 1	0.433 158	0.339 5	0.061 272	0.219 2
24 个月	0.016 994	0.553 2	3.116 66	0.777 2	1.522 91	0.528 3
36 个月	1.609 54	0.879 9	5.890 91	1.161 6	3.157 18	0.800 3
原民主德国地区						
12 个月	−1.623 31	0.239 1	−1.563 47	0.174 3	−1.017 59	0.144 3
24 个月	−0.660 957	0.559 0	−1.060 95	0.429 5	−0.529 110	0.367 0
36 个月	0.580 934	0.820 2	0.246 313	0.688 5	0.413 204	0.566 7

注:本表汇报了在处理开始后的 12 个月、24 个月和 36 个月后的总的月度就业影响之和。

为了检验我们的匹配方法是否控制了一些重要因素,我们在额外的附录中计算了两种其他估计就业差别的方法。我们对比了处理组与非处理组个体在没有更正就业差别时的基础处理效应。结果显示,两者之间存在显著差别,特别是在失业开始之间。我们得到的结论是,我们的匹配方法控制了个体与他们就业结果相关的差别。

5.4 敏感度分析

作为我们基本结果稳健性的敏感度分析,我们讨论了三种可选择的估计。第一,我们估计了SPST 相对于没有接受培训的 TT。第二,我们附加了一个严格的常用支持条件。第三,我们根据前联邦德国地区的数据库扩展了在失业开始前的就业历史。

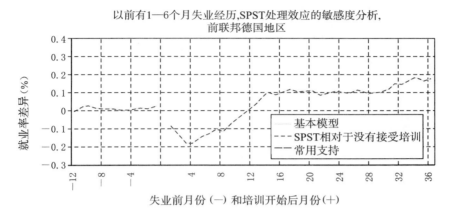

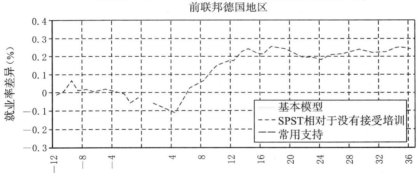

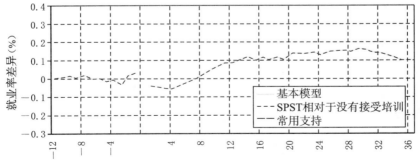

图 7 原民主德国地区的敏感度分析——SPST 相对于
没有接受任何培训以及获得常用支持

333

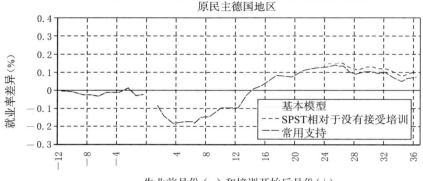

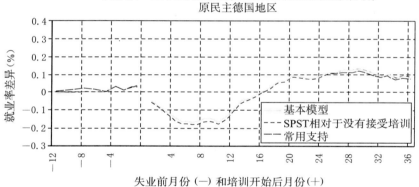

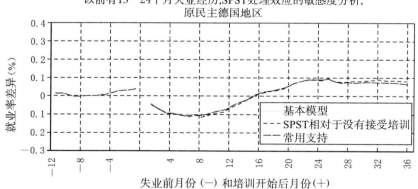

图 8　原民主德国地区的敏感度分析——SPST 相对于没有接受任何培训以及常用支持

第一,相对于广泛的其他没有参加 SPST 的个体,对于参加 SPST 估算的 TT 从政策角度而言可能很难解释,因为其他没有参加 SPST 项目的个体可能参加了其他项目。为了检验我们结果的敏感度,我们也估计了相对于没有参加本文所涉及的任何培训项目而言,参加了 SPST 的 TT。图 7 和图 8 包含了以前子部分所讨论的我们估计的基础 TT 估计值(参加 SPST 相对于没有参加 SPST)和相对于没有参加任何培训项目的 TT 估计值(参加 SPST 相对于没有参加任何培训)的对比。结果显示,在比较参加 SPST 与相对于没有参加 SPST,以及参加 SPST 与没有参加任何培训没有显著的区别。这也反映了参加其他处理项目的人数相对于没有参加任何项目的人数非常小,参见 3.4 部分。对于前联邦德国地区,没有可分辨的区别。对于原民主德国地区,锁定期间的负效应以及正的中长期处理效应都有点显著。

其次,表 9 提供了处理组和潜在匹配组(处理开始前的一个月失业的非处理组个体)对估计的倾向分的常用支持方面的证据。我们计算了根据 Probit 得到的适合指数所代表的估计的倾向分的绝对差异。原民主德国地区的所有案例中,95% 的分位数都在 0.029 之下,与最多 1.2 个百分点的处理概率的差别相对应。对于前联邦德国地区,95% 的分位数也总在 0.009 以下,对应于最多 0.4 个百分点的处理概率的差别。为了进一步调查缺乏常用的支持是否会影响我们的基础结果,我们仅对处理组与最近邻里倾向分的差别最多为 0.05 的个体进行匹配后重新估计了 TT。图 7 和图 8 包含了 TT 点估计的结果与我们在前一个子部分讨论的基础 TT 估计值(参加 SPST 相对于没有参加 SPST,参加 SPST 与没有参加任何培训)的比较。结果显示,点估计结果基本相同。这意味着我们上面讨论的基础结果的本质相对于缺乏常用支持的潜在问题是稳健的。

■表 9　常用支持的分析

处理组个体和相应的最近的非处理邻居(在处理开始前的月份处于失业状态)倾向分(Probit 模型的潜在指数)的绝对值差异

处　　理	平均	95%—分位数	99%—分位数	最大值
前联邦德国地区				
1—6 个月	0.002 7	0.008 7	0.040 3	0.136 1
7—12 个月	0.003 0	0.007 7	0.023 4	0.174 7
13—24 个月	0.003 1	0.008 5	0.062 5	0.100 5
原民主德国地区				
1—6 个月	0.004 1	0.026 1	0.062 6	0.100 5
7—12 个月	0.009 3	0.028 6	0.212 8	0.349 5
13—24 个月	0.006 8	0.026 7	0.084 5	0.195 4

注:本表列出了估计的倾向分绝对差异的统计性描述。

第三,对于原民主德国地区,我们没有其 1992 年之前的就业历史的数据。在该地区,可能早期的就业历史没有任何作用,因为以前的民主德国基本没有失业。对于前联邦德国地区,我们构建了失业开始前将近 36 个月的就业历史。在表 6 中对基础的 Probit 模型中增加了失业开始前 18 个月、24 个月、30 个月以及 36 个月的就业状态,这些额外的回归变量从来没有联合呈现显著且单个

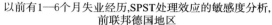

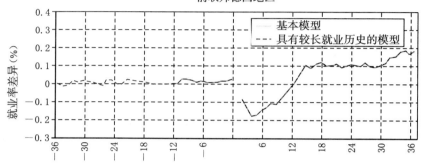

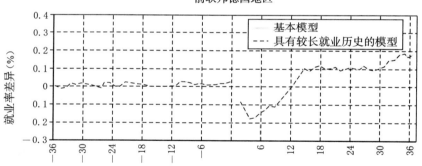

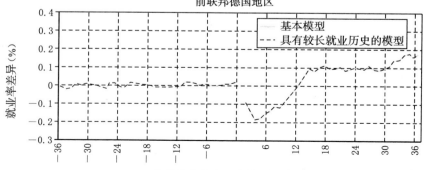

图 9　前联邦德国地区的敏感度分析——失业开始前 36 个月的就业历史(更长的就业历史)

的 t 统计(除一种情况外),也从不显著。使用这些扩大的 Probit 模型估计的倾向分,图 9 中呈现的 TT 点估计更长的就业历史实际上与 12 个月到 36 个月之间的基础估计值吻合。没有证据显示处理组的个体和匹配的非处理组的个体在 12 个月之前没有很好的平衡。因此,我们的结果显示失业开始前超过 12 个月就业历史的省略没有使我们基础的结论无效。

6 结论

根据德国一个可用的独特的行政数据库,我们分析了对个体水平提供 SPST 对就业的影响。具体而言,我们估计了处理组的平均处理效应(TT),即处理对参加 SPST 项目的个体产生的不同影响。我们以 1993 年流入失业的群体为样本,并根据 SPST 课程相对于逝去的失业的持续时间的开始月份区别了三种不同的处理类型。我们将项目开始于失业的 1—6 个月,7—12 个月以及 13—24 个月相区别。我们估计了参加 SPST 项目相对于广泛的其他没有参加 SPST(包括参加其他积极的劳动力市场政策的项目)的 TT。我们对于前联邦德国地区和原民主德国地区分别进行了分析。

估计的处理效应的总的模式对于所考虑的三个过去的失业间隔非常相似。我们发现在处理开始不久后有一个负的锁定效应。过一段时间,该影响转为正并几乎一直持续到我们评估期结束。正效应在前联邦德国地区比在原民主德国地区更强烈,但原民主德国地区的锁住效应更强烈。在处理开始后的 36 个月的总的就业影响在前联邦德国地区显著为正。它们对于原民主德国地区也为正,但不太显著。这些结果对于大量的敏感性检验都很稳健。

为了说明 SPST 项目对于原民主德国地区和前联邦德国地区就业影响程度的差别以及锁住效应的不同持续时间,我们推测了为什么 SPST 对于原民主德国地区不如在前联邦德国地区有效。虽然因为处理效应的异质性以及处理组个体的差异可能产生不同的处理效应,为了解释这一结论,人们不得不注意在原民主德国地区参加培训的个体的可观测特征比前联邦德国地区好,这意味着在原民主德国地区存在较高的就业影响。我们发现在原民主德国地区 SPST 相对较低的有效性有两个互为补充的潜在原因:第一,较低的就业影响可能由于原民主德国地区培训的提供者的质量相对于前联邦德国地区较差,因为这些培训机构是在德国统一后最近才建立起来的。其次,原民主德国地区所期望的技能要求没有实物化且 SPST 提供的许多新获得的技能(例如,在建筑部门的就业,参见 Lechner 等(2005b)的相关讨论)无法匹配原民主德国地区的实际工作机会。原民主德国地区较长时间的锁定效应可能也反映了因为更显著的技能不匹配而造成的更长的搜寻期。显然,原民主德国地区与前联邦德国地区处理效应的差别的原因需要在今后的研究中进一步揭示。

我们的研究相对于以前根据调查数据的大多数研究确实得出公共部门资助的培训有一些较正面的意义。我们的结论与莱什纳等(Lechner et al.,2005a,b)根据同一数据来源所得到的发现在某种程度上非常相似,虽然他们的研究与我们的研究在具体的处理的定义、有效观测值的选择以及所使用的计量经济学方法上有差别。然而,整体的微观经济影响的评估是不可能的,因为我们的数据库无法提供广泛的成本—收益分析所需要的必要信息。

附录

再培训类型:分类

再培训的基本规定仅提供了一个非常基本的框架,但没有根据整合目标或目标人群定义具体的处理方案。在同一规定下,可能执行差异非常大的处理(例如,职业提升培训或对失业较长时间人员提供的短期课程,均称为"职业再培训")。因此早期关于处理的类型的描述性研究[1] 不区分提供基本社会技能或准备工作搜寻的技能的处理与提供职业技能资质的处理。

由于本研究使用了合并数据,我们可以通过职业状态变量所揭示的信息额外地识别该处理对于公司专有的劳动力市场的紧密程度,以及通过使用从补贴支付和在培训数据中的培训类型变量所提供的信息区别该培训是专有培训还是通用培训。由于培训数据部分的不完整,使用额外的就业数据对于识别参加者各个方面的信息是非常必要的。不同来源的数据的结合,允许我们根据再培训数据库中的培训类型应用方法论识别有价值的且一致的处理类型(参见 Bender et al. ,2005,2.3,提供了关于此信息的深入描述),以及如 IABS 数据关于就业状态的信息所显示的与内部劳动力市场的紧密程度。

就业状态和项目信息两者的结合允许我们识别相似组的专有处理方法。虽然关于"职业再培训"的项目信息可能由就业的和失业的参加者所组成,就业状态允许我们额外地识别目标人群(特有人群的"重新整合"或失业或就业人员的"职业提升"),或表明该项目与内部劳动力市场的紧密程度。我们认为将培训与就业数据的结合所得到的信息比直接根据培训数据得来的没有调整的信息更有价值,因为后者没有显示项目开设的具体情况。

我们建议将 7 种不同类型的再培训加以区别。这些处理方法根据职业特有技能的水平不同和与内部劳动力市场的紧密程度不同是有差别的。下面这个部分提供了 7 种不同类型的再培训(记作类型(a)—(g))。

(a) 工作准备、社会技能和短期培训。这类培训在教育机构提供了非职业的技能或参加者参加一些项目,来估计他们在找常规工作时可能遇到的问题(*Feststellungsmaβnahmen*,§41aAFG)。

---

[1] Blasche 和 Nagel(1995)的研究是其中一个根据所汇报的再培训数据将培训加以区分的研究。它将培训区分为作为调整的培训或重新培训,以及它是全职培训还是在职培训。

该培训提供通用水平的技能并主要针对寻找工作过程的提高。在其他情况下，短期培训的实施通常作为继续培训的第一阶段，也就是说该项目是为个体参加其他再培训项目（*Vorschaltmaβnahmen*）做准备。在短期培训中，提供职业专有技能的提供被认为是不太重要的，通常假定参加这类培训的个体缺乏基本的通用技能和找工作的社会技能。我们假定这类培训不提供正式的证书或学位。

(b) 专有职业技能和技术的提供。这类再教育类型的目标是通过短期或中期的课程提供额外的技能和专有职业知识，提高找新工作的起点。这些项目的目的是使参加者学习或更新某项单项技能，例如，计算机技能或新的操作实践。这类培训旨在为失业的或具有失业风险的个体更好地进入全职就业而准备。

这类处理类型与大量的公共部门赞助的再培训项目相对应，并通常由外部的教育机构来执行。课程提供了课堂的培训并通过工作经验获得职业知识。在大多数情况下，参加者会得到关于课程的证书，表明他们更新或新获得了一些技能和一些理论知识，并掌握了一定的工作经验。该处理方法专门对应于基础的职业培训学历的技能，并旨在增加个体根据他们的专长发现新的就业机会。与上面的短期课程相比，这类培训预期会影响失业人员找到工作的匹配概率，因为培训后会提供正式的证书。

(c) 通过教育体系/再培训获得资历。这类培训根据德国职业培训的双重体系的规定，由新的广泛的培训所组成。它的目标人群已经完成第一个基础的培训，但在他们的专业范围内仍面临严峻的就业困难。再培训是在基础职业培训结束之后针对某一特定职业的一种正规的职业培训。它也可能为没有受过基础正规培训学历的个体提供。到 1994 年时，不符合正规的职业提升必要性准则的个体也可以接受这类培训。参加者以贷款的形式获得收入补贴。

通过教育体系/再培训获得的资历根据德国的双重体制设置的职业培训提供了广泛的可接受的正规证明，该培训由理论培训和工作经验两部分组成。培训的理论部分在公共的教育系统进行。项目的实践部分通常由公司为参加者提供他们所学领域的工作经验，但有时一些培训机构也提供这类培训。这类处理旨在获得提高一个正式工作所应具备的资历以提高工作匹配。

(d) 提供专有工作技能的培训。这类培训的主要目标是为准备接受某一特定工作和完成某特定工作的正规要求的个体提供专有职业和社会技能的培训。这类培训提供了如(b)部分所描述的特定技能和学历。通常个体为了满足某特定工作的要求，需要通过包含专有职业技能的短期课程培训。这类课程的内容与就业紧密相连，随后个体在此行业就业。通常这类课程由公司的培训机构开设。课程的内容包括社会、人际关系和方法论知识。与在项目结束后提供证明的培训相比，一旦工作与确切的雇主达到匹配，这类培训对今后就业前景的影响很小。

(e) 第一劳动力市场的直接融合。这类培训旨在根据§49 AFG 的工资补贴使劳动者进入劳动力市场。工资补贴支付给那些以前长期失业的就业人员,试图减少这些新入职者在熟悉工作所需技能的这段时期处于竞争劣势。个体根据公司的要求只获得一些实际的就业指导,不会收到任何可证明的资历。

(f) 职业提升资助。这类培训是为没有失业或面临失业危险的个体提供的,或者采用重新培训的形式或者在一个实用的职业进行职业提升。这类培训在 1994 年终止了。"职业提升证明"的运行是通过为参加者提供贷款。虽然该培训不属于严格意义上的积极劳动力市场政策,但职业提升是 20 世纪 90 年代早期(以及之前)由公共部门资助的再培训的一个重要部分。在此培训中,参加者可以在他们的专业领域内获得更高的正规学历,高于一个合格的职业培训水平(例如,工商管理的学士学位)。

(g) 语言培训。除了职业再培训,语言培训也是 AFG 规定的德国再培训供给的一部分。鼓励参加德语课程旨在帮助求助于收容所的个体、置换的工人、其他种族的德国人、进入劳动力市场的难民。该培训为参加者提供了可以进入通常就业领域的语言技能方面的充足培训。

参考文献

Abadie Imbens G. (2004) On the failure of the bootstrap for matching estimators. Unpublished Discussion Paper, Harvard University and UC Berkeley

Abbring J., van den Berg GJ (2003) The nonparametric identification of treatment effects in duration models. Econometrica 71:1491–1517

Abbring J., van den Berg GJ (2004) Social experiments and instrumental variables with duration outcomes. Unpublished Manuscript, Free University Amsterdam and Tinbergen Institute

Bender S, Bergemann A, Fitzenberger B, Lechner M, Miquel R, Speckesser S, Wunsch C (2005) Uber die Wirksamkeit von Fortbildungs- und Umschulungsmaßnahmen. Beiträge zur Arbeitsmarkt- und Berufsforschung, IAB, Nürnberg

Bender S, Klose C (2000) Berufliche Weiterbildung für Arbeitslose – ein Weg zurück in die Beschäftigung? Analyse einer Abgängerkohorte des Jahres 1986 aus Maßnahmen der Fortbildung und Umschulung mit der ergänzten IAB–Beschäftigtenstichprobe 1975-1990. Mitteilungen aus der Arbeitsmarkt– und Berufsforschung 33(3):421–444

Bender S, Haas A, Klose C (2000) IAB employment subsample 1975–1995. Schmollers Jahrbuch 120:649–662

Bergemann A, Fitzenberger B, Speckesser S (2004) Evaluating the dynamic employment effects of training programs in East Germany using conditional difference-in-differences. ZEW Discussion Paper, Mannheim

Blaschke D, Nagel E (1995) Beschäftigungssituation von Teilnehmern an AFG-finanzierter beruflicher Weiterbildung. Mitteilungen aus der Arbeitsmarkt- und Berufsforschung 28(2): 195–213

BLK ([Bund/Länder/Kommission für Bildungsplanung und Forschungsförderung] 2000) Erstausbildung und Weiterbildung, Materialien zur Bildungsplanung und Forschungsförderung (83) Bonn: BLK

Bundesanstalt für Arbeit (1993, 1997, 2001) Berufliche Weiterbildung. Nürnberg: Bundesanstalt für Arbeit (various issues)

Bundesanstalt fuer Arbeit (2003) Geschäftsbericht 2002, Nürnberg: Bundesanstalt für Arbeit. Einundfünfzigster Geschäftsbericht der Bundesanstalt für Arbeit

Bundesministerium für Bildung und Forschung (2003) Berichtssystem Weiterbildung VII, Integrierter Gesamtbericht zur Weiterbildung in Deutschland, Berlin/Bonn: BMBF

Fitzenberger B, Prey H (2000) Evaluating public sector sponsored training in East Germany. Oxford Econ Papers 52:497–520

Fitzenberger B, Speckesser S (2002) Weiterbildungsmaßnahmen in Ostdeutschland. Ein Misserfolg der Arbeitsmarktpolitik? In: Schmähl W (Hg) Wechselwirkungen zwischen Arbeitsmarkt und sozialer Sicherung. Schriftenreihe des Vereins für Socialpolitik, Duncker und Humblodt

Fredriksson P, Johansson P (2003) Program evaluation and random program starts. Institute for Labour Market Policy Evaluation (IFAU), Uppsala, Working Paper, 2003:1

Fredriksson P, Johansson P (2004) Dynamic treatment assignment — the consequences for evaluations using observational data. IZA Discussion Paper, 1062

Heckman J, Ichimura H, Todd P (1998b) Matching as an econometric evaluation estimator. Rev Econ Stud 65:261–294

Heckman J, Ichimura H, Smith JA Todd P (1998b) Characterizing selection bias using experimental data. Econometrica 65:1017–1098

Heckman J, LaLonde RJ, Smith JA (1999) The economics and econometrics of active labor market programs. In: Ashenfelter O, Card D (eds) Handbook of labor economics, Vol. 3 A. Elsevier Science, Amsterdam; pp 1865–2097

Hujer R, Wellner M (1999) The effects of public sector sponsored training on unemployment and employment duration in East Germany. Discussion paper, Goethe University, Frankfurt,

Ichimura H, Linton O (2001) Asymptotic expansions for some semiparametric program evaluation estimators. Discussion paper, London School of Economics and University College London

Imbens G (2000) The role of the propensity score in estimating dose–response functions. Biometrika 87:706–710

Lechner M (1999) Earnings and employment effects of continuous off-the-job training in East Germany after unification. J Business and Econ Stat 17:74–90

Lechner M (2001) Identification and estimation of causal effects of multiple treatments under the conditional independence assumption. In: Lechner M, Pfeifer F (eds) (2000), Econometric evaluation of active labor market politics in Europe. Physica–Verlag, Heidelberg

Lechner M (2004) Sequential matching estimation of dynamic causal models. Discussion Paper 2004–06, University of St. Gallen

Lechner M, Miquel R (2001) A potential outcome approach to dynamic program evaluation — Part I: Identification. Discussion Paper 2001–07, SIAW, University of St. Gallen

Lechner M, Miquel R, Wunsch C (2005a) Long-Run effects of public sector sponsored training in West Germany. IZA Discussion Paper No. 1443

Lechner M, Miquel R, Wunsch C (2005b) The curse and blessing of training the unemployed in a changing economy: The case of East Germany after Unification. Discussion Paper, University of St. Gallen

Pagan A, Ullah A (1999) Nonparametric Econometrics. Cambridge University Press, Cambridge

Rosenbaum PR, Rubin DB (1983) The central role of the propensity score in observational studies for causal effects. Biometrika 70:41–55

Roy AD (1951) Some thoughts on the distribution of earnings. Oxford Econ Papers 3:135–146

Rubin DB (1974) Estimating causal effects of treatments in randomized and nonrandomized studies. J Educ Psychol 66:688–701

Sianesi B (2004) An evaluation of the swedish system of active labor market programs in the 1990s. Rev Econ Stat 86(1):133–155

Speckesser S (2004) Essays on evaluation of active labour market policy. Ph.D. Dissertation, Department of Economics, University of Mannheim

Wunsch C (2006) Labour market policy in Germany: institutions, instruments and reforms since unification. Discussion Paper, University of St. Gallen

近年来,在教育和教育政策领域,经济学家们发起了一股新的(主要是实证方面)研究热潮,在中国也不例外。教育经济学引入中国的时间很晚,且研究人员极其有限。随着全球化进程的加快,中国越来越意识到劳动力,特别是人力资本对经济发展的重要贡献,并且开始在教育上投入大量的资源。这就需要人们去检验这种投入的效益,决定学生该接受多少教育。此外,教育经济与其他各领域的关系也越来越密切,特别是教育政策。国家在制定相关政策时,需要经济学家进行经验分析,评估政策的可实施性、可持续性和收益。因此,越来越多的经济学家开始关注教育领域。

在赖德胜教授和江源教授的引荐下,我有幸加入到江小涓老师主持的"服务经济学译丛"项目中,和教研室的同事商量,决定翻译这本关于教育与培训经济学文献的著作。这本《教育与培训经济学》与传统教育经济学著作相比有三个特点:第一,收录的论文大部分来自欧洲大陆。目前我国的教育经济学领域主要是美国主导。因此大家仅对美国的教育体系和相关政策比较了解,而对欧洲,特别是欧洲大陆的知识知之甚少。这本著作介绍了欧洲教育经济学和培训经济学领域的最新政策关注热点,如家庭背景对学生接受高等教育的影响、不同社会经济背景的学生的融合对学生成绩的影响、学生资助的变化对学生教育年限的影响等。中国目前也存在许多相关的问题,但其参照目标大多为美国,这部著作将拓宽大家的知识领域和研究视角,对于解决我国教育体系中存在的一些问题有较高的借鉴价值。第二,收录的文献不同于一般的经济类文献,数学公式和计量模型相对简单,主要通过文字和图形叙述假设和模型。这样既适宜于经济学领域的老师和研究生作深入的学习研究,也可以用作教育学、社会学领域的知识普及读物。第三,这部著作在传承经典的同时,提出了许多新的研究问题,介绍了许多新的研究方法和数据库,是一部很好的教育经济学教科书。例如,对于经典的 IV 估计法,如何对工具变量进行外生性检验,如何应用分位数回归法、Oaxaca-Blinder 和 JMP 分解法、多重处理效应方法等去解决教育或培训经济学的问题,都提供了很好的范例。

这本书在翻译的过程中,得到了许多老师和同学的帮助。首先感谢江小涓老师邀请我参加这套丛书的翻译工作。这不仅给我提供了一个深入学习最新经济学研究方法的机会，通过和其他译者的讨论，我还学到了许多其他领域的知识。其次，非常感谢许德金老师组织同学和老师进行校对，让我在规范翻译方面收获颇丰。再次，感谢刘泽云老师提供了这本著作的电子版，方便我的翻译工作；感谢格致出版社在版权联系上的努力，李辉老师的协调联系工作以及王静编辑、忻雁翔编辑在这本书编辑出版过程中所付出的辛劳。

接手这本书时，刚刚知道自己已经怀孕两个月了，也曾犹豫是否能按时交稿。在家人的鼓励和帮助下，我顶着压力如期完成了翻译工作。因此我非常感谢我的母亲杨佩琳女士和父亲杨家祥先生对我在临产前无微不至的照顾，允许我全力以赴地进行工作。感谢老公丁国玺先生对我的理解和关怀，在我无缘无故发脾气时，总是给予宽容与微笑。感谢未出生的宝宝天天安安静静地陪着妈妈在电脑前阅读晦涩的英文文献，让我在幸福的心情中做着翻译工作。

在英国五年的博士学习经历使我对英文中的一些学术用语以及欧洲的教育体系较为了解，四年国内的研究经历，让我懂得相应中文的学术表达方法。因此，我有信心做好这本书的翻译工作。翻译的至高境界为"信、达、雅"。对于经济学领域的学术著作，"雅"的境界是可遇而不可求的。虽然作者在努力达到"信、达"的标准，限于作者水平，恐怕也很难完成。书中可能会有许多错误之处，愿意与各位读者和学者共同讨论并改正。

2011 年 11 月

于北京师范大学

上海市版权局著作权合同登记号：图字 09-2010-446 号